改正省エネ法に完全対応
デザイナーの
ための
省エネ住宅&
住宅設備
完全ガイド

建築知識 編

CONTENTS

平成25年 改正省エネ法に完全対応 省エネ住宅の最新攻略法

- 新しい省エネ基準と熱貫流率の考え方 ……… 6

敷地
- 気象データをプランに生かす ……… 8
- **Case Study** 配置計画で設備に頼らない省エネを実現 ……… 10

通風
- 省エネに有効な開口数と開口面積 ……… 12
- **Case Study** 温度差と開口面積で風の流れをコントロール ……… 14

昼光利用
- 日照調整で昼間の点灯を防ぐ ……… 16

日射遮蔽
- 最大45％の冷房エネルギーを削減 ……… 20
- 東・西から差し込む夏の日射に要注意 ……… 22
- 外部遮光部材が必要な方位 ……… 24
- **Case Study** 西日の影響を遮る外付けルーバー ……… 25
- 樹木は水の膜として利用できる ……… 26
- **Case Study** 日射遮蔽部材の選択は適材適所で ……… 28

遮熱
- 外廻りに有効な材料・工法 ……… 30
- **Case Study** 居住者の省エネ行動をデザインにつなげる ……… 32

温熱環境
- 断熱なくして省エネ住宅は実現しない ……… 34

木造
- 断熱材は連続性を重視する ……… 37

S造
- 熱橋部分の断熱補強が欠かせない ……… 42

5

デザイナーのための 住宅設備の完全攻略法

RC造
改正省エネ法を理解して断熱工法を選択 ……… 47

開口部
ガラスの選択で省エネ化 ……… 52

Case Study
断熱強化と通風重視で一次エネルギーを72％削減 ……… 58

設備
太陽エネルギーも使い方次第 ……… 60
省エネ効果の高い暖房・給湯設備の選び方 ……… 66
省エネ量を根拠ある数値で示す ……… 68

照明
機器交換で消費電力が削減できる ……… 72
多灯分散照明を成功させる方法 ……… 75

換気
機器の「比消費電力」を小さくする ……… 79

Case Study
設備のシステム化でランニングコストを大幅削減 ……… 82

Column
通風と防音・遮音は両立可能か？ ……… 81
なぜ温熱環境が悪いと死亡率が上がるのか ……… 71
換気不足が人体に及ぼす影響 ……… 13

83

絵で見るインフラ調査 ……… 84
ひと目で分かる給水引込みガイド ……… 88
ひと目で分かる排水排出ガイド ……… 90
ひと目で分かる電気引込みガイド ……… 92
ひと目で分かるガス引込みガイド ……… 94
換気方式と給湯器の疑問を解決！ ……… 96
最新！空調方式の選び方 ……… 98
最新の弱電設備を押さえる ……… 100

003 デザイナーのための省エネ住宅＆住宅設備完全ガイド

CONTENTS

増え続けるテレビ共聴とセキュリティの要点 … 102
住宅設備［要望調査］チェックシート … 104
給排水衛生・空調換気・電気
全体計画のカン所 … 106
住宅設備［全体計画］チェックシート … 108
イッパツで分かる建築との取合い … 110
梁・スラブ貫通のルール … 112
スリーブの使い方をマスター … 114
絶対失敗しない水廻りの納まり … 116
照明計画スーパーチェックシート … 118
絶対失敗しない電球選びのポイント … 120
絵で分かる照明計画の実践ワザ … 122
実例に学ぶ配灯計画のコツ … 128
納まりで見る間接照明のテクニック … 130
ラクラク宅内LAN&先行配線 … 132
設備機器を隠す裏ワザ … 136

簡易ホームシアターの作り方 … 140
オール電化はココを押さえる！ … 144
オール電化住宅の電気設計 … 146
設備記号イラストガイド … 148
給排水設備［現場入門］写真帖 … 150
冷暖房換気設備［現場入門］写真帖 … 152
電気設備［現場入門］写真帖 … 154
住宅設備［現場］監理チェックシート … 156

Column
昼間の点灯はなぜ起こる？ … 127

キーワード … 158
執筆者リスト … 159

表紙・本文デザイン　マツダオフィス
印刷製本　加藤文明社
本書は、2011年に発行した『ラクラク住宅設備マニュアル』を加筆修正のうえ、再編集したものです。

004

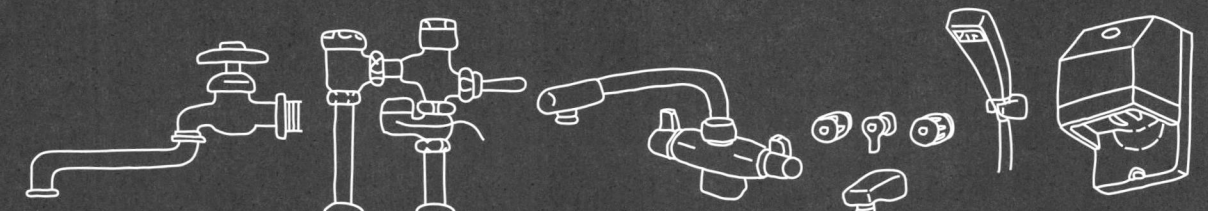

省エネ住宅の最新攻略法

平成25年
改正省エネ法に完全対応

新しい省エネ基準と熱貫流率の考え方

図1 外皮の熱性能に関する基準の改正点

Q値：熱損失係数

Q値 = 建物から逃げる総熱量 / 延床面積

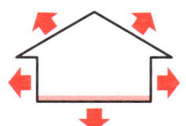

改正 →

**外皮の断熱性を評価する指標
UA値：外皮平均熱貫流率**

UA値 = 建物から逃げる総熱量 / 外皮表面積

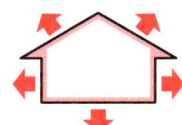

・換気・漏気による熱損失は考慮しない
・値が小さいほど、省エネ性能が高い

μ値：夏期日射取得係数

μ値 = 建物に侵入する日射量 / 延床面積

改正 →

**外皮の日射遮蔽性を評価する指標
ηA値：冷房期の平均日射熱取得率**

ηA値 = 建物に侵入する日射量 / 外皮表面積

・冷房期における日射の入りにくさを表す。暖房機のη（イータ）値は一次エネルギー消費量算出に使う
・値が小さいほど冷房効率が高い

＊1　地域区分によっては評価対象外
＊2　単位温度差当たりの総熱損失量
＊3　単位日射強度当たりの総日射取得量

2013年10月に施行された省エネ法の新しい基準では、外皮性能の判断基準の指標は熱損失係数（Q値）から外皮平均熱貫流率（UA値）に、日射取得係数（μ値）から冷房期の平均日射取得率（ηA値）にと変更になった［図1］。

Q値は建物から逃げていく熱量を住宅の床面積で割って算出するため、同じ断熱仕様でも住宅の規模や形状次第で数値が大きく異なることがあった。

それに対しUA値は、外壁・窓などの外皮各部位の断熱性能の平均を表す指標であり、住宅の規模の大小や形状にかかわらず、外皮の性能を適切に評価できる。新しい省エネ基準において、算出したUA値は地域区分によって定められた基準値以下であることが求められる。地域区分は改正前の6区分から8区分に変わった［9頁図1］。

日射取得についても、いままで建物内に侵入する日射量を住宅の床面積で割っていたが、こちらも外皮の表面積で割って算出する。夏季の日射取得率を表すものであり、窓の向きや庇の有無と大きさ、外付けブラインドの有無によってもηA値は変わる。

実際のUA値やηA値は、住宅性能評価・表示協会や建築研究所が無償で提供しているソフトで算出できる。詳細に部位別の熱貫流率を求める方式と、簡易計算法と呼ばれる方式で仕様を選ぶだけのやり方があり、どちらを選んでも問題ない。

また、平成25年国土交通省告示907号で仕様基準が公布された。地域区分や部位ごとに熱貫流率や、その逆数である熱抵抗値を、窓などの開口部については、地域区分・開口部比率に応じた熱貫流率やガラスの日射熱取得率、庇や軒などの設置について定められている。ただしこの仕様基準は、開口部比率の制限や、過半の床がピロティ床でないなどの条件を満たさなければならないので、注意が必要だ。

図2 熱貫流率U値の考え方

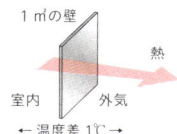

熱貫流率（U値）とは、内外温度差が1℃のとき各部位1㎡を1時間に通過する熱量を示す

→ **U値が小さいほど断熱性能がよく、省エネルギー性が高い**

単位は［W／㎡・K］（熱損失係数と同じ単位）

U値の計算式

$$U = \frac{1}{Ri + (d_1 \div \lambda_1) + (d_2 \div \lambda_2) + (d_3 \div \lambda_3) \cdots + (d_n \div \lambda_n) + Ro}$$

熱貫流率は熱抵抗値Rの逆数なので、熱抵抗値を算出すれば求められる

$$U = \frac{1}{R}$$

各部位を構成する材料の熱抵抗値合計

U	: 熱貫流率
Ri	: 室内側熱伝達抵抗
Ro	: 外気側熱伝達抵抗
d1~dn	: 各材料の厚さ [mm]
λ1~λn	: 各材料の熱伝導率 [W／m・K]

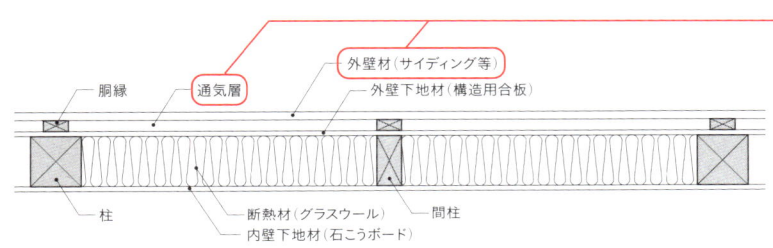

壁体内に通気層がある場合には、通気層の外側の部材の熱抵抗は計算しない。このケースでは、サイディングの熱抵抗は計算しないことになる

材料	材料の厚さ（D：mm）	熱伝導率（λ：W/m・K）	熱抵抗値（㎡・K/W）
室内側熱伝達抵抗（Ri）	—	—	0.11
内装下地材（石膏ボード）	12	0.22	0.055
断熱材（グラスウール）	100	0.045	2.222
外壁下地材（構造用合板）	12	0.16	0.075
外気側熱伝達抵抗（Ro）	—	—	0.11
（Ri、Roはフラット35における設定数値）		壁の熱抵抗値	2.572

この部分の熱貫流率は逆数なので0.39W/㎡・Kとなる

熱貫流率と熱抵抗値は逆数の関係となる。一般的に、素材単体は「断熱する」という考えから熱抵抗値として表され、部材全体（たとえば構造用合板や断熱材、内装材を含んだ壁全体）のように部位で考える場合は熱貫流率を使うことが多い

省エネ性能や断熱を考える際に、熱貫流率について、理解しておきたい。熱貫流率とはその部位の熱の通りやすさを表した指標で、小さいほど断熱性能が高い。考え方として、その部位の熱抵抗値を全て合計し、その逆数が熱貫流率となる［図2］。

各部材の熱抵抗値は、その材料の厚さ（m）を材料の熱伝導率（W／m・K）で割ったものである。断熱材であれば、厚さごとに熱抵抗値を公開しているので、その数値を入れればよい。室内側熱伝達抵抗は、室内の空気が室内側の面に熱が伝わる際の抵抗値である。住宅の場合は、壁や屋根、天井や床について、定められているので、使う数値を使えばよい。外気側熱伝達抵抗についても同様であるが、定められた数値は、通気層の有無で異なる。外壁は通気層がなければ、熱伝達抵抗は0.04であるが、通気層がある場合は0.11となる。屋根や床でも通気層の設定数値がある。

U_A値を出す際に詳細計算を行う場合には、間柱など熱橋部がある部分を別に計算しなければならないが、考え方は同じである。簡易計算を行う場合は、熱橋部は自動的に割り引かれるため、このような計算は不要だが、考え方だけは理解しておきたい。

敷地 気象データをプランに生かす

表1 気象・立地条件が要素技術に及ぼす影響

要素技術	気象条件 影響因子	気象条件 影響	立地条件 影響因子	立地条件 影響
自然風の利用	外部風速	外部風速が大きいほど、有効性が増す	敷地周辺の建物密集度	敷地周辺の建物などの密集度が小さいほど有効性が増す
	外部風向	卓越風向に対応した開口配置にすると有効性が増す		
昼光利用	—		日照障害の程度	敷地周辺建物などによる日影の影響が小さいほど有効性が増す
太陽光発電	日射量（年間）	日射量が多いほど有効性が増す（日本国内では地域による差は顕著ではない）	日照障害の程度	
日射熱の利用	日射量（冬季）、外気温（冬季）、降雪・積雪量	日射量が多く、冬季における外気温が高く降雪・積雪量が少ないほど有効性が増す	日照障害の程度（主に屋根面に対して）	主に屋根面への日射を妨げる建物などの影響が小さいほど有効性が増す
日射遮蔽	日射量（夏季）	夏季における日射量が大きいほど日射遮蔽の強化が求められる	敷地周辺の建物密集度	敷地周辺の建物などの密集度が大きいほど、日射遮蔽効果を大きく見込める
断熱外皮	外気温	冬季の寒さ、夏季の暑さが厳しいほど、断熱水準の強化が求められる	—	

夏季の風向・風速が重要

気象データは、気象庁のWEBサイト[*1]内の「気象統計情報」のページで公開されている。設計の前に、「過去の気象データ検索」のページから主な観測点（全国約840カ所）のなかから近い場所を選び「平年値」を確認し、敷地周辺の気象条件の大勢をつかむとよいだろう[表1]。

暖房度日（暖房の必要度を示す指標で、暖房が必要とされる期間中の毎日の日平均外気温と暖房温度との差を積算して得られるもの）により全国を分類した「住宅・建築物の省エネルギー基準（平成25年改正）における地域区分図」[図1❶]からは、冬の厳しさに対応した断熱水準を決定することができる。

冬期の日射量と温度から全国を分類した「パッシブ地域区分図（PSP区分図）」[図1❷、*2]からは、日射熱利用（パッシブソーラー）の可能性を検討することができる。

ただし、太陽光発電の発電量を左右する日射量に関しては、全国でそれほど大きな差はない[*3]。

風況（風向・風速）を把握するためには、敷地周辺の夏季の風向・風速を知る必要がある。データを読み解くうえで重要なことは、夏を中心に風配の中心から離れている（頻度の高い）風向を風配図から確認し、卓越風向（ある地点で日ごと、あるいは年間を通して最も吹きやすい風向きのこと）を把握することに尽きる[図2、表2]。

なお、敷地近傍における風況は前述の方法で確認できるが、住宅密集地においては、周辺の地形や隣接する建物の影響を受けやすい。密集地に住宅を計画する場合には、多様な通風経路を確保できるようにしたい。

風況は、各自治体や各気象台のWEBサイトなどで情報の入手が可能だ。風況を把握した通風計画も重要である。

---

*1：http://www.jma.go.jp　*2：PSP＝Passive Solar Potential　*3：気象庁「全天日射量の年平均値（1971〜2000年の平年値）」による

008

図1 地域区分のデータを活用する

❶住宅・建築物の省エネルギー基準(平成25年改正)における地域区分図　❷パッシブ地域区分図(PSP区分図)

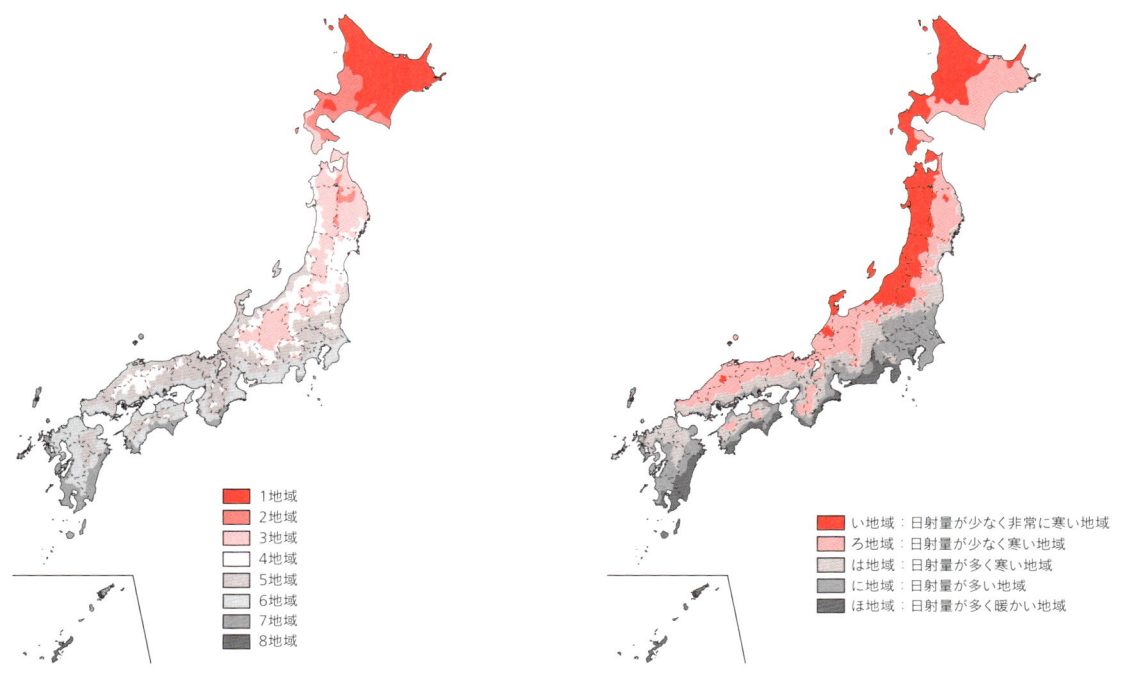

図2 風配図で卓越風の方位を確認する

❶風配図A　❷風配図B

図の中心から離れるほどその風向の頻度が大きいことを示す。❶と❷を比較すると、❷のほうが北寄りの風が多いことが分かる

風配図は、ある地点・期間の各方位の風向・風速の頻度を図表化したもの。建築計画においては、敷地のある地域の卓越風向などを知ることが必要となる

表2 通風に適した開口部の方位(那覇の例)

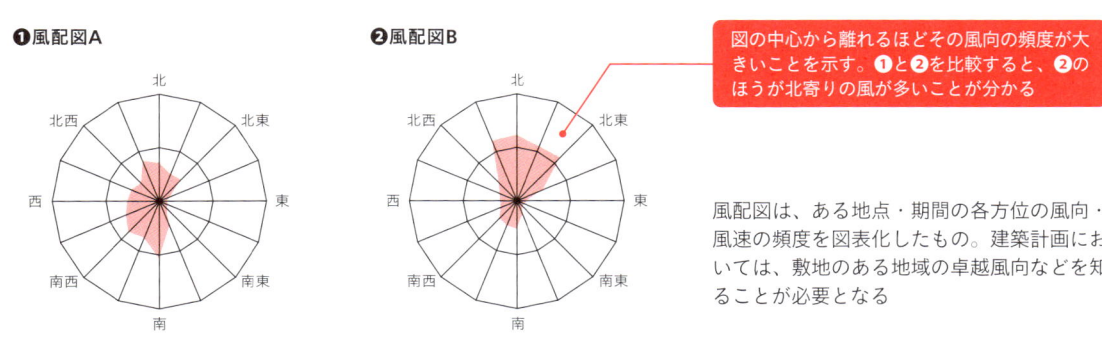

開口部の方位ごとに、風上側・風下側になる頻度を示した表[*4]。那覇市の場合、昼夜を問わず東から南に面した開口が風上側になることが多い

凡例　◎:当該方位が風上側・風下側になる頻度が40%より高い、○:同30〜40%、△:同20〜30%、×:同20%未満
出典:『蒸暑地域版・自立循環型住宅への設計ガイドライン』(財)建築環境・省エネルギー機構発行

*4:(社)日本建築学会編「拡張アメダス気象データ1981-2000」(2005年発行)所収の拡張アメダス気象データ(20年分の6月〜9月のデータ)をもとに作成

→ Case Study
配置計画で設備に頼らない省エネを実現

住まいのあり方をその土地の民家から学ぶ

地域の気候風土特性についての気象データは容易に入手可能だ。まずは、それに基づき導入すべき省エネ手法を検討する。さらに統計データを調べるだけでなく、風景に注意を払い、自然や民家の佇まいを読み解いていきたい。

事例❶「さくら市の家」の位置するさくら市は、宇都宮市の北方に位置し、山から吹き下ろす冬の北風の強い所である。冬の季節風にさらされ続けて変形した敷地周辺の街路樹の姿を見ても厳しい気象条件が想像できる。地方特有のこの季節風にどう対応するかが省エネ設計の大きなポイントとなった。

事例1 L字型配置の家が冬の北西季節風を防ぐ
平面図［S＝1：200］

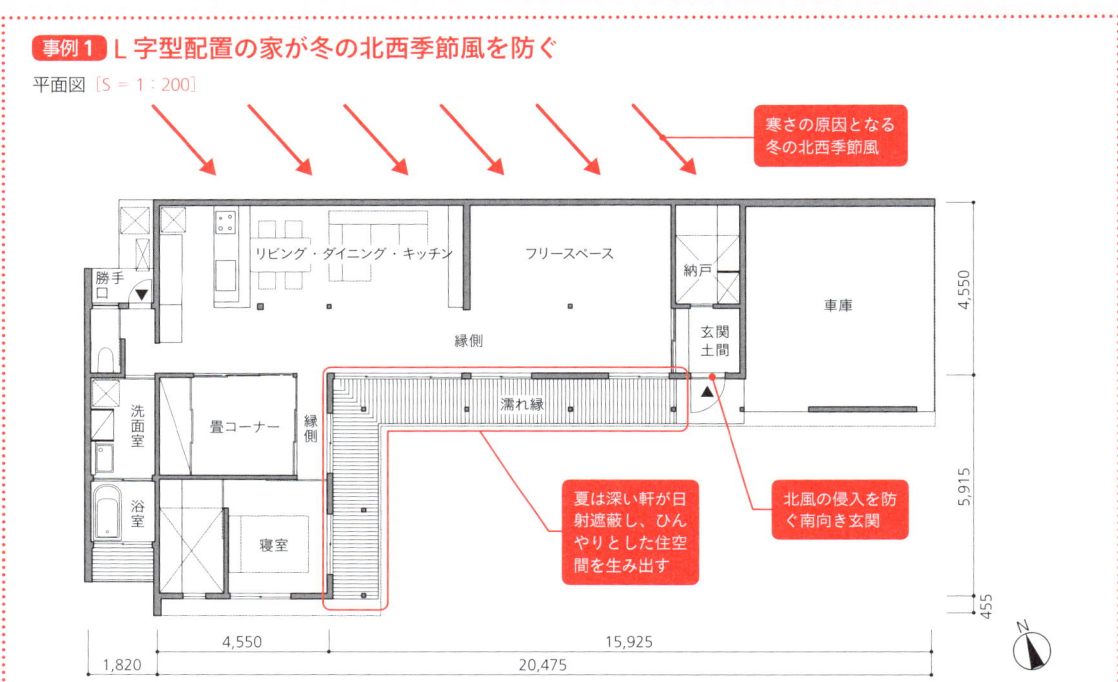

寒さの原因となる冬の北西季節風

夏は深い軒が日射遮蔽し、ひんやりとした住空間を生み出す

北風の侵入を防ぐ南向き玄関

冬も暖かな南向き浴室

南面に面したタイル張りの浴室は、ダイレクトゲイン蓄熱の効果がある
（写真＝HAN 環境・建築設計事務所）

北西の季節風を防ぐ建物形状

L字形に配置した建物の外周で敷地周辺の特徴的な気候である冬の北西季節風を遮断する。寒風が室内に侵入することを防ぐことが、冬の暖房費削減につながる
（写真＝HAN 環境・建築設計事務所）

010

北風を防ぎ寒さの原因を取り除く

寒さの原因をそのままにして暖房器具に頼るのでは、省エネ設計とはいえない。まず寒さの原因を把握し、取り除くことが大切である。さくら市の家のポイントは「寒さ最大要因は北風」。北西からの寒風を、L字形に配置した建物の外周でしっかり遮断することで、冬でも暖かい縁側空間を実現した。

計画地特有の気候を見極める

事例❷の「葉山の家」は、川が大きく蛇行する湾曲部に位置する。ここでは、夏でも涼風を運ぶ川風を利用して、涼しい空気が渡る敷地独自の微気候を、どのように設計に生かすかがコンセプトとなった。

デッキテラス空間を、川風を受け入れる環境装置として配し、リビング・ダイニング・キッチンの3室はデッキテラスに連続して一体的につながる空間とすることで、夏に川からの涼風を呼び込むことに成功した。

このように、敷地環境のもつ特性を慎重に見極め、配置計画に生かすことで、設備に頼ることなく省エネを実現することができる。

事例2　夏に涼気を呼び込む配置計画
真夏でも涼しい川風を生かす

本事例は川が大きく蛇行する湾曲部に位置する。敷地周辺に吹く川風は真夏でも涼しく、この微気候をプランニングに生かすことが夏の冷房費用削減につながる。2層分のデッキテラスは涼風を呼びこむ環境装置として機能する（写真＝HAN環境・建築設計事務所）

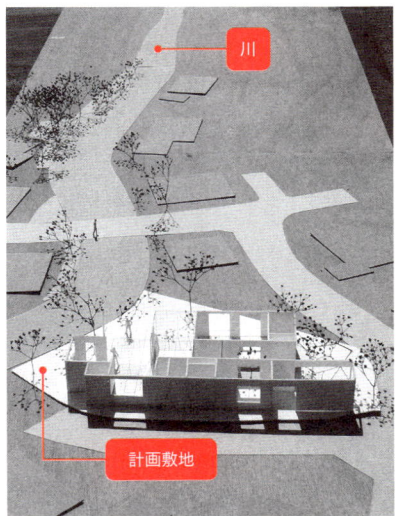

「葉山の家」周辺模型（写真＝HAN環境・建築設計事務所）

> 敷地周辺の夏の道路表面温度は、55〜56℃にもなる。川の水面温度は真夏でも20〜30℃であるため、涼気が生まれる

> ⚠ **微気候を読む**
> アメダスデータだけでは把握できない敷地の環境ポテンシャルを読み解くことが重要。まずは、敷地調査にじっくりと時間をかけて、微気候の特徴をつかみたい

平面図［S＝1：300］

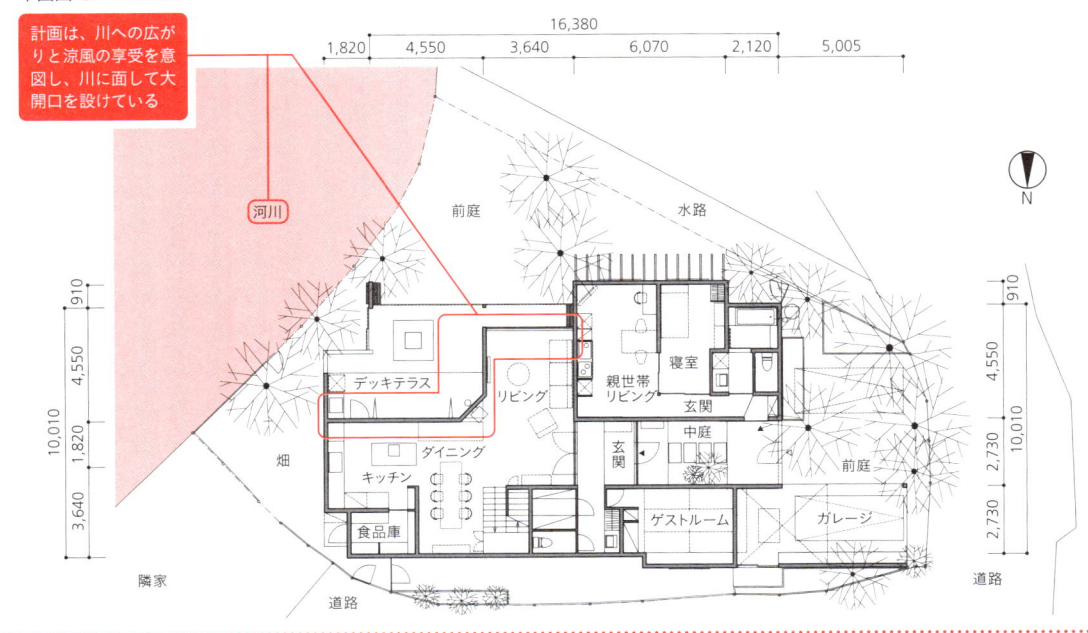

> 計画は、川への広がりと涼風の享受を意図し、川に面して大開口を設けている

省エネに有効な開口数と開口面積

通風

図1 住宅地における区域建ぺい率の算定例

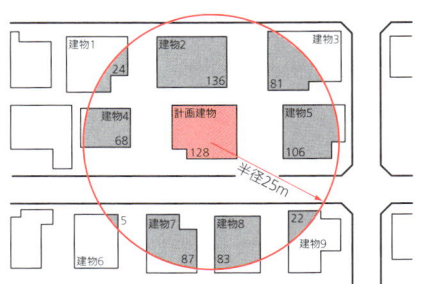

❶都市型の立地に相当する住宅地の例

図中の数字は区域内にある建築物の算入対象部分の面積（㎡）を示す

区域内の建築物の建築面積
= 建物1～9の建築面積＋計画建物の建築面積
= (24＋136＋81＋68＋106＋5＋87＋83＋22)＋128
= 740㎡

区域面積　　　= 1,963.5㎡
区域建ぺい率　= 区域内の建築物の建築面積÷区域面積
　　　　　　　= 740÷1,963.5
　　　　　　　= 0.3769
　　　　　　　= 37.7％＞20％→都市型の立地

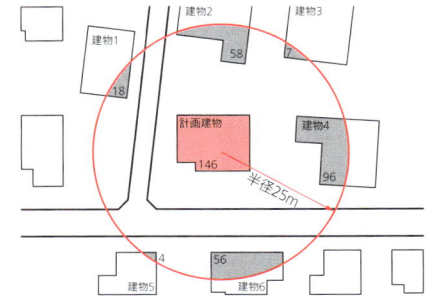

❷郊外型の立地に相当する住宅地の例

図中の数字は区域内にある建築物の算入対象部分の面積（㎡）を示す

区域内の建築物の建築面積
= 建物1～6の建築面積＋計画建物の建築面積
= (18＋58＋7＋96＋4＋56)＋146
= 385㎡

区域面積　　　= 1,963.5㎡
区域建ぺい率　= 区域内の建築物の建築面積÷区域面積
　　　　　　　= 385÷1,963.5
　　　　　　　= 0.1961
　　　　　　　= 19.6％≦20％→郊外型の立地

都市型の立地では開口面積の確保を重視、郊外型の立地では風向を意識した通風利用が有効

出典：『蒸暑地域版・自立循環型住宅への設計ガイドライン』(財建築環境・省エネルギー機構発行)

図2 通風経路上の面積要件の設定

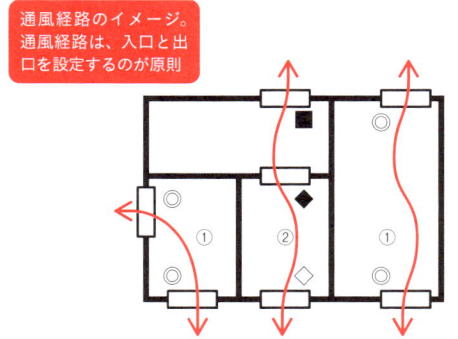

通風経路のイメージ。通風経路は、入口と出口を設定するのが原則

①1つの居室に2面窓（◎）を設ける場合
②居室の窓（◇）から室内開口（◆）を経由し、廊下などの空間の窓（■）につなげる場合

凡例：
開口部◎→1／35以上
開口部◇・■→1／20以上
開口部◆→1／49以上

参考：住宅・建築物の省エネルギー基準及び低炭素建築物の認定基準に関する技術情報内の資料「通風を確保する措置の有無の判定」より

「通風」を省エネの面から見ると、「室内から熱気を排出し、気流によって涼感を確保することで、冷房で使用する電力消費を抑制するための手法」と位置づけられる。広く知られている手法だが、現実には気象条件や周辺の環境に大きく影響されるため、通風の合理的な計画は難しい。特に密集した住宅地では、周辺の風況はより複雑になり、風向を予想しにくい[図1]。

また、通風単独の冷却効果はそれほど大きいわけではなく、屋根・天井を中心とした断熱・遮熱、開口部の日射遮蔽などと組み合わせることで効果を発揮する点にも注意が必要だ。

開口は2方向以上が原則

通風を利用する場合には、風の「入口」から「出口」までを結んだ一連の経路を想定するとよい。方向を違えた2面に窓がある居室では、その2面の窓を開けることで一連の通風経路を確保できる。一方、窓が1面にしかない居室では、その窓を開けただけでは効

012

通風用の開口をドア上欄間に設けた例

果は小さい[*1]。その場合は、室内の開口を介して隣接する室の窓を開ければ、「入口」から「出口」までの一連の経路が確保できる。また、上下方向の経路を確保するとより有効に利用できる[図2]。特に、風下側に通風の出口側として天窓や頂側窓（ハイサイドライト）を設置すると、高所の風下側でマイナスになる風圧と、内外温度差による上向きの浮力とにより、低位置の開口から効果的に外気を導入することができる。

開口面積はどれくらい必要？

十分な通風量を得るには、通風経路上に十分な開口面積を確保する必要がある。平成25年改正省エネ基準[*2]における一次エネルギー消費量算定方法では1時間当たりの換気回数5回または20回に相当する通風量を確保するための面積の要件を提示している。図2は換気回数5回/hを確保するための戸建住宅の面積要件の一例である。

1居室に方向を違えた2開口がある通風経路①では居室の床面積の1/35以上の窓面積をそれぞれ確保することで、室内開口を介して隣接する空間の窓を通る通風経路②では、外部に面した窓面積を居室床面積の1/20以上、室内開口面積を1/49以上確保することで、換気回数5回/h相当以上の通風量が確保できるとされている。この面積要件はより詳細に計算して確認することも可能であり、戸建住宅と集合住宅では異なる要件が適用される。戸建住宅については住宅地を想定して設定されているため、周囲が開けた敷地ではより多くの通風量が期待できる。

いくつかの室が連なる平面プランとする場合は室間開口を開放できるよう工夫したい。扉のみでつなぐ場合、ドア下のアンダーカットだけでは通風としてはまったく機能しないため、ドアを開けて通風ができるよう、ドアを固定できるしくみが最低限必要だ。また、引戸は開口面積の調整が容易である。そのほか、欄間の設置や開口付き扉の採用などは、視線を制御しつつ開口を確保できる策としても有効である。

---

❶面格子付き窓

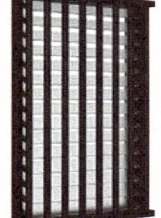

窓に面格子をつけることで防犯性が増す。そのほか、取付けネジを隠す、頭をつぶして外せなくする、サッシ自体と一体化するなどにより、より防犯性を強化した防犯面格子もある

❷通風シャッター

引違い窓と組み合わせて使用する。通風状態でシャッター部が屋外から引き上げにくくなっている

❸縦すべり出し窓の複数設置

防犯に配慮しつつ開口面積を確保できる

→ Column

通風と防犯・遮音は両立可能か？

窓に必要とされる性能は複合的であり、通風以外にもいろいろある。窓を開放する場合は特に、防犯や外部騒音への対応が重要となる。

開放時の防犯については、面格子や雨戸・シャッターの設置、幅の小さい窓の設置などが有効とされている。外部騒音については、開放時には閉鎖時と同等の遮音性能は望めないものの、騒音の発生源（前面道路など）に建具面を向けないことで遮音性能向上が期待できることから、騒音源の方向に対応した外開き窓を設置することも1つの対策となる。

---

*1：窓を1面のみ開けても内外の温度差などによって空気が入れ替わるが、2面を開ける場合に比べると、一般に風量は少ない
*2：エネルギー使用の合理化に関する建築主等及び特定建築物の所有者の判断の基準
本項の写真提供：『自立循環型住宅への設計ガイドライン』（財建築環境・省エネルギー機構発行

→ Case Study
温度差と開口面積で風の流れをコントロール

住宅の設計時に通風を考慮するのは常識である。しかし、気象データを検証せず、経験だけで設計している人が少なくない。せっかくの通風利用も、それでは十分な効果を発揮できない。

ここでは、筆者の自宅を例に、通風利用の手法について解説する。

見逃しがちな風向と外気温の関係

風向きデータのある、さいたま市を中心に活動している設計者仲間同邸の風向について訪ねたところ、ほとんどが南であるとの回答を得た。気象データ（風配図）を確認すると、夏期の卓越風向は確かに南である［図1］。

しかし、データを詳細にみると、東寄りの風もある程度多いことが分かる。したがって、南だけでなく東寄りの風も通風に活用できるような設計がより好ましいといえる。

ここで注意すべき点がある。風向と外気温の関係を示した図2からは、南寄りの風はおよそ半分が気温28℃以上の時に吹いていることが読み取れる。

このとき、南寄りの風を通風に利用すると、夏期に室内に熱風を取り込んでしまうことになりかねない。したがって、この場合は北寄りと東寄りの風を取り入れる計画のほうが、効果的であると判断した。

また、南寄りの風を通風に利用する場合でも、植栽などを配置して風を多少なりとも冷却してから室内に導く配慮が必要となるだろう［図3・図4写真］。

もっとも、建設地の地形や建物の密集具合などにより、実際の風向が気象データと異なってくる場合も多い。風は道路や川などに沿って吹くので、気象データの卓越風向だけに頼らず、現地での調査によっておおよその予測を立てるとよいだろう。

水廻りの開口面積に注意

通風設計時に、見落としがちなのが、風の出口となる開口部の大きさである。一般的な住宅のプランニングでは、南側に居室、北側に水廻りを配置する場合が多い。水廻りの開口部は、プライバシーや防犯上の理由から、小さくなりがちだが、風の通り道を確保するためには、ある程度の面積が必要となる。

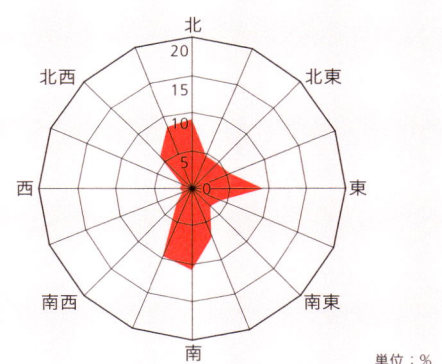

図1 さいたま市の夏期の風配図

単位：％

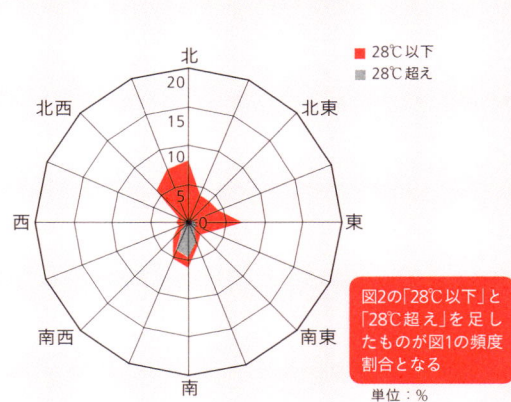

図2 さいたま市の気温別風配図

■ 28℃以下
■ 28℃超え

図2の「28℃以下」と「28℃超え」を足したものが図1の頻度割合となる

単位：％

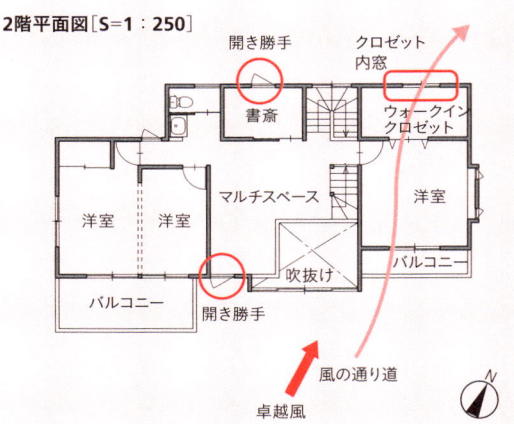

図3 平面図

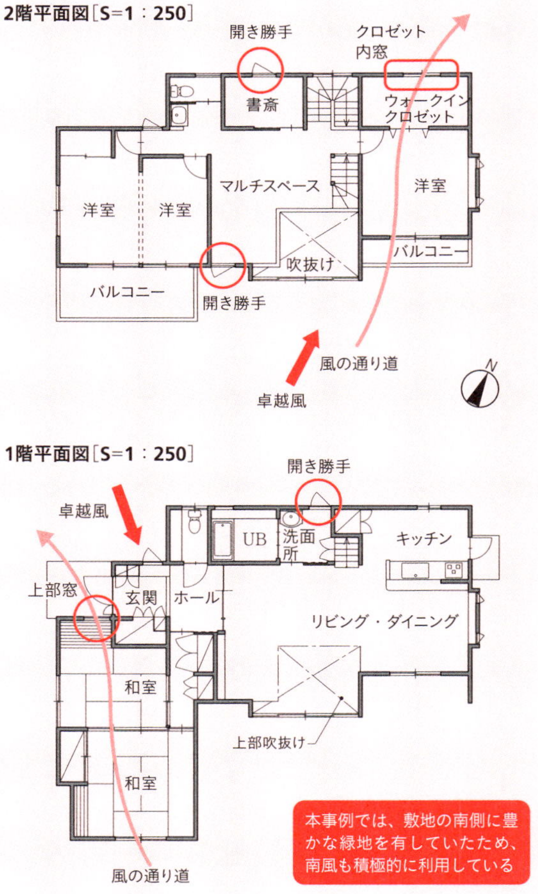

2階平面図［S＝1：250］

開き勝手／クロゼット内窓／書斎／ウォークインクロゼット／洋室／洋室／マルチスペース／洋室／バルコニー／吹抜け／バルコニー／開き勝手／風の通り道／卓越風

1階平面図［S＝1：250］

開き勝手／卓越風／UB／洗面所／キッチン／上部窓／玄関／ホール／リビング・ダイニング／和室／上部吹抜け／和室／風の通り道

本事例では、敷地の南側に豊かな緑地を有していたため、南風も積極的に利用している

ライトは有効だ。風との効果を得るためには、入口窓と出口窓は同一面にないほうがよい。たとえば、2階の天井高さにオーニング窓、ロフトに横すべり窓を設けて開け放せば、全開にしなくとも温度差換気に有効だ［図4・表2］。

以上、通風を効果的に行う方法を述べてきたが、窓の設計上、当然、防犯には配慮しなければならない。通風シャッターや人の通れない幅の通風窓などの対策があるので、検討するとよいだろう［13頁参照］。

ただし、通風がほかのすべてに優先してもよいことだとは限らない。通風できないとなれば、採光や眺望配慮を別にすると開口面積が小さいほど熱損失は少ないので、断熱上は有利になる。また、地面の露出の多い学校や公園の近くでは土埃に注意したい。通風による土埃はクレームにはならないだろうが、掃除の頻度が低いと思われる共働き家族や、高い頻度で広い範囲を掃除できないと考えられる老夫婦の家庭などでは、積極的に通風する部屋とそうではない部屋を分けるという配慮も必要となるだろう。

温度差換気を使いこなす

無風の場合で室内の熱を排出する方法として有効なのが、温度差換気だ。温度差換気とは、温まると上昇する空気の性質を利用したもので、高い位置に窓があるとそこから室内の空気が外に出て行き、その分低い位置にある窓から外気が入ってくる現象をいう。入口窓と出口窓に高低差があるほど換気が促進されるので、開閉可能なハイサイ

ドライトは有効だ。風との効果を得るためには、入口窓と出口窓は同一面にないほうがよい。居室には、採光や眺望、通風のために大きな開口部が設けられるが、水廻り空間の開口部は小さく設計されることも少なくない。しかし、通風を効果的に行うためには、風の出口となる開口の大きさも実は重要で、通風量は出口となる水廻り空間の開口面積に左右される［表1］。

プランニングによっては、計画建物に卓越風が当たりそうにもないことや、風下の居室に窓を設けても風が入りそうにないこともあるだろう。そんな場合でも、袖壁を設けたり、縦すべり窓の開き勝手に配慮したりすれば、風を導くことは可能である。また、風を受けるような建物形状にすることを検討してもよいだろう。

吹き抜けなどがある場合は、上下方向の風の流れも意識して設計すればよい。

室を、北側に洗面所やトイレなどの水廻り空間を配置することが多い。

図4 温度差換気の活用

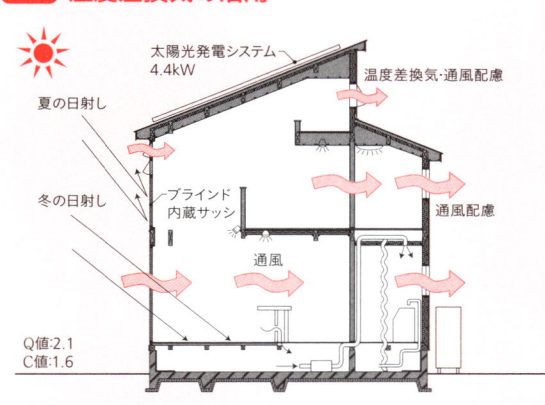

ハイサイドライトは、雨水が浸入しにくいオーニングや横すべり窓、ルーバー窓が好ましい。不在時にも開けておくことができるからである

表1 出入口開口と通風量

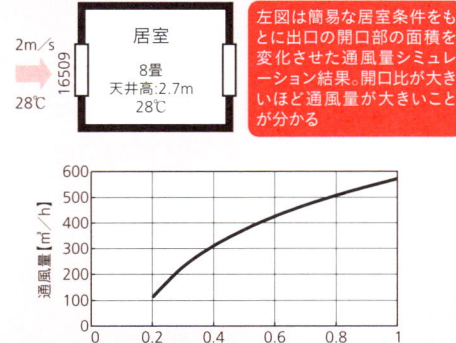

表2 屋根表面・ロフト温度変動グラフ

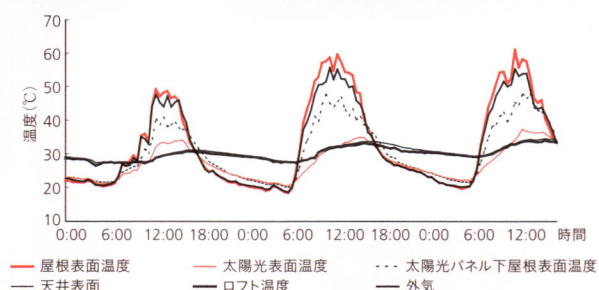

屋根には太陽光発電システムを搭載。屋根部分の断熱強化との複合効果により、外気温度35℃、屋根表面温度60℃になるような日でも、ロフト空間の温度は33℃程度を維持している。空気温度が33℃であっても、気流があれば暑いとは感じにくい（測定日：2009／08／31～09／02）

昼光利用 日照調整で昼間の点灯を防ぐ

図1 昼光利用の検討ステップ

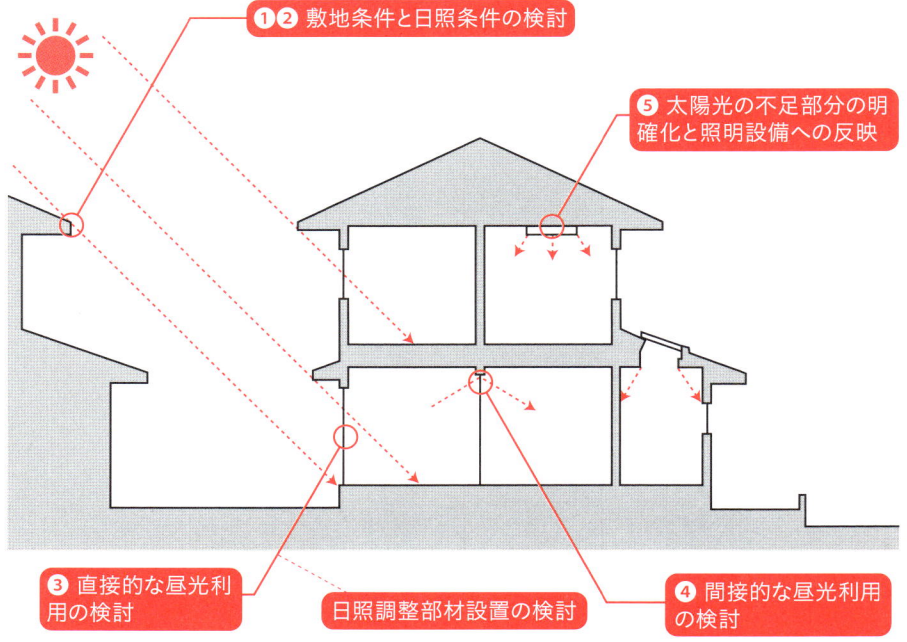

❶❷ 敷地条件と日照条件の検討
❸ 直接的な昼光利用の検討
❹ 間接的な昼光利用の検討
❺ 太陽光の不足部分の明確化と照明設備への反映
日照調整部材設置の検討

1 敷地条件と日照条件を平面的に検討
周辺の建物などが敷地にどのような影を落とすかを、日影図で確認する。冬至、夏至の午前・正午・午後の太陽の位置を把握し、日差しを必要とする時間帯を把握する。建物が今後周囲に建つ可能性のある場合には、その状況を想定することも重要

2 敷地条件と日照条件を断面的に検討
立体的な影の確認。窓の位置や開口形状を考えるために、季節ごとの太陽高度とそれによる日影の状況などを確認して、立体的な空間のイメージを把握する

3 直接的な昼光利用（採光手法）の検討
採光効果は、開口部の位置・形状によって異なるため、敷地条件や居住空間の特性により採光方法を選択。また通風や、開口部からの熱損失も考慮する。同時に、開口部廻りの日照調整方式と日射遮蔽を計画

4 間接的な昼光利用（導光手法）の検討
開口部から採り入れた光を、室の奥に導いて、視覚的な快適性を向上させる。空間構成による導光（例：欄間などで光の通り道をつくる）と、仕上面の反射による導光（例：屋外の庇裏で反射した光を室内に導く）による建築的な導光を検討したうえで、ライトシェルフなどを設置する装置的な導光を補う

5 昼光の不足部分の把握と照明設備への反映
昼間に昼光が足りない部分を把握し、照明設備の性能や配置計画などに反映する

016

表1 昼光利用の省エネ効果

立地条件 と **採光条件** で照明エネルギー削減率は変わる

❶立地条件

立地条件1	太陽光の利用が困難な過密・高層型の立地
立地条件2	太陽光の利用に工夫が必要な過密型の立地
立地条件3	太陽光の利用が容易な郊外型の立地

❷採光条件

	リビング・ダイニング	老人室・子供室など	その他の居室	非居室 台所・廊下・玄関 洗面・浴室・便所
採光条件0（基準法相当）	1面採光	1面採光	1面採光	―
採光条件1	2面採光	1面採光	1面採光	―
採光条件2	2面採光	2面採光	1面採光	―
採光条件3	2面採光	2面採光	1面採光	すべて1面採光

注：1面採光、2面採光は、採用している昼光利用手法の数を意味する

❸照明エネルギーの削減率と達成方法

省エネルギー効果（照明エネルギー削減率）	採光条件（手法の適用）		
	立地条件1	立地条件2	立地条件3
0%	採光条件0（基準法相当）1面採光 床面積×1／7	―	―
2〜3%程度	採光条件3	採光条件2	採光条件1
5%	―	採光条件3	採光条件2
10%	―	―	採光条件3

昼光利用による省エネルギーの削減率は3段階に分けられ、立地条件と採光条件を組み合わせてその達成を図る。周囲に高層建物が建つ過密な敷地（立地条件1）に建つ住宅では削減率を期待できず、これは建築基準法をどうにかクリアする程度の昼光利用のイメージに過ぎない。またここで推計する照明エネルギーは夜間時を含む数値のため、昼間にはより大きい削減効果を期待できる

図2 プライバシー・防犯性能を考慮した昼光利用

昼光利用の観点では、一般的に窓は高い位置にあるほうが室の奥へ光が届きやすく、照明の点灯を減らしやすくなるが、そのほか、プライバシーの確保も容易なケースが多く、カーテンなどの開放率も向上する傾向にあることを覚えておきたい

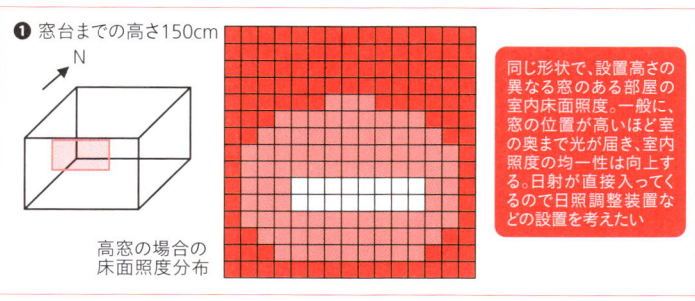

❶窓台までの高さ150cm

高窓の場合の床面積照度分布

同じ形状で、設置高さの異なる窓のある部屋の室内床面照度。一般に、窓の位置が高いほど室の奥まで光が届き、室内照度の均一性は向上する。日射が直接入ってくるので日照調整装置などの設置を考えたい

雨端空間に横長の窓をつくった採光例。屋外から間接的に光を導入しているため、眺望は確保できないが、プライバシーは完全に確保される

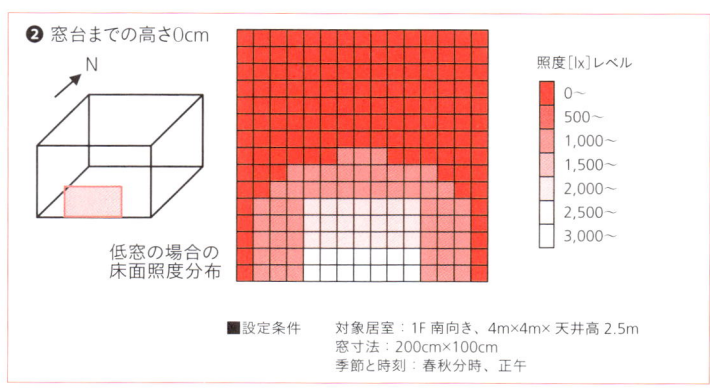

❷窓台までの高さ0cm

低窓の場合の床面積照度分布

照度[lx]レベル
0〜
500〜
1,000〜
1,500〜
2,000〜
2,500〜
3,000〜

■設定条件　対象居室：1F 南向き、4m×4m×天井高2.5m
窓寸法：200cm×100cm
季節と時刻：春秋分時、正午

表2 日照調整装置の種類

日射遮蔽効果 大 → 小

	内付け日照調整装置		外付け日照調整装置
装置名	水平ブラインド	装置名	水平ルーバー
方角・季節・時刻	全方角に対応	方角・季節・時刻	南東～南～南西、太陽高度が高いときに適する
眺望	羽根の間隔、角度により見え方が変わる	眺望	羽根の間隔、角度により見え方が変わる
直射光の拡散性	羽根角度次第で少しある	直射光の拡散性	あまりない
備考	屋外の状況や目的に応じて適切に調整することが重要	備考	目的に応じた羽根の設定が重要。羽根の上面で反射した直射日光が天井に入射し、室内が明るくなる
装置名	障子	装置名	水平ブラインド
方角・季節・時刻	太陽高度が低いときに適する	方角・季節・時刻	全方角に対応
眺望	よくない	眺望	羽根の間隔、角度により見え方が変わる
直射光の拡散性	素材によって若干異なるが、かなりある	直射光の拡散性	羽根角度次第で少しある
備考	視線制御に効果的だが、外部環境が把握しにくい。やわらかい光環境をつくるのに適している	備考	屋外の状況や目的に応じて適切に調整すること。羽根からの反射光を天井に導くこともできる
装置名	ロールスクリーン	装置名	すだれ
方角・季節・時刻	東西面、太陽高度が低いときに適する	方角・季節・時刻	東西面、太陽高度が低いときに適する
眺望	素材によって異なるが、あまりよくない	眺望	あまりない
直射光の拡散性	素材によって若干異なるが、かなりある	直射光の拡散性	ある
備考	視線制御に効果的。やわらかい光環境をつくるのに適している	備考	安価で設置が容易。自然素材ならではの視覚的効果を狙うこともできる
装置名	レースカーテン	装置名	ロールスクリーン
方角・季節・時刻	太陽高度が低いときに適する	方角・季節・時刻	東西面、太陽高度が、低いときに適する
眺望	素材によって異なる	眺望	素材によって異なるが、あまりよくない
直射光の拡散性	素材によって異なる	直射光の拡散性	素材によって若干異なるがかなりある
備考	眺望優先かまぶしさ抑制優先かなど、目的に応じて選択する	備考	視線制御に効果的。やわらかい光環境をつくるのに適している
装置名	垂直ブラインド	装置名	庇
方角・季節・時刻	全方角に対応	方角・季節・時刻	南、太陽高度が高いときに適する
眺望	羽根の間隔、角度により見え方が変わる	眺望	よい
直射光の拡散性	羽根角度次第で少しある	直射光の拡散性	ない
備考	直射日光が窓面に対して角度をもって入射する場合に適している	備考	太陽高度が低い場合には直射日光が入射しやすいので、西日などの遮蔽には不向き
装置名	なし	装置名	オーニング
方角・季節・時刻	ー	方角・季節・時刻	北面以外に適する
眺望	よい	眺望	よい
直射光の拡散性	なし	直射光の拡散性	素材によって異なるがあまりよくない
備考	ー	備考	固定の庇よりも太陽高度の低い場合などに対応しやすい。素材によっては直射日光の拡散透過も期待できる

ロールスクリーン（屋内設置）

水平ルーバー（屋外設置）

光環境の調節には、屋内に設置する水平ブラインドなどが使いやすい。一方で同じ形状であれば屋外に設置するブラインドやルーバーのほうが高い日射遮蔽効果を期待できる。また強風・強雨対策には庇などの建築的装置が有効

図3 室内仕上げの効果

❶地面反射率が高く室内仕上面の反射率が低い場合

室内の光の状況（輝度[cd/㎡]レベル）

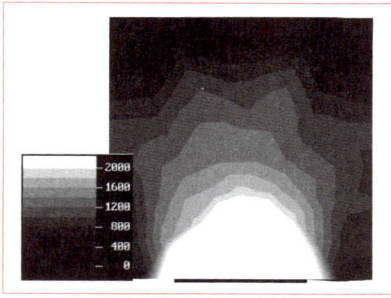
床面照度分布（照度[lx]レベル）

■設定条件（那覇市）
対象居室：1階南向き、4×4×天井高2.5m
窓寸法：200×100cm
季節と時刻：春分・秋分時、正午

❷地面反射率が高く室内仕上面の反射率が高い場合

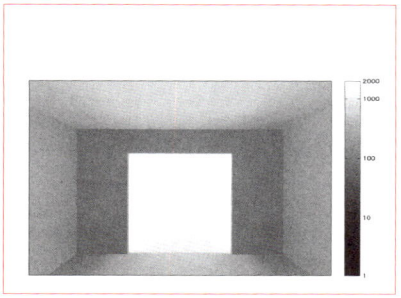
室内の光の状況（輝度[cd/㎡]レベル）

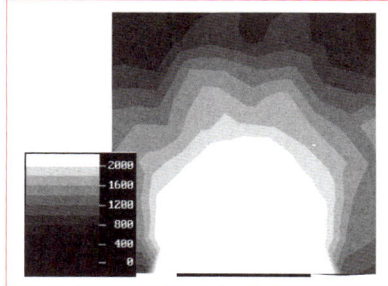
床面照度分布（照度[lx]レベル）

❶反射率（高‐低）
屋外地面80％、庇裏20％、天井50％、壁30％、床10％

❷反射率（高‐高）
屋外地面80％、庇裏80％、天井90％、壁70％、床50％

❸主な仕上材の反射率

部位	仕上材	反射率（％）	部位	仕上材	反射率（％）
天井および壁面	ヒノキ	55～65	床面	畳	50～60
	スギ	30～50		淡色ビニタイル、アスタイル	40～70
	色付きラッカー、ニス	20～40		濃色ビニタイル、アスタイル	10～20
	淡色壁紙・襖紙一般	40～70		淡色フローリング	20～30
	濃色壁紙・襖紙一般	20～40		濃色フローリング	10～20
	白漆喰壁	75～85	屋外床面	白砂利	20～40
	白壁一般	55～75		砂利、コンクリート、舗石	15～30
	茶大津、淡色壁一般	40～60		アスファルト舗装	15～20
	濃色壁一般	15～25		芝生（草原）	5～15
	和風砂壁（緑ほか濃色）	5～15		土（濡土）	3～7

> **！反射率の高い仕上材を選ぶ**
> 反射率の高い仕上材を使用すれば、昼光の導入量が少なくても、室内が明るく感じられる。室の用途や開口部の位置・サイズなどによって、仕上材を選択するとよい

プライバシー確保や防犯性能と昼光利用を両立させる

太陽光を建物内に上手に採り入れることで室内の昼間の明るさを確保し、照明エネルギー消費の削減と快適性の向上を目指す技法を昼光利用という。その手法は、開口部からの明るさを直接採り込む「採光」と、窓廻りや室内の反射などを利用した間接的な「導光」の2つに分けられる［図1］。

昼光利用の照明エネルギー削減率は、立地条件と採光条件によって変わる［表1］。郊外型の立地ならば、開口部を十分に確保することができるが、都市部の住宅密集地などでは、プライバシーや防犯の関係から、昼光利用のためだけに開口部を設けることは難しい場合が多く、昼光の導入量は少なくなりがちである。だがこうした場合でも、室内の仕上材に反射率の高いものを用いるなど、工夫次第で室内を明るくできる［図2～3、表2］。

なお、昼光利用を検討する際は、冬期の昼光は室内温熱環境に好ましい影響を与える一方、夏期には特に日射遮蔽とのバランスをとる必要があることなどを踏まえ、実際のプランニングでは、昼光とその他の要素をトータルで計画することが重要だ。

日射遮蔽 最大45%の冷房エネルギーを削減

図1 さまざまな日射遮蔽技術

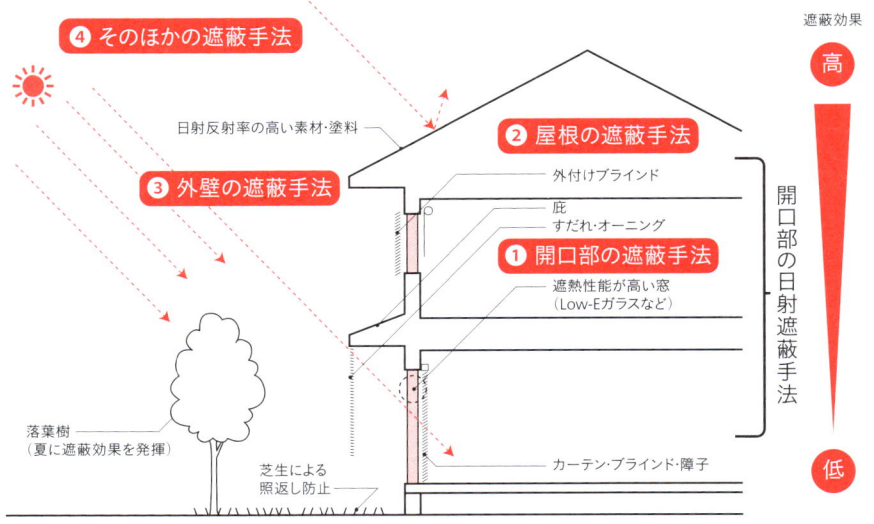

図2 部位ごとの検討ステップ

0 敷地周辺状況の確認、目標レベルの設定

1 開口部の遮蔽を検討する

断熱・気密化された住宅では、一旦開口部から日射熱を室内に入れてしまうと室外に熱を排出することが難しいため、とりわけこの対策が重要
① 開口部から入る夏期の日射侵入を防ぐ軒や庇の設置
② 遮熱性能の高い窓ガラスの使用（日射遮蔽型 Low-E 複層ガラスなど）
③ 日射遮蔽部材の利用（外付けブラインドやオーニングなど窓の外に設置するタイプは効果が大きい）

2 屋根の遮蔽を検討する

屋根面は日射受照時間が長時間に及ぶため、断熱に加えて、日射遮蔽対策が重要。室内への熱流入や屋根・天井面から室内への放射熱を抑制する対策が必要となる
① 日射反射率の高い屋根材の使用
② 小屋裏換気による排熱（天井断熱の場合）
③ 屋根の通気措置による温度上昇の抑制（屋根断熱の場合）

3 外壁の遮蔽を検討する

外壁の日射遮蔽対策の基本は、屋根面と同様。断熱性能を向上させ、かつ外壁面で吸収された日射熱の室内への流入を抑制する対策が必要となる
① 日射反射率の高い外壁材や外付けルーバーの使用
② 外壁の通気措置による温度上昇の抑制

4 その他の遮蔽を検討する

地表面やベランダ床などからの開口部から侵入する日射の照返しを防ぐ対策が必要となる
① 照返しの防止措置（芝生、ヨシズなど）
② 庭木による日射遮蔽措置（南側に植える落葉樹など）

図3 日射の遮蔽・取得に関する基礎知識

日射遮蔽性能は日射熱取得率（η：「イータ」）で表わされる。日射熱取得率とは、窓ガラスに入射した日射熱が室内側に流入する割合を示す。日射熱取得率が大きいものほど日射熱を多く室内に取り入れ、日射熱取得率が小さいものほど日射熱を多く遮蔽する

日射熱取得率
- 大きい＝侵入が大きい＝取得効果が高い＝日射取得重視の部屋
- 小さい＝侵入が小さい＝遮蔽効果が高い＝遮熱重視の部屋

Memo1
窓においては「日射侵入率」と「日射熱取得率」は同義

Memo2
建物外皮の熱性能基準は平成11年省エネ基準では、熱損失係数（Q値）、夏期日射取得係数（μ値）などで評価していたが、平成25年省エネ基準では外皮平均熱貫流率（U_A値）と冷房期の平均日射取得率（η_A値）で評価している

図4 日射遮蔽対策の目標レベルと省エネルギー効果

❶方位別の開口部の日射侵入率の基準値

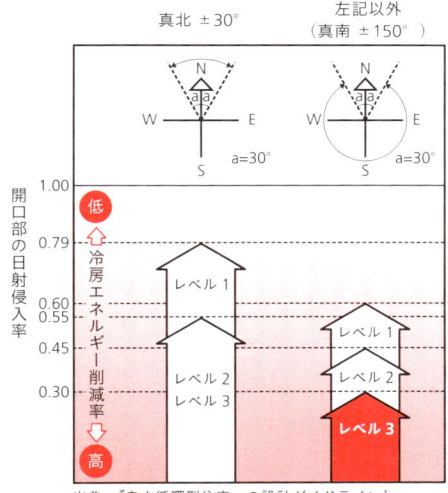

出典：『自立循環型住宅への設計ガイドライン』（財）建築環境・省エネルギー機構発行

❷日射遮蔽対策の目標レベルと省エネルギー効果

目標レベル	主開口面の方位		
	南	南東または南西	東または西
レベル0	基準条件	増加率30%	増加率10%
レベル1	削減率15%	削減率20%	削減率20%
レベル2	削減率30%	削減率25%	削減率25%
レベル3	削減率45%	削減率35%	削減率35%

冷房エネルギーの削減率は、主開口面が南向きの場合で、日射遮蔽措置を講じなかった場合をレベル0としている。レベル3（日射侵入率0.30以下）の高度な日射遮蔽措置を講じた場合、冷房エネルギー削減率は45％となる

注：上記の省エネルギー効果が期待できるのは、以下の①②を満たす開口部であることが条件。①住宅の延床面積に対して、当該方位に面する開口部面積の割合が15％程度以上、②当該方位に面する開口部面積が他方位に面する開口部面積の3倍程度を超えている

出典：『自立循環型住宅への設計ガイドライン』（財）建築環境・省エネルギー機構発行

日射に対する理解から始める

日射遮蔽技術は、夏期・中間期において建物内に侵入しようとする日射を上手に遮ることにより、室内への太陽熱の過度の流入を抑制する技術である［図1］。その目的は大きく2つある。

❶冷房エネルギーの削減
室内に流入する日射熱を低減させ、冷房エネルギーを削減する

❷室内を涼しく保つ
室温および内壁面などの表面温度の上昇を抑える

日射遮蔽には、開口部・屋根・外壁などいくつかの部位が関係する。敷地周辺の状況を確認し、目標レベルを設定したら、各部位ごとに手法を検討していきたい［図2］。

また、日射遮蔽対策を考える最初の一歩は日射の特徴を理解し、日射熱取得率（η値：イータ値）などの用語の意味を覚えることに始まる［図3］。なお、開口部の日射侵入率を下げることで、開口部の方位によっては15～45％の冷房エネルギー削減効果が見込めることが、試算により確認されている［図4］。22頁以降の技術解説を参考に、日射遮蔽による省エネ住宅の実現に取り組んでもらいたい。

＊：『自立循環型住宅への設計ガイドライン』（財）建築環境・省エネルギー機構発行による試算

日射遮蔽 東・西から差し込む夏の日射に要注意

図1 開口部からの熱損失は見逃せない

❶ 夏の冷房時（昼）に開口部を介して熱が流入する割合 **73%**

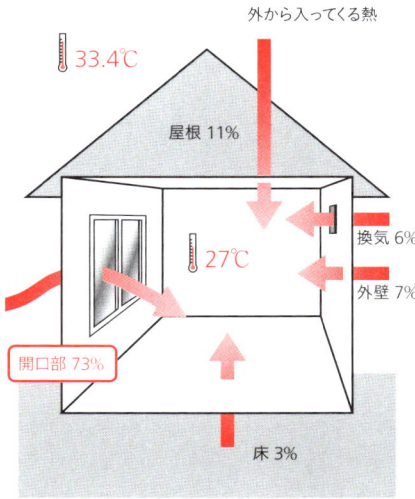

❷ 冬の暖房時の熱が開口部を介して熱が流出する割合 **58%**

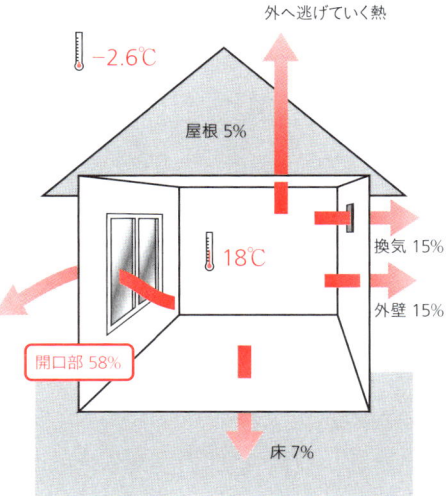

図2 開口部（ガラス面）の方位別日射熱取得率

地区 東京	日射取得熱率（W/㎡）			
時刻	9	12	14	16
トップライト	654	843	722	419
北	42	43	42	38
北東	245	43	42	36
東	491	43	42	36
南東	409	93	42	36
南	77	180	108	36
南西	42	147	377	402
西	42	50	400	609
北西	42	43	152	440

注1：上の数値を窓の面積に掛けると窓からの日射取得熱量となる　注2：単位はW/㎡　測定日は7月23日

この表は、1㎡当たりのガラス面より室内に入る熱エネルギーを示している。南面と比較すると、東面の9時、西面の16時の数値が圧倒的に大きいことが分かる。一般的に西面の開口部の日射遮蔽には配慮をするが、東面の開口部も同様に日射遮蔽措置を検討したい。この処理を怠ると、夏場に暑いといったクレームになりやすい。開口部の位置・方位によっては外部遮蔽部材の設置や高性能なガラス・サッシの選択を検討したい

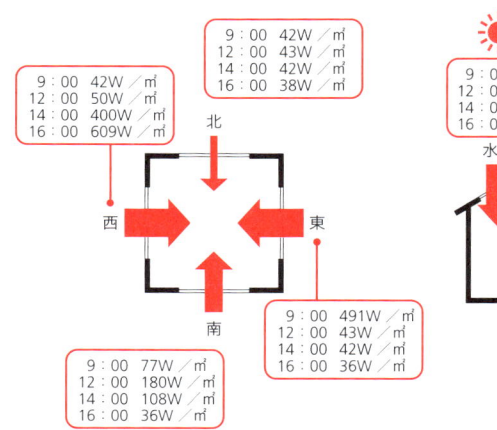

夏期になると、トップライトからは大きな熱エネルギーが1日中室内に侵入することとなる。日射遮蔽は必須である

022

図3 東京の太陽方位・高度

❶夏至（平面）

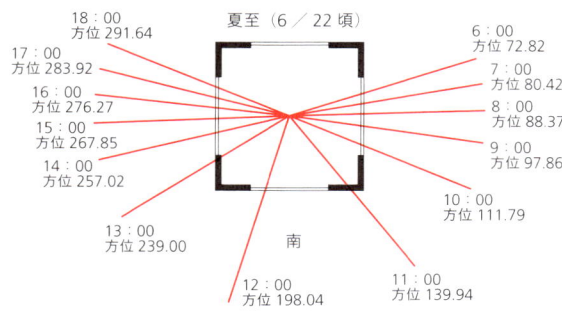

❷冬至（平面）

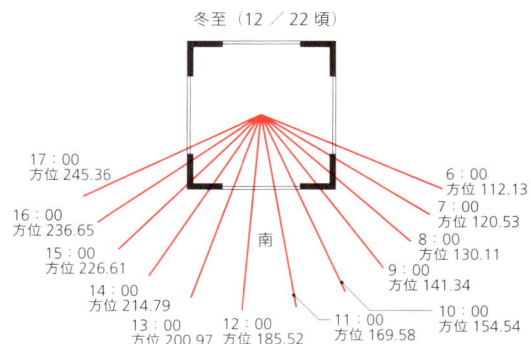

日の出から日の入りまでの間に、東西南北、すべての開口部から日射が入る。それぞれの時間の太陽高度を東西南北の図面上に落とし込み、どのような方法で日射を遮るかを検討する。南面の日射は庇などで比較的容易に遮ることが可能だが、東・西面の日射は庇で遮ることが太陽高度の関係で難しいため、庇とは別に外部遮光やガラスの性能を上げるなどの方法を取るとよい

太陽光の直接日射は好ましく働くため、それぞれの時間の太陽の高度を図面上に落とし込み、積極的に室内に導くような開口計画を行う。また、冬期は室内温度と室外温度との差が夏期よりも大きくなるため、逆に開口部から奪われる熱エネルギー量も非常に大きくなる。この室内から温度差によって出る熱エネルギーをいかに抑えるかが重要となる。この逃げていく熱エネルギーを抑えるには開口部の断熱性能を上げるしかない

❸夏至、冬至（断面）

立体的な影のチェックも欠かせない。季節ごとの太陽高度と日影の状況を確認し、床面のどのあたりまで日が差し込むか、隣接する建物の影はどこまで伸びるかなどをイメージしながら、開口部の位置を検討する

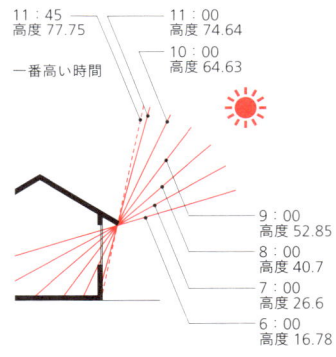

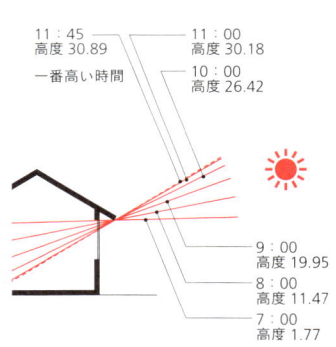

太陽方位・高度を踏まえる

開口部の熱損失は、外壁や屋根といったほかの部位と比較してとても大きい［図1］。建物の開口部（ガラス面）の位置や寸法、形状や仕様を検討する際は、一般的な傾向として、敷地周辺の太陽高度と方位を踏まえることを忘れてはならない。法規や採光条件、隣接する建物との関係といった要素に気を取られがちだが、開口部は住環境に大きく影響する室内の熱負荷と深く関わってくるのである。

室内の熱負荷には、❶室内外の温度差によって壁や開口部から流入・流出する熱エネルギー、❷開口部から直接室内に入ってくる太陽光による熱エネルギー、の2つがある。

❶については、壁や開口部の断熱性能を向上させることで流出入する熱エネルギーを制御することができる。

❷については、夏期は庇や軒、屋内外に日射遮蔽部材を設置するなどして、太陽光による熱エネルギーを開口部から侵入させない計画が基本となる［図2・3］。

特に、大開口を持つ建物を設計する際は、開口部の大きさや配置が室内の温熱環境に及ぼす影響は大きい。的確な計画が必要だ。

日射遮蔽 外部遮光部材が必要な方位

図1 日射は外部で遮断するのが有効

開口部と日射侵入率の関係

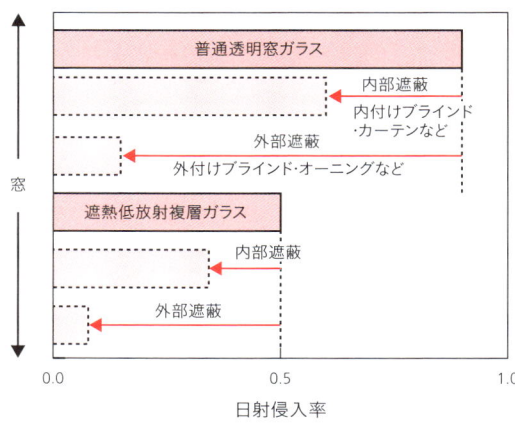

左図は、カーテンやブラインドなどにより室内で遮光した場合、外付けブラインドやオーニングを取り付けた場合において、それぞれの遮光効率を、普通透明ガラスおよび遮熱低放射複層ガラスとの組み合わせパターンで比較したもの。外部で遮蔽したほうが、効果が高いことが分かる

参考：『自立循環型住宅への設計ガイドライン』
(財)建築環境・省エネルギー機構発行より抜粋

図2 庇の効果と条件

❶庇と認められる条件

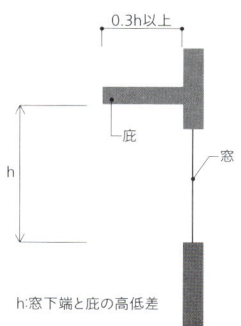

h：窓下端と庇の高低差

庇や軒などは、日射遮蔽に有効な形状とする必要があるが、庇などの設置方位により日射遮蔽効果は異なる。上の図は庇の出と開口高さの関係を、夏場の南面の開口を例に分かりやすくしたものだ。庇の下端から窓開口の下部までの距離の0.3倍以上とすることが理想とされている。ただし、太陽高度の低い東、西面では、庇などによる日射遮蔽効果はほとんど期待できない

❷庇の有無による遮蔽効果係数の関係

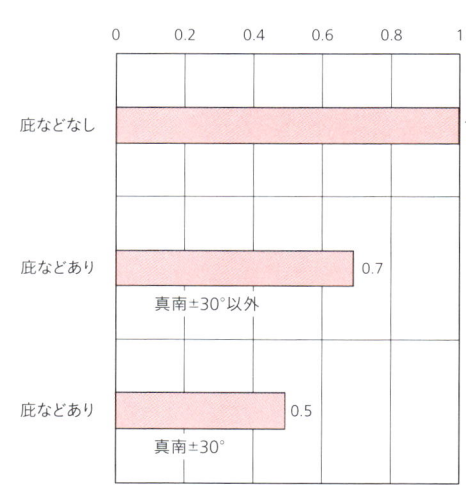

出典：『自立循環型住宅への設計ガイドライン』
(財)建築環境・省エネルギー機構発行

夏期の東面、冬期の西面には外部遮光部材を検討

庇はただ大きくすればよいというものではない。建物の庇の寸法や形状、開口寸法を決めるには、敷地周囲の日当たり状況や近隣建物との近接条件を踏まえて、開口部（ガラス面）からの日射の侵入状況を詳細に読み取る必要がある。

そのためには、夏期と冬期それぞれの日射状況を検討しなければならない[23頁参照]。夏期の日射による熱エネルギーの影響は甚大なので、庇によって太陽光の影響をいかに低減させるかが設計上のポイントとなる。

夏期の東面、冬期の西面に位置する開口部については、庇だけで日射を十分に遮蔽することは難しい。庇とは別に、外付けルーバーなどの外部遮光部材を採用することが好ましい。また、冬期の好天時には、積極的に日射を導入して熱を室内に蓄えることも検討したい。

→ Case Study
西日の影響を遮る外付けルーバー

本事例「富ヶ谷の住宅」は、都内にある3階建ての建物。西向き斜面地に建ち、西日の影響を大きく受けることが計画時に予想された。これに対処するため、まず、地階と1階部分の、西向き開口部を極力小さくし、日射負荷を抑えた。外壁にはスギ製のルーバーを取り付けた。

2階部分には、夏期の西日を遮光するため電動外付けブラインドを西側全面に採用。約10KW程度の日射負荷を抑えることが可能となった。また、冬場のコールドドラフト遮断のため、電気式のパネルヒーターを西・北面開口部の室内側の床下に組み込む措置を取っている［図］。

これらによって、猛暑の年にもエアコンの稼働率は非常に低くて済んだ。

図 熱負荷軽減を狙って開口部の位置・仕様を検討

❶2階断面図［S＝1：50］

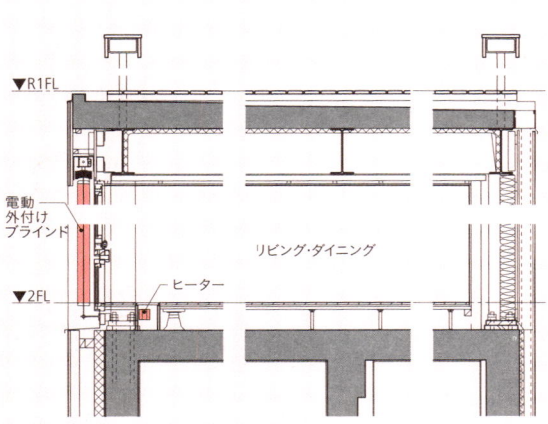

❷2階平面図［S＝1：200］

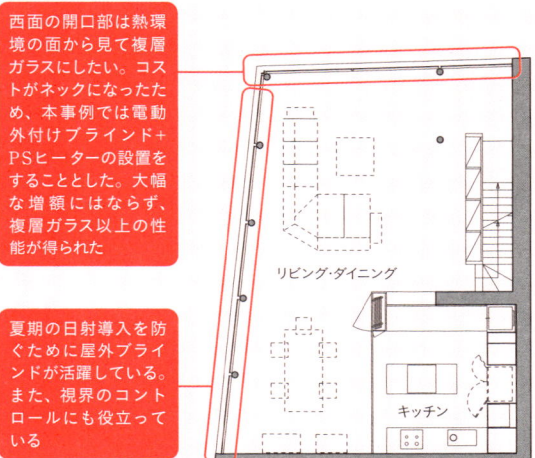

西面の開口部は熱環境の面から見て複層ガラスにしたい。コストがネックになったため、本事例では電動外付けブラインド＋PSヒーターの設置をすることとした。大幅な増額にはならず、複層ガラス以上の性能が得られた

夏期の日射導入を防ぐために屋外ブラインドが活躍している。また、視界のコントロールにも役立っている

写真　「富ヶ谷の住宅」外観（写真＝近藤創順）

協力：プラスニューオフィス一級建築士事務所

❸1階平面図［S＝1：200］

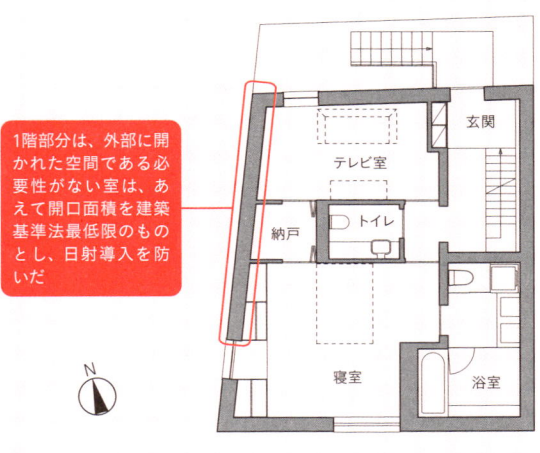

1階部分は、外部に開かれた空間である必要性がない室は、あえて開口面積を建築基準法最低限のものとし、日射導入を防いだ

日射遮蔽 樹木は「水の膜」として利用できる

図1 気象・立地条件が要素技術に及ぼす影響

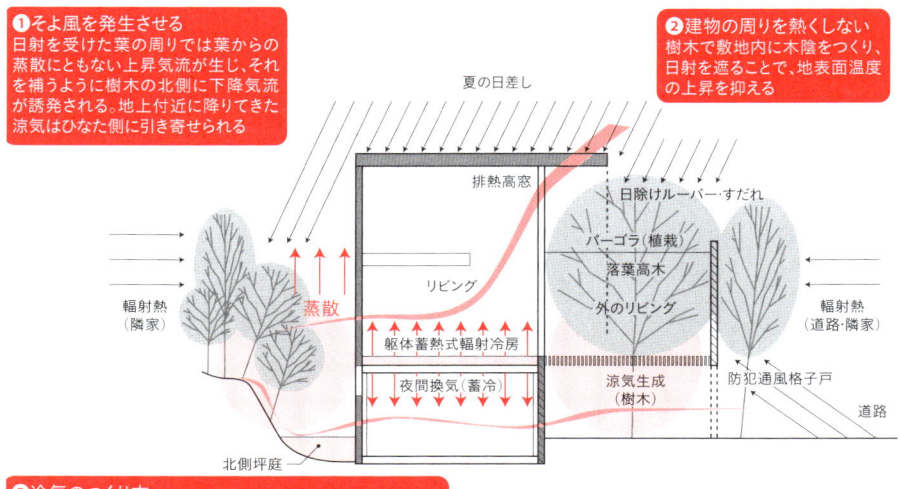

❶ そよ風を発生させる
日射を受けた葉の周りでは葉からの蒸散にともない上昇気流が生じ、それを補うように樹木の北側に下降気流が誘発される。地上付近に降りてきた涼気はひなた側に引き寄せられる

❷ 建物の周りを熱くしない
樹木で敷地内に木陰をつくり、日射を遮ることで、地表面温度の上昇を抑える

❸ 冷気のつくり方
樹の下では地面の温度が周囲より低くなり、涼しく感じられる

図2 落葉樹による日差しの調整

❶ 夏の日差し
影をつくることで日射しが部屋に直接差し込むのを防ぐ

❷ 冬の日差し
冬は葉がなくなり、日が部屋に差し込み暖かい

外部廊下に新設されたパーゴラ（竣工後2年目）。バルコニーの床が熱せられると、輻射熱で室内を暖めてしまうため、しっかりと日射を遮蔽したい
（写真＝HAN環境・建築設計事務所）

❸ 樹木の高さと主な落葉樹の例 [*1]

中高木	3m～	アカシデ、アキニレ、イヌシデ、イロハモミジ、カツラ、クヌギ、コブシ、コナラ、ヒメシャラ、リョウブ、ヤマボウシ
	2～3m	エゴノキ、コバノトネリコ、ナツツバキ、ナナカマド

樹木による日射遮蔽には、カツラやコナラなどの落葉広葉樹が好ましい。効果を得るには、樹木を建物からどの程度離して植えるかもポイントになる。建物と樹木の距離は、夏の日差しの角度と樹高から決める

「暑さ」を遠ざけ「涼」を導く

夏季に快適な室内環境をつくるためには、室内への日射を遮蔽するとともに、建物の外周を熱くしないことが重要だ。日射遮蔽の方法はさまざまだが、庭がある場合は、建物のより外周から日射を遮蔽する高木植栽や壁面緑化を積極的に行いたい。植栽計画では次の❶から❹を組み合わせることが望ましい。

❶ 日射を直接建物の中に入れない
夏は日中の太陽高度が高いので、南向きの窓はある程度深い軒や庇があれば、室内に日差しが入りにくい。一方、太陽高度が低い朝夕の東西からの日差しは室内の奥まで入り込み、室内を暖めてしまう。そこで、東西の窓は植栽や壁面緑化が効果的である。植物は根から水を吸い上げ、葉から蒸散しているので、自動的に水分を補給するいわば「水の膜」として機能する［図1・2］。
また、樹木が育ち十分な日射遮蔽

*1：葉が密でない落葉広葉樹が好ましい。なお、検討の基準となる樹高は、成長後の大きさである

図3 北側の日射遮蔽措置

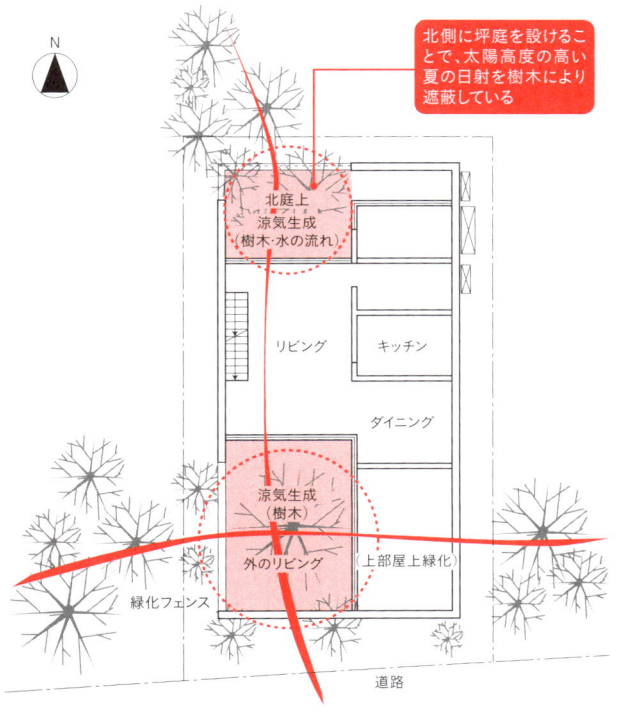

見逃しがちなのが、建物北側にあるバルコニーなどの日射遮蔽である。夏は日の出、日の入りが北側に振れていること、太陽高度が高いことにより建物の北側であっても午前中から夕方まで日差しが照りつけるケースが少なくない。北側にも植栽し、パーゴラをつくるなど、しっかりと日差しを遮ることが望ましい

北側に設けられた坪庭。池の水を循環させ、水の流れをつくることで積極的な冷気生成も行っている
（写真＝HAN環境・建築設計事務所）

図4 涼風を呼び込む配植例

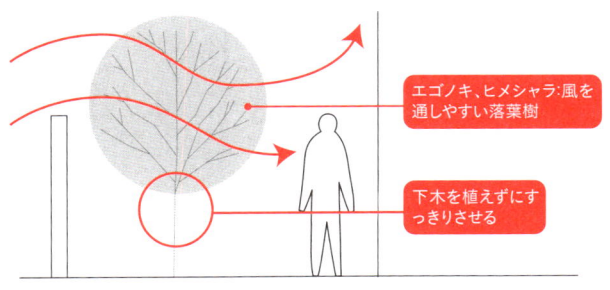

葉の付き方が比較的まばらで、風を通しやすい樹木を選ぶことがポイント。特に、カエデ類やエゴノキ、ヒメシャラ、マユミなど、小さな葉の落葉広葉樹が向いている。ただし、落葉樹だけで庭を構成すると、夏以外の季節は葉が少なくなるか、まったくなくなってしまう。常緑広葉樹でも、比較的風を通しやすいシラカシやソヨゴなどを配植するのもよい［*2］

の効果を発揮するまでには、多少の年月が必要である。アサガオやゴーヤー、キュウリなど、単年で十分な壁面緑化が可能な植物を植えたり、すだれやヨシズなどを利用し補完するとよい。

❷ 熱源をつくらない

敷地内はできるだけ樹木で木陰をつくり、熱くなるのを防ぐことが望ましい。地面は植栽や保水ブロックなどで覆い、日差しを受けても温度上昇を比較的抑えられる設えとしたい。建物北側は日射遮蔽にも気を配りたい［図3］。

❸ 不快な輻射熱を防ぐ

建物周囲の熱源からの不快な輻射熱は、徹底して室内に入れないことが望ましい。たとえば、東西に走る道路は一日中直射日光を浴びて熱くなり、夜中まで不快な熱源となる時期もある。また、敷地内の地面や車、隣家の外壁や屋根からの輻射熱は樹木配置の工夫や壁面緑化などで防ぎたい。道路からの不快な輻射熱は生垣で防ぐのが効果的だ。

❹ 「涼しさ」を室内に取り入れる

建物周囲の「涼しさ」は、しっかりと室内に取り込みたい［図4］。特に建物の北側に植えた樹木の下には冷気が溜まっている。北側の地窓から冷気を取り入れ、建物の上部から暖まった空気を排出するなど、計画的な冷気の導入が重要である。

*2：気象データなどで、事前に風向などを確認しておくとよい［80頁参照］

→ Case Study
日射遮蔽部材の選択は適材適所で

日射遮蔽部材の種類には開口部用、屋根用、外壁用があり、そのうち開口部用には外付け型と内付け型がある。日射遮蔽性能は外付け型の効率が格段によいが、設計上は四季を通じての快適性、意匠性を考えた適材適所の部材選択が必要である。

ハニカムスクリーン付き木製突出し窓や、屋上床日射遮熱ブロックなど従来になかった新機能を備えた部材や、意匠性に優れた部材も開発されている。日射遮蔽性能を重視しながら、コスト、使い勝手まで含めた総合的な判断で選択したいものである。

ここでは、2010年3月末日竣工の4軒の住宅に用いられている、効果の高い日射遮蔽部材を紹介する。

表1 住宅事例における日射遮蔽部材

所在地	事例❶ 東京 S 邸 東京都 葛飾区	事例❷ 豊岡市エコハウス 兵庫県 豊岡市	事例❸ いしかわエコハウス 石川県 金沢市	事例❹ 宮古島市エコハウス （市街地型） 沖縄県 宮古島市
省エネルギー基準地域区分	6 地域	5 地域	6 地域	8 地域
平均日射地域区分	A3 区分	A2 区分	A2 区分	A5 区分
敷地条件	低層住宅が高密度に建つ地域。近隣建物により1・2階への日射は一部遮られるが、3階以上は遮られる建物なし	日射を遮る建物が周辺に無い広い敷地。市内のコウノトリ生息拠点の1つである自然豊かな湿地に面する	日射を遮る建物が周辺に無い広い敷地。樹木が比較的多く、地面も広い範囲で緑化されている	市街地にあり、公園に面する部分と道路に面する部分がある。周辺に樹木はなく、近隣の建物とは道路を隔てて少し距離がある
日射遮蔽部材と、2010年3月竣工後の状況	日射遮蔽部材1 ハニカムスクリーン付き木製突出し窓	日射遮蔽部材1 スライド式日射遮蔽格子建具	日射遮蔽部材1 妻壁用後付け木製ルーバー	日射遮蔽部材1 花ブロック
	西日対策に効果があった。24時間滞在の高齢者の寝室で、窓の近くにベッドがあり、最上階（3階）かつ西向きという悪条件下、2010年の夏を問題なく快適に過ごすことができた（エアコンは28℃程度に設定）	西日対策に効果があった。主開口面が南西という悪条件下、設計どおりの日射遮蔽効果を得ることができた。格子状建具のディテール設計により、閉めたままでも拡散光が入り風が通る格子戸となっている。太陽高度の高い16:00までは横格子が、それ以降は太陽の北西へ傾く方位角を利用して縦格子が日射を遮る。なお、1階は大きな庇で15:30までの日射は遮られるので縦格子のみとした。必要性に即した設計だが、2階と1階の建具デザインに変化が生まれた	西日および朝日対策に効果があった。2010年9月9日午後4時頃、西壁のルーバー表面は50.3℃、ルーバーの内部壁表面は38.8℃で、差は11.5℃。真夏日では65℃と50℃、差が15℃くらいのこともあり、明らかに表面温度の低減に寄与している	日射遮蔽に効果があった。室内からの見え掛かりもよく、強い日差しを柔らかくして、暑さ感を和らげていた
	日射遮蔽部材2 電動外付けブラインド		日射遮蔽部材2 オーニング併設ガラス屋根	日射遮蔽部材2 屋上床日射遮熱ブロック
	終日、最下端まで降ろし、羽根角度の調整のみを行って使用。約30㎡の大開口につき、ルーバーが見えていても光量は充分でうっとおしさはなく、日射侵入に悩まされることもなかった		2010年夏の気象条件の類似した2日の計測結果によると、「8/23 オーニング張り出し時」と「8/30 オーニング収納時」の温度差は、屋外デッキ表面では20℃、窓ペアガラスの室内側では7℃。明らかな効果を確認している	スラブの上面（日射を受ける側）温度とスラブ下面温度それぞれを測定して結果を比較したところ、スラブ上面では、無対策とブロック敷で約17℃の差。スラブの下面では、無対策とブロック敷で約13℃の差。上面においても下面においても大きな効果を確認できた
所有者	個人	豊岡市	石川県	宮古島市
設計者	寺尾三上建築事務所	いるか設計集団	金沢計画研究所	NPO 蒸暑地域住まいの研究会
構造・階数	木造・3階建て	木造・2階建て	木造2階建て	RC造・2階建て
敷地面積（㎡）	133.62	1,282.72	1544.03	173.35
延床面積（㎡）	199.28（駐車場含み 217.25）	184.2	307.61	191.27

> **Memo**
> 平成25年省エネ基準において、窓の日射熱取得率の計算上、日射遮蔽に有効な窓の付属部材は「和障子」「外付けブラインド」に限られている点は注意が必要

事例1 木製突出し窓・電動外付けブラインド

ハニカムスクリーン付き木製突出し窓。西日遮蔽に効果がある。突出し窓閉鎖時、ガラスとスクリーンの間に溜まった熱気を下枠・上枠のスリットにより抜く機能がある（写真＝キマド）

電動外付けブラインド。幅5m、高さ6mの大型開口部に、羽根角度調整や昇降自在の電動ルーバーを設置した。日射遮蔽に効果があるほかに、プライバシー保護にも役立つ。ハニカムスクリーン付き木製突出し窓は遮蔽建物の無い塔屋・3階南西面に、電動外付けブラインドは道路に面した東南面に、それぞれ設置されている

電動外付けブラインド全開放時

電動外付けブラインド下降中

電動外付けブラインド下降時

室内から見た電動外付けブラインド

事例2 スライド式日射遮蔽格子建具

スライド式日射遮蔽格子建具（外部設置）。遮蔽建物の無い南西面に設置され、全開放時は戸袋に収納される

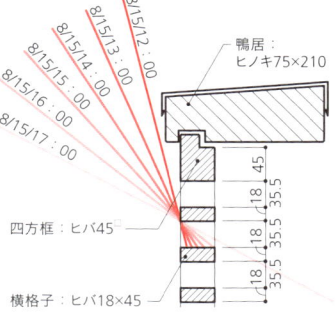

格子建具断面図［S＝1：10］

事例3 妻壁用後付け木製ルーバー

妻壁用後付け木製ルーバー。新築住宅のみならず、既存住宅の日射遮蔽および耐震改修のために考案された東・西妻面木製ルーバー

屋外テラスのガラス屋根の下部にオーニングを設置。必要に応じて開閉する。オーニングにより床温度の加熱が防止され、室内への影響が最小限に緩和される

事例4 花ブロック・屋上床日射遮熱ブロック

花ブロック。日射遮蔽の効果は大きく、ファサードのデザインにも寄与する。地産地消型の材料を用いることにより、地域性豊かな表情となる

屋上床日射遮熱ブロック。屋上に400mm角のブロックを敷くことにより、屋根反射と屋根通気の両方の効果が得られた。ブロックは浄水場の廃棄物・炭酸カルシウムペレットを白い反射面として活用した地元の材料

遮熱 外廻りに有効な材料・工法

図1 断熱材室内表面温度

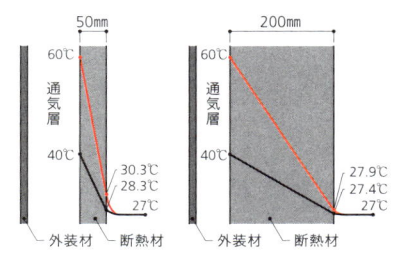

定常計算結果
断熱材：グラスウール10K 熱伝導率λ=0.05（W／mK）
室内側熱伝達率：9.1（W／m²K）

図3 開口部廻りの通気胴縁

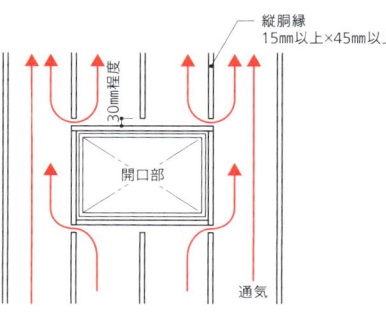

図2 垂木間充填断熱

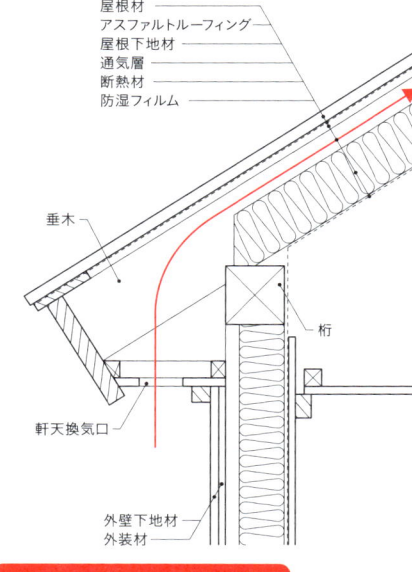

桁上部で断熱材が通気層をふさがないようにする施工上の工夫が必要となる

施工時に断熱材を押し込み過ぎて通気層を塞がないように注意する

外装材の日射反射率は高く

屋根・外壁の遮熱には、日射反射率の高い外装材の使用が有効だ。一方で、屋根や外壁の断熱性能を上げていくと、遮熱材の効果は薄くなる。たとえば次世代省エネ基準の外壁断熱（厚100mm）であれば、遮熱材による効果は断熱材の1割増（厚110mm）相当となる。このような効果を考えると、まず断熱性能を確保し、その上で遮熱を検討するという順序で考えたい。

断熱性能は、次世代省エネルギー基準以上を積極的に検討したい。特に、勾配天井などを伴う居室が屋根直下にある時は、断熱性能を高めた設計を行う。たとえば、断熱材外側表面で60℃だとする。この場合、屋根仕様がグラスウール50mm厚であれば、断熱材の室内側表面温度は30・3℃、屋根仕様がグラスウール200mm厚であれば、27・9℃となり、より快適な温熱環境が得られる[図1]。

壁体内結露や屋根断熱の内部結露を抑制する働きもあるため、現代の住宅には必須の措置といえるだろう。また、省エネの観点で見れば、通気層をとることで5℃程度の温度低下の効果が期待できる。

通気層を確保する以上、当然、通気が機能していることが重要だ。たとえば、垂木間断熱による桁上部分の断熱材施工［図2］や、壁面における開口部の上下［図3］など、通気層の確保にはさまざまな閉塞要因がある。

屋根の垂木間充填断熱の場合、軒裏換気口から外気を入れて棟換気をするケースが多い。しかし、施工時に断熱材を通気層まで押し込んでしまい、通気層までも塞いでしまうといった施工ミスが発生することがある。また、棟部では設計段階で「頂上部分を水平断熱すること」などと、明示する必要が

通気を妨げる要因をなくす

通気層は、遮熱だけでなく、外装材から入り込んだ雨水の躯体への浸入、

図4 棟部分の水平断熱

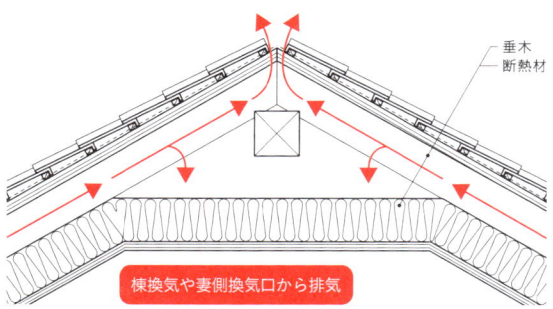

全ての垂木間通気の空気が棟換気部材から外に抜けるような配慮が必要である。頂上部において、一般的には棟換気部材の設置は一部である。その場合、屋根なりに頂上まで断熱してしまうと、すべての垂木間通気が棟換気口とつながらないため、頂上部もすべての垂木通気が棟換気部材から抜けるよう、設計段階で「頂上部分を水平断熱すること」などを明示しておく必要がある

図5 寄棟隅木部の通気の工夫

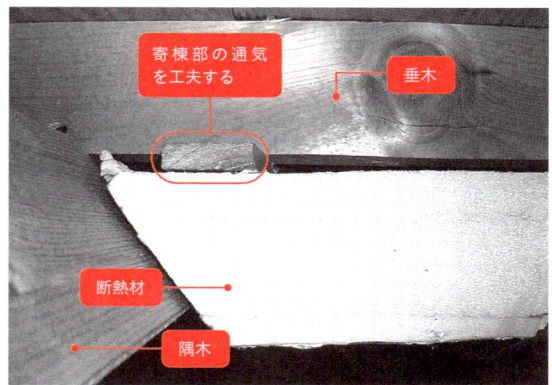

寄棟隅木部の通気の工夫例。隅木で垂木間通気が止められてしまわないように断熱材を施工している

表 太陽光パネルは遮熱効果も期待できる

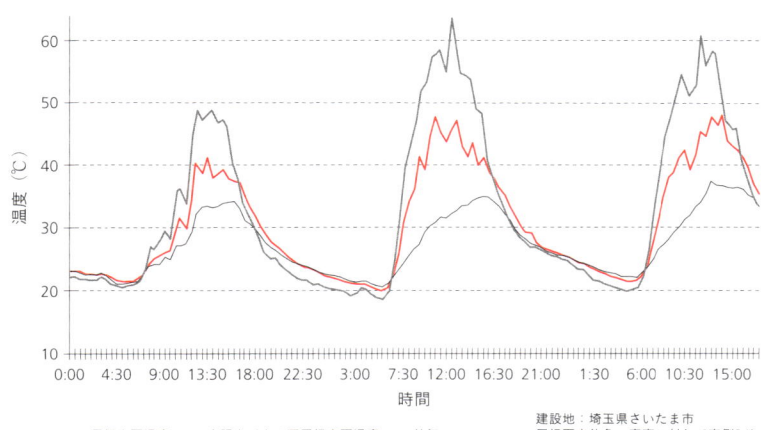

屋根表面温度変動グラフ（2005／08／31～09／02）の測定結果を見ると、太陽光パネル未設置部分では屋根表面温度が60℃なのに対して、パネル下の屋根表面温度は47～48℃であることが分かる。太陽光パネルは遮熱にも効果が期待できる

あるだろう[図4]。寄棟の場合も同様に、隅木で垂木間通気が止められてしまうことがあるので、通気のための工夫が必要となる[図5]。

太陽光パネルで遮蔽する

そのほか、太陽光発電システムの設置も、屋根面の遮熱には有効だ。表のデータは、筆者の自宅で測定したものである。太陽光パネル未設置部分では屋根表面温度が60℃なのに対し、パネル下の屋根表面温度は47～48℃となった。太陽光発電システムを採用する場合、勾配天井やロフトの直上にシステムを配置するなどのちょっとした配慮も、室内の温熱環境向上に効果をあげるだろう[表]。

Low-E複層ガラスは種類に注意

日中、室内に熱を入れないようにする対策も重要だ。低放射複層ガラス（Low-E複層ガラス）については、遮熱重視（遮熱型・夏型とも呼ばれる）とそうでないもの（断熱型・冬型とも呼ばれる）の2種類があることを知っておくとよいだろう[52頁参照]。開口部の方位によって、Low-E複層ガラスも使い分けることも重要だ。

→ Case Study
居住者の省エネ行動をデザインにつなげる

住まい手の省エネ行動

居住者に期待される省エネ行動には、スイッチをこまめに入り切りするといった節約系の事項をはじめ、窓の開閉による採風やすだれを活用した日射制御といった自然エネルギーを利用した環境調整もあげられる。建築デザインとの絡みでは、後者について十分検討が必要だ。

人間が外部環境に合わせて着衣の調節を行うことは、極めて一般的だ。暑ければ一枚脱ぎ、涼しくなればはおる。さらに寒ければ厚手の服を重ね着する。住宅建築においても、衣服に準じて、夏や冬といった季節の設えがあるのではないか。場合によっては、日中と夜といった時刻によって設えを変えることもありうる。いかに性能が高かろうなければ、居住者が省エネ行動を採らなければ、実際の消費エネルギーは削減されない。高効率の給湯器を用いたところで、湯水のごとく湯を使ってしまえば、元はだだい無理がある。しかし、調

ある著名な海外の環境エンジニアから聞いた話である。自分がかかわった省エネ住宅において、計測の結果思ったような性能が発揮されていないことが判明した。そこで居住者に対して住まい方を指南する手紙を書いたというのである。設計者が住まい方に注文をつけるとは余計なお世話と思ったが、実はここに省エネ住宅のひとつの本質がある。省エネ住宅とは住宅における消費エネルギーを削減する工夫がなされた住宅だが、住宅自体に工夫がされていたとしても、居住者に工夫がなされた住宅だが、住宅自体に工夫がされていたとしても、居住者

のもくあみだ。どこまで居住者の行動を規定（期待）するかどうかの問題はあるとしても、省エネルギー住宅は居住者がその役割を担って初めて性能が発揮されるといえる。その点で、省エネ性能は、耐震性能や景観性などとは大きく性格が異なる。省エネ住宅において居住者の果たす役割は大きい。

図1 LCCM住宅のプラン

1階平面図［S＝1：150］

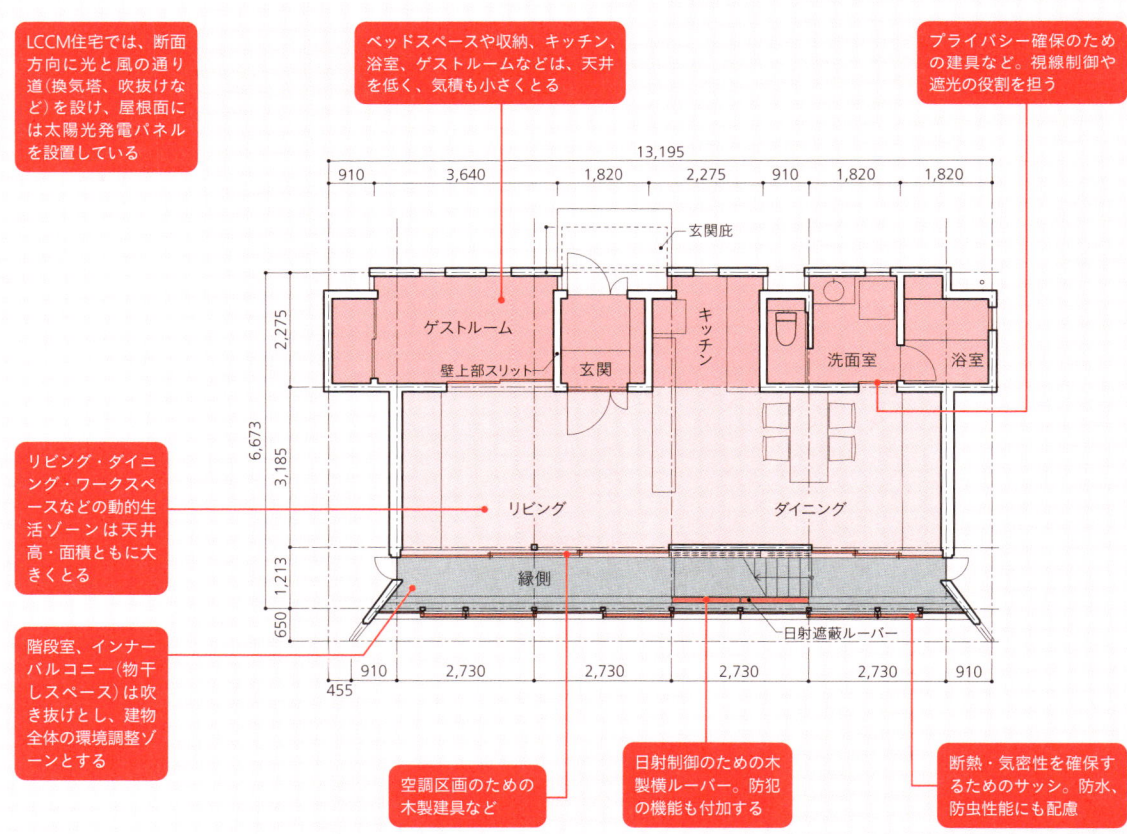

- LCCM住宅では、断面方向に光と風の通り道（換気塔、吹抜けなど）を設け、屋根面には太陽光発電パネルを設置している
- ベッドスペースや収納、キッチン、浴室、ゲストルームなどは、天井を低く、気積も小さくとる
- プライバシー確保のための建具など。視線制御や遮光の役割を担う
- リビング・ダイニング・ワークスペースなどの動的生活ゾーンは天井高・面積ともに大きくとる
- 階段室、インナーバルコニー（物干しスペース）は吹き抜けとし、建物全体の環境調整ゾーンとする
- 空調区画のための木製建具など
- 日射制御のための木製横ルーバー。防犯の機能も付加する
- 断熱・気密性を確保するためのサッシ。防水、防虫性能にも配慮

032

LCCM住宅のゾーニング

節のしようがない建物仕様が、居住者の意識を省エネ行動から遠ざけているという側面もあるのではないか。

そこで、生活や季節に応じたいくつかのモードを組み込んだ住宅を考えてみようということで計画を行ったのが、「ライフサイクルカーボンマイナス（LCCM）住宅」である［図1］。国土交通省住宅局の研究開発事業の一環として、環境工学、建築構法、建築材料等の研究者が協働したものである。ここでは、太陽光発電パネルによる創エネによって、生活運用時の排出CO₂と建設・廃棄時の排出CO₂をあわせたライフサイクルでのCO₂収支をマイナスにすることが目指されている。

空間構成としては、ストライプ状のゾーニングとなっている。南側に縁側のような動線空間を設け、北側には水廻り・ベッドスペースなどの機能諸室を設け、その間がリビングやダイニングなどの活動領域となっている。縁側状の空間の両サイドには、いくつかの役割を担うレイヤーが設けられている。建具（気密・水密）、網戸（防虫）といった一般的なレイヤーに加え、日射遮蔽や断熱補強などの役割を果たすレイヤーを配している。これらのレイヤーの開閉によって、居住者の意識を省エネ行動から着衣を調整するごとく居住者が環境調整を行える仕組みとしている。環境の異なる領域を用意することで、季節や時間、アクティビティに応じて、快適な場所を選択することが可能な設えとしている。ひたすらに家全体、部屋全体を均質な環境とするのではなく、ある程度のムラを許容し、居住者に主体的に室内環境へ意識を向けてもらおうという趣旨である。

中央部のワークスペースやリビング・ダイニングは、南側の縁側と北側の小部屋とに挟まれ、熱環境的に守られた場所となっている。さらに玄関上部を吹き抜き、重力換気を促進する換気塔として、ワークスペース内の空気の流れをつくり出している。起居して長い時間を過ごす主領域の環境を担保するために、住宅内の各部分が寄与するという構図となっている。内部での人間のアクティビティから導き出された室環境と空間構成である。

いうなれば季節や時間に応じた複数のモードを持つ住宅である［図2］。さらに、不在時・就寝時といった生活に応じたモードも想定している。居住者のさまざまな行動に対応することで、省エネに有効に結びつけようという狙いがある。

居住者の省エネ行動を促す

ストライプ状のゾーニングは、住宅内でのアクティビティと室環境との関係が重ね合わされたものである。縁側状の空間は熱環境的なバッファーゾーンとして機能する。外気の影響を受けやすい領域がある場合、そこを滞在時間の短い移動空間に充てることで、主たる生活への影響を減らしている。また、夏期は開放して外部として扱いオーバーヒートを避け、冬期には窓を閉じて温室状にしてダイレクトゲインを行う形としている。

2階に配された個室機能は、天井の低いベッドスペースと天井の高いワークスペースとに分けてとらえられている。ベッドスペースは北側のゾーン内にコンパクトに設け、対比的にワークスペースは中央の開放的な空間としている。

この LCCM 住宅はつくば市の建築研究所内に建設され、定期的に見学会も開催されている。冒頭で述べたように、省エネ住宅においては居住者行動やライフスタイルが重要な役割を果たす。居住者行動やライフスタイルと空間がどのように関係づけられるのか、今後の検証を待ちたい。

図2 LCCM住宅が目指す季節・時間のモード表

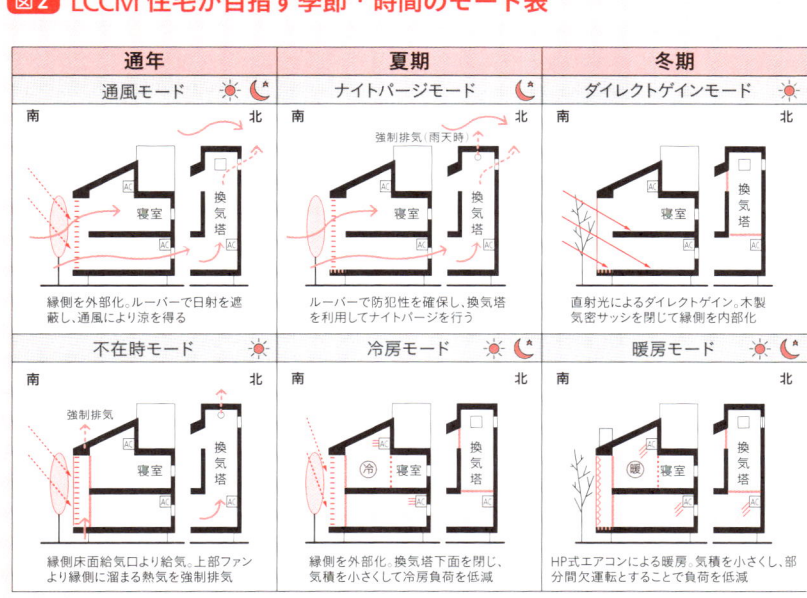

温熱環境
断熱なくして省エネ住宅は実現しない

図1 用途別一次エネルギー消費量の例

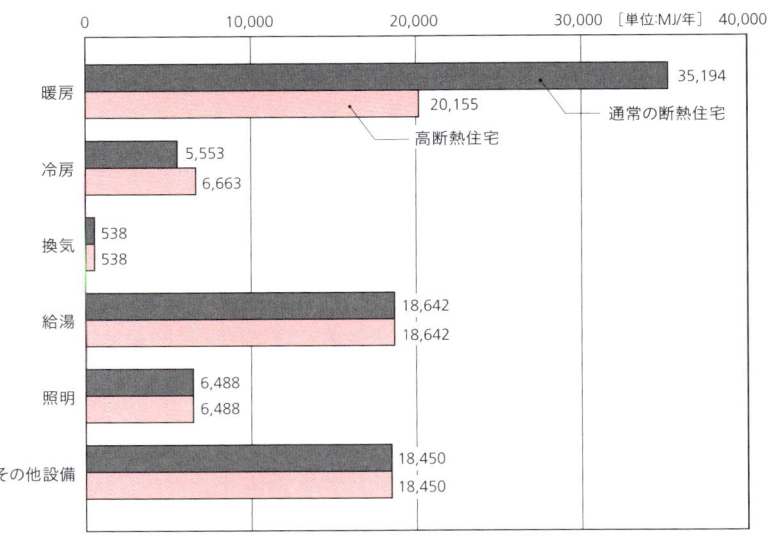

通常の断熱レベルはq値を2.04（U_A値0.84）高断熱住宅はq値を1.07（U_A値0.44）でシミュレーション
設定条件は、暖房：電気蓄熱式暖房、冷房：区分（い）のエアコン、換気：比消費電力0.02の第三種換気、給湯：電気ヒートポンプ給湯機、照明：白熱灯を使用しない想定で計算

図2 効率が悪い暖房設備を使用した場合の一次エネルギー消費量の例

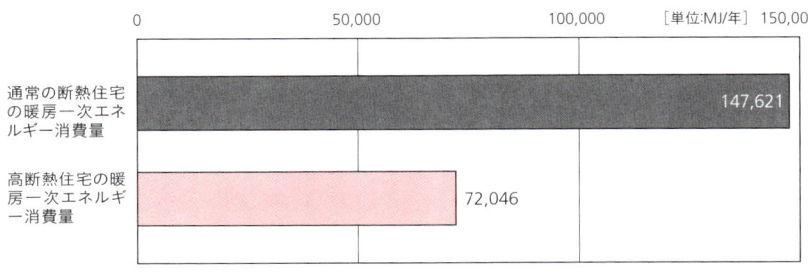

暖房設備を区分（い）のエアコン使用と設定した場合他の条件は図1に準ずる

住宅の一次エネルギー消費量［60頁参照］は、暖房にかかる比率が高い。これは寒冷地だけではなく、沖縄など一部の地域を除いた国内の大半のエリアに当てはまる。図1は、36頁で示した建物で一次エネルギー消費量のシミュレーションを行ったものだが、寒冷地といえない6地域であっても暖房用途に占める一次エネルギー消費量が他の用途と比べても大きなことが分かる。効率のよい暖房設備を選択した場合でも断熱性能のアップによる一次エネルギー消費量の削減効果は大きい［図2］。

一次エネルギーについては、太陽光発電の使用で家庭におけるエネルギー消費量を減らすという動きもある。実際にここ数年は補助金制度の充実に伴い、急速に普及している。しかし、今回のシミュレーションでは、3KWの発電システムを導入しても年間の削減効果は15GJ/年であり、断熱性能を上げる方が、より効果は大きい。

図3 住宅の表面温度による体感温度のイメージ

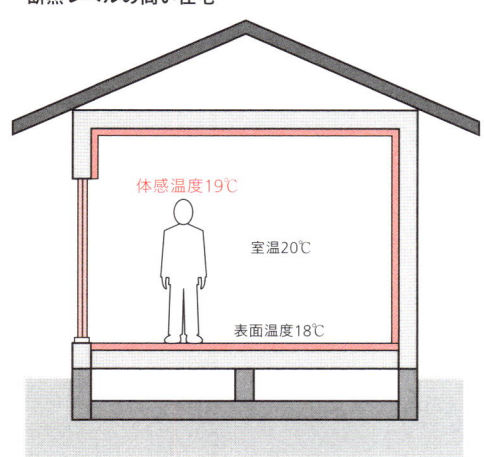

断熱レベルの高い住宅

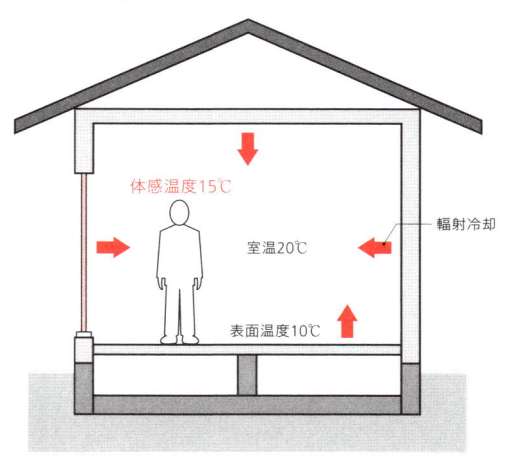

断熱レベルの低い住宅

$$体感温度 = \frac{気温 + 表面温度}{2}$$

本来の体感温度は、気温と表面温度だけではなく、「日射」「空気の流れ」「湿度」などが影響し、さらには人の「着衣量」や「活動量」などでも大きく異なる。ここでは建物内側の表面温度が人に与える影響を簡単に説明するために、おおよその体感温度の目安として表示。また、建物内側の表面温度は、壁・床・天井・窓などの面積割合に応じて算出するが、このではイメージをつかみやすくするため、一律同じ温度として表現

断熱によって得られる効果は、単純に熱の損失を防ぐだけではない。住宅内側の表面温度を下げないことで、体感温度を上げることも可能だ。体感温度は、通風や湿度などさまざまな要因で感じ方が変わるが、住宅の床・壁・天井・窓ガラスなどから受ける輻射冷却の影響も大きい。あくまでも目安であるが、実際の気温と、住宅内側の表面温度の中間あたりが体感温度となる。

しかし、高いレベルでの断熱工事が行われ、表面温度が18度であれば、体感温度は19度となる[図3]。体感温度が低ければ、実際には暖房設備の温度設定を高くするため、さらにエネルギーを余分に消費することになる。

また、断熱レベルが低く、住宅内部の表面温度が低い場合は、室内の温度ムラが大きくなる。温度ムラの大きさで不快に感じることはもちろん、温かい空気は上に上ってしまうので、足元が寒くなりやすい。そのため、またさらに暖房器具の温度設定を高くしてしまうという悪循環に陥りやすい。

夏期の冷房使用時も、住宅内部の表面から受ける輻射熱で、やはりエネルギーを余分に消費することになる。

断熱は省エネ住宅を実現するための手段の1つに過ぎない。しかし、設備の選択だけでは、体感温度や温度むらの問題を解決しにくく、断熱を適切に行うほうが効率的に省エネ化を実現しやすい。また、今後は環境などの問題から住宅の長寿命化が求められる。長期間の使用であれば、その期間に家族構成やライフスタイルの変化に対応しなければならない。設備であれば、その更新が可能で最新の設備に取り換えるだけでよいが、断熱は後から性能を上げることが難しい。

断熱だけではなく、住宅の基本設計次第で省エネ化に大きな影響を与える。庇の有無やその大きさ、開口部の位置や向きとその大きさなどによって、日射熱の取得や遮断による一次エネルギー消費量は大きく異なる。これらの要素は、一度住宅を建ててしまえば、変更は簡単ではない。

このような現状を考えれば、少なくとも新築時には、今後起こりうる変化に対応できるように設計を考えたい。設備が今後どのような進歩を遂げるかは想像がつかないが、高い断熱性が不要になるということは考えにくい。「省エネ」と「快適な居住環境」という2つの条件を満たしうる断熱の重要性を深く理解すべきである。

図 34頁の一次エネルギー計算、37頁からの熱貫流計算に使用した建物

1階平面図 [S=1:150]

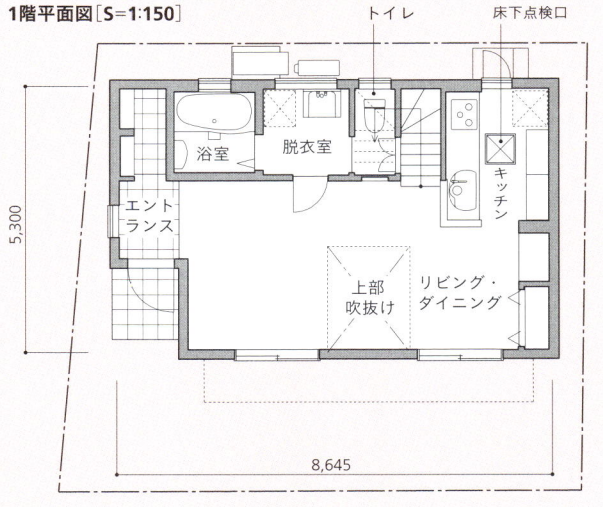

北面立面図 [S=1:200]

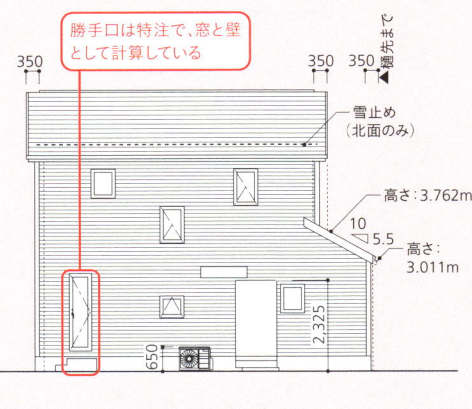

2階平面図 [S=1:150]

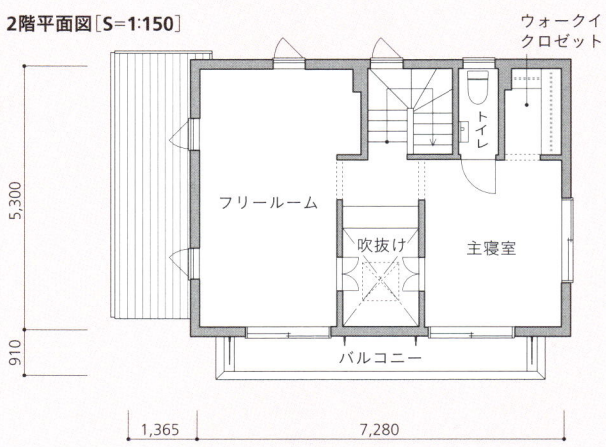

南面立面図 [S=1:200]

東面立面図 [S=1:200]

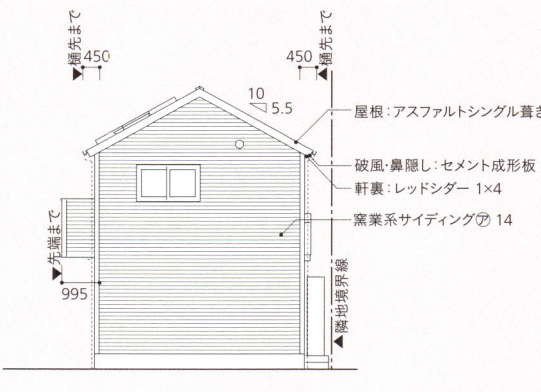

西面立面図 [S=1:200]

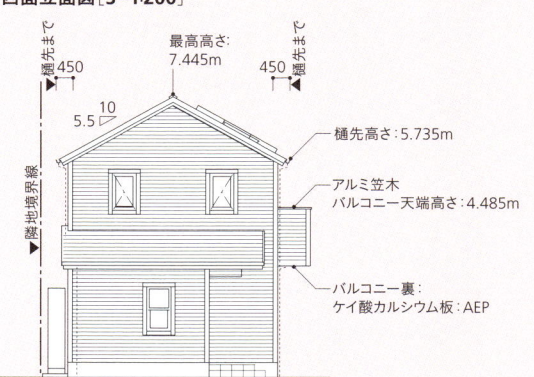

34頁の一次エネルギー消費量はこのプランを元に計算
- 外壁面積(窓を除く)が128.54㎡、窓が19.82㎡で開口部比率は13.4%
- 通常の断熱レベルは、屋根・壁・床をグラスウール16K、100mmで計算
- 窓は関東仕様のアルミサッシの想定
- ガラスはLow-Eの日射遮蔽型で計算
- 高断熱仕様は、断熱を充填＋外張りの付加断熱仕様
- 窓は空気層16mmの高断熱樹脂サッシで計算

036

木造 断熱材は連続性を重視する

図1 木造住宅の断熱設計フロー

1 条件の確認
周辺環境や家族構成、住まい手のライフスタイルの指向や断熱工事予算、一般的な在来木造住宅か否かなど、諸条件を確認する

2 断熱計画を立てる
充填断熱、外張り断熱など、断熱工法の検討を行う。また、省エネ基準をクリアするか、開口部の断熱強化を行うかなど、断熱水準についても検討する。ただし比較的更新が容易な設備と異なり、断熱は性能の向上は容易ではないため、長期間の使用を前提として計画したい

3 施工方法を検討する
断熱材の種類や断熱層の基本構成、気流止めの設置、気密についてなど、施工方法を検討する。開口部については52頁を参考に仕様を決定する

図2 効果的な断熱の手法

断熱構造とする部分

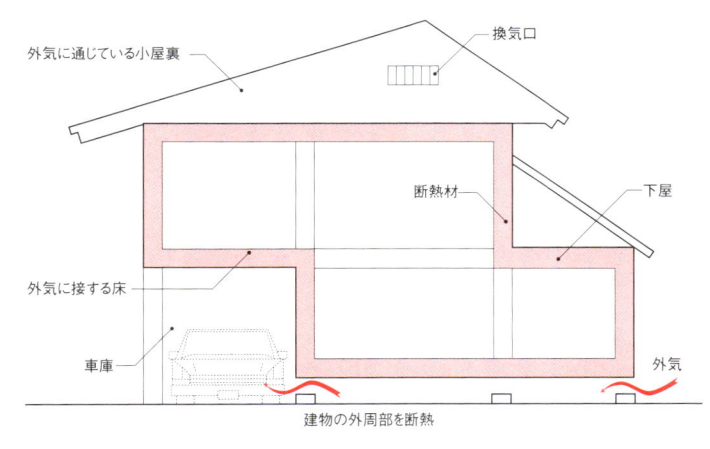

- 外気に通じている小屋裏
- 換気口
- 断熱材
- 下屋
- 外気に接する床
- 車庫
- 外気
- 建物の外周部を断熱

断熱レベルや等級と関係なく、断熱の設計・施工時には断熱材の連続性を意識したい。不連続になると、熱損失が増大し、断熱効果が損なわれる。また、結露の発生も懸念され、躯体の耐久性に悪影響を与える可能性がある

断熱のレベルを検討する

住宅の断熱を検討する際は、まず周辺環境や家族構成、ライフスタイルなどを把握したい。日当たりや風通しは期待できるのか、家族は何人なのか、共働きか否か、介護者の有無などによって、断熱水準や暖冷房計画を検討すべきである［図1・2］。たとえば、日当たりの悪い在宅者の多い住宅ならば、暖冷房時間が長くなるので、省エネのために断熱水準を上げたほうがよいだろう。

断熱水準の指標となるのが、'13年に改正された省エネルギー基準である。この基準では、外皮（屋根または天井・外壁・開口部・床など建物の断熱されている部分の外側すべて）の性能基準と、設備も含めた一次エネルギー消費量基準の両方を満たさなくてはならない。この2つの基準のうち、本稿では外皮の断熱基準を満たすことを目標に断熱材の選び方や気流止めの設置といった断熱設計手法を解説する［図3〜5、表1〜3］。

037　デザイナーのための省エネ住宅＆住宅設備完全ガイド　　　断熱材は連続性を重視する

図3 従来のトレードオフの感覚で断熱性能を考える

○6地域（旧Ⅳ地域）の木造軸組みにおいて従来の省エネ基準の仕様基準を用いた場合

- 天井：高性能グラスウール16K155mm（R値4.1）（部位U値0.245）
- 開口部：金属サッシ複層ガラス（空気層6mm）（熱貫流率4.65）
- 壁：高性能グラスウール16K85mm（R値2.2）（部位U値0.537）
- 床：グラスウール32K80mm（R値2.2）（部位U値0.580）

U_A値　0.88＞0.87（6地域の基準値）
基準を満たさない

▶他の条件は等しく開口部のガラス性能のみを上げた場合
開口部：金属サッシ複層ガラス（空気層10mm）（熱貫流率4.07）

U_A値　0.83＜087（基準値）
基準を満たす

○6地域（旧Ⅳ地域）の木造軸組み（屋根断熱）において従来の省エネ基準の仕様基準を用いた場合

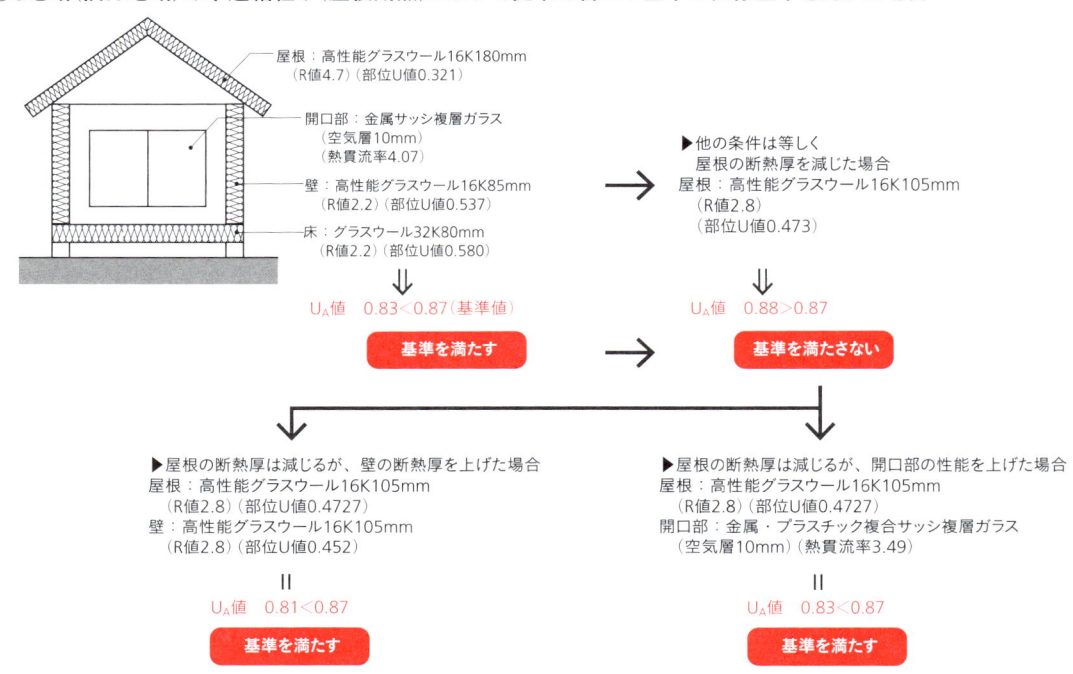

- 屋根：高性能グラスウール16K180mm（R値4.7）（部位U値0.321）
- 開口部：金属サッシ複層ガラス（空気層10mm）（熱貫流率4.07）
- 壁：高性能グラスウール16K85mm（R値2.2）（部位U値0.537）
- 床：グラスウール32K80mm（R値2.2）（部位U値0.580）

U_A値　0.83＜0.87（基準値）
基準を満たす

▶他の条件は等しく屋根の断熱厚を減じた場合
屋根：高性能グラスウール16K105mm（R値2.8）（部位U値0.473）

U_A値　0.88＞0.87
基準を満たさない

▶屋根の断熱厚は減じるが、壁の断熱厚を上げた場合
屋根：高性能グラスウール16K105mm（R値2.8）（部位U値0.4727）
壁：高性能グラスウール16K105mm（R値2.8）（部位U値0.452）

U_A値　0.81＜0.87
基準を満たす

▶屋根の断熱厚は減じるが、開口部の性能を上げた場合
屋根：高性能グラスウール16K105mm（R値2.8）（部位U値0.4727）
開口部：金属・プラスチック複合サッシ複層ガラス（空気層10mm）（熱貫流率3.49）

U_A値　0.83＜0.87
基準を満たす

改正された外皮の断熱基準は、従来のような仕様基準（住宅の形状や規模に関わらず、規定された性能の断熱材や、開口部材を使用できる）はなく、一戸ごとに外皮の断熱性能を計算する必要がある。

したがって同じ断熱材や開口部材を採用しても、住宅の仕様（開口部比率・床面積・凸凹度など）によって、基準を満たしたり満たさなかったりする。さらに従来の仕様基準にあった部位間のトレードオフ規定もなくなっている。

一方住戸ごとに外皮性能の計算をするため、自由に部位部分の性能を変えても住戸ごとに計算し基準を満たせばよいので、設計の自由度はむしろ上がっている。約79㎡の住宅モデルを使い、改正省エネルギー基準の水準を確認したものが[図3]である。

求められる断熱性能のレベルは、改正以前とは変わっていないため、標準的な住宅であれば、従来のトレードオフ規定で使ったような組合せで基準をクリアすることも多い。

断熱材の性能はR値で表わされる省エネ基準であるU値は、このR値の合計（断熱材に他の部材のR値を加えたもの）と表面熱伝達抵抗との和の逆数であるため、参考までに部位全体の熱貫流率であるU値も各々記載したので参考にして欲しい。

※ 部位U値は、その部位全体の平均熱貫流率を計算したもの。熱貫流率は熱抵抗値R値の合計の逆数だが、充填断熱の熱橋部分も計算に組み込んでいるため、図で示した熱貫流率となる

表1 附則[*1]の条件を満たす断熱材の厚さ表

改正された省エネルギー基準では原則的に断熱性能を一戸毎に計算で求める必要があるが、「当分の間」使用可能な条件付き仕様基準も示されている。各地域別・開口部の仕様毎に開口比率が設定されており[表2]、その設定範囲内であれば、地域別・部位別の断熱材の熱抵抗値表[表1]によることができる。

断熱地域区分	断熱材の施工法	部位		必要な熱抵抗値(㎡·K／W)	断熱材の厚さ (mm) [*4]						
					A-1	A-2	B	C	D	E	F
1、2	充填断熱工法 [*2]	屋根または天井	屋根	6.6	345	330	300	265	225	185	150
			天井	5.7	300	285	260	230	195	160	130
		壁		3.3	175	165	150	135	115	95	75
		床	外気に接する部分	5.2	275	260	235	210	180	150	115
			その他の部分	3.3	175	165	150	135	115	95	75
		土間床などの外周部	外気に接する部分	3.5	185	175	160	140	120	100	80
			その他の部分	1.2	65	60	55	50	45	35	30
	外張り断熱工法 [*3]	屋根または天井		5.7	300	285	260	230	195	160	130
		壁		2.9	155	145	135	120	100	85	65
		床	外気に接する部分	3.8	200	190	175	155	130	110	85
			その他の部分	—	—	—	—	—	—	—	—
		土間床などの外周部	外気に接する部分	3.5	185	175	160	140	120	100	80
			その他の部分	1.2	65	60	55	50	45	35	30
3	充填断熱工法	屋根または天井	屋根	4.6	240	230	210	185	160	130	105
			天井	4.0	210	200	180	160	140	115	90
		壁		2.2	115	110	100	90	75	65	50
		床	外気に接する部分	5.2	275	260	235	210	180	150	115
			その他の部分	3.3	175	165	150	135	115	95	75
		土間床などの外周部	外気に接する部分	3.5	185	175	160	140	120	100	80
			その他の部分	1.2	65	60	55	50	45	35	30
	外張り断熱工法	屋根または天井		4.0	210	200	180	160	140	115	90
		壁		1.7	90	85	80	70	60	50	40
		床	外気に接する部分	3.8	200	190	175	155	130	110	85
			その他の部分	—	—	—	—	—	—	—	—
		土間床などの外周部	外気に接する部分	3.5	185	175	160	140	120	100	80
			その他の部分	1.2	65	60	55	50	45	35	30
4〜7	充填断熱工法	屋根または天井	屋根	4.6	240	230	210	185	160	130	105
			天井	4.0	210	200	180	160	140	115	90
		壁		2.2	115	110	100	90	75	65	50
		床	外気に接する部分	3.3	175	165	150	135	115	95	75
			その他の部分	2.2	115	110	100	90	75	65	50
		土間床などの外周部	外気に接する部分	1.7	90	85	80	70	60	50	40
			その他の部分	0.5	30	25	25	20	20	15	15
	外張り断熱工法	屋根または天井		4.0	210	200	180	160	140	115	90
		壁		1.7	90	85	80	70	60	50	40
		床	外気に接する部分	2.5	130	125	115	100	85	70	55
			その他の部分	—	—	—	—	—	—	—	—
		土間床などの外周部	外気に接する部分	1.7	90	85	80	70	60	50	40
			その他の部分	0.5	30	25	25	20	20	15	15
8	充填断熱工法	屋根または天井	屋根	4.6	240	230	210	185	160	130	105
			天井	4.0	210	200	180	160	140	115	90
		壁		—	—	—	—	—	—	—	—
		床および土間などの外周部		—	—	—	—	—	—	—	—
	外張り断熱工法	屋根または天井		4.0	210	200	180	160	140	115	90
		壁		—	—	—	—	—	—	—	—
		床および土間などの外周部		—	—	—	—	—	—	—	—

注：表1は、A〜Fの各グループのなかで最も熱伝導率の大きい（断熱性能の悪い）場合の厚さを示しており、同記号で熱伝導率の小さい断熱材を使用する場合は、表中の厚さより薄くすることができる

*1：平成25年国土交通省告示第907号附則のこと。一定の基準を満たせば、表の部材を使うことで省エネ基準を満たすという仕様基準のこと　*2：柱などの構造部材間の空間に断熱材を詰め込み断熱する工法　*3：柱などの構造部材間の外気側に断熱材を張り付けていく工法（屋根または天井、外壁、外気に接する床において適用）　*4：この表において断熱材の厚さの欄にA〜Fは、41頁表4の断熱材のグループを示すものとする

表2 各地域別の開口部比率表

仕様基準における窓の熱貫流率は、開口部の比率や地域区分によってその基準値が異なる。仕様基準を満たすためには、次の表で示す基準値以下の熱貫流率でなければならない。

開口部比率の種類（戸建住宅）		熱貫流率の基準値 [W/m²K]			
地域区分		地域区分			
1、2、3	4、5、6、7、8	1、2、3	4	5、6、7	8
7%未満	8%未満	2.91	4.07	6.51	-
7%以上 9%未満	8%以上 11%未満	2.33	3.49	4.65	-
9%以上 11%未満	11%以上 13%未満	1.90	2.91	4.07	-

表3 省エネ住宅には気密性のアップが必須

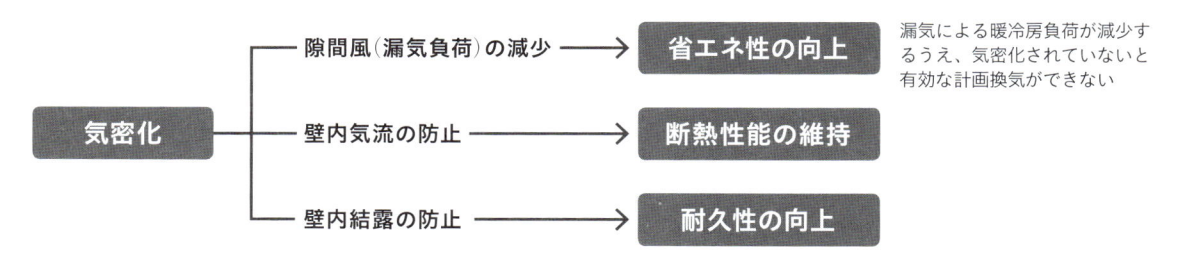

気密化
- → 隙間風（漏気負荷）の減少 → 省エネ性の向上
- → 壁内気流の防止 → 断熱性能の維持
- → 壁内結露の防止 → 耐久性の向上

漏気による暖冷房負荷が減少するうえ、気密化されていないと有効な計画換気ができない

図4 気密化には気流止めを施工

壁内気流を止めることで、熱損失を低減し、省エネ化を図ることが重要

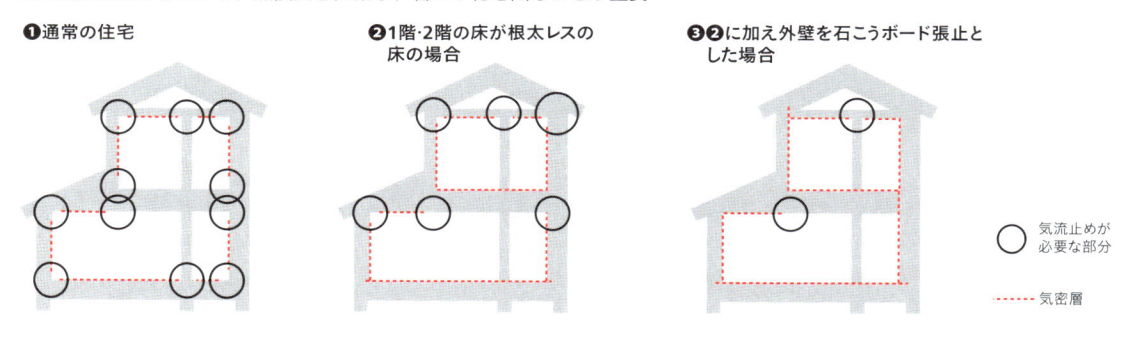

❶通常の住宅
❷1階・2階の床が根太レスの床の場合
❸❷に加え外壁を石こうボード張止とした場合

○ 気流止めが必要な部分
---- 気密層

図5 簡易的防露評価法で結露対策

繊維系断熱材や吹付けか硬質ウレタンフォームA種3を使用する場合は、室内側に防湿層の設置が必要である。どの程度の透湿抵抗の材料の設置が必要かについては、簡易防露評価法でその安全性を確認しておきたい。

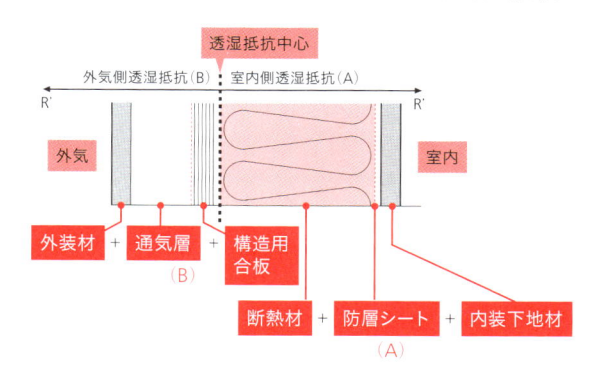

外気側透湿抵抗（B）｜室内側透湿抵抗（A）
外気　室内
外装材 + 通気層 + 構造用合板 （B）
断熱材 + 防層シート + 内装下地材 （A）

透湿抵抗比の算出法

透湿抵抗比 = $\dfrac{A}{B}$

POINT 各構成材料の透湿抵抗値を室内側と外気側で分けて合計し、室内側の値を外気側の値で割ったものが透湿抵抗比だ。下表の基準値を上回れば、結露の危険性は低い

透湿抵抗比の基準（住宅性能表示省エネルギー対策等級4）

	住宅省エネ基準の地域区分			
	1、2	3	4	5、6	7
外壁	5		3	2	
天井	6		4	3	

表4 断熱材の熱伝導率

断熱材区分	断熱材の種類	熱伝導率λ[W／(m・K)]
A-1 λ = 0.052 ~ 0.051	吹込み用グラスウール（施工密度13K、18K）	0.052
	タタミボード（15mm）	0.052
	A級インシュレーションボード（9mm）	0.051
	シージングボード（9mm）	0.051
A-2 λ = 0.050 ~ 0.046	住宅用グラスウール断熱材 10K相当	0.050
	吹込み用ロックウール断熱材 25K	0.047
B λ = 0.045 ~ 0.041	住宅用グラスウール断熱材 16K相当	0.045
	住宅用グラスウール断熱材 20K相当	0.042
	A種ビーズ法ポリスチレンフォーム保温板4号	0.043
	A種ポリエチレンフォーム保温板1種1号	0.042
	A種ポリエチレンフォーム保温板1種2号	0.042
C λ = 0.040 ~ 0.035	住宅用グラスウール断熱材 24K相当	0.038
	住宅用グラスウール断熱材 32K相当	0.036
	高性能グラスウール断熱材 16K相当	0.038
	高性能グラスウール断熱材 24K相当	0.036
	高性能グラスウール断熱材 32K相当	0.035
	吹込用グラスウール断熱材 30K、35K相当	0.040
	住宅用ロックウール断熱材（マット）	0.038
	ロックウール断熱材（フェルト）	0.038
	ロックウール断熱材（ボード）	0.036
	A種ビーズ法ポリスチレンフォーム保温板1号	0.036
	A種ビーズ法ポリスチレンフォーム保温板2号	0.037
	A種ビーズ法ポリスチレンフォーム保温板3号	0.040
	A種押出法ポリスチレンフォーム保温板1種	0.040
	建築物断熱用吹付け硬質ウレタンフォームA種3	0.040
	A種ポリエチレンフォーム保温板2種	0.038
	A種フェノールフォーム保温板2種1号	0.036
	A種フェノールフォーム保温板3種1号	0.035
	A種フェノールフォーム保温板3種2号	0.035
	吹込用セルローズファイバー 25K	0.040
	吹込用セルローズファイバー 45K、55K	0.040
	吹込用ロックウール断熱材 65K相当	0.039
D λ = 0.034 ~ 0.029	高性能グラスウール断熱材 40K相当	0.034
	高性能グラスウール断熱材 48K相当	0.033
	A種ビーズ法ポリスチレンフォーム保温板特号	0.034
	A種押出法ポリスチレンフォーム保温板2種	0.034
	A種硬質ウレタンフォーム保温板1種	0.029
	建築物断熱用吹付け硬質ウレタンフォームA種1	0.032
	建築物断熱用吹付け硬質ウレタンフォームA種2	0.032
	A種ポリエチレンフォーム保温板3種	0.034
	A種フェノールフォーム保温板2種2号	0.034
E λ = 0.028 ~ 0.023	A種押出法ポリスチレンフォーム保温板3種	0.028
	A種硬質ウレタンフォーム保温板2種1号	0.023
	A種硬質ウレタンフォーム保温板2種2号	0.024
	A種硬質ウレタンフォーム保温板2種3号	0.027
	A種硬質ウレタンフォーム保温板2種4号	0.028
	A種フェノールフォーム保温板2種3号	0.028
F λ = 0.022 以下	A種フェノールフォーム保温板1種1号	0.022
	A種フェノールフォーム保温板1種2号	0.022

図 S造断熱設計の検討フロー

❶ 省エネ基準によって性能を判断する

S造の断熱設計は、熱損失および結露防止の観点から住宅の省エネルギー基準に基づいて設計仕様の性能を判断することが望ましい。平成25年10月に改正された平成25年省エネ基準の設計・施工指針（附則）は、「外張断熱工法又は内張断熱工法」の基準と平成20年改正の際に設けられた「外張断熱工法又は内張断熱工法以外（壁のみ）」の基準があり、基準値は8地域（旧Ⅵ地域）の壁の基準値が削除された以外は改正前（平成11年省エネ基準設計・施工指針）と変わりはない

仕様基準（設計・施工指針（附則））	熱貫流率の基準 or 断熱材の熱抵抗の基準	
	熱貫流率の基準	熱橋の影響を勘案して算定。設計自由度が高いが専門的な計算が必要
	断熱材の熱抵抗の基準	熱橋などの算定を行わないため、断熱仕様の検討が容易だが、適用範囲が代表的な住宅構造・断熱工法に限定される

平成25省エネ基準 性能基準(判断基準)によるS造断熱性能の評価

省エネ基準には、性能基準を規定した告示（判断基準）と仕様基準を規定した告示（設計・施工指針）がある。判断基準に規定されている外皮平均熱貫流率 U_A 値の計算に際しては、鋼材などの熱橋の影響を勘案した壁体全体の貫流熱損失を求める簡易的な計算法が新たに示され、従来の二次元伝熱計算などの専門的な計算によらずに住宅全体の断熱性能の算出が可能になった

S造の壁体全体の貫流熱損失＝（壁一般部の熱貫流率 × 壁体全体面積）+ ❶
　　　　　　　　　　　　（柱の熱橋部の線熱貫流率 × 熱橋長さ）+ ❷
　　　　　　　　　　　　（梁の熱橋部の線熱貫流率 × 熱橋長さ） ❸

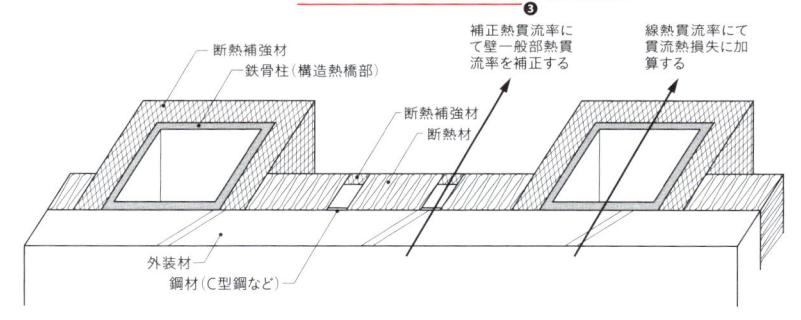

❶壁一般部の熱貫流率＝熱橋を含まない部分の熱貫流率 + **熱橋部の補正熱貫流率**
　　　　　　　　　　　　　　　　　　　　　　　　　　　　　　　　A

A　S造の壁一般部における熱橋部（鋼材）補正熱貫流率

「外装材＋断熱補強材」の熱抵抗(注) [㎡・K/W]	補正熱貫流率 [W/(㎡・K)]
1.7 以上	0
1.7 未満 1.5 以上	0.10
1.5 未満 1.3 未満	0.13
1.3 未満 1.1 以上	0.14
1.1 未満 0.9 以上	0.18
0.9 未満 0.7 以上	0.22
0.7 未満 0.5 以上	0.40
0.5 未満 0.3 以上	0.45
0.3 未満 0.1 以上	0.60
0.1 未満	0.70

注：通気層がある場合は、外装材の熱抵抗を加算することはできない。

S造 熱橋部分の断熱補強が欠かせない

❷ 柱の熱橋部の線熱貫流率

「外装材＋断熱補強材」の熱抵抗（注）[㎡・K/W]	柱見付寸法 [mm]			
	300 以上	200 以上 300 未満	100 以上 200 未満	100 未満
1.7 以上	0	0	0	0
1.7 未満 1.5 以上	0.15	0.12	0.05	0.04
1.5 未満 1.3 以上	0.18	0.14	0.06	0.05
1.3 未満 1.1 以上	0.20	0.16	0.07	0.06
1.1 未満 0.9 以上	0.25	0.18	0.08	0.07
0.9 未満 0.7 以上	0.30	0.22	0.11	0.09
0.7 未満 0.5 以上	0.35	0.27	0.12	0.10
0.5 未満 0.3 以上	0.43	0.32	0.15	0.14
0.3 未満 0.1 以上	0.60	0.40	0.18	0.17
0.1 未満	0.80	0.55	0.25	0.21

注：通気層がある場合は、外装材の熱抵抗を加算することはできない

❸ 梁の熱橋部の線熱貫流率

「外装材＋断熱補強材」の熱抵抗（注）[㎡・K/W]	梁見付寸法 [mm]		
	400 以上	200 以上 400 未満	200 未満
1.7 以上	0	0	0
1.7 未満 1.5 以上	0.35	0.20	0.10
1.5 未満 1.3 以上	0.45	0.30	0.15
1.3 未満 1.1 以上	0.50	0.35	0.20
1.1 未満 0.9 以上	0.55	0.40	0.25
0.9 未満 0.7 以上	0.60	0.45	0.30
0.7 未満 0.5 以上	0.65	0.50	0.35
0.5 未満 0.3 以上	0.75	0.60	0.40
0.3 未満 0.1 以上	1.00	0.75	0.45
0.1 未満	1.20	1.10	0.60

注：通気層がある場合は、外装材の熱抵抗を加算することはできない

1 各部位の断熱工法を検討する

S造の各部位の断熱工法

部位		断熱工法	特徴、注意点
屋根	陸屋根 コンクリートスラブ（デッキプレート下地）、ALC	外断熱	RC造と同様
		内断熱	断熱層を貫通する梁などに断熱補強が必要。寒冷地では天井吊りボルトなどを断熱のタイプとする
	折板屋根	吹付け断熱	折板裏面に断熱。梁部には断熱補強が必要
	小屋組み	外張断熱	木造と同様
		垂木間断熱	垂木が熱橋になるため、断熱補強が必要
		垂木内張断熱	小屋組材が断熱層を貫通する場合があるので、貫通部には断熱補強が必要
天井		敷込み・吹込み断熱	木造と同様。野縁が金属の場合は、断熱材を貫通しないようにする
		張上げ断熱	木造と同様
外壁		外張断熱	外装材がALCや押出し成形セメント板などの場合、取付け工法上、採用実績が少ない。サイディング通気工法の場合、柱、梁なども外壁と同じ断熱厚さとする
		内張断熱	外壁一般部と同じ断熱厚さで柱・梁部も断熱層を連続させる
	外張・内張断熱以外	熱橋なし	外装材の断熱性能によるが、柱・梁に断熱補強が必要
		熱橋あり	断熱材を貫通する金属部材を断熱補強する。柱・梁も断熱補強が必要
床	土間床	基礎断熱（外側・内側）	木造と同様
	床組	根太間、大引間充填断熱	木造と同様。根太などが鋼材の場合は、断熱補強が望ましい

2 部位ごとの断熱材の厚さを検討する（外張断熱・内張断熱）[仕様基準による場合]

外張断熱工法の場合の断熱箇所

■:断熱層

内張断熱工法の場合の断熱箇所

■:断熱層

❶断熱材の厚さ早見表

断熱地域区分 [81頁参照]	部位		必要な 熱抵抗値 ($m^2 \cdot K / W$)	断熱材の厚さ（mm）[115頁参照]						
				A-1	A-2	B	C	D	E	F
1、2地域 （旧Ⅰ地域）	屋根または天井		5.7	300	285	260	230	195	160	130
	壁		2.9	155	145	135	120	100	85	65
	床	外気に接する部分	3.8	200	190	175	155	130	110	85
		その他の部分	—	—	—	—	—	—	—	—
	土間床などの外周部	外気に接する部分	3.5	185	175	160	140	120	100	80
		その他の部分	1.2	65	60	55	50	45	35	30
3地域 （旧Ⅱ地域）	屋根または天井		4.0	210	200	180	160	140	115	90
	壁		1.7	90	85	80	70	60	50	40
	床	外気に接する部分	3.8	200	190	175	155	130	110	85
		その他の部分	—	—	—	—	—	—	—	—
	土間床などの外周部	外気に接する部分	3.5	185	175	160	140	120	100	80
		その他の部分	1.2	65	60	55	50	45	35	30
4～7地域 （旧Ⅲ～Ⅴ地域）	屋根または天井		4.0	210	200	180	160	140	115	90
	壁		1.7	90	85	80	70	60	50	40
	床	外気に接する部分	2.5	130	125	115	100	85	70	55
		その他の部分	—	—	—	—	—	—	—	—
	土間床などの外周部	外気に接する部分	1.7	90	85	80	70	60	50	40
		その他の部分	0.5	30	25	25	20	20	15	15
8地域 （旧Ⅵ地域）	屋根または天井		4.0	210	200	180	160	140	115	90
	壁		—	—	—	—	—	—	—	—
	床および土間などの外周部		—	—	—	—	—	—	—	—

注：本表は、A〜Fの各グループのなかで最も熱伝導率の値が大きい（断熱性能が低い）場合の厚さを示しており、同記号で熱伝導率の小さい断熱材を使用する場合は、表中の厚さより薄くすることができる

❷陸屋根の断熱仕様の例（外断熱）

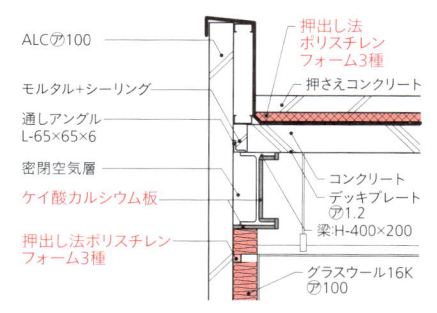

- ALC⑦100
- モルタル＋シーリング
- 通しアングル L-65×65×6
- 密閉空気層
- ケイ酸カルシウム板
- 押出し法ポリスチレンフォーム3種
- 押出し法ポリスチレンフォーム3種
- 押さえコンクリート
- コンクリートデッキプレート⑦1.2
- 梁:H-400×200
- グラスウール16K⑦100

注：天井を取り付ける前に壁断熱材を梁下端まで施工する

❸床の断熱仕様の例（根太間充填断熱）

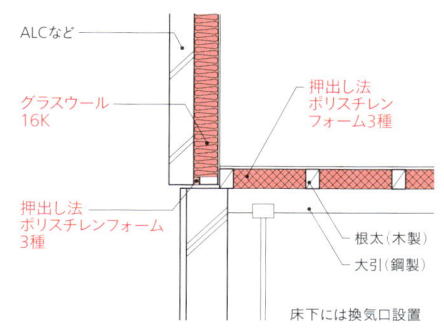

- ALCなど
- グラスウール16K
- 押出し法ポリスチレンフォーム3種
- 押出し法ポリスチレンフォーム3種
- 根太（木製）
- 大引（鋼製）
- 床下には換気口設置

3 外張断熱・内張断熱以外の断熱工法で外壁を施工する場合 [仕様基準による場合]

S造では、柱・梁の間で断熱する工法が一般的だ。外壁で「外張・内張断熱以外の断熱工法」を採用した場合、「壁面の部位別に定められる基準」「外装材の断熱性能別」「壁一般部の熱橋の有無」により断熱基準を判断することができる

❶ 外張・内張断熱工法以外の断熱基準で断熱補強が必要な個所

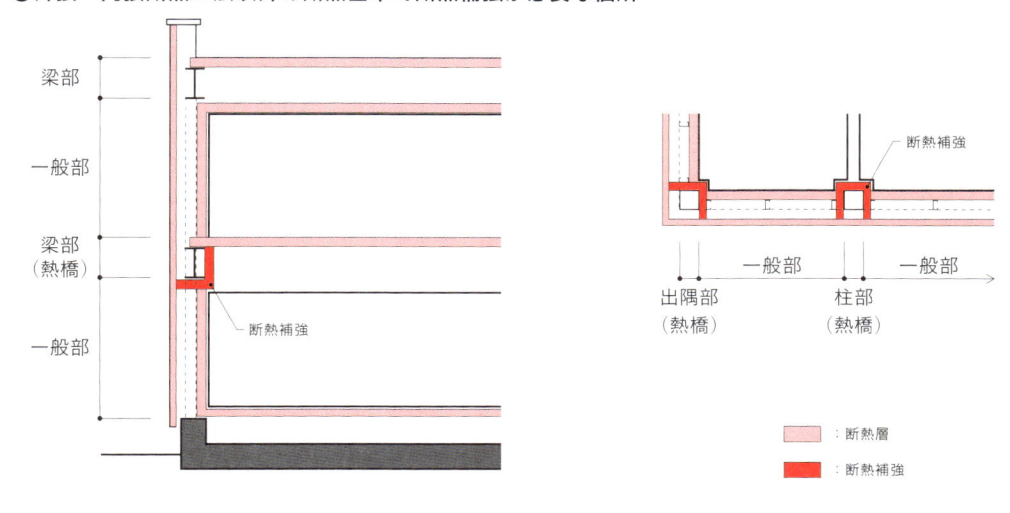

❷ 壁面の部位別に定められる基準

断熱材の厚さがC型鋼より薄い場合は、断熱補強材で覆うこと

A：柱（梁）部
B：壁一般部（断熱層）
C：熱橋となる金属部材

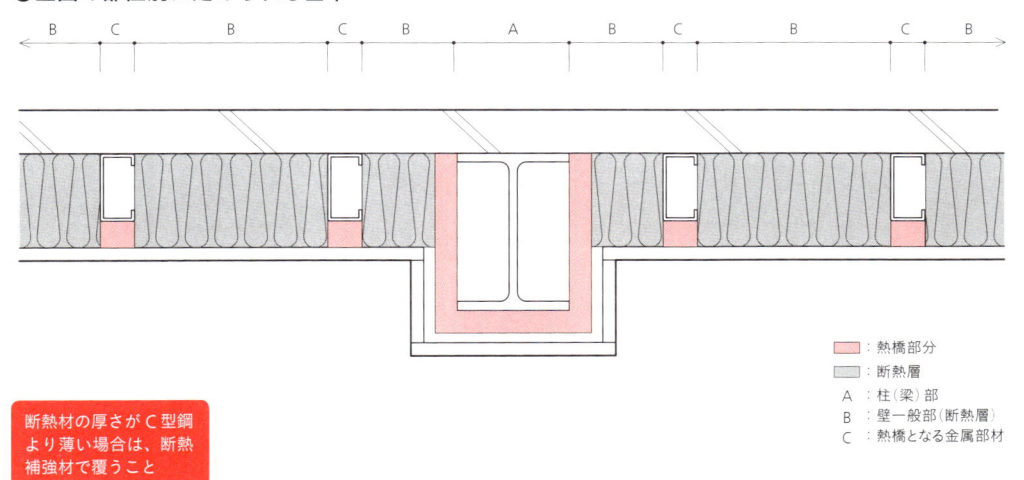

❸ 外装材の断熱性能別に定められる基準

外装材の熱抵抗 [㎡・K]／W]	例示仕様
0.56 以上	ALC⑦100 相当 [※]
0.15 以上 0.56 未満	ALC⑦75 相当 [※]
	押出し成形セメント板⑦60
	ALC⑦50 相当 [※]
0.15 未満	サイディング通気工法など

※：JIS A5416（ALCパネル）に規定される意匠パネルを含む

! 外装材の断熱性能で決まる！

鉄骨柱、鉄骨梁、および溝形鋼などで熱橋が発生する箇所があれば、断熱補強が必要となる。その際に、柱・梁、および壁内熱橋部の断熱補強は、外装材の断熱性能が低いほど高い性能が要求されることとなる。なお、通気層がある場合は、外装材の断熱性能は考慮してはいけない

❹壁一般部は熱橋の有無による

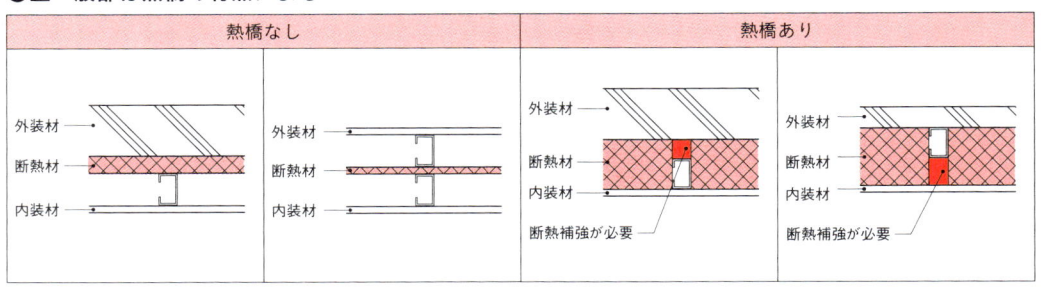

熱橋なし		熱橋あり	
外装材／断熱材／内装材	外装材／断熱材／内装材	外装材／断熱材／内装材（断熱補強が必要）	外装材／断熱材／内装材（断熱補強が必要）

❺外張・内張断熱工法以外の外壁の断熱基準

外装材の断熱性能	熱橋	断熱材の熱抵抗の基準値（[㎡・K]／W）			
		地域	柱（梁）部	壁一般部（断熱層）	熱橋となる金属部材
0.56以上（ALC ⑦ 100相当）	なし	1、2	1.91	2.12	―
		3	0.63	1.08	―
		4～8	0.08	1.08	―
	あり	1、2	1.91	3.57	0.72
		3	0.63	2.22	0.33
		4～8	0.08	2.22	0.33
0.15以上、0.56未満（ALC ⑦ 50、⑦ 75相当、押出し成形セメント板など）	なし	1、2	1.91	2.43	―
		3	0.85	1.47	―
		4～8	0.31	1.47	―
	あり	1、2	1.91	3.57	1.08
		3	0.85	2.22	0.5
		4～8	0.31	2.22	0.5
0.15未満（サイディング、通気層工法など）	なし	1、2	1.91	3	―
		3	1.27	1.72	―
		4～8	0.63	1.72	―
	あり	1、2	1.91	3.57	1.43
		3	1.27	2.22	0.72
		4～8	0.63	2.22	0.72

熱橋の有無の検討が重要

S造には多様な工法が存在する。断熱も部位ごとに工法を選択する必要がある。

断熱性能の目安となるのが、住宅の省エネ基準である。「設計・施工指針（附則）」には、外張・内張断熱各工法における基準が規定され、外装材の断熱性能ごとに必要な熱抵抗、断熱材の厚さが性能別に定められている。

また、鉄は他の構造材と比較して熱伝導率の値が大きく、断熱層を貫通する鉄骨部材が熱橋となりやすい。熱橋部分は、熱損失の原因になるだけでなく、結露を発生させる危険性もきわめて高く、外装材や構造体そのものの劣化につながるケースも多い。S造における断熱は、劣化対策の観点からも重要な要素といえる。設計時には、可能な限り金属部材が断熱層を貫通しない断面構成を検討し、熱橋部には適切な断熱補強を行う必要がある。

熱橋部分には、外装材の断熱性能に応じた断熱補強が要求されることになる。外壁部における外張・内張以外の断熱工法の基準では、熱橋の有無による断熱材の性能の基準が示されているので、参考にしてほしい。

RC造 改正省エネ法を理解して断熱工法を選択

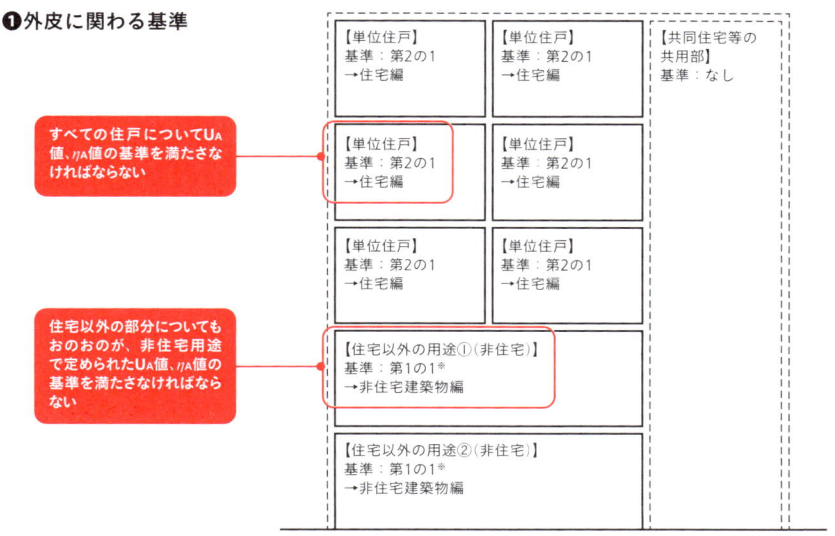

図1 住宅を含む複合建築物の省エネ基準

❶外皮に関わる基準

- すべての住戸についてU_A値、η_A値の基準を満たさなければならない
- 住宅以外の部分についてもおのおのが、非住宅用途で定められたU_A値、η_A値の基準を満たさなければならない

【単位住戸】基準：第2の1 →住宅編
【単位住戸】基準：第2の1 →住宅編
【共同住宅等の共用部】基準：なし
【単位住戸】基準：第2の1 →住宅編
【単位住戸】基準：第2の1 →住宅編
【単位住戸】基準：第2の1 →住宅編
【単位住戸】基準：第2の1 →住宅編
【住宅以外の用途①（非住宅）】基準：第1の1* →非住宅建築編
【住宅以外の用途②（非住宅）】基準：第1の1* →非住宅建築物編

※住宅以外の用途部分の合計（①＋②）が300㎡未満の場合は第2の1によることも可能

❷一次エネルギーに関わる基準

- すべての住戸について一次エネルギー消費量の基準を満たさなければならない
- 一次エネルギー消費量については、非住宅部分や共用部分を含めた建物全体についても基準を満たさなければならない

【単位住戸】基準：第2の2 →住宅編
【単位住戸】基準：第2の2 →住宅編
【共同住宅等の共用部】基準：第2の2 →住宅編
【単位住戸】基準：第2の2 →住宅編
【単位住戸】基準：第2の2 →住宅編
【単位住戸】基準：第2の2 →住宅編
【単位住戸】基準：第2の2 →住宅編
【住宅以外の用途①（非住宅）】基準：第1の2* →非住宅建築物編
【住宅以外の用途②（非住宅）】基準：第1の2* →非住宅建築物編

※ 単位住戸（太線部分）および建物全体（二重線部分）では基準を満たす必要があるが、それ以外の単位（例えば、①＋②＋共用部など）では、必ずしも基準の適合を求めない

省エネ基準が改正され、最も大きな変更が行われたのがRC造戸建住宅、共同住宅の取り扱いである。従来のRC造仕様規定は共同住宅基準の仕様規定として戸建て住宅にも適用させていた。その結果、戸建て住宅で計算によるトレードオフを行おうとした場合、大幅に仕様強化することになり現場の混乱を招いていた。また、共同住宅では最上階妻側住戸で計算された仕様を中間階中間住戸に適用させることですべての住戸が基準を満たしていると見なしていた。

今回の改正では構造別、建て方別にそれぞれの計算方法が提示されている。まずRC造戸建ての場合は木構造と同じく各部位の熱貫流値を断面構造から求めることでU_A値、η_A値を求めることになる。一般的にRC造戸建てではベランダや廊下が外部に張り出していないので外断熱工法では熱橋の影響を0とする設計が可能である。

参考文献：住宅の改正省エネルギー基準の建築主の判断基準と設計・施工指針の解説 テキスト1

図2 共同住宅における熱損失の算入ルール

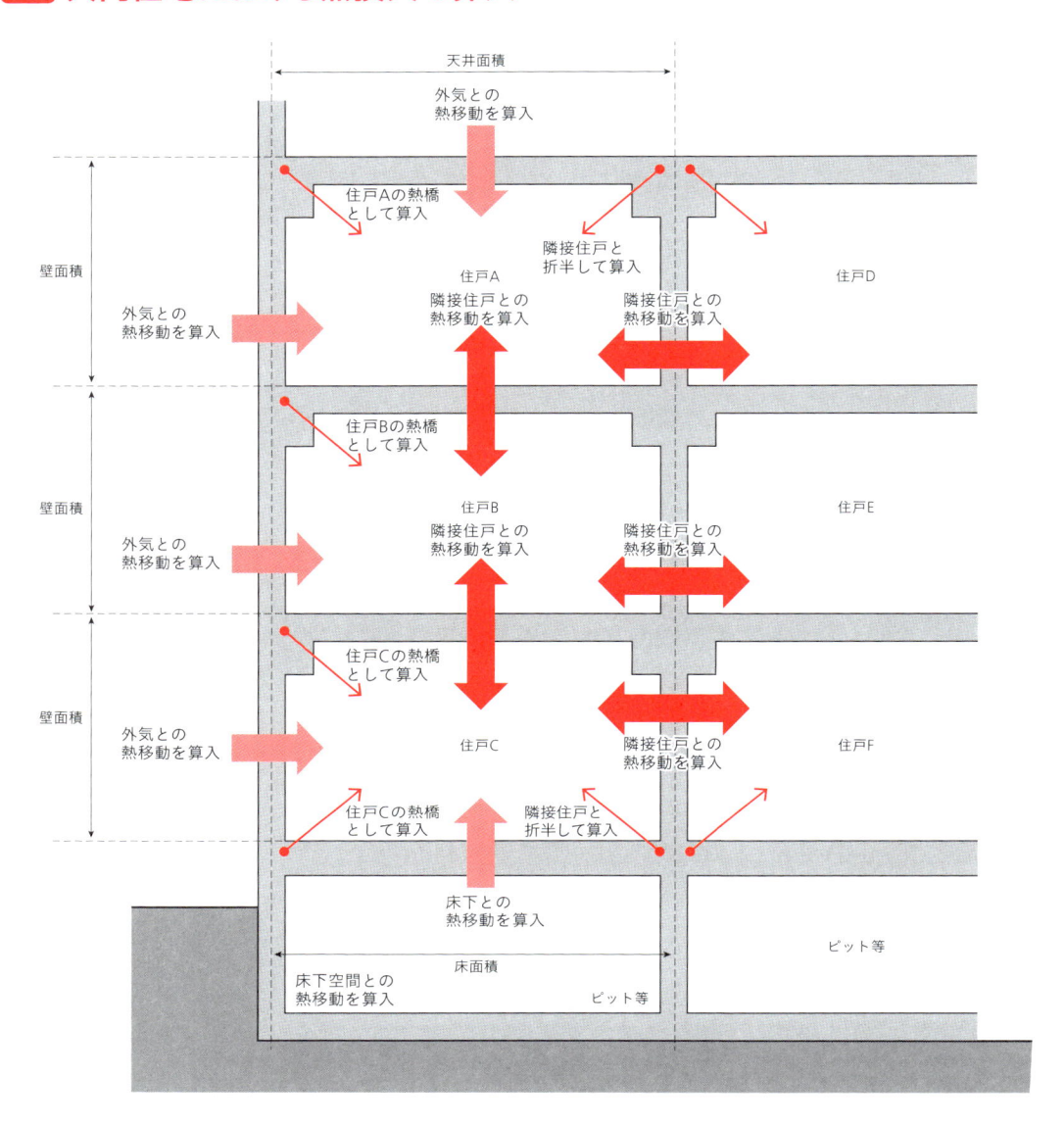

（図中ラベル）
- 天井面積
- 外気との熱移動を算入
- 住戸Aの熱橋として算入
- 隣接住戸と折半して算入
- 住戸A / 住戸D
- 隣接住戸との熱移動を算入
- 壁面積
- 外気との熱移動を算入
- 住戸Bの熱橋として算入
- 住戸B / 住戸E
- 隣接住戸との熱移動を算入
- 住戸Cの熱橋として算入
- 隣接住戸と折半して算入
- 住戸C / 住戸F
- 床下との熱移動を算入
- 床面積
- ピット等
- 床下空間との熱移動を算入
- ピット等

共同住宅の注意点

一方共同住宅に必要とされる要件は異なる。各住戸がそれぞれU_A値、$η_A$値の基準を満たした上で、共有部分も含めた一次エネルギー消費量基準を住棟単位で満たすことが求められている[47頁図1]。さらに同一建物内に事務所や店舗などの非住宅部分がある場合、その部分は非住宅の基準を満たすことが求められる。その結果、民間マンションのように建物内に複数の住宅プランがある場合は、各住戸の規模、住戸位置、方位、開口率ごとにU_A値、$η_A$値および一次エネルギー使用量を計算しなければならない。計算方法に関しては（一社）日本サステナブル建築協会などから解説書が出版されているので参照されたい。

共同住宅については、さらに2点大きく計算方法の変更が行われた[図2]。1つは上下階のスラブにより発生する熱橋の算入方法。もう1つは隣接住戸の取り扱いである。

スラブによる熱橋について、従来は上階の計算に組み入れることになっていたが、今回から下階の熱損失として算入することになった。また隣接住戸の取り扱いについては、従来は隣接住戸との熱のやりとりはないとして算入

048

表1 断熱工法の比較

（○：より有利な場合が多い）

項目			内断熱	外断熱	備考
施工関係	外装材の自由度		○		
	工事費		○		外断熱では他の外装工事との共通費用（例：足場費用等）が含まれているので単純には比較できない
躯体耐久性 火災安全性	コンクリートクラック、中性化の防止			○	
	可燃性断熱材の防炎性	自家火災		○	
		下階火災	○		外断熱では現在検証方法が提案されているので、今後は評価された工法を利用する
		隣棟火災	○		
省エネ性	構造熱橋			○	
	壁体内結露			○	
住環境	非空調時の室温変動			○	
	暖冷房時	運転開始時の立ち上がり	○		
		運転停止後の変動		○	

図3 RC造建築物の断熱工法と熱橋対策が必要な部位

❶内断熱工法　　❷外断熱工法

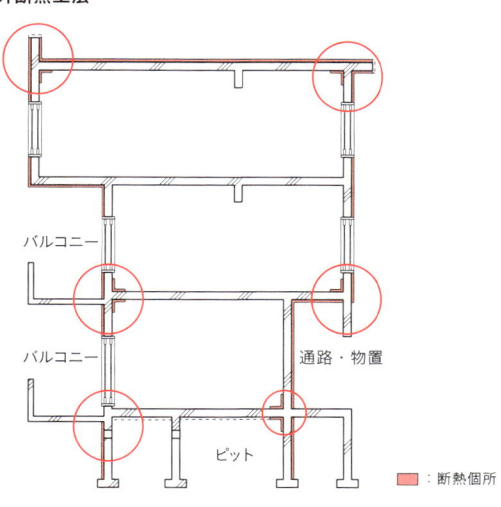

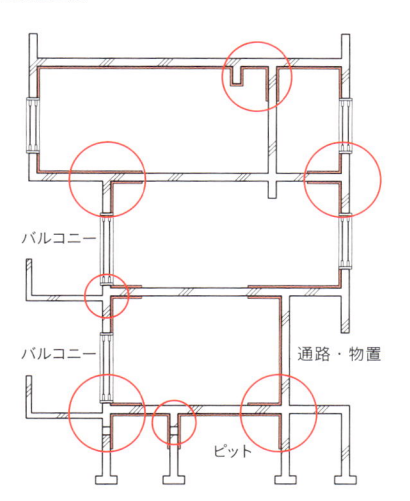

■：断熱個所

RC造の断熱工法

RC造の断熱工法は内断熱工法と外断熱工法に分けられる。工法の特徴を［表1］に熱橋対策が必要な部位を［図3］に示す。それぞれの断熱工法の注意点および適した断熱材は「建築学会建築工事標準仕様書・同解説JASS 24断熱工事」に詳しく記載されている。中でも注意が必要なのは屋上断熱防水工法と内断熱における吹付け硬質ウレタンフォームである。

屋上断熱防水工法では防水層と断熱材の位置関係により断熱材の性能劣化が起きてしまうケースがある。この現象を防ぐために、防水層が断熱材下に施工され内部に侵入した水が外部に排出できるようにすることが必要だ。

一方、内断熱における吹付け硬質ウレタンフォームとしてはA種1あるいは2を内部に1層以上のスキン層ができるように専門の技術検定を受けた者の管理の下で施工する必要がある。吹

していなかったが、今回から一定の熱がやりとりされるとして算入することになった。この計算条件変更により、同一間取りで計算した場合、最下階妻側住戸の熱損失が最も大きくなることになるので仕様決定の際には注意が必要である。

表2 従来規定されていた熱橋対策

断熱工法	断熱補強の仕様	告示別表第4に掲げる地域の区分			
		1、2	3、4	5〜7	8
内断熱	断熱補強の範囲（mm）	900	600	450	—
	断熱補強の熱抵抗の基準値（㎡K/W）	0.6			
外断熱	断熱補強の範囲（mm）	450	300	200	—
	断熱補強の熱抵抗の基準値（㎡K/W）	0.6			

※ 上表において、対象となる熱橋部で内断熱工法及び外断熱工法が併用されている場合は、内断熱工法とみなす。
参考文献：住宅の改正省エネルギー基準の建築主の判断基準と設計・施工指針の解説　テキスト1

表3 新しく規定された熱橋対策

熱橋部の形状	断熱補強の部位・仕様		告示別表第4に掲げる地域の区分			
			1、2	3	4	5〜8
熱橋部の梁、柱が室内側に突出している場合	床面	断熱補強の範囲（mm）	500	200	150	125
		断熱補強の熱抵抗の基準値（㎡K/W）	0.4	0.1	0.1	0.1
	壁面	断熱補強の範囲（mm）	100			
		断熱補強の熱抵抗の基準値（㎡K/W）	0.1			
熱橋部の梁、柱が室外側に突出している場合	床面	断熱補強の範囲（mm）	200	75	50	
		断熱補強の熱抵抗の基準値（㎡K/W）	0.2	0.1	0.1	
	壁面	断熱補強の範囲（mm）	150	75	50	
		断熱補強の熱抵抗の基準値（㎡K/W）	0.2	0.1	0.1	
熱橋部の梁、柱が室内側、室外側いずれにも突出していない場合	床面	断熱補強の範囲（mm）	200	100	75	
		断熱補強の熱抵抗の基準値（㎡K/W）	0.2	0.1	0.1	
	壁面	断熱補強の範囲（mm）	200	75	75	
		断熱補強の熱抵抗の基準値（㎡K/W）	0.2	0.1	0.1	

参考文献：住宅の改正省エネルギー基準の建築主の判断基準と設計・施工指針の解説　テキスト1

熱橋対策の変更

熱橋対策に対する考え方は従来と変わらないが、従来規定されていた熱橋対策[表2]に加え、室内側表面結露発生が無いことを条件として、より緩和された熱橋対策[表3]や無対策も認められることになった。ただし、熱橋対策を緩和すると大幅に熱損失が増えるので十分な事前検討が必要である。

隣接住戸対策

今回の改正から隣接住戸への熱損失を算入することになったため、従来無断熱であった界床、界壁に薄く断熱することで大幅にU_A値を改善できる。特に人体と直接接する床面を断熱するとU_A値の改善だけでなくエアコンなどの効きが良くなることから室内環境改善が期待される。[図4、写真1・2] ただし、置床のパーティクルボードを断熱化した場合は、断熱材とスラブの間に空間があるためU_A値には算入できない。

付けウレタンの中にはA種3のように透湿しやすい材料もあり、このような材料をRC構造内断熱工法に使用するとRCとの界面で内部結露が発生するので注意が必要である。これはRC造共同住宅だけでなく、木造戸建て住宅の基礎内側断熱の場合も同様である。

050

図4 断熱下地の有無による暖房時の床表面温度変化

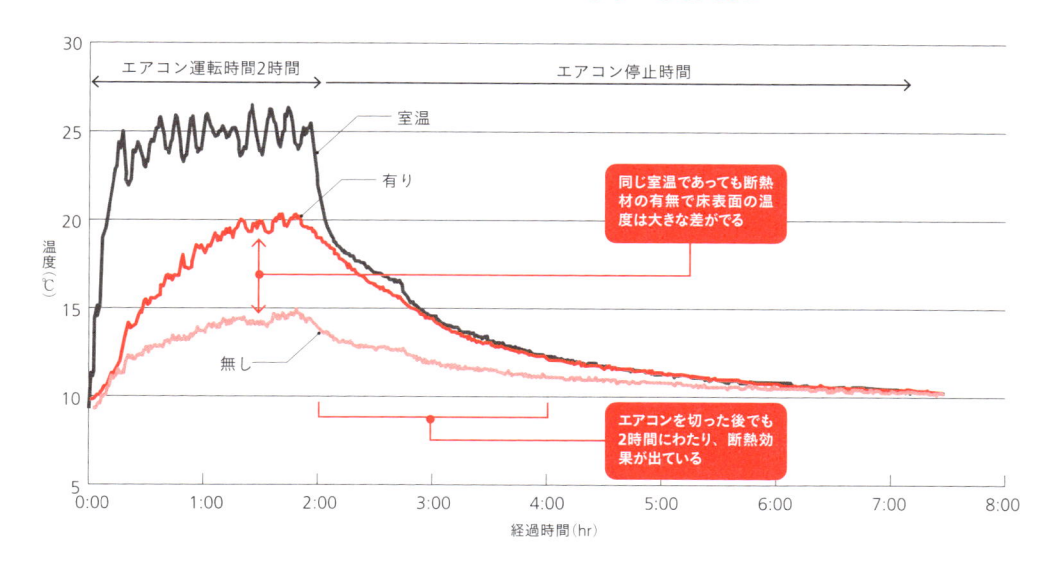

- エアコン運転時間2時間
- エアコン停止時間
- 室温
- 有り
- 無し
- 同じ室温であっても断熱材の有無で床表面の温度は大きな差がでる
- エアコンを切った後でも2時間にわたり、断熱効果が出ている

縦軸：温度(℃)　横軸：経過時間(hr)

写真1 床面に断熱材を施工した例

写真2 RC直貼り床の断熱床下地の有無によるフローリング表面温度の差
（エアコン運転停止から1時間後）

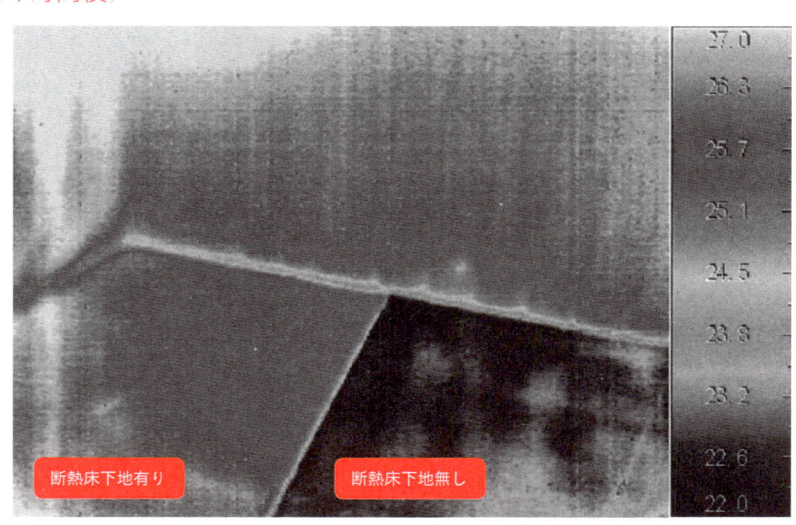

別の実験結果をサーモグラフィーで表したもの。エアコン停止から1時間経過した後でも、これだけの差が出る

断熱床下地有り　断熱床下地無し

開口部 ガラスの選択で省エネ化

図1 ガラスの仕様変更だけでも暖冷房費が変わる

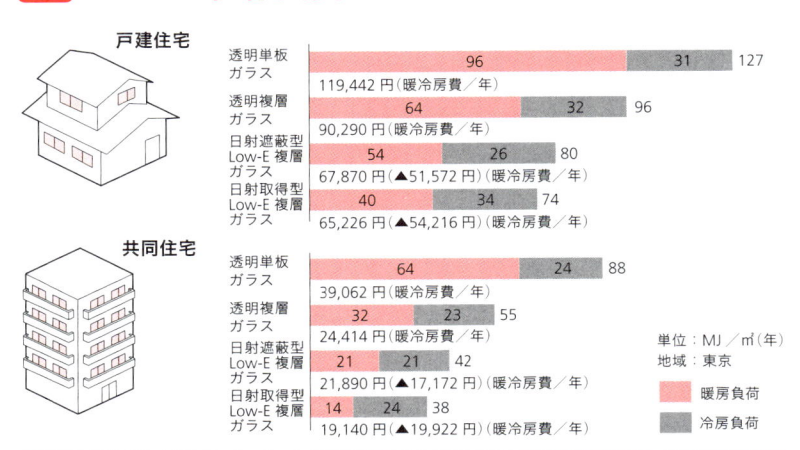

戸建住宅

- 透明単板ガラス：96 + 31 = 127　119,442円（暖冷房費／年）
- 透明複層ガラス：64 + 32 = 96　90,290円（暖冷房費／年）
- 日射遮蔽型Low-E複層ガラス：54 + 26 = 80　67,870円（▲51,572円）（暖冷房費／年）
- 日射取得型Low-E複層ガラス：40 + 34 = 74　65,226円（▲54,216円）（暖冷房費／年）

共同住宅

- 透明単板ガラス：64 + 24 = 88　39,062円（暖冷房費／年）
- 透明複層ガラス：32 + 23 = 55　24,414円（暖冷房費／年）
- 日射遮蔽型Low-E複層ガラス：21 + 21 = 42　21,890円（▲17,172円）（暖冷房費／年）
- 日射取得型Low-E複層ガラス：14 + 24 = 38　19,140円（▲19,922円）（暖冷房費／年）

単位：MJ／㎡（年）　地域：東京
■暖房負荷　■冷房負荷

算出根拠：SMASHによるシミュレーション計算結果[*]により算出された暖冷房負荷削減量を、以下の条件で費用化。暖房負荷の場合、灯油価格／33.0×0.7＋従量電灯料金／7.2×0.3（円／MJ）、冷房負荷の場合、従量電灯料金／10.8（円／MJ）。▲の金額は透明単板ガラスとの差を表す

資料：板硝子協会

図2 ガラスの仕様と性能

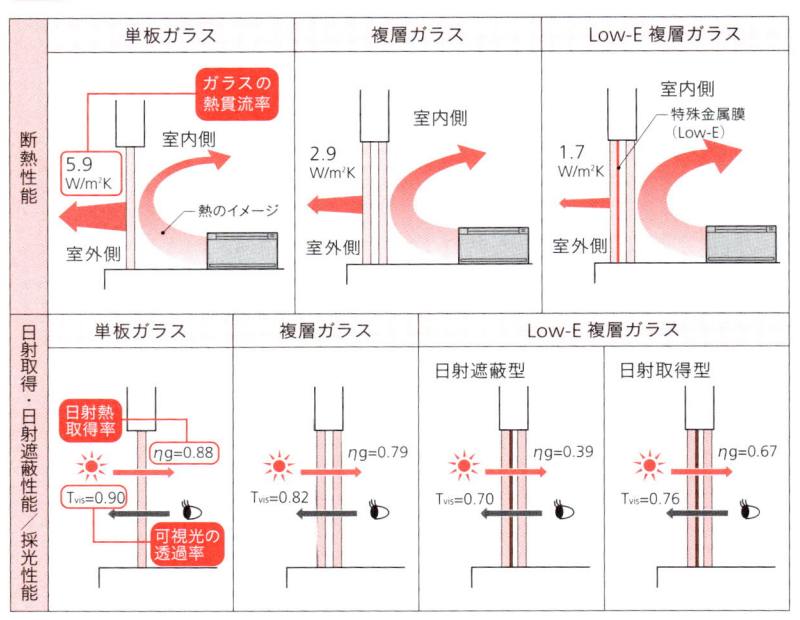

断熱性能

- 単板ガラス：ガラスの熱貫流率 5.9 W/m²K
- 複層ガラス：2.9 W/m²K
- Low-E複層ガラス：1.7 W/m²K（特殊金属膜 Low-E）

日射取得・日射遮蔽性能／採光性能

- 単板ガラス：日射熱取得率 ηg=0.88、可視光の透過率 Tvis=0.90
- 複層ガラス：ηg=0.79、Tvis=0.82
- Low-E複層ガラス 日射遮蔽型：ηg=0.39、Tvis=0.70
- Low-E複層ガラス 日射取得型：ηg=0.67、Tvis=0.76

建築物の省エネルギー化を進めるためには、特に開口部を高断熱化しなければならない。実際にガラスを変えるだけでも、年間の暖房費には大きな差がつく[図1]。そのために、Low-E複層ガラスを有効に活用したい。

Low-Eとは Low Emissivity の略で低放射を意味する。片側の板ガラスの表面に銀や酸化スズなどの薄膜を施し、遠赤外線を反射させる。この薄膜をガラス中空層に面するように配置し、遠赤外線の反射率を高めることで放射熱伝達を低減させる。断熱性能を高めたこの複層ガラスを、Low-E複層ガラスと呼んでいる。

開口部の遮熱性能は一般に日射熱取得率で表す。日射熱取得率は開口部に入射する日射熱の中で室内へ侵入する熱の比率を表したものである。室内へ侵入する熱はガラスを直接透過する成分と、ガラスに一度吸収された熱が室

＊：すべての窓にレースカーテンを付けた想定で計算

図3 Low-E 複層ガラスの日射特性

❶日射取得型 Low-E 複層ガラス

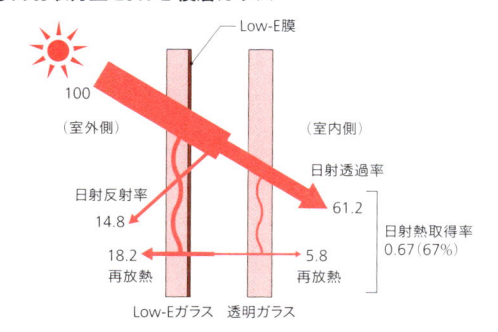

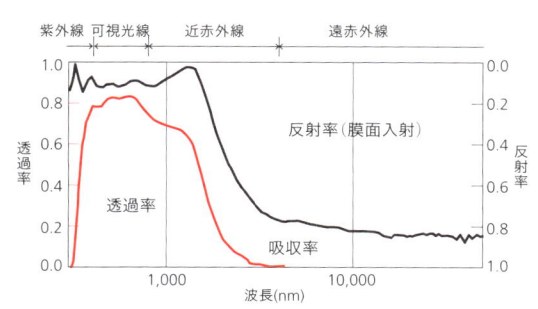

- 日射反射率 14.8
- 日射透過率 61.2
- 再放熱 18.2 ← 5.8 再放熱
- 日射熱取得率 0.67（67%）

❷日射遮蔽型 Low-E 複層ガラス

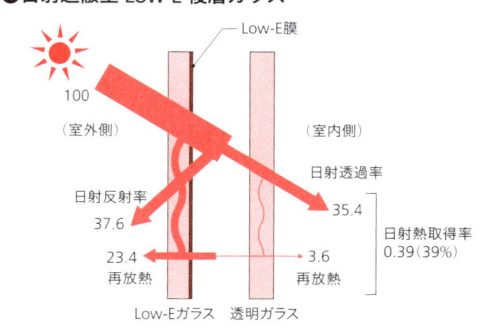

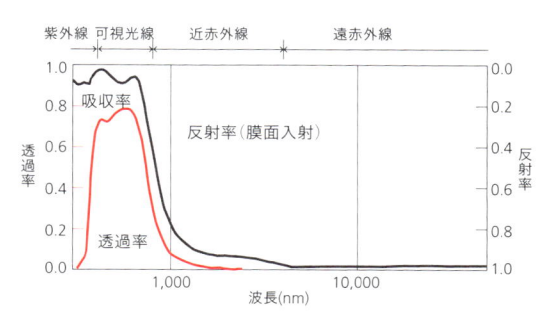

- 日射反射率 37.6
- 日射透過率 35.4
- 再放熱 23.4 ← 3.6 再放熱
- 日射熱取得率 0.39（39%）

色線が分光透過率（左縦軸）、黒線が分光反射率（右縦軸）を表す。左右の縦軸の目盛は反転表示しており、透過率と反射率と吸収率の合計は"1"であるので、グラフ中の透過率と反射率で囲まれた領域が吸収率を意味する

グラフはLow-Eガラス単板の分光特性

図4 複層ガラスの面の呼び方

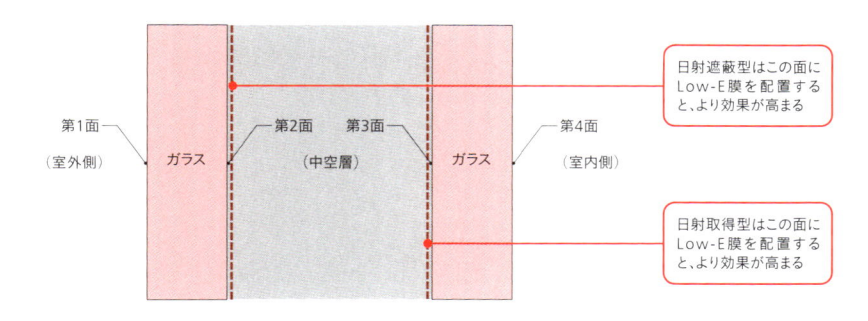

- 第1面（室外側）ガラス
- 第2面・第3面（中空層）
- 第4面（室内側）ガラス

日射遮蔽型はこの面にLow-E膜を配置すると、より効果が高まる

日射取得型はこの面にLow-E膜を配置すると、より効果が高まる

複層ガラスは、室外側ガラスの室外面を第1面、中空層側を第2面、室内側ガラスの中空層側を第3面、室内面を第4面と呼ぶ［図4］。第2面にLow-E膜を配置しているものを遮熱タイプ、第3面にLow-E膜を配置したものを高断熱タイプと呼ぶこともある。しかし本来は、Low-E膜の種類で、そのガラスが日射取得型か日射遮蔽型かが決まる。膜構成が近赤外領域（日射熱）に対して透過（取得）を高めているものが日射取得型［図3❶］、逆に反射（遮蔽）を高めているものが日射遮蔽型［図3❷］である。

さらにこの効果を高めるために膜面の位置を決める。日射の取得性能をより重視する場合は透過タイプのLow-E膜を第3面に、日射の遮蔽性能を重視する場合は、反射タイプのLow-E膜を第2面に配置すると効果がさらに大きくなる。

Low-E複層ガラスにはこれら2つのバリエーションがあると認識し、使い方を選択すべきである。冬場の暖房負荷低減を重視する場合は、日射取得型のLow-E複層ガラスを、一方夏場の冷房負荷低減を重視する場合は、日射遮蔽型を選択することが望ましい。

内側に再放熱される分の両方を含んでいる［図3］。

図5 平成25年国土交通省告示第907号による省エネルギー基準の考え方

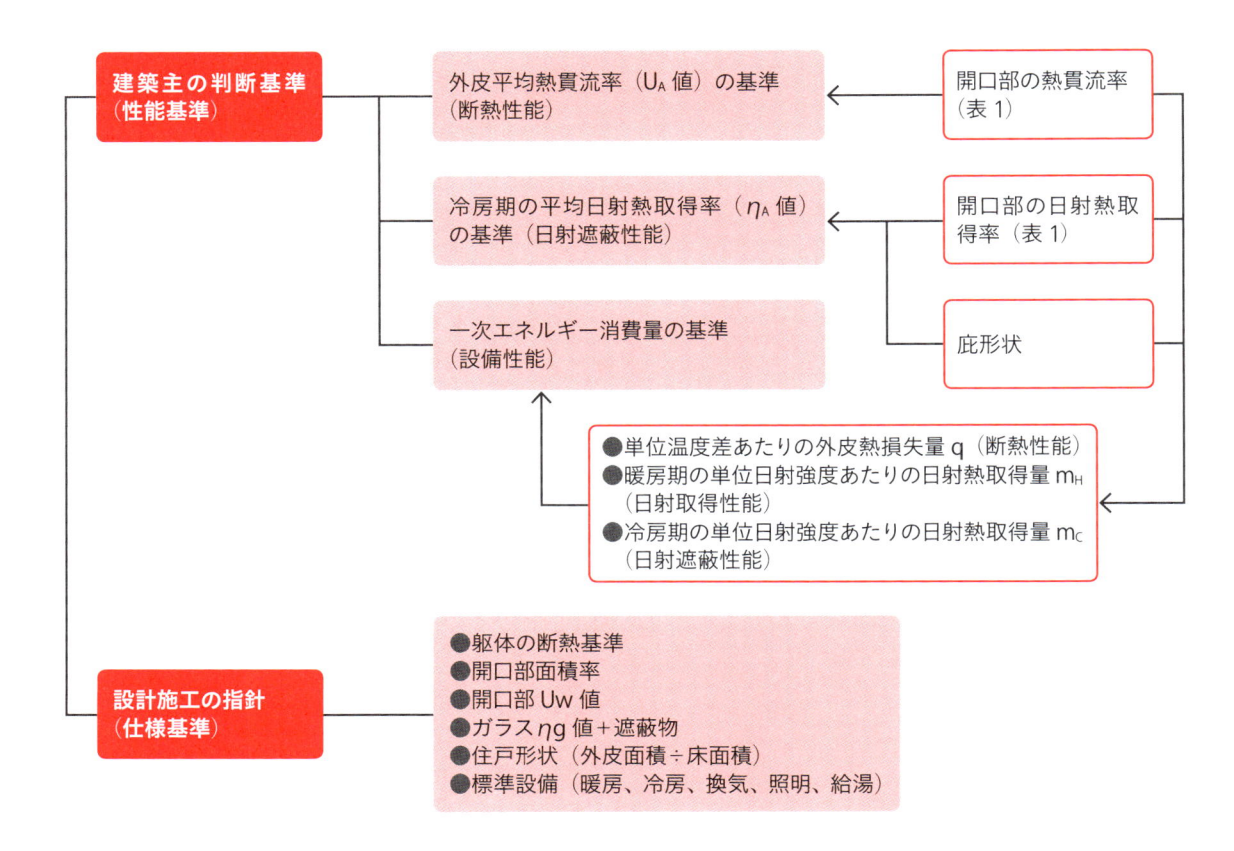

建築主の判断基準（性能基準）
- 外皮平均熱貫流率（U_A値）の基準（断熱性能） ← 開口部の熱貫流率（表1）
- 冷房期の平均日射熱取得率（η_A値）の基準（日射遮蔽性能） ← 開口部の日射熱取得率（表1）
- 一次エネルギー消費量の基準（設備性能）
  - ●単位温度差あたりの外皮熱損失量 q（断熱性能）
  - ●暖房期の単位日射強度あたりの日射熱取得量 m_H（日射取得性能）
  - ●冷房期の単位日射強度あたりの日射熱取得量 m_C（日射遮蔽性能）
- 庇形状

設計施工の指針（仕様基準）
- ●躯体の断熱基準
- ●開口部面積率
- ●開口部 U_w 値
- ●ガラス η_g 値＋遮蔽物
- ●住戸形状（外皮面積÷床面積）
- ●標準設備（暖房、冷房、換気、照明、給湯）

表1 仕様に応じた窓の熱貫流率と日射熱取得率

ガラスの仕様 / 建具の仕様	窓の熱貫流率 [W/㎡K] 木、樹脂	アルミ樹脂複合	アルミ熱遮断	アルミ		ガラス中央部の日射熱取得率 ガラスのみ	障子	外付けブラインド
ガス入りダブル Low-E 三層複層ガラス（Low-E ガラス 2 枚、G7 以上×2）	1.60	—	—	—	日射取得型	0.54	0.34	0.12
					日射遮蔽型	0.33	0.22	0.08
Low-E 三層複層ガラス（Low-E ガラス 1 枚、G6 以上 orA9 以上×2）	1.70	—	—	—	日射取得型	0.59	0.37	0.14
					日射遮蔽型	0.37	0.25	0.10
ガス入り Low-E 複層ガラス（G12 以上）	1.90	—	—	—	日射取得型	0.64	0.38	0.15
					日射遮蔽型	0.40	0.26	0.11
Low-E 複層ガラス（A10 以上）	2.33	2.33	2.91	3.49	日射取得型	0.64	0.38	0.15
					日射遮蔽型	0.40	0.26	0.11
透明複層ガラス（A10 以上）	2.91	3.49	3.49	4.07	—	0.79	0.38	0.17
透明複層ガラス（A6 以上 A10 未満）	3.49	4.07	4.07	4.65	—	0.79	0.38	0.17
単板ガラス	6.51	6.51	6.51	6.51	—	0.88	0.38	0.19

A：空気層　G：アルゴンガスまたはクリプトンガス層　数値は中空層厚（単位はミリ）

表2 仕様基準による設計施工の指針

地域	条件	戸建住宅 (い)	戸建住宅 (ろ)	戸建住宅 (は)	共同住宅 (い)	共同住宅 (ろ)	共同住宅 (は)
1、2、3地域 寒冷地 例:北海道、北東北	a_w	<7%	<9%	<11%	<5%	<7%	<9%
	U_w	≦2.91	≦2.33	≦1.90	≦2.91	≦2.33	≦1.90
	η_g	—	—	—	—	—	—
4地域 準寒冷地 例:南東北、長野	a_w	<8%	<11%	<13%	<5%	<7%	<8%
	U_w	≦4.07	≦3.49	≦2.91	≦4.07	≦3.49	≦2.91
	η_g	—	—	—	—	—	—
5、6、7地域 温暖地 例:関東以西	a_w	<8%	<11%	<13%	<5%	<7%	<8%
	U_w [W/m²K]	≦6.51	≦4.65	≦4.07	≦6.51	≦4.65	≦4.07
	η_g >0.74	○	付属部材 or 庇軒	付属部材※1			
	≦0.74	○	○	庇軒			
	≦0.49	○	○	○			
8地域 蒸暑地 例:沖縄	a_w	<8%	<11%	<13%	<5%	<7%	<8%
	U_w [W/m²K]	—	—	—	—	—	—
	η_g >0.68	庇軒	付属部材	×	○	付属部材 or 庇軒	付属部材
	≦0.68	庇軒	庇軒	×	○	付属部材 or 庇軒	庇軒
	≦0.49	庇軒	庇軒	付属部材※1 or 庇軒			

a_w:開口部比率(=開口部面積÷総外皮面積)
U_w:窓の熱貫流率[W/m²K]
η_g:ガラスの日射熱取得率、JIS R 3106による。
—:基準値なし、○:付属部材や庇軒なしで使用可、×:付属部材や庇軒ありでも使用不可
「付属部材」とは、紙障子、外付けブラインドなど、開口部に建築的に取り付けられるものをいう。(レースカーテン、内付けブラインドは含まない)
「庇軒」とは、オーバーハング型日除けで、外壁からの出寸法がその下端から窓下端までの高さの0.3倍以上のものをいう。
「付属部材※1」は、南±22.5度に設置するものは外付けブラインドに限る。
住宅の延床面積の2%以下の面積の小窓では、熱貫流率の基準値は適用しない。
住宅の延床面積の4%以下の面積の小窓では、日射熱取得率の基準値は適用しない。

住宅の省エネルギー基準(平25基準)では、性能基準および仕様基準の2つの方式がある[図5]。性能基準では、外皮平均熱貫流率(U_A値)、冷房期の平均日射熱取得率(η_A値)、一次エネルギー消費量の3つを計算し、基準値を満たさなければならない。計算は開口部の性能として熱貫流率と日射熱取得率および庇の形状を、公開されているソフトなどに入力して数値を求める[表1]。一方の仕様基準では、地域別・住宅種別・開口部比率別に開口部の熱貫流率とガラスの日射熱取得率と併用すべき日射遮蔽部材(付属部材・庇・軒)の種類が定められている。ただし1~4地域の全住宅および5~7地域の共同住宅では日射熱取得率および日射遮蔽部材の規定はなく、8地域の全住宅では熱貫流率の規定はない[表2]。なお開口部比率(総外皮面積に対する開口部面積の割合)が小さい住宅では、平11基準よりも熱貫流率が大きい開口部の使用が認められ、また住宅の延床面積の2%以下の面積の小窓では熱貫流率の基準値が適用されない。しかし室内の温熱快適性・住まい手の健康・結露防止など省エネルギー以外での利点や効果を考慮して、省エネ基準にとどまらず、より高断熱の開口部を採用することが望まれる。

表3 窓の熱性能と一次エネルギー消費量

地域	サッシ	ガラス	窓の熱貫流率 Uw [W/m²K]	ガラスの日射熱取得率 ηg [-]	一次エネルギー消費量 [GJ/年] 暖房	一次エネルギー消費量 [GJ/年] 冷房
2地域（札幌）	アルミ	透明単板ガラス	6.51	0.88	59.2	0.9
	アルミ	透明複層ガラス (A6)	4.65	0.79	43.8	0.9
	樹脂	日射遮蔽型 Low-E 複層ガラス (A12)	2.33	0.4	35.9	0.6
	樹脂	日射取得型 Low-E 複層ガラス (A12)	2.33	0.64	31.1	0.8
6地域（東京）	アルミ	透明単板ガラス	6.51	0.88	15.2	5.8
	アルミ	透明複層ガラス (A6)	4.65	0.79	13.0	6.0
	樹脂	日射遮蔽型 Low-E 複層ガラス (A12)	2.33	0.4	12.6	4.8
	樹脂	日射取得型 Low-E 複層ガラス (A12)	2.33	0.64	10.0	5.8
7地域（鹿児島）	アルミ	透明単板ガラス	6.51	0.88	7.9	6.7
	アルミ	透明複層ガラス (A6)	4.65	0.79	6.6	7.0
	樹脂	日射遮蔽型 Low-E 複層ガラス (A12)	2.33	0.4	7.0	5.5
	樹脂	日射取得型 Low-E 複層ガラス (A12)	2.33	0.64	5.1	6.9

A：空気層　数値は中空層厚（単位はミリ）

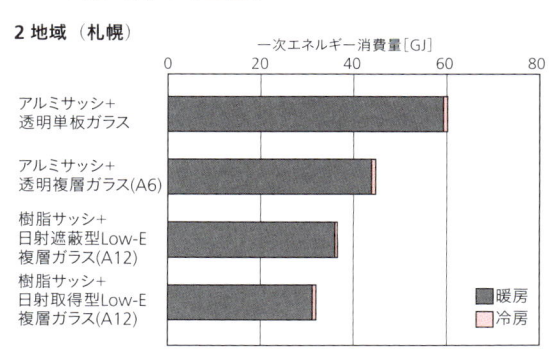

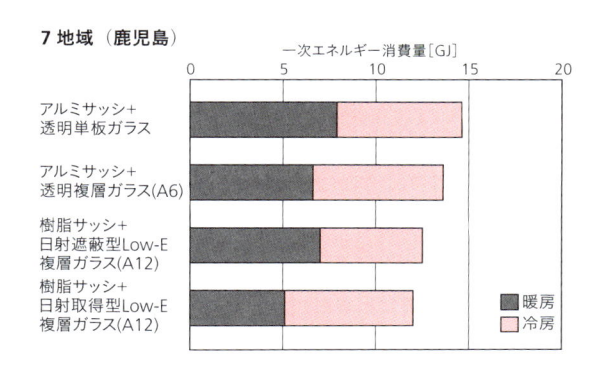

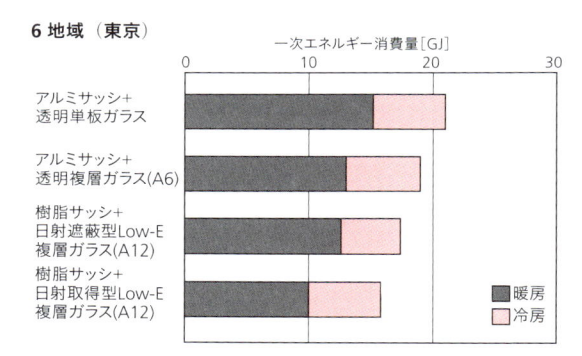

その他の計算条件

- 住宅モデル：戸建住宅基準検討モデル（120m²）
- 壁床天井：平11仕様基準レベル
- 開口部：庇あり、遮蔽物なし、和障子なし。
- 暖冷房設備：「主たる居室」と「その他の居室」の両方あるいはいずれかに暖房設備機器または放熱器を設置する。エアコン
- 換気設備：ダクト式第二種またはダクト式第三種換気設備、0.5回/h
- 照明設備：設置しない
- 給湯設備：ガス給湯機、太陽給湯利用しない
- 発電設備：利用しない

住宅の省エネルギー基準（平25基準）の性能基準において定められている一次エネルギー消費量の評価は、建築研究所のwebプログラムで計算が可能だ。標準的な戸建住宅モデルについて、札幌・東京・鹿児島を想定し、窓の種類を変えながら暖房と冷房に係る一次エネルギー消費量を試算した〔表3〕。暖房と冷房の合計のエネルギー量は札幌が最も大きく、東京、鹿児島の順に小さくなる。札幌では暖房エネルギーがほとんどを占める。

窓の種類では、単板ガラス、透明複層ガラス、Low-E複層ガラスの順に暖房と冷房の合計のエネルギー量が減少する。さらにLow-E複層ガラスでは、日射遮蔽型よりも日射取得型の方がいずれの地域もエネルギー量が小さい。とは言うまでもないが、冷房期の平均日射熱取得率（ηA値）の基準値を満たすために、高断熱の窓が有効であるだけに、日射遮蔽性の強い窓ガラスを採用することは一次エネルギー消費量の増大を招き、省エネルギーに逆効果となるおそれがある。適度な日射取得性の窓ガラスと庇や日射遮蔽物との併用により、季節に応じて日射取得と日射遮蔽を両立することが理想的である。

図6 遮蔽物使用による省エネルギー効果

窓ガラスの日射熱取得率と熱負荷との関係

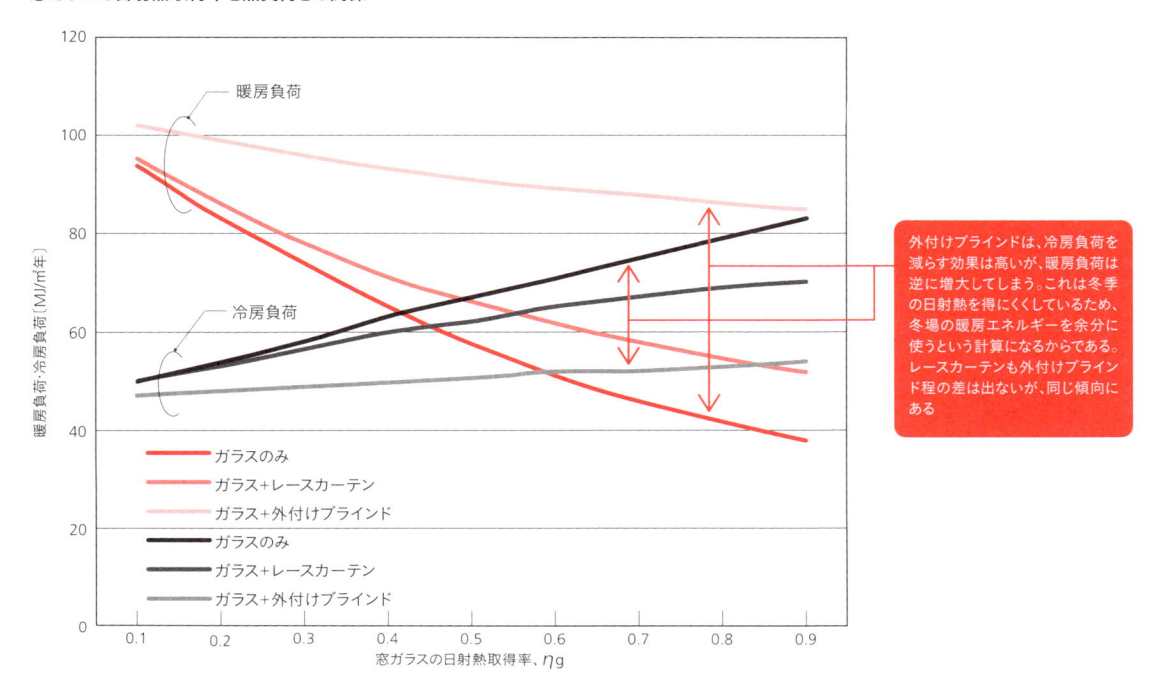

縦軸：暖房負荷／冷房負荷 [MJ/m²年]
横軸：窓ガラスの日射熱取得率、ηg

凡例：
- ガラスのみ
- ガラス＋レースカーテン
- ガラス＋外付けブラインド
- ガラスのみ
- ガラス＋レースカーテン
- ガラス＋外付けブラインド

> 外付けブラインドは、冷房負荷を減らす効果は高いが、暖房負荷は逆に増大してしまう。これは冬季の日射熱を得にくくしているため、冬場の暖房エネルギーを余分に使うという計算になるからである。レースカーテンも外付けブラインド程の差は出ないが、同じ傾向にある

暖房負荷と冷房負荷の合計熱負荷

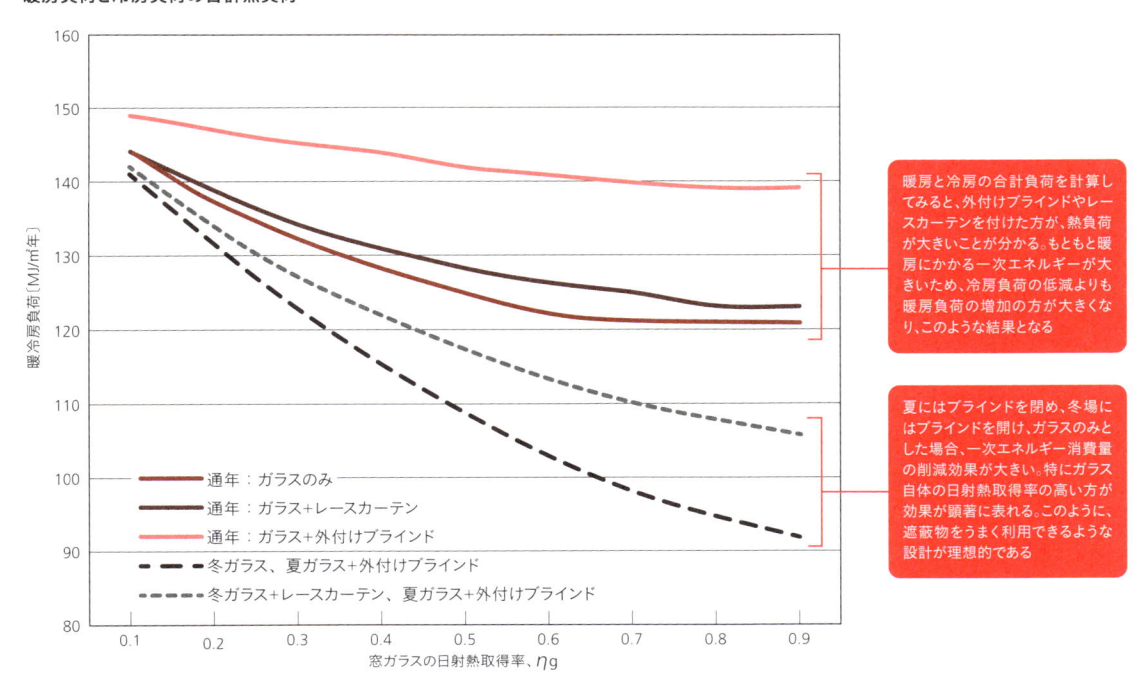

縦軸：暖冷房負荷 [MJ/m²年]
横軸：窓ガラスの日射熱取得率、ηg

凡例：
- 通年：ガラスのみ
- 通年：ガラス＋レースカーテン
- 通年：ガラス＋外付けブラインド
- 冬ガラス、夏ガラス＋外付けブラインド
- 冬ガラス＋レースカーテン、夏ガラス＋外付けブラインド

> 暖房と冷房の合計負荷を計算してみると、外付けブラインドやレースカーテンを付けた方が、熱負荷が大きいことが分かる。もともと暖房にかかる一次エネルギーが大きいため、冷房負荷の低減よりも暖房負荷の増加の方が大きくなり、このような結果となる

> 夏にはブラインドを閉め、冬場にはブラインドを開け、ガラスのみとした場合、一次エネルギー消費量の削減効果が大きい。特にガラス自体の日射熱取得率の高い方が効果が顕著に表れる。このように、遮蔽物をうまく利用できるような設計が理想的である

戸建住宅モデル、部分間欠運転、東京、窓の熱貫流率 $U_w = 2.33 \, [W/m²K]$

→ Case Study
断熱強化と通風重視で一次エネルギーを72%削減

「東京S邸」は、2010年3月の竣工。開口部の断熱気密性能を重視し、街に対して開く・閉じるを臨機応変に行うことで開放感と閉じる機能を両方兼ね備えた [図1]。冬期は断熱性能を高め、蓄熱部位を多くし、暖房エネルギーを抑制、夏期は外付けブラインドによる日射遮蔽、夏の排熱、夜間冷気の導入を有効にする窓計画の実践で冷房エネルギーの削減を試みた [表1・2、図2、*1]。試算では、一次エネルギーを72%、光熱費を69%削減できる見込み。断熱することで部屋の周壁温が室温に近づき、室内の温度ムラは小さくなる。高窓を設置し、熱対流により、室内の熱気を排除し、冷房エネルギーを抑制している。

図1 計画概要と開口部の工夫

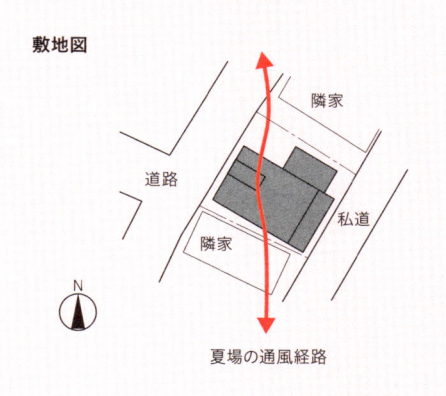

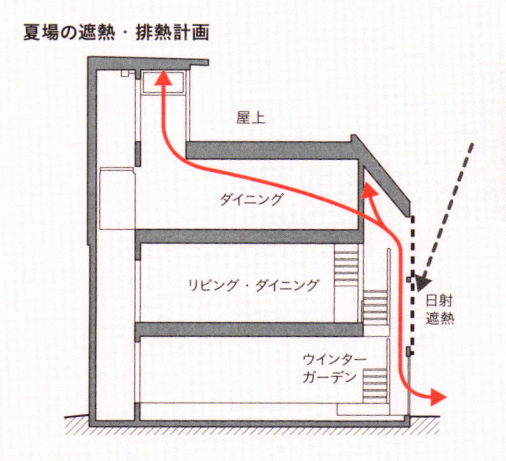

敷地図
隣家／道路／隣家／私道／夏場の通風経路

夏場の遮熱・排熱計画
屋上／ダイニング／リビング・ダイニング／ウインターガーデン／日射遮熱

> 南西と北東の窓の組み合わせを重視して水平方向の通風性能を確認した。また、熱対流による上方排気を目的として建物頂部に高窓を設置

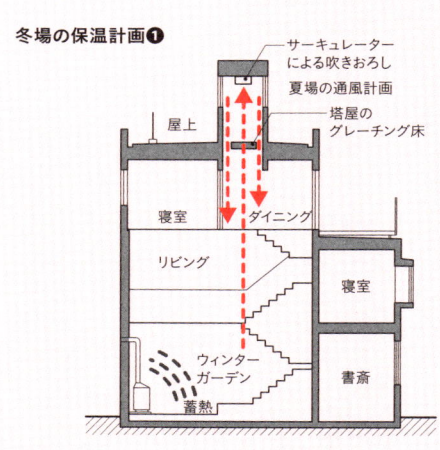

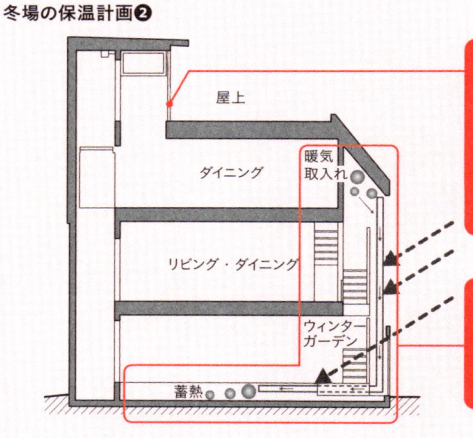

冬場の保温計画❶
サーキュレーターによる吹きおろし／夏場の通風計画／塔屋のグレーチング床／屋上／寝室／ダイニング／リビング／寝室／ウィンターガーデン／書斎／蓄熱

冬場の保温計画❷
屋上／ダイニング／暖気取入れ／リビング・ダイニング／ウィンターガーデン／蓄熱

> 排熱・通風のために開口部を開放したい(夏期)が、防犯上、不安がつきものとなる。塔屋の突出し窓では、隙間を少し開けた状態において、外からは開かない施錠金物を設置した

> 吹き抜けの縦ダクト内のファンにより、上部の暖気を1階床下に送ることで、冬期の床下は19℃程度に保たれている

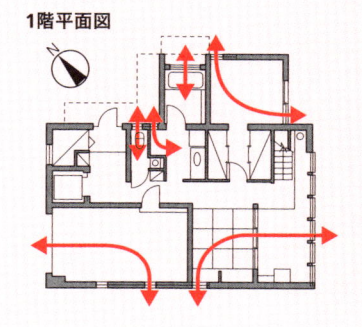

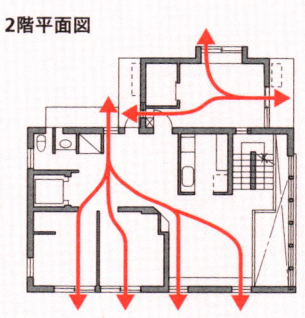

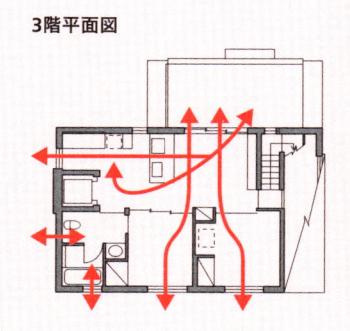

1階平面図 **2階平面図** **3階平面図**

事例データ｜建物名称：東京S邸　省エネ地域区分：6地域　敷地面積：133.62㎡　建築面積：80.13㎡　延床面積：217.25㎡、(法定)199.28㎡　階数：3　構造：木造(木質フレームシステム)　*1：データ作成は、〈温熱環境評価書＋CO_2削減効果推計シート〉による。開発者：クアトロ＋建築環境ソリューションズ共同企業体
*2：消費されるエネルギー(灯油、液化石油ガス、電気)を、省エネ基準に基づき一次エネルギーに換算したもの。少ないほど省エネであることを表す

表1 断熱仕様・日射遮蔽性能

部位	断熱性能
外壁	建物用断熱用吹付け硬質ウレタンフォーム（充填断熱）80mm、遮熱塗料
屋根・天井	フェノールフォーム断熱材 80mm＋硬質ウレタンフォーム 50mm、遮熱塗料
床	（基礎立上り断熱を採用）
土間床	フェノールフォーム断熱材 40mm
窓	複層ガラス（クリプトンガス入）＋木製サッシ　熱貫流率 2.5W／㎡K

外度平均熱貫流率（U_A 値）
本物件	平成25年省エネ基準
0.53	0.87

冷房期の平均日射熱取得率 η_A 値
本物件	平成25年省エネ基準
2.0	2.8

Q値とμ値は数値が小さいほど省エネになる

Q値 1.7（実測値）、すべての窓に木製気密サッシ・クリプトンガス入り複層ガラスを使用している

表2 建物の一次エネルギー消費量 [＊2・3]

種別		主な設備	エネルギー消費量	単位面積当たりのエネルギー消費量
暖房		エアコン（定格能力 6.7kW、COP3.28）	5.8GJ	26.7MJ／㎡
冷房		エアコン（定格能力 5.0kW、COP3.03）	3.4GJ	15.7MJ／㎡
換気		第1種ダクト式換気システム、消費電力合計 63W	5.1GJ	23.5MJ／㎡
給湯		CO_2ヒートポンプ給湯機	16.7GJ	76.9MJ／㎡
照明		白熱灯を使用しない	8.3GJ	38.2MJ／㎡
その他の家電		2003年ころの家電製品に待機電力の低減を想定	14.2GJ	65.4MJ／㎡
創エネ	太陽光	合計約 3kW	▲8.2GJ	▲37.7MJ／㎡
	その他	特になし	0.0GJ	0.0MJ／㎡
		合計	45.3GJ	208.5MJ／㎡

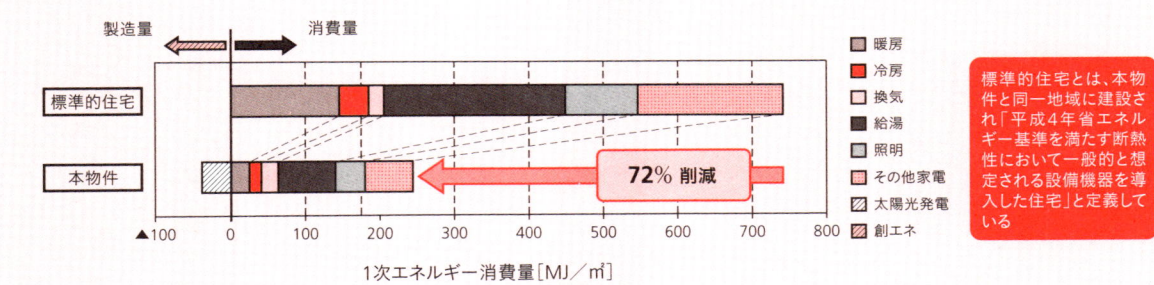

標準的住宅とは、本物件と同一地域に建設され「平成4年省エネルギー基準を満たす断熱性において一般的と想定される設備機器を導入した住宅」と定義している

72% 削減

図2 CO_2排出量と光熱費、暖冷房負荷の削減量

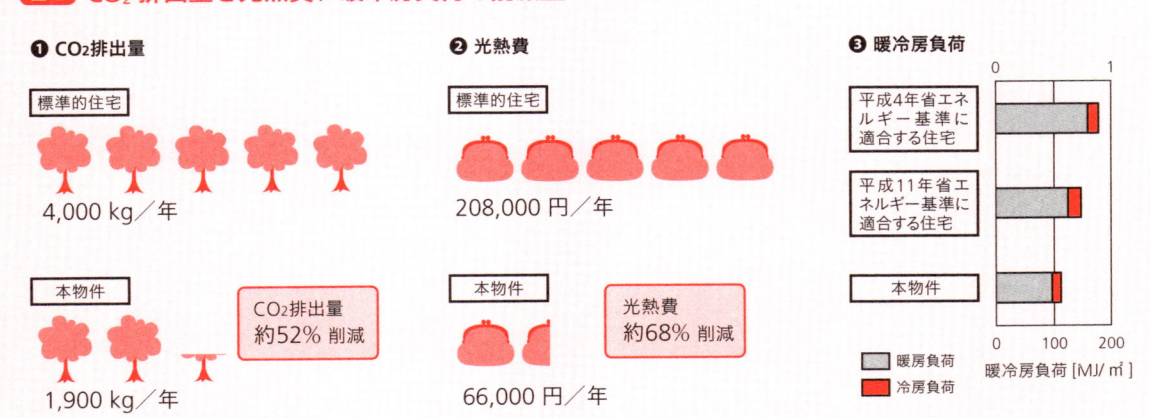

❶ CO_2排出量
- 標準的住宅：4,000 kg／年
- 本物件：1,900 kg／年
- CO_2排出量 約52% 削減

❷ 光熱費
- 標準的住宅：208,000 円／年
- 本物件：66,000 円／年
- 光熱費 約68% 削減

❸ 暖冷房負荷
- 平成4年省エネルギー基準に適合する住宅
- 平成11年省エネルギー基準に適合する住宅
- 本物件

暖冷房負荷 [MJ／㎡]
暖房負荷／冷房負荷

注1：標準的住宅と本物件におけるCO_2排出量および光熱費を表す　注2：光熱費の計算には 10.1〜22.7円／kWh（電気）141.3円／㎡（ガス）の値を用いている

＊3：「2.建物の断熱性能」の暖冷房負荷と「3.建物の1次エネルギー消費量」の暖冷房エネルギー消費量の関係について暖冷房負荷は「暖冷房に必要な熱量」であり、断熱性能、日射遮蔽性能、外気条件、および暖冷房方式などに依存する。暖冷房1次エネルギー消費量は「暖冷房に必要な熱量」を作るために「設備機器が消費する1次エネルギー量」であり、機器の効率に依存する

設備 省エネ量を根拠ある数値で示す

図1 一次エネルギーの概念

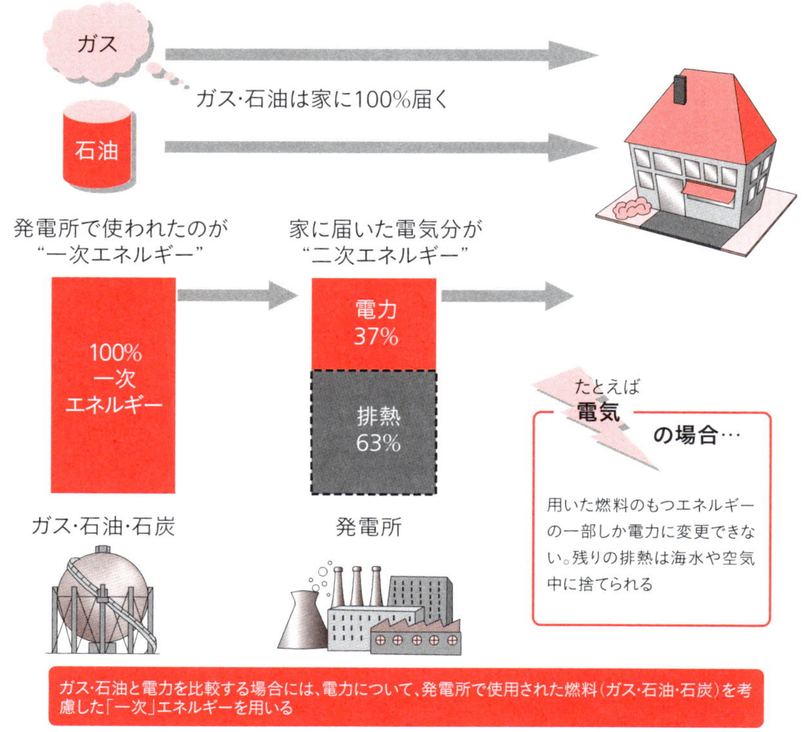

ガス・石油は家に100％届く

発電所で使われたのが"一次エネルギー"
家に届いた電気分が"二次エネルギー"

100％一次エネルギー
電力 37％
排熱 63％

ガス・石油・石炭
発電所

たとえば **電気** の場合…
用いた燃料のもつエネルギーの一部しか電力に変更できない。残りの排熱は海水や空気中に捨てられる

ガス・石油と電力を比較する場合には、電力について、発電所で使用された燃料（ガス・石油・石炭）を考慮した「一次」エネルギーを用いる

省エネ性能は一次エネルギー消費量で判断する

住宅設備機器を選択するときには、省エネ効果の高いものを選びたい。その参考となるのは一次エネルギー消費量である。住宅設備を使用する際には、ガスや石油、電力などさまざまな燃料を使用するが、一次エネルギー消費量であれば、これを同じ基準で比較することができる。一次エネルギーとはたとえば電力であれば、住宅に届いた電力エネルギー（二次エネルギー）ではなく、その電気を届けるために発電所で燃やされた燃料分のエネルギーのことを指す［図1］。一次エネルギーはGJ（ギガジュール）という単位で表わされる。

一次エネルギー消費量の計算は手計算で行うことは難しいため、実際には計算ソフトを使って求めることになる。便利なのは、独立行政法人建築研究所が公開している「一次エネルギー消費量算定用WEBプログラム（住宅用）」だ。同法人のサイトにアクセスすることで、無料でこのプログラムを使うことができる［図2］。

この一次エネルギー消費量は設備だけではなく、住宅の外皮性能、つまりは住宅全体の断熱性能や建物の向きなどによる日射取得量の違いにより、同じ設備を使っても一次エネルギー消費量は異なる。そのため、一次エネルギー消費量の計算前に、住宅の外皮性能を求めておく必要がある。外皮性能を求める計算ソフトは、建築研究所や住宅性能評価・表示協会で公開されているので、参照されたい。外皮性能が高ければその分冷暖房設備の選択肢が広がる。一次エネルギー消費量の大きな冷暖房設備の導入を検討している場合は、特に外皮性能を高めるようにしたい。

一次エネルギー消費量の計算を行うには建物の外皮性能と、どのような設

表1 一次エネルギー消費量の計算に必要な入力項目例

❶標準的な住宅の条件を入力（千葉県の場合）

画面	選択肢	条件の入力例
基本情報	住宅/住戸（タイプ）の名称	仮称でよいので、入力
	床面積	主たる居室、その他の居室、非居室の面積をおのおの入力
	省エネルギー基準地域区分	6地域（旧IVb地域）
	年間日射地域区分	A3区分（年間の日射量が中程度の地域）
外皮	単位温度差あたりの外皮熱損失量（q値）	U_A値を計算する際に求めた数値を入力
	単位日射強度あたりの冷房期・暖房期の日射熱取得量（mC値、mH値）	η_A値を計算する際に求めた数値を入力
	通風の利用	利用しないなど
	蓄熱の利用	利用しないなど
暖房設備	暖房方式の選択	設置しないなど
	居室ごとの設備の選択	温水床暖房など
冷房設備	冷房方式の選択	住宅全体を冷房するなど
	冷房設備機器の種類	エアコンなど
	エネルギー消費効率の区分	区分（い）など
給湯設備	給湯熱源機の種類	ガス給湯機など
	配管方式	ヘッダー配管など
	水栓	手元止水機能を利用するなど
換気	換気設備の方式	ダクト式第一種換気設備など
	比消費電力	数値を入力（0.7など）
照明	設置の有無	設置するなど
	白熱灯の利用	利用の有無を選択
太陽光発電	設置の有無	有無を選択
	アレイのシステム容量	数値を入力（3kWなど）

※選択肢は代表的なものを記載。実際にはもっと細かな内容の記入が必要となるケースもある

図2 一次エネルギー消費量計算サイト（独立行政法人建築研究所／http://www.kenken.go.jp）

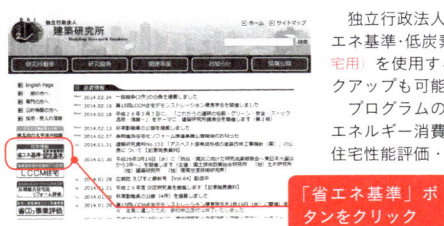

独立行政法人建築研究所のホームページで、一次エネルギー消費量の計算ができる。トップページから「省エネ基準・低炭素建築物認定基準」のボタンをクリックし、「一次エネルギー消費量算定用WEBプログラム（住宅用）を使用する」というボタンを押すことで、[図2-❸]の計算プログラムにたどりつける。データはバックアップも可能で、過去のデータを呼び出し、そこから修正することも可能。

プログラムの使い方は同ホームページから解説書がダウンロードできるので、参照すること。また、一次エネルギー消費量を計算する前に、外皮性能を求めておく必要がある。外皮性能については、建築研究所や住宅性能評価・表示協会で用意されているソフトなどを使用する。

「省エネ基準」ボタンをクリック

❶基本情報の入力欄

設備を選ぶ前に建物の基本情報を入力する

❷外皮性能の入力欄

どの項目を選ぶかで入力項目も変わるので注意が必要

❸一次エネルギー消費量計算サイトホーム画面

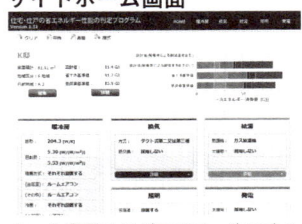

ホーム画面ではグラフで一次エネルギー消費量が確認できる

備を選ぶかを入力しなければならない[図2-❶]。入力する内容の主な項目は[表1]の通りである。実際には選ぶ設備によって、入力する内容も異なる[図2-❷]。このプログラムでは、入力内容を変更し、計算を行うことで、1年間にどのくらいの一次エネルギーを消費するかをシミュレーションできる。プログラムでは平成25年の省エネ基準の数値と比較できるため、実際に基準の数値を満たすかどうかを確認しながらのシミュレーションも可能だ[図2-❸]。

どの設備を選ぶかでどれだけ一次エネルギー消費量が変わるかはシミュレーションの結果で判断できるが、そもそもどの設備であれば省エネ効果が高いのかを、予め把握しておくことも重要である。特に暖房設備と給湯設備は機種による一次エネルギー消費量の差が大きいため、注意して選ぶ必要がある。

一次エネルギー消費量の計算では、自分でつくり出した分のエネルギーは消費エネルギーの総量から差し引くことができる。設備の選択でどうしても一次エネルギー消費量の基準を満たせない場合には、太陽光発電やコージェネレーションの利用で、省エネ基準まで消費量を下げることも可能だ。

図3 暖房設備の入力画面

住宅・住戸の省エネルギー性能の判定プログラム Version 1.11　HOME　暖冷房　換気　給湯　照明　発電

暖冷房

設計一次エネルギー消費量　81340 [MJ/年]　[詳細]　計算

外皮　暖房設備　冷房設備

● 暖房方式の選択
- ○ ダクト式セントラル空調機を用いて、住宅全体を暖房する
- ● 「主たる居室」と「その他の居室」の両方あるいはいずれかに暖房設備機器または放熱器を設置する
- ○ 暖房設備機器または放熱器を設置しない

● 主たる居室

暖房設備機器または放熱器の種類
- ● ルームエアコンディショナー
- ○ FF暖房機
- ○ パネルラジエーター
- ○ 温水床暖房
- ○ ファンコンベクター
- ○ 電気ヒーター式床暖房
- ○ 電気蓄熱式暖房器
- ○ その他の暖房設備機器
- ○ 暖房設備機器または放熱器を設置しない

省エネルギー対策の有無および種類
- ○ 特に省エネルギー対策をしていない
- ● エネルギー消費効率の区分を入力することにより省エネルギー効果を評価する

エネルギー消費効率の区分
- ● 区分(い)
- ○ 区分(ろ)
- ○ 区分(は)

（少→多）おおむねこの順番で、一次エネルギー消費量が多くなる

「暖房設備機器または放熱器を設置しない」を選んだ場合は、何も計算されない訳ではなく、「一般的な暖房設備」を導入したものとして一次エネルギー消費量の計算が行われる。「一般的な暖房設備」は省エネ区分の地域によって設定は異なる。高効率の暖房設備を入れるのであれば、入力した方が一次エネルギー消費量が少なくなることが多い

2種類以上の設備を併用する場合は、一次エネルギー消費量が多いほうのみを使用する計算となる

選択肢によっては、熱源の消費効率を入力しなければならない。また、床暖房を選択した場合、熱源機の入力や上面放熱率の選択も必要となる。図3では「主な居室」だけだが、「その他の居室」にも同様の入力が必要

エネルギー消費効率の区分はエアコンメーカーのサイトで確認できる

住宅設備用エアコン

各シリーズ名をクリックすると商品情報サイトにリンクします。(ただし生産終了品は除く)
一般社団法人 住宅性能評価・表示協会運営の「低炭素建築物認定制度向け建材等ポータルサイト」における性能確認区分は、「B-2」となります。

年	シリーズ	品番	区分	定格冷房エネルギー消費効率（定格冷房能力÷定格冷房消費電力）	定格冷房能力
2013年商品	▶ X	CS-223CX	い	5.57	2.2
		CS-253CX	い	5.15	2.5
		CS-283CX	ろ	4.79	2.8
		CS-283CX2	い	4.96	2.8
		CS-363CX	は	3.75	3.6
		CS-363CX2	は	4.00	3.6
		CS-403CX	は	3.33	4.0

暖房は設備によって一次エネルギー消費量が大きく左右されるため、注意して選ぶ必要がある。

まずは、暖房方式の選択として、住宅全体を暖めるダクト式セントラル空調なのか、「主たる居室」と「その他の居室」ごとに計算する個別方式なのか、または設備の設置を行わないのか、3種類から選択しなければならない。設備を設置しないという項目を選択しても、何も設備がない、とはみなされず、地域によって指定の設備を設置したものとみなされる〔図6〕。

通常は個別方式を選ぶことになるが、注意しなければならないのは、2種類以上の設備を併用する場合である。その場合は、最も効率の悪い設備のみを使って一次エネルギー消費量を計算しなければならない。考えられるパターンとして、リビングとキッチンがつながっており、キッチンの一部に床暖房を入れ、リビングにはエアコンを設置するケースがある。その場合、キッチンの床暖房のみで「主たる居室」全体を暖房するものとして計算しなければならない。本来は補助的に入れる暖房設備であっても、一次エネルギー消費量を計算する際には、主たる設備として計算が行われるため、注意が必要となる。

表2 設備ごとの一次エネルギー消費量の目安

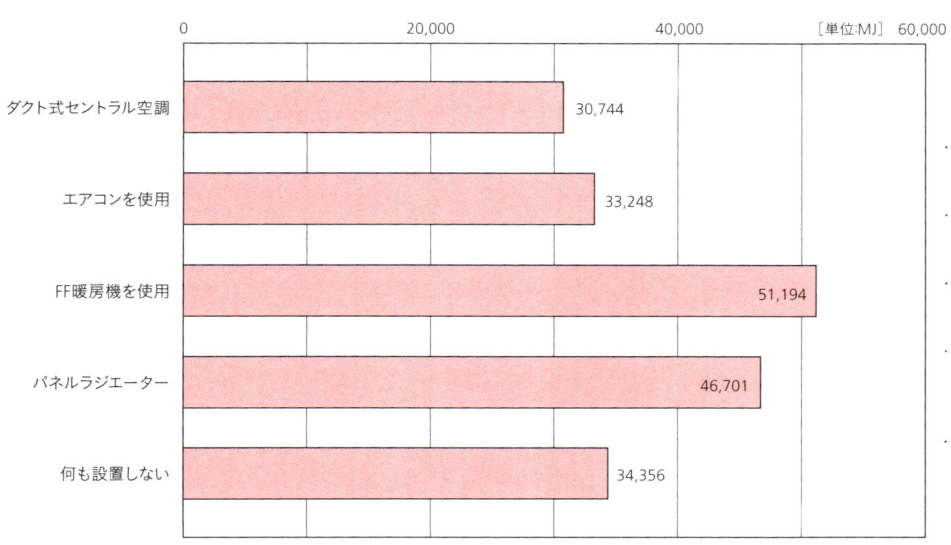

設備	一次エネルギー消費量 [MJ]
ダクト式セントラル空調	30,744
エアコンを使用	33,248
FF暖房機を使用	51,194
パネルラジエーター	46,701
何も設置しない	34,356

- ダクト式セントラル空調はヒートポンプ式熱源機利用を想定
- エアコンは主たる居室を「区分（い）」の設定を想定
- FF暖房機はエネルギー消費効率を82.2％で計算
- パネルラジエーターは熱源機を電気式ヒートポンプ、断熱配管を利用する想定
- 何も設置しない場合の計算は6地域で想定。6地域はエアコンを使用したものとされる

表3 床暖房（一部床暖房を含む蓄熱式暖房）ごとの一次エネルギー消費量の目安

設備	一次エネルギー消費量 [MJ]
給湯機が電気式ヒートポンプ	36,069
給湯機がガス（潜熱回収型）	39,995
給湯機が石油熱源機	85,44,865
電気ヒーター式床暖房	85,742
電気蓄熱式暖房	139,808

温水式床暖房の場合

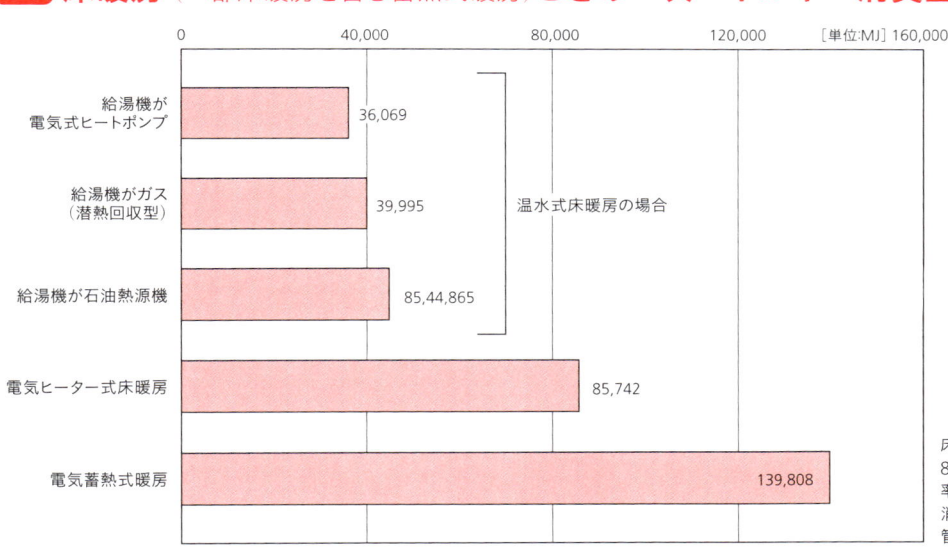

床暖房は主たる居室の80％に敷設、上面放熱率95％以上、給湯機の消費効率95％、断熱配管を利用した想定

[表2・3]は、36頁設定の住宅で暖房にかかる一次エネルギー消費量を計算したものである。設定条件によって数値は異なるため、目安として見て欲しいが、設備の選び方によって、一次エネルギー消費量に3倍近い開きが出る可能性があることを理解しておきたい。これはあくまでもシミュレーション上での計算で、実際の生活での一次エネルギー消費量とは異なる。特に暖房設備を併設する場合、うまく使い分けることでエネルギー消費量を抑えることは可能である。設備単体でのエネルギー消費量を理解した上で、建築主への提案を心がけたい。

[表2・3]を見てわかるように、一次エネルギー消費量を計算されるためである。蓄熱式暖房は計算上エアコン使用の2倍近い一次エネルギー消費量となることも多い。これがエアコンより安い場合でも、使った電気は昼夜関係なく、消費するエネルギーを計算されるためである。一次エネルギー消費量は、エアコンの方が少ない。また、蓄熱式暖房は計算上エアコン使用の2倍近い一次エネルギー消費量となることも多い。これがエアコンより安い深夜電力を利用し、実際の電気代がエアコンより安い場合でも、使った電気は昼夜関係なく、消費するエネルギーを計算されるためである。

また、一次エネルギー消費量はあくまでも消費するエネルギー量を計算するものであり、実際にかかる費用とは関係がない。たとえば温水式床暖房に使う温水を石油熱源機で沸かす場合、エアコンの電気代よりも石油（灯油）代が安く、光熱費が安く済むとしても、一次エネルギー消費量は、エアコンの方が少ない。

表4 種類の異なる複数の給湯機が設置された場合の優先順位（コージェネレーションを除く）

優先順位	1～4地域	5～8地域
1	電気ヒーター温水器	電気ヒーター温水器
2	ガス給湯機	ガス給湯機　ガス給湯機（JIS効率91.5％で計算）
3	石油給湯機	石油給湯機
4	電機ヒートポンプ給湯機	ガス給湯機（効率95％以上のもの）
5	ガス給湯機（効率95％以上のもの）	石油給湯機（効率95％以上のもの）
6	石油給湯機（効率95％以上のもの）	電気ヒートポンプ給湯機
7	ヒートポンプ・ガス瞬間式併用型給湯機（ハイブリッド2）	ヒートポンプ・ガス瞬間式併用型給湯機（ハイブリッド1）
8	ヒートポンプ・ガス瞬間式併用型給湯機（ハイブリッド2）	ヒートポンプ・ガス瞬間式併用型給湯機（ハイブリッド2）
9	その他の給湯設備機器	その他の給湯設備機器
10	給湯設備機器を設置しない	給湯設備機器を設置しない

1から9まではおおむね一次エネルギー消費量の効率の高い順となっている

※給湯機が複数ある時は、優先順位が先の給湯機のみ使用した仮定で計算

表5 設備ごとの一次エネルギー消費量の目安

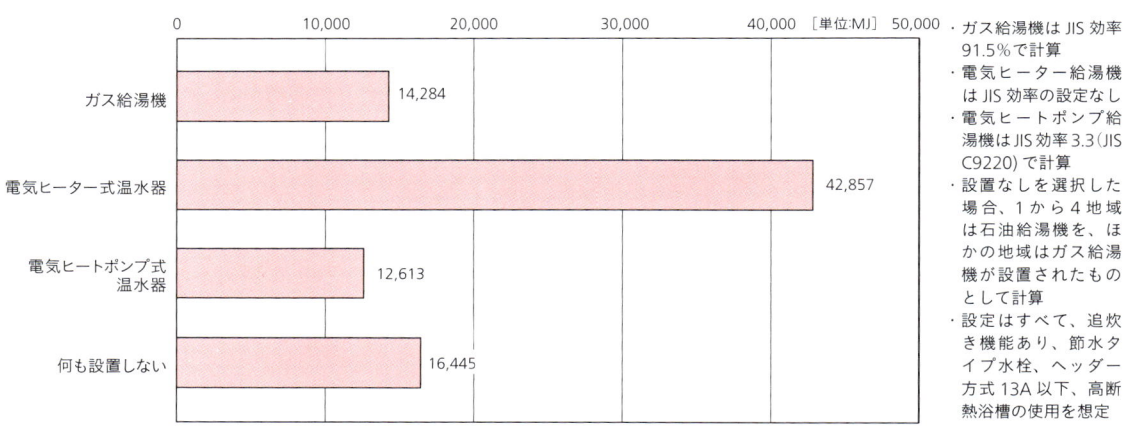

［単位:MJ］

設備	消費量
ガス給湯機	14,284
電気ヒーター式温水器	42,857
電気ヒートポンプ式温水器	12,613
何も設置しない	16,445

・ガス給湯機はJIS効率91.5％で計算
・電気ヒーター給湯機はJIS効率の設定なし
・電気ヒートポンプ給湯機はJIS効率3.3（JIS C9220）で計算
・設置なしを選択した場合、1から4地域は石油給湯機を、ほかの地域はガス給湯機が設置されたものとして計算
・設定はすべて、追炊き機能あり、節水タイプ水栓、ヘッダー方式13A以下、高断熱浴槽の使用を想定

給湯は暖房に次いで一次エネルギー消費量に与える影響が大きい。暖房設備と同様に、複数の給湯設備を導入する場合には、[表4]で示された優先順位に沿って、効率の悪い器具を使用した前提で計算されるようになっているので注意したい。消費量の差は、給湯機の種類によるところが大きい[表5]。電気ヒーター式温水器は消費量が特に大きいため、特別な理由が無い限りは選びにくい選択である。同じ種類の給湯機であっても、その給湯機の効率によっても消費量は異なるため、極力効率の高い機種を選びたい。給湯機の効率については基準が複数あるため分かりにくい。選び方の基準については67頁を参照されたい。

水栓は、手元止水機能、小流量吐水機能、水優先吐水機能があるものが節水効果はもちろん、節湯効果も高い[図4]。

手元止水機能とは、台所用水栓ではセンサーやワイヤレススイッチ、押しやすい位置のボタンなどで、手元で容易に止水操作ができるものである。浴室用水栓ではシャワーヘッドの横などにスイッチを付けている。従来の水栓と比較し、台所用水栓では9％、浴室用水栓では20％の削減効果があるものをいう。

図4 節湯型機器の例

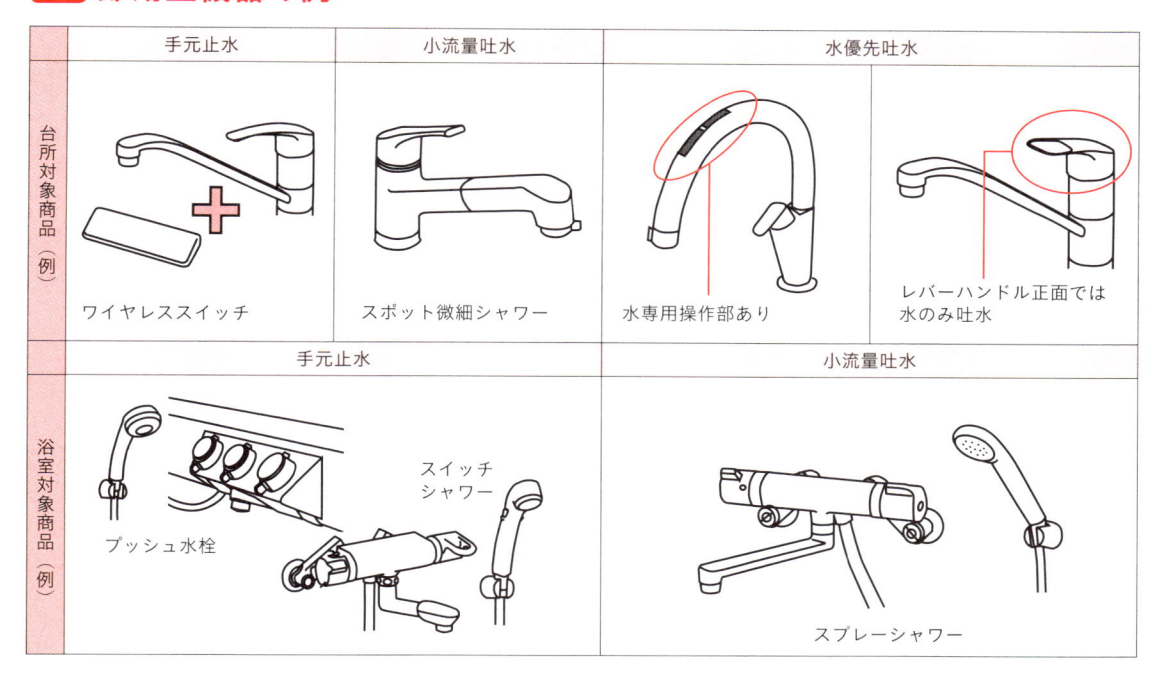

	手元止水	小流量吐水	水優先吐水	
台所対象商品（例）	ワイヤレススイッチ	スポット微細シャワー	水専用操作部あり	レバーハンドル正面では水のみ吐水

	手元止水		小流量吐水
浴室対象商品（例）	プッシュ水栓	スイッチシャワー	スプレーシャワー

表6 配管や水栓による一次エネルギー消費量の目安

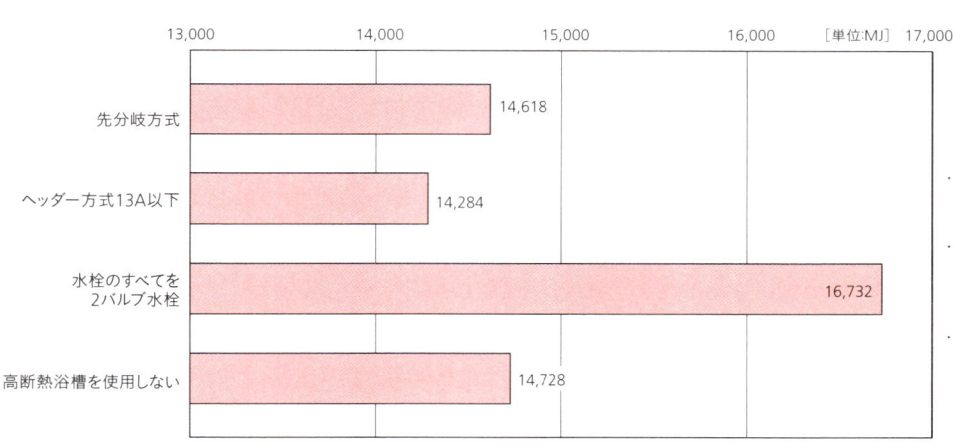

［単位:MJ］

先分岐方式	14,618
ヘッダー方式13A以下	14,284
水栓のすべてを2バルブ水栓	16,732
高断熱浴槽を使用しない	14,728

・設定はすべてJIS効率91.5%のガス給湯機で計算
・先分岐方式とヘッダー方式（配管径が13Aより大きい）は同じ数値となる
・2バルブ以外の水栓を選んだ場合は、すべて手元止水機能、水優先吐水機能を選択した想定

小流量吐水機能では、水が流れる量を減らし、台所用水栓で17%、浴室用水栓で15%の削減効果を求めている。水優先吐水機能とは、レバーを左右に動かすことで温度調節を行う水栓で、レバーが正面の位置では、水のみが出る構造となっているものである。これにより、無意識での給湯機の使用（たとえばガス給湯機を使用している場合、混合水栓でわずかでもお湯が混ざる設定になっていると、水を出すたびに給湯機が着火し、ガス代を必要以上に使うことになる）を防ぎ、給湯の一次エネルギー消費量を下げる効果が高い。こちらは浴室用水栓の設定はなく、台所用水栓のみで、従来品と比べ、30%の削減効果があるものをいう。

これらの水栓は価格が安い割には、一次エネルギー消費量を2GJ／年近く下げる効果があり、設備のなかで最もコストパフォーマンスが高いためお勧めできる。逆に2バルブ水栓は温度設定が難しく、その間に無駄となるお湯の量も大きくなるため、一次エネルギー消費量も大きくなる［表6］。

配管や浴槽についても、ヘッダー方式を採用するかどうか、配管径が13Aを超えるかどうか、高断熱浴槽を使用するかどうかで一次エネルギー消費量が異なる。

省エネ効果の高い暖房・給湯設備の選び方

表1 エアコンのスペックの見方

	畳数のめやす	能力(kW)	消費電力(W)
暖房	14〜17畳 (23〜29㎡)	6.3 (0.5〜11.2)	1,360 (80〜3,630)
冷房	14〜21畳 (23〜34㎡)	5.0 (0.4〜5.8)	1,220 (80〜1,600)

目標年度 2010年	省エネ基準達成率 114%	通年エネルギー消費効率 6.3	消費電力量期間合計(年間) 1,590kWh

この機種であれば、定格暖房エネルギー消費効率は 6.3/1.36（1,360W = 1.33kW）で 4.63 となる。俗に言われる暖房COPと同じと考えてよい。62頁で計算した一次エネルギー消費量は、暖房であっても定格冷房エネルギー消費効率で計算するルールとなっているので注意が必要

表2 エアコンの区分(い)を満たす条件

定格冷房能力の区分	定格冷房エネルギー消費効率が満たす条件
2.2kW 以下	5.13 以上
2.2kW を超え 2.5kW 以下	4.96 以上
2.5kW を超え 2.8kW 以下	4.80 以上
2.8kW を超え 3.2kW 以下	4.58 以上
3.2kW を超え 3.6kW 以下	4.35 以上
3.6kW を超え 4.0kW 以下	4.13 以上
4.0kW を超え 4.5kW 以下	3.86 以上
4.5kW を超え 5.0kW 以下	3.58 以上
5.0kW を超え 5.6kW 以下	3.25 以上
5.6kW を超え 6.3kW 以下	2.86 以上
6.3kW を超える	2.42 以上

建築研究所「一次エネルギー消費量算定プログラム解説（住宅編）」より

一次エネルギー消費量計算のときに選択した「区分(い)」の範囲に入る定格冷房エネルギー消費効率の一覧表

表3 給湯設備の効率表例

■JIS表示機種の年間給湯効率(JRA)表

システム形式	CHP-S30AX1	CHP-S30AW1	CHP-S30AW1-42	CHP-HXE37AX1	CHP-37AX1	CHP-37AX1-2	CHP-37AW1-42	CHP-E37AX1	CHP-E37AW1
年間給湯効率(JRA)	3.5	3.5	3.3	3.9	3.4	3.4	3.4	3.4	3.4

システム形式	CHP-HXE46AX1	CHP-46AX1	CHP-E46AX1	CHP-E46AW1	CHP-ES46AW2	CHP-ES46AW1	CHP-37AW1E	CHP-37AX1JE	CHP-37AW1JE
年間給湯効率(JRA)	3.8	3.3	3.3	3.3	3.3	3.3	3.4	3.4	3.4

システム形式	CHP-46AX1JE	CHP-46AW1JE	CHP-46AX1JJ	CHP-37AW1JJ	CHP-46AW1JJ	CHP-46AW1JJ	CHP-HXE37AX1K	CHP-HX37AW2K	CHP-37AX1K
年間給湯効率(JRA)	3.3	3.3	3.3	3.4	3.4	3.3	3.8	3.8	3.4

システム形式	CHP-37AX1K-2	CHP-37AW1K	CHP-HXE46AX1K	CHP-HX46AW2K	CHP-46AX1K	CHP-46AX1K-2	CHP-46AW1K	CHP-S46AW1K	CHP-37AW1KE
年間給湯効率(JRA)	3.4	3.4	3.6	3.6	3.3	3.3	3.3	3.3	3.3

システム形式	CHP-37AX1KJE	CHP-37AW1KJE	CHP-46AW1KE	CHP-46AX1KJE	CHP-46AW1KJE	CHP-ED302AX1	CHP-ED302AW1	CHP-ED372AX1	CHP-ED372AW1
年間給湯効率(JRA)	3.4	3.4	3.3	3.3	3.3	3.1	3.1	3.1	3.1

システム形式	CHP-E372AX1	CHP-E462AX1	CHP-37SAX1	CHP-37SAX1-2	CHP-37SAW2	CHP-46SAX1	CHP-46SAW2	CHP-S30NX1	CHP-S30NW2
年間給湯効率(JRA)	3.1	3.3	3.5	3.5	3.4	3.4	3.4	3.5	3.5

給湯機の効率を調べる場合は、どの基準で作成されたかを確認しなければならない。紛らわしいのは、エコキュートの効率である。今後標準になっていくであろう基準はJIS C 9220であるが、現状ではJRA（日本冷凍空調工業会規格）の基準による数値をカタログなどで掲載しているメーカーも多い。追い焚き付きの給湯機では、JRAの数値から0.7を引いた数値がJISの基準数値となる。ガスや石油を使った給湯機では、また違う基準を採用しているので、正しく比較するには、換算表でJIS規格に合わせなければならない

住宅の設備は種類・機能ともに多様化し、その選択が難しくなってきている。機器を選ぶ要素はさまざまだが、ここでは省エネの観点から選び方を解説する。

エアコンの暖房能力については、能力（kW）と消費電力（W）から判断する。カタログなどに掲載されている能力を消費電力で除した定格暖房エネルギー消費量の数値で判断できる[表1・2]。

この数値が大きい方が省エネ性は高い。冷房も計算式は同様である。一般的な暖房器具であるガスや石油を燃料とする開放型暖房、すなわちストーブやファンヒーターは、室内の空気を汚染するためお勧めできない。

給湯機は効率の計算方法が、現在2種類混在しているので注意が必要である[表3]。電気の給湯機を利用するのであれば、空気熱を利用するヒートポンプを用いた「エコキュート」が省エネ上望ましい。

※定格冷房エネルギー消費効率：定格冷房能力（W）を定格冷房消費電力（W）で割って求める値。電力1kWで、どれだけの冷房効果が得られるかを示す指標

066

表4 主な暖房機・給湯機の選び方

❶暖房機

	エアコン	FF式ファンヒーター	床暖房
特徴	ヒートポンプで空気熱を集めることで高効率を達成	給排気を外気と直接行ない、燃焼熱だけを室内に供給するので空気を汚さない	温水や電気ヒーターで床パネルを温める 温水の熱源はガス・石油、電気ヒートポンプがある
設置の容易さ	◯ エアコン孔が開いていれば容易 室内床を占有しない	◯ 壁に給排気口をあける必要がある 室内床を占有	×〔温水式〕 △〔電気ヒーター式〕 比較的大規模な工事が必要
初期コスト	◯〜◎ 普及品から高級品まで	◯ 開放型よりやや高価	×〔温水式〕 △〔電気ヒーター式〕 温水式の床暖房は導入コストが電気ヒーターと比較して高価だが、熱源機の選択によっては、省エネ性を高くできる
快適性	△ 温度ムラが大きめ 空気の動きがある 立ち上がりの遅さは近年改善	◯ 立ち上がりが早い 空気の動きがある 温度ムラがある	◎ 温度ムラが少ない 空気の動きがない 立ち上がりが遅め
省エネ性	◎ 温暖地で適切に利用した場合 ◯ 寒冷地	△〜◯ 寒冷地では相対的に良好	×電気ヒーター式 △一般的な温水式 ◯特に省エネに配慮した温水式 床下への熱ロス低減など改善の余地あり
ランニングコスト	◯〜◎ 電力契約や時間帯に依存	△〜◯ 燃料のコスト次第	×〜△ 燃料のコスト次第
ライフスタイルへの対応	◎ 短時間の間欠暖房でも使い勝手が改善	◎ 短時間の間欠暖房でも立ち上がりが早い	△ 長時間在宅する家族に向いている プロパンガスなどは、価格に地域差があるため要注意
ライフステージへの対応	◎ 選択肢が広い 個室への設置が容易	△ 選択肢はやや限られる 個室への設置はやや困難	◯〜◎ 選択の幅は比較的広い 子供や高齢者に適する

❷給湯機

	瞬間式給湯機	貯湯式給湯機	コージェネレーション
標準型	従来型ガス 従来型石油	ヒーター式電気温水器〔電器温水器〕	
省エネ型	潜熱回収型ガス〔エコジョーズ〕 潜熱回収型石油〔エコフィール〕	ヒートポンプ式〔エコキュート〕 極端に湯を使わない、あるいは使う場合には、瞬間式給湯機の導入が一般的	ガスエンジン〔エコウィル〕 燃料電池〔エネファーム〕
特徴	湯を用いる時に急速に燃焼して燃やす 太陽熱給湯との相性がよい	あらかじめ深夜電力で湯を沸かし貯めてから使う	発電時の排熱で給湯・暖房をまかなう
設置の容易さ	◎〔従来型〕 ◯〔潜熱回収型〕 非常にコンパクト 潜熱回収型はドレン処理が必要	△〔電気温水器〕 ×〔エコキュート〕 大きな貯湯槽が場所をとる	△ 貯湯槽はやや小さいが、燃焼式のため建物からの離隔距離が必要
初期コスト	◎低価格	◯〔電気温水器〕 △〔エコキュート〕	×補助金を利用してもかなり高価
省エネ性	△〔従来型〕 ◯〔エコジョーズ〕 使い方による効率変化が少ない	×〔電気温水器〕 △〜◎〔エコキュート〕 使い方により変化 適切に使えば非常に高効率	◯〜◎ 電力負荷と熱需要がある程度ある家に向いている
ランニングコスト	△〜◯ 燃料のコスト次第	◯〔電気温水器〕 ◎〔エコキュート〕 深夜電力利用により安価	△〜◯ 燃料のコスト次第
ライフスタイルへの対応	◎ 必要な時に湯を沸かすだけのため、入浴時間帯などによる影響が少ない	△ 深夜に湯を貯めるため、生活スケジュールによる影響をうけやすい	△ 電力と給湯のバランスが悪いと性能を発揮できない
ライフステージへの対応	◎ 需要による効率変化が少なく、家族人数の変化にも対応できる	△ 家族人数が少なくなると熱ロスが増加して効率ダウン 家族人数が多くなると昼間の使用が増えてコストアップ	△ 家族人数が少なくなると発電時間が減少し、省エネ効果が減少する

良好・安価 ◀── ◎◯△× ──▶ やや難・高価

また、設備を選ぶ際には、機器の効率だけではなく、生活者のライフスタイルも考慮しなければならない。

たとえば、床暖房は安定時の温度分布は良好だが、立ち上がりに時間がかかる。そのため、在室時間が短い家族にはあまり適していない。蓄熱式暖房はさらに適していない。効率が良い機器でも運転時間が長ければ、その分エネルギーを消費する。家に短い時間しかいないライフスタイルであれば、多少効率が悪くても、立ち上がりの良い設備を短い時間だけ使う方が、省エネになるケースもある。

また貯湯タンクを利用する機器は、その大きさによってエネルギー消費量が変わる。設備の選択では、安全をみて1〜2ランク上の貯湯タンクを選ぶこともあるが、その分毎日のエネルギー消費量が増えることを理解しておかなければならない。貯湯タンクの大きさは、その家に住む人数で決まることも多いため、将来の家族構成の変化も考慮しておくべきである。表4では暖房設備と給湯機について、考えられるメリット・デメリットを一覧表にした。省エネ性だけでなく、深夜電力の価格設定や、ガス・石油の値段が大きく変わることも考えられるので、バランスをみて、慎重に判断したい。

設備 太陽エネルギーも使い方次第

図1 太陽光利用と太陽熱利用の違い

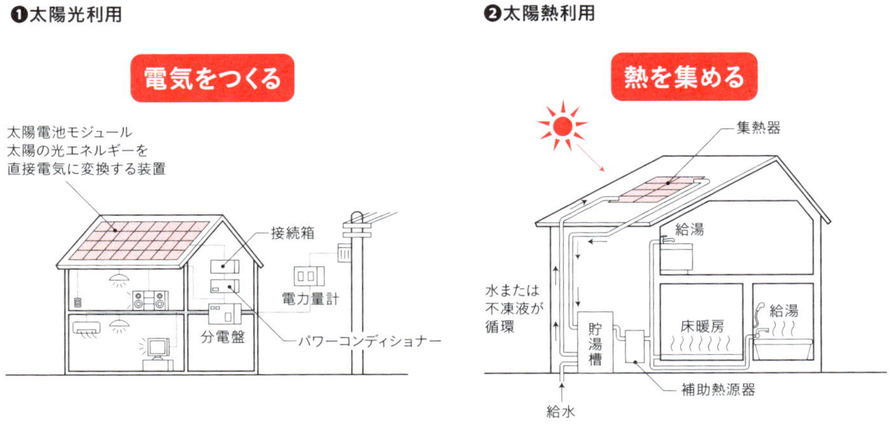

❶太陽光利用 — 電気をつくる

太陽電池モジュール
太陽の光エネルギーを
直接電気に変換する装置

接続箱／電力量計／分電盤／パワーコンディショナー

❷太陽熱利用 — 熱を集める

集熱器／給湯／水または不凍液が循環／貯湯槽／床暖房／給湯／給水／補助熱源器

表1 光と熱、利用可能エネルギー1kWhのときの目安

種類	エネルギー形態	設置面積	費用
太陽光発電	電気	10㎡	100万円前後
太陽熱温水器	熱	2㎡	20万円前後

表2 各システムの違い

項目	アクティブシステム	
	光利用	熱利用
受熱(光)面	太陽電池モジュール	ソーラーコレクター
利用形態	集光	集熱
搬送	電線	配管・ダクト
機器	盤	ポンプ・ファン
利用方法	電気	熱
蓄える	蓄電池	蓄熱槽

太陽エネルギーの利用は、パッシブシステムとアクティブシステムの2つに大別される。ここでは主に、太陽エネルギーを集めるために屋根面で機器や装置を用いるアクティブシステムについて解説する。

太陽エネルギーは、熱利用では「集熱器(ソーラーコレクター)」、光利用では「PV(Photovoltaic)アレイ」を設置して、有効に集熱・集光することが必要となる。

光ではなく影を考慮する

そのため、太陽熱・太陽光のいずれのシステムを利用する場合にも、導入の際には計画地の日影を十分に検討することが必須となる[図1・表1〜2]。

太陽エネルギーの利用が有効な地域であるか否かの目安は、1月の平均日射量で全国を区分したパッシブ地域区分[9頁参照]で判断できる。しかし、日射利用の有効性が確認された地域であっても、個々の敷地により日照条件は異なる。

たとえば、都市部では近隣の高い建物の影響が屋根面に発生する可能性が高い。また、高木などが落とす影の位置も考慮すべきだろう。郊外の場合は、平地であれば大木の影響、盆地や山間部では周辺の山々の影響が現れる可能性がある。敷地に落ちる影を考慮した計画が重要だ[図2]。

太陽光発電では作業スペースを確保

太陽光発電の屋根面に取り付けられ

図2 設置前に敷地と屋根面の面積をチェックする

パッシブ地域区分の確認［9頁参照］、周辺環境の確認、の順に検討する。一般に、屋根面には装置を設置するために十分なスペースがあると考えてよいだろう。設計時には、装置の設置角度などを含めて計画したい。なお、台風などの影響を受けやすい地域では、暴風による破損に注意する。また、塩害のある地域では防錆措置が不可欠である

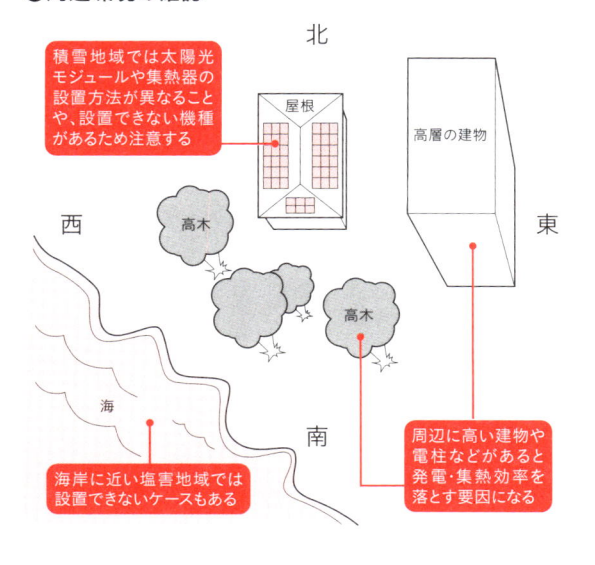

❶ 周辺環境の確認

- 積雪地域では太陽光モジュールや集熱器の設置方法が異なることや、設置できない機種があるため注意する
- 周辺に高い建物や電柱などがあると発電・集熱効率を落とす要因になる
- 海岸に近い塩害地域では設置できないケースもある

❷ 屋根面の面積の目安（㎡）

床面積	平屋 最大	平屋 最小	2階建て 最大	2階建て 最小	3階建て 最大	3階建て 最小
100㎡	100	50	50	25	30	15
150㎡	150	75	75	37	45	23
250㎡	250	125	125	62	75	38

❸ 装置の設置角度

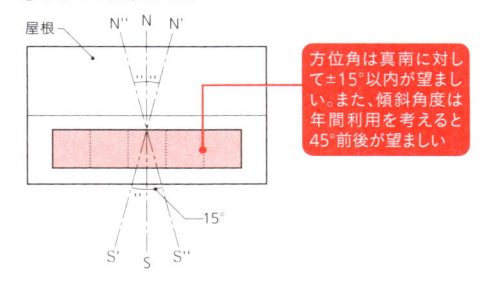

方位角は真南に対して±15°以内が望ましい。また、傾斜角度は年間利用を考えると45°前後が望ましい

表3 太陽電池モジュールの種類

単結晶シリコン	多結晶シリコン	薄膜シリコン
変換効率 14～17.1%	変換効率 13～15.2%	変換効率 6～9%
1W当たり：465円～	1W当たり：411円～	1W当たり：オープン価格
最も歴史の古いタイプ。純度の高いシリコンを使用するため、高出力	最も一般的なタイプ。半導体の端材や不良品のシリコンが原料	シリコン層を薄くし、製造エネルギーやコストを削減。低出力だが、製造も含めて環境負荷は小さく、安価

HIT（Hetro-junction with Intrinsic Thin-layer）	CIGS/CIS
変換効率 16～18.1%	変換効率 10～14%
1W当たり：420円～	1W当たり：380円～
市販品では最高の変換効率を誇る単結晶シリコンとアモルファスシリコンのハイブリッドタイプ。最高の出力を持つが、最も高価	シリコンの代わりに銅、インジウム、セレン、ガリウムの化合物を用いる。将来有望な新型の太陽電池だが、市販品の出力はまだ低い

図3 太陽熱システムの種類と仕組み

太陽熱システムは「集熱方式（集熱媒体）」「循環方式」「レイアウト」「集熱部の形状」で選ぶ

❶集熱方式
- 直接集熱式
- 間接集熱式

水などの媒体を直接、太陽熱で温める方式を直接集熱式と呼び、そのほかを間接集熱式と呼ぶ

❷集熱媒体
- 水
- 不凍液
- 空気
- ヒートパイプ

水を集熱媒体とする場合、凍結対策が難しい。寒冷地の場合、不凍液を集熱媒体として利用するのが一般的。空気を集熱媒体として利用するシステムはメンテナンスが容易だが、熱伝達率は低く、集熱効果も低い

❸循環方式
- 自然循環式
- 強制循環式

集熱媒体を自然対流で動かす自然循環式と、ポンプで回す強制循環式がある。自然循環式は水道系統と縁を切る必要があるため、給湯時の水圧を別途確保しなければならない。強制循環式の場合は、ポンプが電力を消費する

❹レイアウト
- 一体型
- 分離型

一体型の場合、構造が単純なため、安価であることが多い。しかし、屋根面に貯湯部分の重量がかかるため構造的には不利となる。分離型の場合、屋根面への荷重を抑えられるうえ、設計の自由度も高くなるが、やや高価。また、ポンプによる電力消費も発生する

❺集熱部の形状
- 平板式集熱器
- 真空管式集熱器
- など

平板式集熱器が一般的。単純な構造で式コストも安い。真空管型集熱器は寒冷地でも集熱効率が高く、凍結にも強い。国内生産機種はないが、最近では安価なOEM品も登場している

注：太陽熱システムと補助熱源の接続は3方弁の利用が一般的。近年では、ソーラー接続ユニットを用いる方法も一般化しつつある。また、太陽光発電やヒートポンプとの併用が可能なシステムもあり、採用には十分な検討が必要となる

図4 一般的な太陽熱システムの組み合わせ

❶自然循環型（平板型）

貯湯タンク
給水
給水
集熱器

集熱部で温められた湯は自然に貯湯タンクに移動する

❷強制循環型

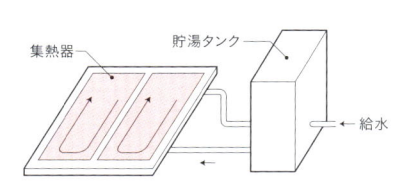

集熱器
貯湯タンク
給水

貯湯タンクを地上に置き、屋根に置いた集熱パネルとの間で不凍液を強制循環させ湯をつくる。屋根への負担が少なく、レイアウトの自由度も高い

❸真空貯湯型（真空ガラス管型）

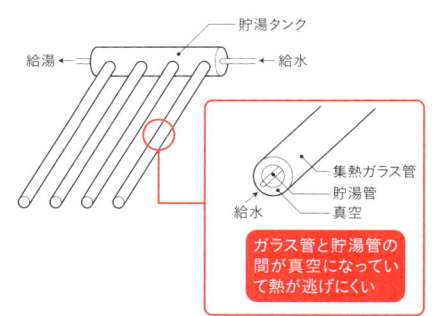

給湯
貯湯タンク
給水
集熱ガラス管
貯湯管
真空

ガラス管と貯湯管の間が真空になっていて熱が逃げにくい

太陽熱は初期費用が安い

太陽熱システムは、温水または温風による給湯用・暖房用補助熱源としての利用に限定される。最短5年程度で初期費用の償却が可能なシステムも存在し、導入しやすい。

集熱部と貯湯部のレイアウトには、一体型と分離型があるが、一体型の場合は屋根面にかかる荷重が構造的に不利となるため、十分な構造の検討が必要となる。このほかにも、太陽熱利用のシステムは多種多様であるため、導入の際には慎重に選択したい［図3〜4、*］。

選択したいこと。太陽電池モジュールによって集熱効率が異なるため、最適なシステムを選択したい［表3］。

盤は熱を発するので、風通しのよい場所に設置すること。インバータや発電効率が異なるため、最適なシステムを選択したい。

セルが故障した場合にも容易に交換できるよう、作業スペースを確保しておくことも重要だ。また、インバータ盤は熱を発するので、風通しのよい場所に設置すること。太陽電池モジュールによって、イニシャルコストや発電効率が異なるため、最適なシステムを選択したい。

た発電ユニットの最小単位をセルという。セルを集めて太陽電池モジュールを形成し、モジュールを集合させて電源ボックスに送電する。モジュールの発電量に合わせて直列あるいは並列に配列し、架台などに設置したものをアレイ（PVアレイ）と呼ぶ。設計の際には、

＊：太陽熱利用とエコキュートを併用する太陽熱利用エコキュートや、屋根だけでなく共同住宅のベランダに集熱器を設置する太陽熱利用ガス瞬間給湯機（SOLAMO）などのシステムもある

→ Column
なぜ、温熱環境が悪いと死亡率が上がるのか

暖房機器の普及や断熱・気密化に伴う住宅の室温変化は、健康に大きな影響を及ぼす。

寒い室内では脳卒中になりやすい

図1は1963年における脳卒中の訂正死亡率（年齢構成の差異を調整した死亡率のこと）と外気温の関係を月別に示したものである。東京における死亡率が外気温の下がる冬季に著しく高くなっている。一方、ニューヨークでは、アパートを賃貸する大家は部屋の暖房機器の設置が条例により義務付けられていて、冬期でも室温がそれほど低下しないため、あまり外気温の影響を受けないのだ。暖房の普及が高齢者の冬期死亡率低下をもたらしたのである。同様の現象は乳児死亡率（1歳未満の死亡率）の変化にも認められる。暖房が普及した'65年以降は、冬期の乳児死亡率が大きく低下したことが知られている。室温は、特に環境適応能力の劣る高齢者や乳幼児の死亡率に大きな影響を与えた。

冬季に多い家庭内の溺死

住宅内の不慮の事故死の原因第1位は、「溺死」である。溺死というと、かなり以前は海や河川での夏の事故が中心だったが、最近では「浴槽の中」の死亡者が大半だ。しかも、12月～2月の冬期に多く、高齢者の死亡事故が90％を占めている。

冬期に死亡率が高いのは、脱衣室や浴室が暖房されることが少ないためだ。暖かい居室から、図2に示すように寒さに曝されて、裸で寒さに曝されるように血圧が急上昇し脳出血を発症しやすい。さらに冬期の風呂は熱い湯が好まれるが、温熱効果により血管が拡張して血圧が低下し、その際に虚血性心疾患が発症しやすい。さらに温まって発汗が生じると、血液粘度が増し脳・心筋梗塞を起こしやすくなる。高齢者では、こうした大きな血圧変動により入浴中に意識を失い、溺死による死亡事故につながりやすい。

高齢者の住まいこそ断熱性能を高めたい

しかも高齢者は、暑さ・寒さの感受性の遅れがあることが知られている。すなわち、寒い脱衣室・浴室や熱い湯温を若い人ほど気にしないという特徴がある。したがって高齢者が居住する住宅の室温管理には充分な配慮が必要となる。

暖房が普及したといっても、現在の日本の住宅では、北海道を除き、全館暖房の住宅は少なく、部分間欠暖冷房であることが多い図3。このため、トイレ、廊下、脱衣室、浴室がほぼ外気温に近い温度にとどまることが少なくなく、室温が外気温に依存している。例外なのが札幌で、外気温がマイナス3℃にもかかわらず平均室温は17℃に達している。

こうした寒冷や著しい室温差（ヒートショック）が、脳卒中や心疾患といった重篤な疾病に陥りやすいことが知られている。特に高齢者が居住する住宅では、段差や手摺などのバリアフリーだけではなく、浴室などの暖房や住宅の断熱強化を行い、室温のバリアフリー化も推進しなければならない。

図1 外気温と脳卒中死亡率との関係（1963年）

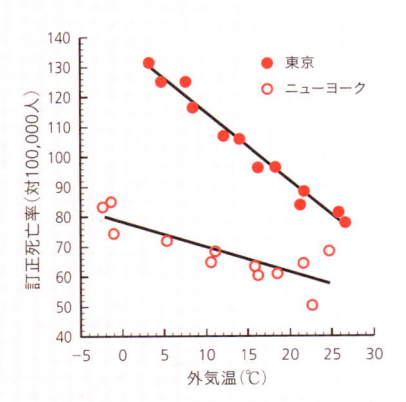

縦軸: 訂正死亡率（対100,000人）
横軸: 外気温（℃）
● 東京　○ ニューヨーク

籾山政子、「日本人の熱帯順化」社会保険新報社、1978

外気温が低くなる冬期には、ニューヨーク市の死亡率は東京都比較してそれほど高くならない。断熱や暖房によって室温が一定水準に保たれたため

図2 入浴に伴う高齢者の最高血圧の変動

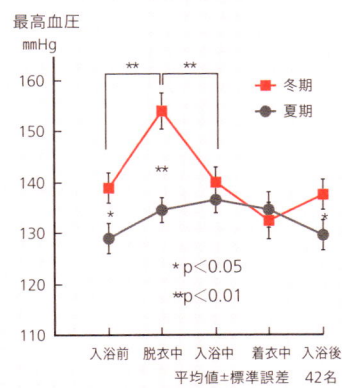

縦軸: 最高血圧 mmHg
■ 冬期　● 夏期
*p<0.05　**p<0.01
平均値±標準誤差　42名
横軸: 入浴前／脱衣中／入浴中／着衣中／入浴後

Kanda et al., Jpn. J. Hyg. 50(2)、1995

入浴に伴う血圧変動の季節差を示す。冬季の入浴では血圧が大きく変動し、身体負担が大きい。なお、*印は、統計的に有意差があることを示す

図3 外気温と平均室温相関（地域別・冬期）

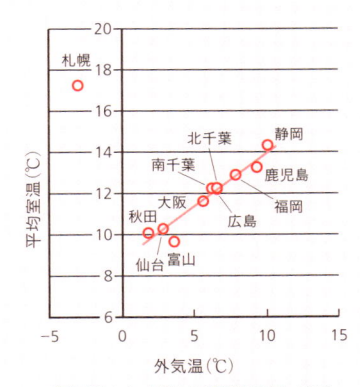

縦軸: 平均室温（℃）
横軸: 外気温（℃）
札幌、北千葉、南千葉、秋田、仙台、富山、大阪、広島、福岡、鹿児島、静岡

高崎裕治ほか、人間と生活環境17(2)、2010

全室暖房で高断熱の住宅が多い札幌では、外気温が低くても平均室温は高く、他の地域と比較して室内の温熱環境は良好

照明 機器交換で消費電力が削減できる

図1 照明の省エネ化に必要な要素

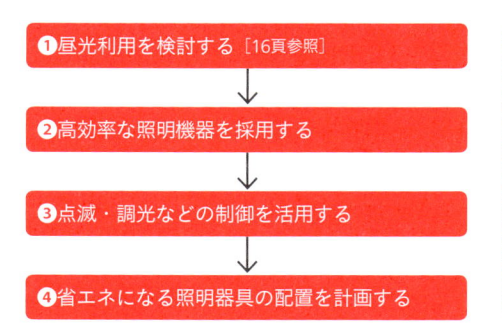

① 昼光利用を検討する［16頁参照］
↓
② 高効率な照明機器を採用する
↓
③ 点滅・調光などの制御を活用する
↓
④ 省エネになる照明器具の配置を計画する

用語解説　ランプの効率

単位：lm／W（ルーメン毎ワット）

ランプの効率を示す単位。消費電力1ワットあたりの光の量（lm／W）で表される（蛍光灯の場合は、安定器の消費電力を含めた効率）。なお、省エネ化を図る際には、ランプの効率と器具効率［*］の両方の効率が高い器具を選ぶ。数値が大きいほど省エネ

表1 ランプの効率でこれだけ省エネに

省エネルギー手法例		省エネルギー効果（電力削減割合）
白熱電球（60W）を電球形蛍光ランプ（13W）に交換する		78%
一般蛍光ランプ（40W）をHf蛍光ランプ（32W）に交換する		20% 明るさ14%アップ
白熱電球（54W）を電球形LEDランプ（8.7W）に交換する		84%
環形蛍光ランプ（38W）をHf蛍光ランプ（34W）に交換する		11%
ハロゲンダウンライト（30W）をLEDダウンライト（11W）に交換する		63%
間接照明用蛍光ランプ（32W）をLEDテープライト（13.4W）に交換する		58%
フットライトの白熱電球（5W）をLED（0.35W）に交換する		90%

注1：電力削減割合（%）＝1－（交換後の消費電力）　注2：照明設計時はテーブル面の照度分布も検討する必要がある

*：「照明器具から放射される光束／ランプ光束」のこと

図2 多灯分散照明の基本❶

1室1灯照明の器具のW数	多灯分散照明の照明器具の合計W数
基本的にどんなときでも天井中央から1つの器具で空間全体を照らす手法。部屋全体は明るくなるが、生活行為によっては不必要な明るさのレベル、不必要な明るさの個所が生じるという無駄がある	分散した複数の小型の高効率機器の点消灯・調光の組み合わせで、生活行為に応じた手元の明るさや、空間の明るさ感を得る手法。1室1灯照明の器具の標準的なW数よりも、設置した器具の合計W数を小さく抑えておきたい

本稿では省エネルギーを最優先する観点で、機器効率や制御、設計において留意すべき点について、住まい方との関連で述べる[図1]。

では、白熱電球や電球形蛍光ランプと取り替えると、空間を暗く感じさせる場合があるので注意したい。

また、高効率な電球形LEDは未だ高コストであり、安価なものも含めた電球形蛍光ランプのほうが高効率だというのが現状だ。ただし、近いうちに高効率な電球形LEDもコストが安定すると予想されている。

選び方を誤ると省エネにならない

照明機器の効率は、光源（ランプ）の効率（単位：lm/W）を基本とし、器具としての効率を合わせて選ぶに尽きる。また、機器の効率だけで省エネ効果を向上させる場合には、できるだけ多くの機器を高効率にすることが前提となる[表1]。多くの機器を高効率化することで、住宅全体で照明エネルギーを30％程度削減することが可能である。

ここで注意したいのが、電球形LEDの効率だ。従来の白熱電球・電球形蛍光ランプは、同一種類のランプでは「○W形のランプ」として選んでも問題がない。しかし、電球形LEDはワットが同じ製品でもlm/Wが大きく違うことがあるため、電球形LEDを選ぶ場合は、できるだけlm/Wが大きいものを選びたい。

なお、電球形LEDは直線的な配光のものを選ぶと、直下は明るいが、周辺には光があまり届かない。ダウンライトのような器具に適しているが、周辺に光を拡散させることが必要な器具では、電球形LEDは未だ発展途上の面がある。

調光器やセンサーを活用する

ランプの高効率化の次に照明の省エネとして考えることは、無駄な時間の消灯だ。これは、住まい手が意識してこまめにスイッチを消すことで、普段から実践できる手法だが、実際には、スイッチまでの移動が面倒だったり、昼間の明るさや短時間の空間の使用に対してこまめに消灯・点灯をしないこととも多い。こうしたケースを防ぐため、消灯・点灯、さらに不必要な明るさを減らすための調光を手動または自動で容易にできるような運転制御の工夫をすることが、省エネルギー効果を向上させることにつながる。適切な運転・制御の設定により、さらに10％程度の照明エネルギー削減が見込める。

手動のものは、調光スイッチやリモコンでムダな消費電力を抑えることができる。半手動のものには、複数の機器の点消灯状況を記憶させるシーン記憶式調光器、自動のものは人感センサーや照度センサーなどがある。

省エネになる照明計画

機器の効率化、運転・制御に加え、機器の配置などの設計の考慮が、省エネルギーとデザインを含めた快適性の両立には必要だ。現在の日本の住宅では、どんな生活行為を行う室でも1つの照明器具でまんべんなく照明する1室1灯照明が一般的だ。

しかし、リビング・ダイニングルームのような多くの生活行為がなされる室では照明の消費割合が大きい。多灯分散照明とし、住まい手が生活行為に応じた適所適光を実践すれば、1日トータルでの省エネ化を図ることができる[図2]。

照明状況および夜間を通じた1日の照明の消費電力量にもとづく省エネ効果の比較は、1室1灯照明の場合と多灯分散照明の場合とそれぞれ示した[図3]。多灯分散照明はすべての室で適用されるわけではなく、また、設計によって効果は異なるが、適切に計画され、住まい手が上手に使った場合、住宅全体でさらに10％程度の効果を見込むことができるだろう。

図3 多灯分散照明の基本❷

❶1室1灯照明の器具配置と照明状況

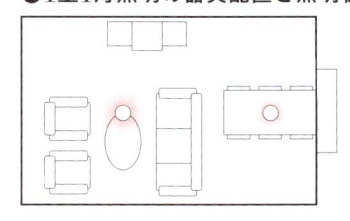

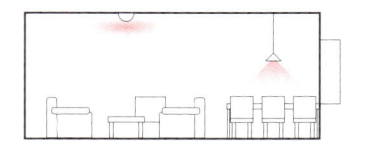

1室1灯照明の全点灯時の照明状況の例

出典:『蒸暑地域版・自立循環型住宅への設計ガイドライン』(財)建築環境・省エネルギー機構発行

❷1室1灯照明の省エネルギー効果

器具	ランプ	灯数	消費電力［W］	消費電力量合計［Wh］	消費電力量比
シーリング	72W 環形蛍光ランプ	1	70	280	
ペンダント	100W 白熱電球	1	90	90	
1室1灯照明の消費電力量を合計100%として考える				370	約100%

❸灯分散照明の器具配置と照明状況

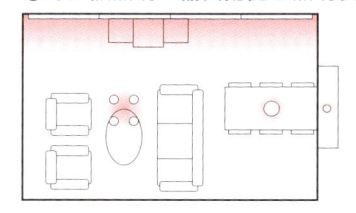

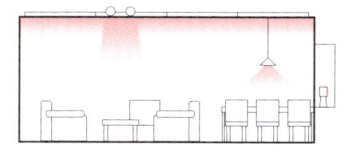

多灯分散照明の全点灯時の照明状況の例

出典:『蒸暑地域版・自立循環型住宅への設計ガイドライン』(財)建築環境・省エネルギー機構発行

多灯分散照明でダウンライト2灯と間接照明を50%に調光して点灯した例

出典:『蒸暑地域版・自立循環型住宅への設計ガイドライン』(財)建築環境・省エネルギー機構発行

❹多灯分散照明の省エネルギー効果

器具	ランプ	灯数	消費電力［W］	消費電力量合計［Wh］	消費電力量比
ダウンライト	8W 形蛍光ランプ	4	32	95〜112	
間接照明	LEDテープライト（調光可）	1	80	120〜208	
ペンダント	22W 電球形蛍光ランプ	1	22	22	
デスクスタンド	8W 形蛍光ランプ	1	8	4〜8	
				276〜333	約65〜95%

多灯分散設計例の消費電力量合計／1室1灯設計例の消費電力量合計。1室1灯照明の場合（❶❷）よりも消費電力量合計が少なくなるように設計する。住まい手が適所適光すればより省エネになる！

多灯分散照明を成功させる方法

照明

図1 1室1灯照明と多灯分散照明の比較

1室1灯（5,000K） 　　　1室多灯（2,800K）

1室1灯で白い光（5,000K）の場合は、オフィスと同様で400lx程度の明るさがないと快適感が得られない。一方、蛍光灯やLEDの電球色（約2,800K）を用いた多灯分散では、80lx程度でも快適感が得られ、省エネにつながる

図2 光源別配光データの比較

❶ ミニクリプトン60形
ランプ光束 810lm
器具効率 68%

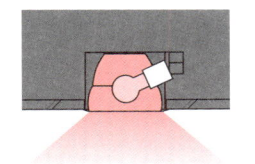

❷ 電球型蛍光灯 EFD 15形
ランプ光束 770lm
器具効率 61%

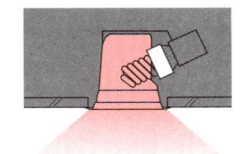

❸ LED 6.3W（2,700k）
保守率 1.0

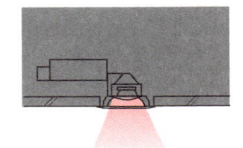

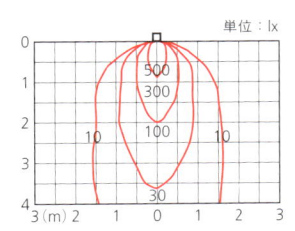

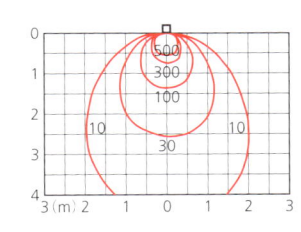

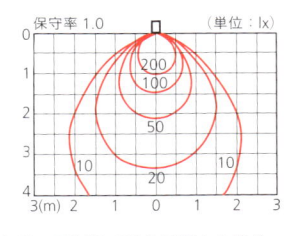

配光データは反射鏡の特性によって異なる。ダウンライトやスポットライトなどの反射鏡で光を制御する場合は、器具効率が重要となる
※水平面照度のデータは一例であり、照度を保証するものではない

シーリングライトなどを使った1室1灯の照明手法は、部屋の隅々まで照らすことができ、クレームにはつながりにくい。ただし、作業に必要な明るさは確保できても、快適さの演出は難しい[図1]。多灯分散照明とすれば、空間演出の手法も多様になるうえに、必要な個所のみを照らすことができ、省エネにもつながる。

多灯分散照明を計画する際は、光源・器具の効率を十分に検討することが重要だ。器具効率が重視されるのは、ダウンライトやスポットライトなどの反射鏡で光を制御する器具で、ランプ光束に器具効率を乗じたものを器具光束という。

光源は点光源に近いほど器具効率が高くなる。光そのものに拡散する特性がある蛍光灯は、器具効率はそれほど高くない。光束が同等の白熱灯と蛍光灯でダウンライトの配光を比較すると、器具効率も直下照度も白熱灯のほうが高い場合が多い[図2]。LEDの場合は、素子そのものの指向性が高く、

075　デザイナーのための省エネ住宅＆住宅設備完全ガイド　　　多灯分散照明を成功させる方法

図3 使い分けたいスイッチの種類

種類		用途	機能
タイマー付き	遅れ消灯付	玄関・ベッドルーム 窓のないトイレ	5分後に消灯。消し忘れを防止する。 トイレ用は、換気扇と連動させ、同時にON。スイッチOFF時は換気扇のみ遅れ停止
明かり付き	ホーム保安灯	廊下（人感センサー付き） 寝室（明るさセンサー付き）	人感センサー付きは人の動きでON・OFF、明るさセンサー付きは暗くなるとON、明るくなるとOFF、停電時は自動で点灯
	明かり付きスイッチ	トイレ・廊下・階段	暗いところでも目立つ明かりスイッチ付き。照明をつけなくても短時間であれば移動可能
自動点滅	時間設定調光スイッチ（白熱灯用）	廊下	設定した時間帯で、調光して点灯、遅れ消灯機能付き。調光して使用すると消費電力を削減できるだけでなく、ランプの寿命も伸びる
	照度センサー付き人感センサー	廊下・クロゼット 外玄関（屋外用）	人の動きでON・OFF、照度センサー付きなので明るいところではOFF。 壁付きと天井埋込み用がある
スイッチ	タッチワイドスイッチ	各部屋	押しやすい、簡単操作
	3路・4路スイッチ	廊下・リビング	2カ所または3カ所で点滅操作が可能
	調光スイッチ	リビング・寝室 トイレ・浴室	白熱灯用の場合は、ランプの寿命が延びる。蛍光灯用の場合は、調光用器具の場合に適応可能。トイレで使用する場合は、深夜利用の場合の覚醒を抑止できる。浴室で外の景色を見たい場合に使用する
リモコンスイッチ	点滅・調光リモコン	リビング・ダイニング 寝室	座ったまま、寝たままで点滅・調光操作が可能
	シーン記憶調光器	リビング・ダイニング	行為に応じて明るさと照明器具を組み合わせて、生活シーンを演出

図4 行為に応じた明るさの目安

照度(lx)*3	居間	書斎 子供室	応接室	座敷	食堂 台所	寝室	浴室 脱衣室	便所	廊下 階段	納戸 物置	玄関 (内部)	門・玄関 (外部)	車庫	庭
1,000	●手芸*1 裁縫*1													
750		●勉強*1 読書*1												
500	●読書*1	●VDT作業				●読書 化粧					●鏡			
300					●食卓 調理台 流し台*1		●髭そり 化粧 洗面							
200	●団らん 娯楽*2	●遊び ゲーム	●テーブル ソファー 飾り棚	●座卓 床の間			●洗濯				●靴脱ぎ 飾り棚			
100		●全般	●全般	●全般	●台所全般	●全般					●全般			●パーティ 食事
75														
50	●全般				●食堂全般							●表札 新聞受け 押ボタン	●全般	●全般 テラス
30								●全般	●全般	●全般				
20						●全般								
10														
5												●通路 防犯		●通路 防犯
2						●深夜		●深夜						

*1：1の行為においては、作業エリアにおける均斉度（最小照度/平均照度）0.7以上とする　*2：軽い読書は、娯楽行為とみなす　*3：照度は、保守率［*1］を考慮した維持照度における推奨値を示す　*4：推奨照度は、机上視作業の場合は床上0.8m、床産の場合は床上0.4mを基準面とした平均照度（保守率を含む）を示す　*5：納戸・物置と車庫以外では、平均演色評価数Ra80以上の光源を使用する　出典：照明基準総則 JIS Z 9110 2010改訂より抜粋

対象エリアのみを照明しやすいという点では、器具効率はかなり高い。

調光すると消費電力が下がる

省エネ照明のデザインでは、❶効率のよい光源を使用する、❷器具効率の高い照明器具を使用する、❸不要な場所の照明器具は消灯する、❹行為に応じた明るさに調整する、ということが重要である。

多くの電化製品をリモコンで操作できる昨今、照明だけはいまだに壁スイッチのみの住宅が多いのが実状だ。蛍光灯の場合は低温と点滅に弱く、短時間の点滅をくり返すと短寿命の要因となる。一方LEDは低温と点滅に強く、トイレなどの短時間利用にも適している。

白熱灯を使用する場合は、調光がポイント。そうすることで消費電力が下がるだけでなく、ランプの寿命を延ばすことができる。白熱灯用調光スイッチは、価格も比較的安価であるため、調光したい場所には導入が勧められる。また最近のLED器具には、白熱灯用調光スイッチで使用できるタイプもある。なお、多灯分散照明も制御し難くては、活用されなくなってしまう。スイッチの場所やセンサーは、家族の生活行為と動線に配慮した検討が必要。

*1：光源の光束維持率と器具の汚れによる減光を加味したもの

図5 配光の分類別器具の使い分け

ダウンライトやスポットライトの配光は基本的に直接型照明だが、光の出方や広がり方によって全般照明としても局部照明としても使用できる。またスポットライトは、上向きにすれば間接型照明としても使用することができる。これらの機能照明の場合は、器具効率が重要となるので、必ず配光データで光の広がりと明るさをチェックする

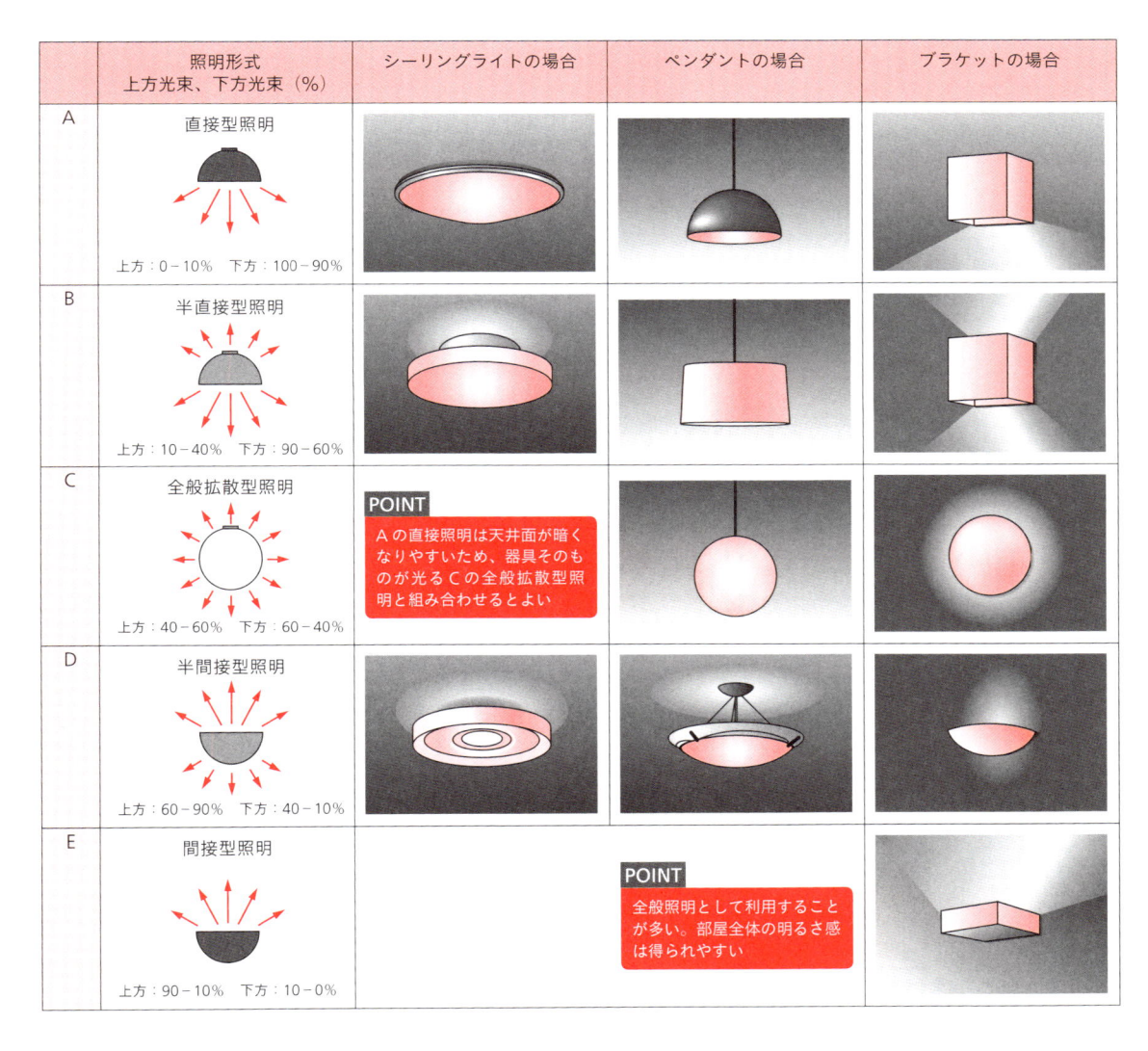

	照明形式 上方光束、下方光束（％）	シーリングライトの場合	ペンダントの場合	ブラケットの場合
A	直接型照明 上方：0－10％　下方：100－90％			
B	半直接型照明 上方：10－40％　下方：90－60％			
C	全般拡散型照明 上方：40－60％　下方：60－40％	**POINT** Aの直接照明は天井面が暗くなりやすいため、器具そのものが光るCの全般拡散型照明と組み合わせるとよい		
D	半間接型照明 上方：60－90％　下方：40－10％			
E	間接型照明 上方：90－10％　下方：10－0％		**POINT** 全般照明として利用することが多い。部屋全体の明るさ感は得られやすい	

「明るさの目安」を活用して配灯

JISの照明基準にも示されているとおり、行為によって必要な明るさは異なる［図4］。そのほか、明るさに対する要望には個人差が大きく、さらに加齢とともに変わっていく。加齢への配慮として深夜利用の場合に覚醒しすぎない照明も必要となり、調光や照明器具の組み合わせによって、明るさの幅を持たせる照明計画が必要となる。

照明器具の組み合わせ方

照明計画とは、単に照明器具を選定するのではなく、光の配置を検討することである。照明器具から出る光の出方を配光といい、直接型照明、半直接型照明、全般拡散型照明、半間接型照明、間接型照明に分類される［図5］。照明器具の形状や素材によって配光も変わるため、器具の見ためだけでなく配光の組み合わせを検討することが重要である。多灯分散照明の基本的な組み合わせは、全般照明用と局部照明用を併用することである。特に住宅では多目的に使用される部屋も多く、照明器具や明るさの組み合わせなどによって、光で雰囲気を変えられることが重要である［表、図6・7］。

表 ランプ別の省エネ比較

電球形LEDを、従来の器具で使用した場合のランニングコストの比較すると、直下照度だけが同等でよければ電球形LEDが最も省エネ。全般照明として明るさを得ようとすると現段階では、電球型蛍光灯の方が年間のランニングコストも低くなる

ランプ	消費電力(W)	数量	寿命(h)	ランプ代(円)	電力量(kW)	年間使用時間(h)	年間電気代(円)	年間ランプ交換費(円)	年間ランニングコスト(円)
長寿命白色塗装電球 100W（E26）	90	4	2000	242	0.36	1825	15,111	883	15,994
電球形蛍光灯 15W（EFD E26）	10	4	10000	1,691	0.04	1825	1,679	1,234	2,913
電球形 LED7.6W（E26）	7.6	8	40000	3,381	0.0608	1825	2,552	1,234	3,786

注1：厳密には配光データで比較しなければならない。ここでは、同じ器具を使用することを前提として、同じ光束が得られるように数量を調整して比較している　注2：1kWh当たり、23円で算出　注3：ランプ価格はオープン価格であるため、市販されている参考価格で算出

図6 ダウンライトで明るく見せる方法

❶ 部屋の大きさに対して均等に配置した場合

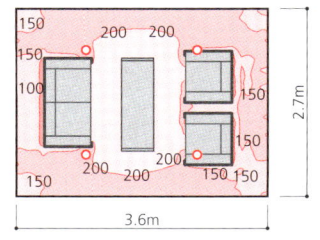

❷ 壁側に3台、部屋の中央に1台設置した場合

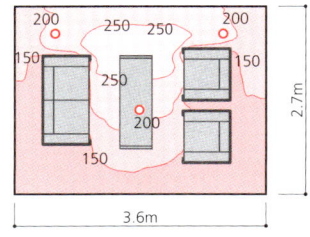

テーブル面高さ 0.4mにおける水平面照度分布図
平均照度 177lx　最小照度 571lx　最大照度 229lx

テーブル面高さ 0.4mにおける水平面照度分布図
平均照度 175lx　最小照度 431lx　最大照度 270lx

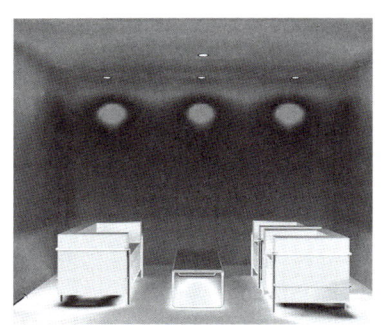

室内の仕上げ材料、ダウンライトの種類や数量、配置が同じでも、視線に入りやすい壁を明るくすることによって、視覚的な明るさ感は大きく異なる。壁の反射率を利用することによって、最大照度を上げるのと同時にテーブル面も明るくすることができ、メリハリのある空間となる

計算条件：反射率：天井・壁 80%、床 30%、保守率 80%

図7 吹抜けを明るく見せながら消費電力を抑える

コーブ照明＋ペンダント

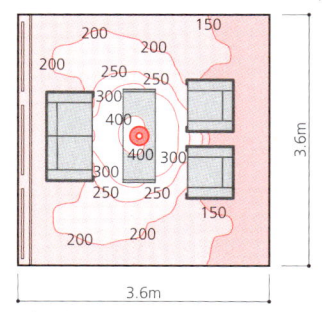

テーブル面高さ 0.4mにおける水平面照度分布図
平均照度 202lx　最小照度 97lx　最大照度 425lx

勾配天井の場合は、低い側から間接照明を行うと光が飛びやすく、部屋全体の明るさ感が得られやすい。間接照明のみでもベースの明るさを確保することができ、ペンダントをプラスすると団らんやパーティにも活用できる。調光可能な器具を選定して、調光スイッチやシーン記憶調光器を組み合わせれば、多様な光環境を演出できるだけでなく、適時適光が可能となり、省エネにもつながる

計算条件：反射率：壁・天井 80%、床 30%、保守率 80%

078

機器の「比消費電力」を小さくする

図1 換気設備計画の検討ステップ

選択する換気システムの検討
住まい方、住宅の計画、気密性および暖冷房方式の確認、換気システムの種類と換気経路の検討を行う

↓

換気システムの配置計画
日常の清掃に留意した端末部材や本体の配置の検討、住宅の構造に留意しダクト配置の検討（ダクト式の場合）、換気経路の再確認を行う

↓

省エネルギーに配慮した能力確認
設計風量の決定、ダクト等の圧力損失低減に関する検討と圧力損失計算、十分な送風能力と消費電力の小さいファンの選定を行う

↓

施工中や施工後の実施事項の確認
日常の維持管理が可能かどうかの確認と改善、風量測定による能力確認を実施する

表 換気方式の種類

住宅用の換気システムには大変多くの種類があるが、大別するとダクト式のシステムと壁付け式（いわゆるパイプ用ファン）のシステムに分けられる。それぞれの特徴は以下のようになる

方式	消費電力の特徴	送風能力の特徴
ダクト式	ダクト径の大きいものは同じ風量でも消費電力が小さい傾向がある。また第1種熱交換換気システムの消費電力は大きいため熱交換の効果も含めて省エネルギー性を検討した方がよい。DCモーターを採用した機種は一般に消費電力が小さい	壁付け式に比べて機外圧力（空気を搬送するための圧力）が高いため、外部風や若干のホコリ等のつまりがあっても能力は落ちにくい
壁付け式	ダクト式よりも消費電力は小さいが、熱交換式の機種は消費電力が大きい。ターボファンの機種は消費電力が若干大きいが壁付け式としては送風性能が高い	一般にダクト式よりも機外圧力が低いため、外部風やホコリのつまりなどに対して弱い。ターボファン等を採用している機種は一般的なプロペラファンの機種よりも機外圧力は高い

換気設備は日常の清掃が重要

換気設備で重要なことは、空気を十分に搬送できる能力を持っているかどうかということだ。一般的に、DCモーターなど消費電力の小さいタイプのファンユニットは省エネタイプといえる。しかし、フィルターにホコリなどが付着すると圧力損失が増し、比消費電力が大きくなってしまう。省エネタイプの機器を選択すると同時に、清掃しやすい位置に換気設備を設置することも重要な要素となる。

ダクト径が大きいほど省エネ

ダクト径が大きなシステムを採用することで、圧力損失が減少し、少ないエネルギーで風量を確保できるようになる。同じ風量でも消費電力の少ない機器が採用できる、省エネにつながる。こうした圧力損失低減措置と省エネ機器の採用で、換気の搬送エネルギーは条件によっては50％削減することができる[図1～4、表]。

図2 ファン送風能力を確認する

圧力損失計算によって設計風量が得られるかを検討する時点で、複数の換気システムの風量（静圧線図）をカタログで確認する必要がある。また、実際の使用を想定した場合、端末部材やフィルターなどにホコリなどが付着して、建築基準法上の圧力損失計算の結果よりも圧力損失が増すことがある。機外静圧が高いシステムを選びたい

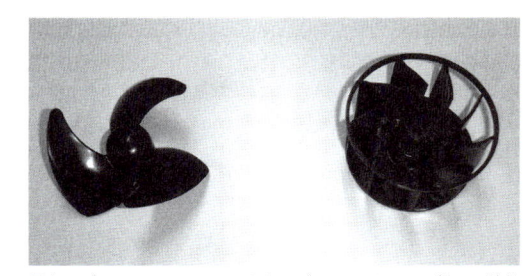

写真　プロペラファン（左）とターボファン（右）。一般に、壁付け式のシステムはターボファンのほうが機外静圧が高い

図3 換気設備の配置計画の注意事項

ホコリなどの影響による風量低下を最小限にすることが省エネにつながる。居住者にもメンテナンスしやすい位置に換気設備を設置することは最重要項目である。一般に、居住者の目につきやすい場所に設置すると清掃が促される

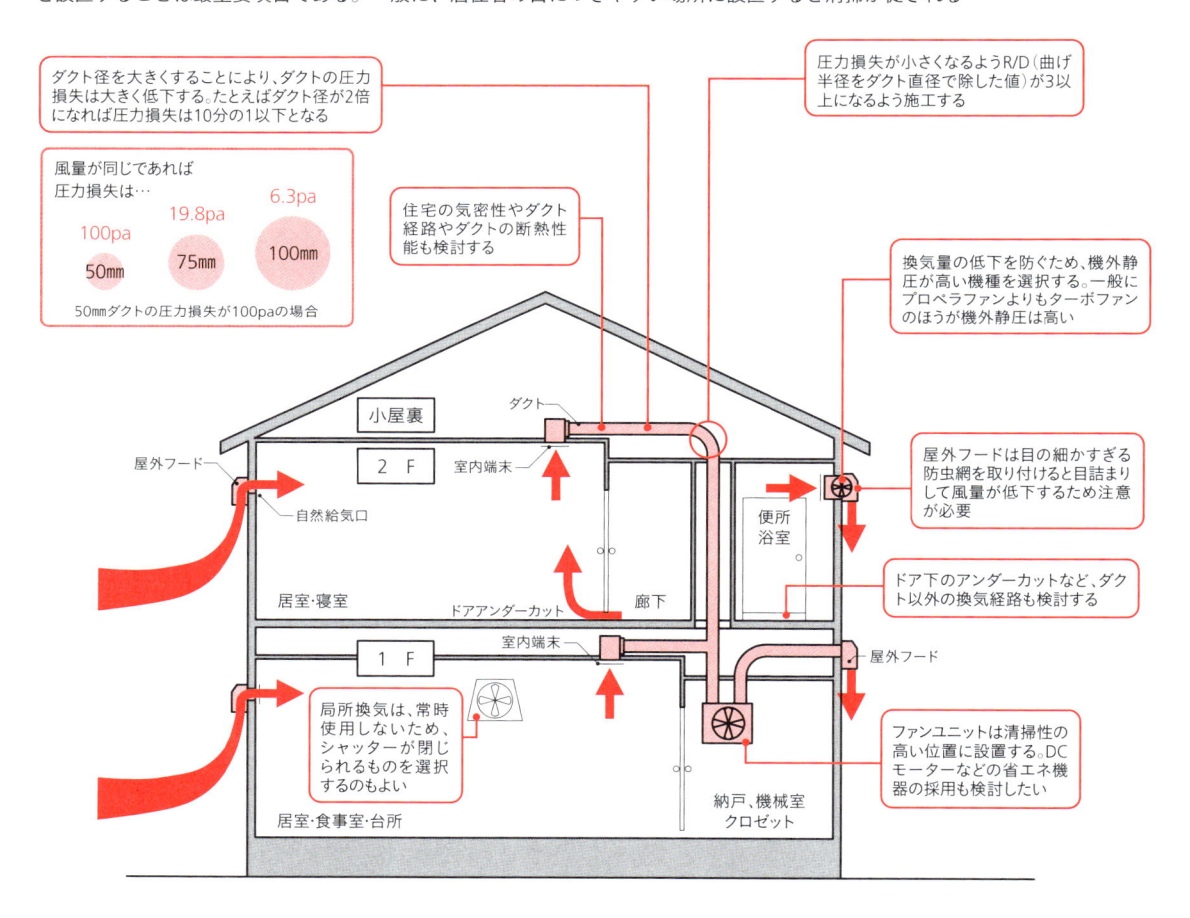

- ダクト径を大きくすることにより、ダクトの圧力損失は大きく低下する。たとえばダクト径が2倍になれば圧力損失は10分の1以下となる
- 圧力損失が小さくなるようR/D（曲げ半径をダクト直径で除した値）が3以上になるよう施工する
- 風量が同じであれば圧力損失は…
  - 100pa　50mm
  - 19.8pa　75mm
  - 6.3pa　100mm
  - 50mmダクトの圧力損失が100paの場合
- 住宅の気密性やダクト経路やダクトの断熱性能も検討する
- 換気量の低下を防ぐため、機外静圧が高い機種を選択する。一般にプロペラファンよりもターボファンのほうが機外静圧は高い
- 屋外フードは目の細かすぎる防虫網を取り付けると目詰まりして風量が低下するため注意が必要
- ドア下のアンダーカットなど、ダクト以外の換気経路も検討する
- ファンユニットは清掃性の高い位置に設置する。DCモーターなどの省エネ機器の採用も検討したい
- 局所換気は、常時使用しないため、シャッターが閉じられるものを選択するのもよい

※:送風能力を表す。この値が大きいほど安定した風量が得られる

換気設備は、清掃できる位置に設置することが重要。2階の屋外フードは位置に注意。居住者の目につきやすい場所に設置すると、清掃しやすい

図4 比消費電力による省エネルギー性の確認

省エネ性を確認するには、比消費電力の計算を参考にするとよい。比消費電力が小さい機器ほど省エネとなる。比消費電力は風量を消費電力で割り算することで求められる。風量は圧力損失計算から得られた風量を用い、消費電力はカタログに示されている値を用いればよい。❶は、平成25年省エネルギー基準の解説書に示されている比消費電力の値で、0.3W/(m³/h)が基準値となる。省エネルギー基準ではダクトの有無、熱交換の有無、ダクト径、モータの種類によって値が変わる。ダクト径は75mm以上のもの、モータはDCを採用することで比消費電力は小さい値となる。なお、熱交換の効果は一次エネルギー消費量算定用webプログラム等で確認するとよい。清掃の省エネルギー効果も比消費電力で示すとわかりやすい。❷の例ではグリルと羽根の清掃により比消費電力が20%向上している

❶ 平成25年省エネルギー基準の比消費電力

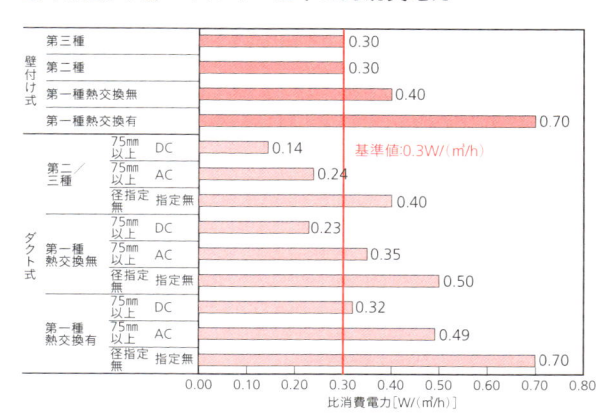

方式	種類	ダクト径	モータ	比消費電力[W/(m³/h)]
壁付け式	第三種			0.30
	第二種			0.30
	第一種熱交換無			0.40
	第一種熱交換有			0.70
ダクト式	第二／三種	75mm以上	DC	0.14
		75mm以上	AC	0.24
		径指定無	指定無	0.40
	第一種熱交換無	75mm以上	DC	0.23
		75mm以上	AC	0.35
		径指定無	指定無	0.50
	第一種熱交換有	75mm以上	DC	0.32
		75mm以上	AC	0.49
		径指定無	指定無	0.70

基準値:0.3W/(m³/h)

❷ 室内端末[*] 清掃前後の風量と比消費電力

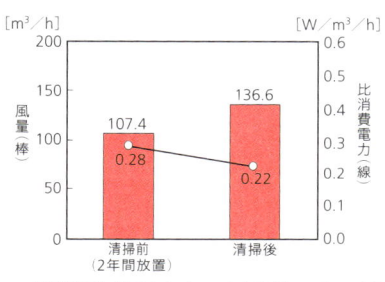

風量[m³/h]：清掃前 107.4、清掃後 136.6
比消費電力[W/m³/h]：清掃前 0.28、清掃後 0.22

＊：局所換気型（浴室とトイレに室内端末）のダクト式第3種換気設備の住宅

清掃前／清掃後

ホコリが堆積したファン（左）と清掃後のファン（右）。風量が著しく低下し、省エネ性も損なわれる

Column 換気不足が人体に及ぼす影響

換気量が多いほど病欠率が下がる

ホコリの付着などでファンの風量が減少すると、使用状態での比消費電力が大きくなり、非効率に電力が使用される状態になってしまう。

さらに風量が減少している状態は、居住者の健康にも悪影響を及ぼすことが、国内外のさまざまな研究を通して、近年立証されつつある。

たとえば、十分な換気を行うことが多数の事例で報告されており[*]、換気量が多いほど病欠率は下がっている。換気回数が0.5回の条件に比べて0.5回換気を行うことで病欠者は半数になる事例も示されている。

換気設備は管理が重要

事務所ビルなどの特定建築物では、建築物衛生法に規定された方法で温湿度や二酸化炭素濃度などを2カ月に1度以上の頻度で測定し管理を行っており、一定の室内環境に維持するようになっている。

しかしながら住宅では、計算上は十分な断熱性能や暖冷房・換気設備を有していても、設備の運用や室内空気の管理は居住者が判断して行うしかない。住宅供給者側が住宅性能に十分な配慮を行うことはもちろんのことながら、居住者も換気設備の清掃や温湿度などを意識しながら生活する必要があることを、建築主にはしっかり伝えたい。

換気量が増えると作業能率が上がる

また、参考文献[*]によれば、複数の研究者によって、知的生産性に関する研究結果もレポートされており、換気量が多くなることで数%の生産性向上が見られるという。

知的生産性はもちろん空気の温度とも関係があり、室温が高すぎても低すぎても生産性は落ちる。換気とともに室内の温熱環境についても気を配りたい。

＊：参考文献＝Indoor climate and productivity in offices, rehva GUIDEBOOK NO 6

→ Case study
設備のシステム化でランニングコストを大幅削減

省エネ+創エネの効果

「アルミニウムハウス」は、❶アルミ構造体を用いた輻射式暖冷房システム、❷自然エネルギー活用ユニット（太陽光発電+地中熱利用）、❸LEDを用いた照明計画、❹熱環境負荷軽減のデザインを実践した省エネ住宅である［図］。

自然エネルギー活用ユニットとして採用した太陽光発電では、最大時2.1kWの設置容量を確保。エコキュートとIH調理器を併用した場合、省エネシミュレート上では月平均1万3千円、年間16万3千400円の光熱費の減額が見込める。

照明はすべてLEDを採用した計画となっている。消費エネルギーの少ない光源を採用することで、当時の試算ベースでイニシャルコストは従来光源と比較して1・47倍程度増加するものの、ランニングコストは約85％削減できる。

太陽光パネルは、3列2段2ユニットを設置。南北に対して、手前が10度、奥が30度の角度で設置されている。この角度は本事例の立地条件において、最も集光効果の高い配置と角度となっている（写真=傍島利浩）

図　設備を駆使した総合的な省エネ住宅

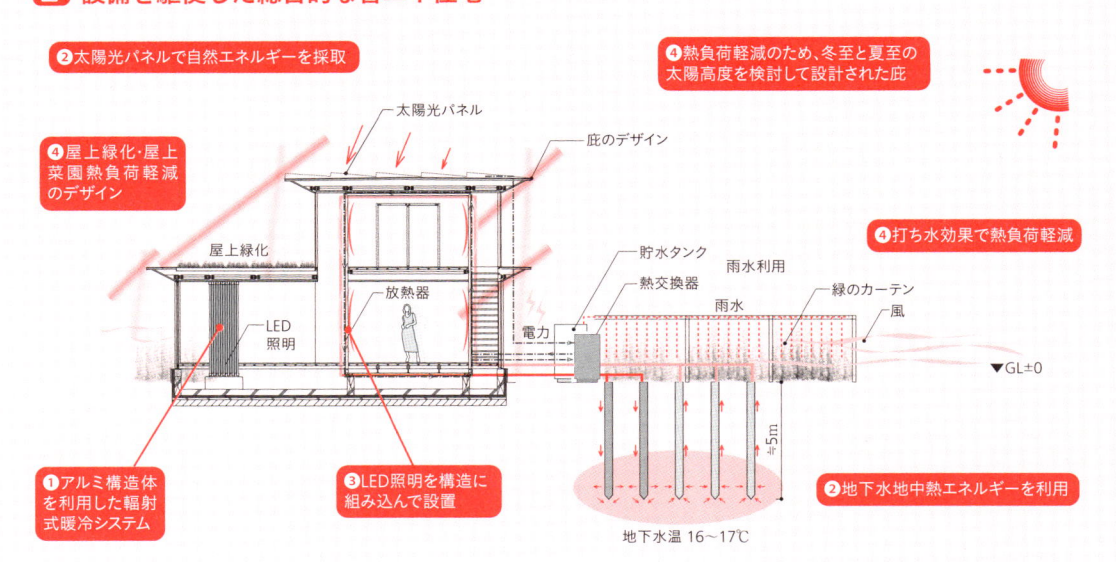

❷太陽光パネルで自然エネルギーを採取
❹熱負荷軽減のため、冬至と夏至の太陽高度を検討して設計された庇
❹屋上緑化・屋上菜園熱負荷軽減のデザイン
太陽光パネル
庇のデザイン
屋上緑化
貯水タンク
雨水利用
❹打ち水効果で熱負荷軽減
放熱器
熱交換器
雨水
緑のカーテン
LED照明
電力
風
▼GL±0
❶アルミ構造体を利用した輻射式暖冷システム
❸LED照明を構造に組み込んで設置
❷地下水地中熱エネルギーを利用
地下水温 16〜17℃
≒5m

「平成20年度国土交通省住宅建築物省CO₂推進モデル事業」採択

意匠・総括：山下保博／アトリエ・天工人

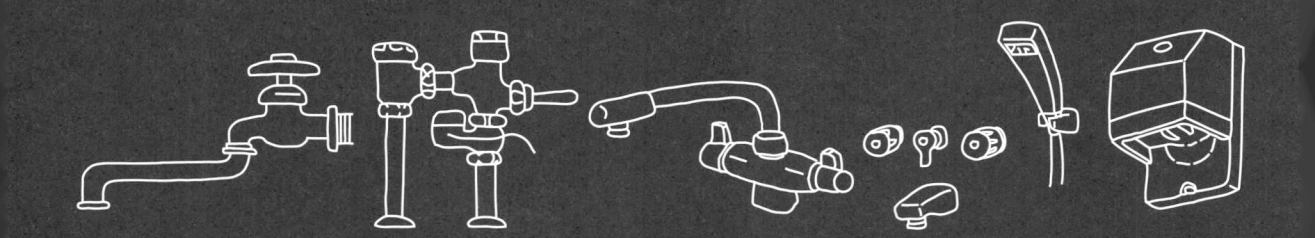

デザイナーのための住宅設備の完全攻略法

絵で見るインフラ調査

役所・供給会社との打ち合わせ内容を確認する

	確認事項・目的	管轄
給水	・図面閲覧のために土地の所有者［＊1］の委任状が必要か事前に確認する ・本管と引込管の有無と位置、径を水道管埋設管図にて確認し、既存管の再利用または新規引込みが必要かを決定する ・設計水圧を確認し、給水方式を決定する［86頁参照］ ・負担金の有無を確認する（地域による）	水道局または建設局水道課（地域により指導内容が異なる。打ち合わせ必須）
排水	・図面閲覧のために土地の所有者の委任状が必要か事前に確認する ・本管・公設枡の有無と位置・深さを下水道台帳および現地で確認し、既存枡再利用または改修が必要かを決定する ・告示現況図を確認し、分流方式か合流方式かの確認をする［88頁参照］ ・負担金の有無を確認する（地域による）	下水道局または建設局下水道課（地域により指導内容が異なる。打ち合わせ必須）
ガス	・都市ガスの本管（圧の確認含む）と引込管の有無と位置をガス埋設管図で確認し、本管の延長などが必要な場合は、工事費の算出をガス供給会社に依頼する。延長不可能な場合や都市ガスのない地域では、プロパンガスで計画を行う［92頁参照］	ガス供給会社
電力幹線	・送電線方式（架線・埋設線）を確認し、引込み方法を決定する［90頁参照］ ・電柱の移設などが必要な場合は電力会社と協議を行う	電力会社
電話・情報	・送電線方式（架線・埋設線）を確認し、引込み方法を決定する ・電話柱の移設などが必要な場合は電話会社と協議を行う ・光ケーブルの引込みを検討する場合は、サービスエリア内かどうかを確認	電話会社（現地調査の情報でも可）
テレビ共聴	・ケーブルテレビ会社のサービスエリアを確認し、テレビの共聴方式を決定する（インターネットでも調査が可能）［100頁参照］ ・電波障害の有無を確認する	ケーブルテレビ会社
消防	・自動火災報知設備の設置義務を確認する［＊2］ ・自動火災報知設備の受信機、総合盤の位置などを消防署と打ち合わせる ・規模によってはそのほかの消防設備も必要となるので確認する	消防署予防課（打ち合わせは規模による）

給水設備調査のフローチャート

水道局名（担当者名）

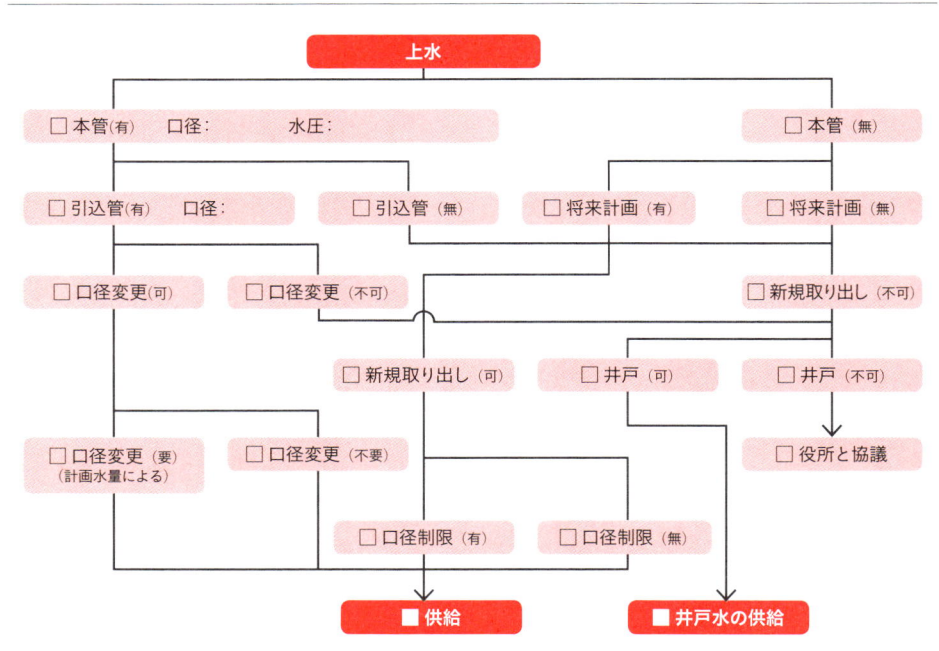

```
                            ┌─── 上水 ───┐
              ┌─────────────┤             ├─────────────┐
         □本管(有) 口径： 水圧：                    □本管(無)
      ┌──────┴──────┐                      ┌──────┴──────┐
  □引込管(有) 口径： □引込管(無)        □将来計画(有)  □将来計画(無)
    ┌────┴────┐         │                    │              │
 □口径変更(可) □口径変更(不可)                              □新規取り出し(不可)
                    │                                              │
            □新規取り出し(可)    □井戸(可)              □井戸(不可)
    ┌──────┴──────┐                                              │
 □口径変更(要)  □口径変更(不要)                                □役所と協議
 (計画水量による)
            ┌──────┴──────┐
       □口径制限(有)  □口径制限(無)
                 │                    │
              ■供給              ■井戸水の供給
```

フローチャートに沿って、水道局または建設局水道課で必要事項を確認していく。まず、事前協議、諸費用の有無を担当者に確認する。本管、引込管の情報は給水本管埋設図で確認し、既存管再利用が可能か、もしくは新規取り出しが必要かを判断する。引込管径は基本的に本管径の2サイズ下まで可能であるが、所轄水道局に確認が必要。また、計画水量が問題なく引込み可能か確認する。本管がない場合は、将来計画の有無を確認し、新規取り出しが可能か役所と打ち合わせすること

＊1：建築主の土地のほか、隣地を給水本管が通っている場合は、隣地の所有者の委任状も必要
＊2：集合住宅で500㎡を超える場合、2階以上の階の用に供する部分の床面積が200㎡以上の場合

排水設備調査のフローチャート

下水道局（担当者名）

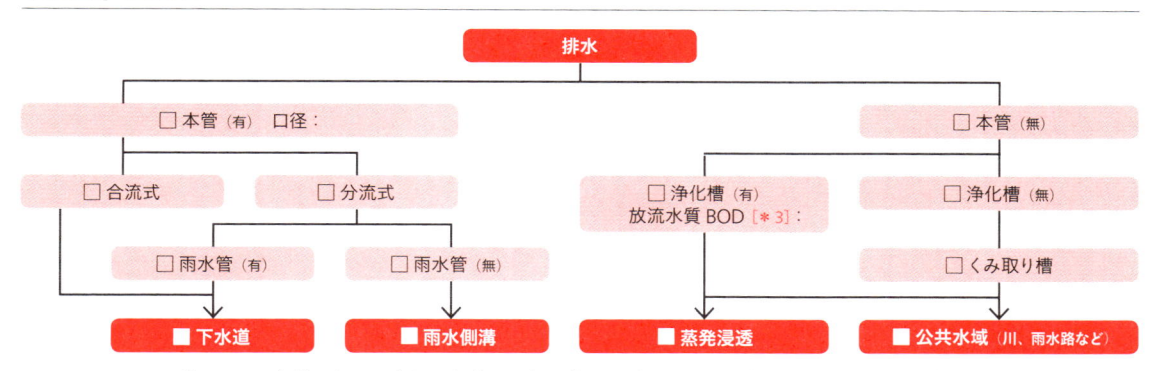

```
                            排水
           ┌─────────────────┼─────────────────┐
      □本管（有）口径：                    □本管（無）
       ┌────┴────┐                   ┌────────┼────────┐
   □合流式      □分流式         □浄化槽（有）        □浄化槽（無）
      │      ┌────┴────┐      放流水質BOD[＊3]：        │
      │  □雨水管（有） □雨水管（無）                    │
      │      │                                         │
      │      │                                    □くみ取り槽
      ↓      ↓              ↓                         ↓
   ■下水道  ■雨水側溝      ■蒸発浸透            ■公共水域（川、雨水路など）
```

フローチャートに沿って、下水道局または建設局水道課に必要事項の確認を行う。事前協議、諸費用の有無は担当者に確認する。また、下水道台帳から既設最終枡（公設枡）や、本管の情報を確認する。敷地内の雨水浸透処理［88頁参照］を義務付けている場合は、浸透施設標準構造図や処理量の算定方式を確認する。本管がない場合は、一般的に浄化槽［89頁参照］を設けるため、放流水質も確認する

ガス設備調査のフローチャート

ガス供給会社名（担当者名）

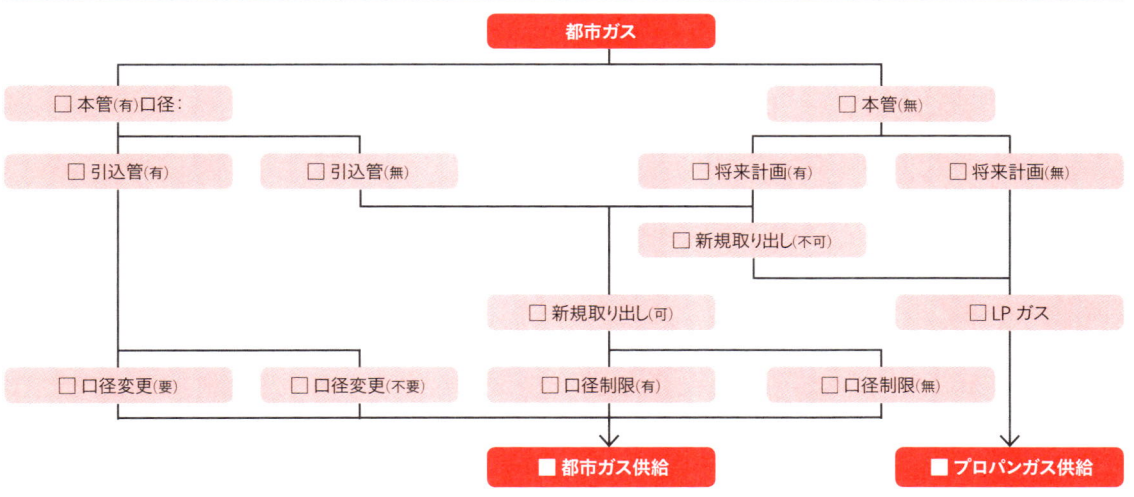

```
                              都市ガス
           ┌─────────────────────┼─────────────────────┐
      □本管（有）口径：                              □本管（無）
       ┌──────┴──────┐                       ┌──────┴──────┐
   □引込管（有）   □引込管（無）          □将来計画（有）   □将来計画（無）
                                          │
                                    □新規取り出し(不可)
                                          │
                                    □新規取り出し(可)                □LPガス
       ┌──────┬──────────────────┬──────────────┐
   □口径変更(要) □口径変更(不要)  □口径制限(有)   □口径制限(無)
                       ↓                                 ↓
                  ■都市ガス供給                    ■プロパンガス供給
```

フローチャートに沿ってガス供給会社に必要事項を確認する。ガス供給会社がガス埋設管図を所有している場合は、本管の有無と位置を確認すること。本管がなく、延長工事が必要な場合は、工事の可否確認と工事費見積りをガス会社に依頼しておく

電気設備調査のフローチャート

電力会社名（担当者名）

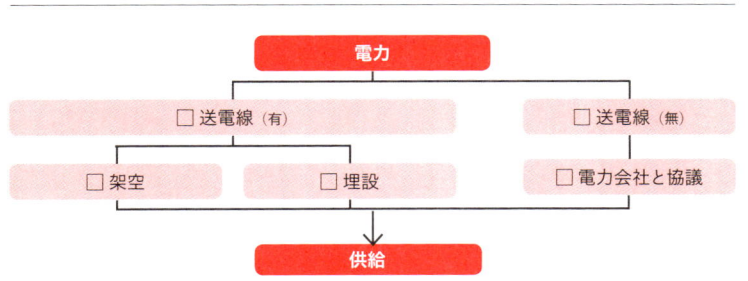

```
                電力
         ┌──────┴──────┐
     □送電線（有）      □送電線（無）
      ┌───┴───┐            │
   □架空   □埋設      □電力会社と協議
            ↓
          供給
```

フローチャートに沿って担当者に必要事項を確認する。電力引込みについて、電力会社と協議する前に現地を調査する。低圧引込みの範囲（特に戸建て）であれば、電柱移設や送電線の延長工事など、特殊なケースでなければ現地の情報だけでも設計可能な場合が多い。条件や状況により判断したい。また、電話・光ケーブル・ケーブルテレビ会社へもサービスエリアに該当しているかを各社に電話やインターネットで確認すること

＊3：BODとは、生物化学的酸素消費量とも呼ばれ、一般的な水質指標の1つ。BODの値が大きいほど水質が悪いことを表すため、求められる放流水質BODの値が小さいほど、浄化槽に高い能力が求められる

インフラ現地調査はココを見る ——目標物とその姿図——

❶ 制水弁フタ
下部に給水本管あり

❷ 下水本管マンホール
下部に下水本管、雨水本管あり

❸ 道路用集水枡
公設枡ではないので注意が必要

❹ 公設枡
東京23区の場合は、公道部分に設置。その他の地域の場合は敷地内に設置されていることが多い

❺ 止水栓
宅内の引込管のバルブであり、下部に給水本管はないので注意

❻ 消火栓点検口
下部に給水本管あり

❼ ガスピット
下部にガス本管あり

❽ 電話ハンドホール
下部に電話幹線ケーブルあり

❾ 私設下水マンホールの例
私道などに設置されている。公的機関のマークがなく、さまざまな形状のものがある

❿ アンテナ
有線を確認し、近隣のテレビ受信状況を判断する

⓫ ガス遮断弁
ガス本管から敷地内への引込管の遮断用

⓬ 量水器
水道管の引込位置・引込管径の目安となるが、必ず局埋設管図と照らし合わせて確認する

⓭ 電柱
電話柱と兼用しているものもある

端子函（クロージャー）
ケーブルの中継と引き出しを行う

⓮ ガス会社杭の一例
現地にあれば、都市ガスの宅内引込み位置が判断できる。さまざまな種類がある

⓯ ガスメーター
現地にあれば会社名を確認することで、都市ガス供給地のよい目安となる

⓰ プロパンガスボンベ
都市ガス供給地域でない可能性を示唆する

計画敷地
私道
既存建物
隣地境界線
道路境界線
歩道
前面道路

高圧配線
トランス
低圧ケーブル線
CATV用ケーブル線
電話配線
電柱番号
CATV用増幅器（銀色の箱）
電話柱番号

東京23区の例

086

住宅設備［現地調査］チェックシート

調査項目		記入欄		確認事項・目的・方法	管轄
給水	□ 既存止水栓位置	位置		・既存撤去の必要性（再利用が可能か確認）	水道局または建設局水道課
	□ 既存メーター	位置		・水道本管埋設図との差異確認	
		口径	mm		
	□ 消火栓位置			・引込み位置の確認	水道局または建設局水道課、消防
排水	□ 公設枡［*1］	位置		・既存再利用の可能性	下水道局または建設局下水道課
		深さ	cm	・改修の可能性を確認	
				・下水道台帳との差異確認	
	□ 下水本管マンホール	位置		・本管位置の確認	
ガス	□ 既存プロパンガスボンベ	有無	□有り □無し	・都市ガス引込み確認	ガス供給会社
	□ ガス遮断弁	位置		・都市ガス引込み確認 ・ガス管埋設図との差異確認	
電力幹線	□ 電柱	位置		・引込み位置の確認	電力会社
		高さ			
		番号			
		トランスの有無	□有り □無し		
	□ 送電線	高さ			
	□ 既存引込み柱	位置		・引込み位置の確認	
	□ 既存引込み点	位置			
電話	□ 電話柱	位置		・引込み位置の確認	電話会社
		高さ			
		番号			
	□ 既存引込み柱	位置			
	□ 既存引込み点	位置			
テレビ共聴	□ ケーブルテレビ線	有無	□有り □無し	・引込み可能エリア確認	ケーブルテレビ会社

住宅設備［役所・供給会社打ち合わせ］チェックシート

管轄	持ち物・確認事項［*2］	内容
全般	□ 委任状	・水道本管埋設図や下水道台帳の所有者の土地部分や私有地部分の閲覧に必要
	□ 所在地地図（住所）	・管轄も確認しておくこと
	□ 全体配置図	・大型の設備機器を導入する可能性がある場合は搬入ルートの確認のために必要
	□ 規模（住戸数）、用途、工期	・決定している場合
水道局	□ 1日の給水量	・1日の給水量の概算（86頁を参考に算出）
	□ 同時使用水量	・同時に使う最大の水量の概算（86頁を参考に算出）
	□ 給水方式	・直結給水方式以外の方式を採用する可能性がある場合は役所と打ち合わせを行う
	□ 本管の水圧	・末端水圧が十分確保できるか確認
下水道局	□ 排除方式	・告示現況図で下水道の排除方式（合流・分流・雨水流出抑制型などの区分）を確認［*3］
	□ 条件の確認	・雨水流出抑制の義務がある場合などは必ず打ち合わせを行う
	□ 本管の位置	・下水道台帳で本管の位置を確認
ガス会社	□ 使用する器具	・ガスコンロ、給湯器にガスを使用するか（サイズも確認）
	□ 本管延長工事の可能性	・本管延長工事を検討する場合は、ガス会社負担で工事が可能か確認する。オール電化やプロパンガスの使用を検討する
電力会社	□ 受電容量	・契約内容の決定に必要
	□ 動力容量の容量	・エレベータや機械式駐車場などを使用する場合 ・給水ポンプ、雨水ポンプ、雑排水ポンプ、湧水ポンプなどが必要な場合 ・共用部分に空調設備を導入する場合
	□ 電灯コンセント容量	・共用部・専有部の電灯コンセントの使用量を確認する
	□ 弾力供給の可能性	・共用電灯・動力の合計容量が50kVAを超える場合、弾力供給の検討が必要［*4］

*1：既存の公設枡は、敷地境界線からの位置と個数を確認する　*2：役所や供給会社との打ち合わせは、設計の段階に合わせて適宜行う必要がある。ここでは、インフラ調査と現地調査、設計の進行に前後して確認・協議すべき内容を示す　*3：告示現況図や下水道台帳、ガス本管埋設図などは、地域や供給会社によってはインターネットで確認が可能。ただし、所有者の土地の敷地内の場合は委任状が必要となるので注意すること　*4：共用動力の容量が50kVAを超える場合は、キュービクルの設置が必要となる。まずは、弾力供給の可能性を検討する

給水方式の決め方

同じ形態の建物でも所轄の水道局によって供給の方法、給水量などの考え方に相違があるので事前に確認が必要となる。主な供給方法は3通り

❶給水方式を決めるフローチャート

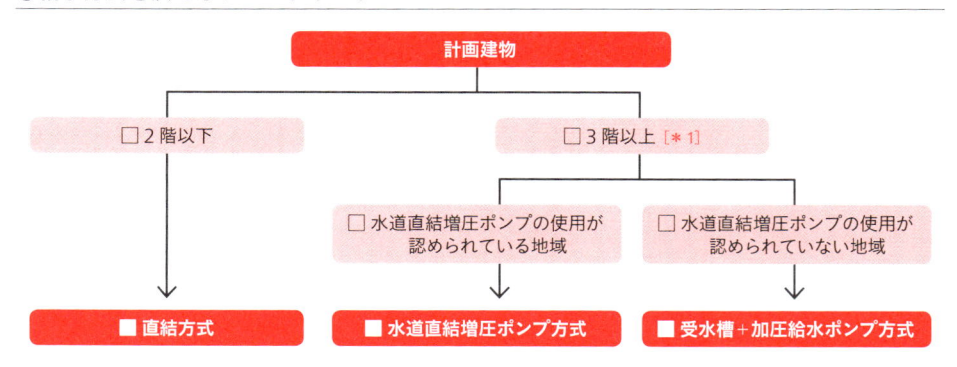

```
                      計画建物
           ┌─────────────┴─────────────┐
        □2階以下                    □3階以上［*1］
           │              ┌─────────────┴─────────────┐
           │      □水道直結増圧ポンプの使用が    □水道直結増圧ポンプの使用が
           │         認められている地域           認められていない地域
           ↓              ↓                          ↓
       ■直結方式    ■水道直結増圧ポンプ方式   ■受水槽＋加圧給水ポンプ方式
```

❷各給水方式のチェックポイント

供給方式	特徴	事前確認ポイント	メンテナンス
直結方式	・給水本管の水圧を利用して供給する ・受水槽を介さず供給するので衛生的 ・水を貯留しないので、断水などの非常時に供給できない ・水道本管の水圧の変動に伴い、供給圧力も変動する	・水栓の個数によって給水管引込み口径が異なり、水道基本料金が変わるので、水栓の個数のあらかじめの検討が必要 ・一般に直結できる建物は2階までだが、条件によっては3階まで直結方式が可能な場合がある（水道本管の水圧、材質などの条件は所轄の水道局に確認が必要）	不要
水道直結増圧ポンプ方式	・水道本管から分岐した給水管の途中に、本管での圧力を増幅するための設備である水道直結増圧ポンプを設置することで、水道本管の圧力では給水できない高さへの供給を可能とする ・受水槽を介さないので衛生的 ・水道本管の圧力範囲内であればポンプは作動しないので省エネになる ・水道本管の水圧変動にかかわらず、一定の水量、水圧を確保できる ・水を貯留していないので、非常時に供給できない	・所轄の水道局により住戸タイプ（1K、2LDK）または入居者数による水量が決められている ・水道直結増圧ポンプを設置するスペースおよびメンテナンススペースを確保しておく ・敷地内へ引き込んですぐの場所にメーターバイパスユニット［*2］を設置する	必要 （年1回）
受水槽＋加圧給水ポンプ方式	・給水本管からの水を受水槽に一時貯留し、加圧給水ポンプによる加圧方式で供給する ・断水などの非常時でも、受水槽に貯留されている水が使用できる（停電時はポンプが作動しないため、受水槽本体から直接供給となる） ・水道本管の水圧変動にかかわらず、一定の水量、水圧を確保できる ・受水槽で一時外気に触れるため、ほこり・虫などの侵入のおそれがある	・1日の使用水量を検討し、設置する受水槽の大きさ（容量）を事前に決めておく ・受水槽および加圧給水ポンプを設置するスペースを確保しておく ・受水槽のメンテナンススペースを確保しておく。受水槽設置に関しては、メンテナンススペースを確保するために周囲と下部は600mm以上、上部には1,000mm以上のスペースを確保することが規定されている（昭57建告1674号）	必要

引込みメーター口径の決め方

直結方式の引込みメーターの口径は、戸建て住宅では設置する水栓の数によって決まる。所轄の水道局ごとに規定があるので確認が必要。一方、集合住宅では、入居者数、住戸数から同時使用率を考慮し、メーターの口径を決まる。水道加入（負担）金が発生する場合、メーターの口径によって金額が異なるので注意［*3］

❶戸建て住宅の場合

メーター（mm）	13mmの水栓数（個）
13	1～4
20	5～13
25	14以上［*4］

❷集合住宅の場合

メーター（mm）	入居者数（人）	住戸数（戸）
20	4	1
25	18	4
40	40	10
50	60	15

*1：3階直結供給が認められている地域では、上記フローチャートで「2階」を「3階」、「3階」を「4階」と読み替える　*2：水道直結増圧ポンプ設置時に必要な装置（設置の要否は所轄水道局に確認）　*3：水道加入金の例として、13mmは63,000円、20mmは94,500円、25mmは220,500円などがある（水道局により異なる）

ひと目で分かる給水引込みガイド

088

給水方式の仕組み

❶直結方式

原則2階まで。ただし、地域によっては3階直接供給が認められている

❷水道直結増圧ポンプ方式

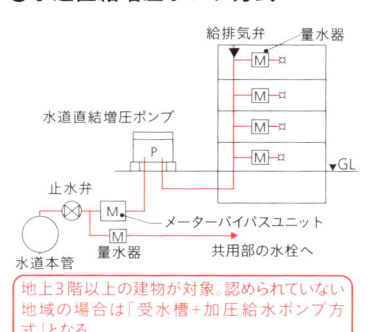

地上3階以上の建物が対象。認められていない地域の場合は「受水槽＋加圧給水ポンプ方式」となる

❸受水槽＋加圧給水方式

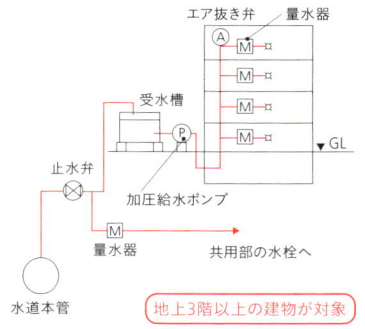

地上3階以上の建物が対象

受水槽サイズの選び方

受水槽サイズは入居者1日の使用水量によって決まる。着工前に入居者数を把握し、必要有効容量を算出し、受水槽のサイズとスペースを確保しておく

❶入居者数から分かる受水槽の必要有効容量[＊5]早見

入居者（人）	必要有効容量（㎥）	入居者（人）	有効容量（㎥）	入居者（人）	有効容量（㎥）	入居者（人）	有効容量（㎥）	入居者（人）	有効容量（㎥）	入居者（人）	有効容量（㎥）
1	0.15	11	1.65	21	3.15	31	4.65	41	6.15	51	7.65
2	0.3	12	1.8	22	3.3	32	4.8	42	6.3	52	7.8
3	0.45	13	1.95	23	3.45	33	4.95	43	6.45	53	7.95
4	0.6	14	2.1	24	3.6	34	5.1	44	6.6	54	8.1
5	0.75	15	2.25	25	3.75	35	5.25	45	6.75	55	8.25
6	0.9	16	2.4	26	3.9	36	5.4	46	6.9	56	8.4
7	1.05	17	2.55	27	4.05	37	5.55	47	7.05	57	8.55
8	1.2	18	2.7	28	4.2	38	5.7	48	7.2	58	8.7
9	1.35	19	2.85	29	4.35	39	5.85	49	7.35	59	8.85
10	1.5	20	3	30	4.5	40	6	50	7.5	60	9

❷有効容量から分かる受水槽のサイズ・設置スペースの早見

有効容量（㎥）	受水槽サイズ（m）縦×横×高さ	受水槽設置スペース（m）縦×横×高さ	有効容量（㎥）	受水槽サイズ（m）縦×横×高さ	受水槽設置スペース（m）縦×横×高さ
0.6	1 × 1 × 1	2.2 × 2.2 × 2.6	3.6	3 × 2 × 1	4.8 × 1.2 × 1.6
0.9	1.5 × 1 × 1	2.7 × 2.2 × 2.6	3.75	2.5 × 2.5 × 1	3.7 × 3.7 × 2.6
1.1	1 × 1 × 1.5	2.2 × 2.2 × 3.1	4	2.5 × 1 × 2	3.7 × 2.2 × 3.6
1.2	2 × 1 × 1	3.2 × 2.2 × 2.6	4.125	2.5 × 1.5 × 1.5	3.7 × 2.7 × 3.1
1.5	2.5 × 1 × 1	3.7 × 2.2 × 2.6	4.4	2 × 2 × 1.5	3.2 × 3.2 × 3.1
1.65	1.5 × 1 × 1.5	2.7 × 2.2 × 3.1	4.8	2 × 1.5 × 2	3.2 × 2.7 × 3.6
1.8	2 × 1.5 × 1	3.2 × 2.7 × 2.6	4.8	3 × 1 × 2	4.3 × 1.2 × 1.6
1.8	3 × 1 × 1	4.3 × 1.2 × 1.6	4.95	3 × 1.5 × 1.5	3.8 × 1.2 × 1.6
2.2	2 × 1 × 1.5	3.2 × 2.2 × 3.1	5.5	2.5 × 2 × 1.5	3.7 × 3.2 × 3.1
2.25	2.5 × 1.5 × 1	3.7 × 2.7 × 2.6	6	2.5 × 1.5 × 2	3.7 × 2.7 × 3.6
2.4	2 × 2 × 1	3.2 × 3.2 × 2.6	6.4	2 × 2 × 2	3.2 × 3.2 × 3.6
2.7	3 × 1.5 × 1	4.8 × 1.2 × 1.6	6.6	3 × 2 × 1.5	3.8 × 1.2 × 1.6
2.75	2.5 × 1 × 1.5	3.7 × 2.2 × 3.1	6.875	2.5 × 2.5 × 1.5	4.3 × 1.2 × 1.6
3	2.5 × 2 × 1	3.7 × 3.2 × 2.6	7.2	3 × 1.5 × 2	4.3 × 1.2 × 1.6
3.2	2 × 1 × 2	3.2 × 2.2 × 3.6	8	2.5 × 2 × 2	3.7 × 3.2 × 3.6
3.3	2 × 1.5 × 1.5	3.2 × 2.7 × 3.1	9.6	3 × 2 × 2	4.3 × 1.2 × 1.6
3.3	3 × 1 × 1.5	3.8 × 1.2 × 1.6	10	2.5 × 2.5 × 2	3.8 × 1.2 × 1.6

＊4：14個以上の場合、無限に設置可能ではないので所轄水道局に確認が必要。また、設置されている衛生器具の水栓口径が13mmを超える場合、13mmの口径に換算する。20mmの水栓は13mmの水栓の5.5個分、25mmの水栓は11個分、大便フラッシュバルブは16個分となる　＊5：1日の1人の使用水量を300ℓで算定

ひと目で分かる排水排出ガイド

排水の排出方式の確認

敷地内の排水設備の配管方法は計画地周辺の下水道埋設状況によって異なるので事前に確認が必要である。また、下水道が完備されていない地域では、敷地内に浄化槽を設置するスペースを確保する

排水の放流方式を決めるフローチャート

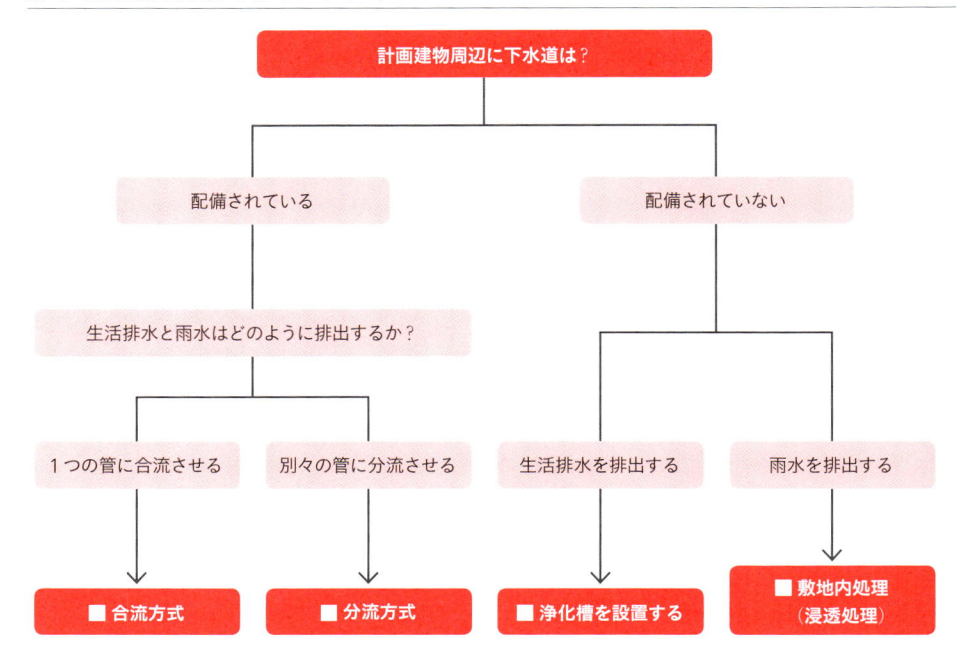

```
                計画建物周辺に下水道は？
                    │
        ┌───────────┴───────────┐
    配備されている          配備されていない
        │                       │
  生活排水と雨水は          ┌───┴───┐
  どのように排出するか？    生活排水を   雨水を
        │                  排出する    排出する
    ┌───┴───┐                │         │
 1つの管に  別々の管に    ■浄化槽を   ■敷地内処理
 合流させる 分流させる    設置する    （浸透処理）
    │        │
■合流方式  ■分流方式
```

合流方式と分流方式の仕組み

❶ 合流方式
生活排水と雨水を1つの管に合流させ排水する

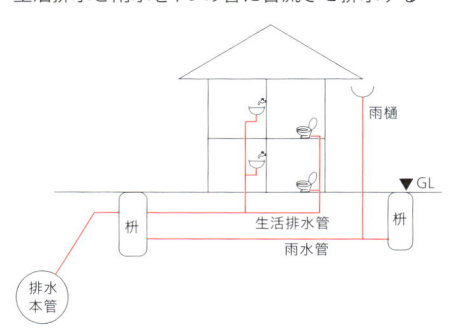

（図：雨樋／枡／生活排水管／雨水管／排水本管／GL）

❷ 分流方式
生活排水と雨水を別々の管に分流させ排水する

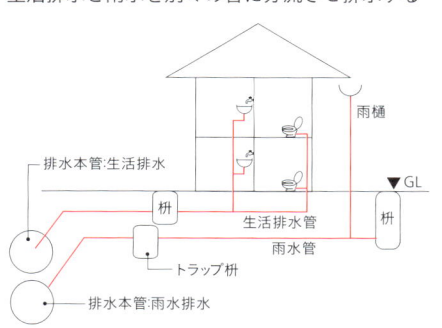

（図：雨樋／排水本管：生活排水／枡／生活排水管／雨水管／トラップ枡／排水本管：雨水排水／GL）

❸ 雨水浸透処理って何？

前面道路に雨水排水本管または雨水側溝が敷設されていない場合は、敷地内に浸透枡、雨水浸透トレンチを設置し、浸透処理をする（雨水浸透処理が義務付けられている地域もある）。

また、前面道路に雨水排水本管および雨水側溝が配備されている地域でも、雨水浸透処理をすることで、降雨時の雨水排水本管の負担軽減や河川の氾濫を防ぐことができる。さらに浸透処理によって雨水の流出抑制を行うことで、地下水の保全を図ることもできる

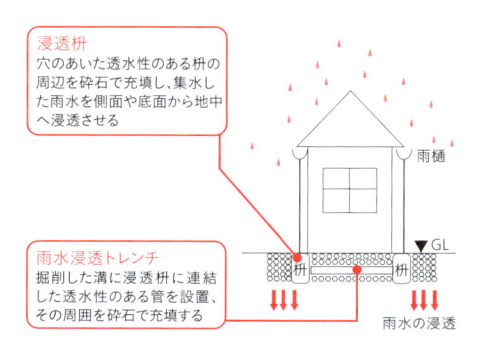

浸透枡
穴のあいた透水性のある枡の周辺を砕石で充填し、集水した雨水を側面や底面から地中へ浸透させる

雨水浸透トレンチ
掘削した溝に浸透枡に連結した透水性のある管を設置、その周囲を砕石で充填する

浄化槽サイズの決め方

浄化槽の大きさは、処理対象人数によって決まり、戸建て・集合住宅の場合は、入居者数によって決まる。浄化槽の設置が決まったら、その建物の処理対象人数を把握し、大きさを決め、設置スペースを確保する

❶ 浄化槽の設置スペース

浄化槽の設置スペースは、戸建て住宅で処理対象者が5人以下のサイズであれば、およそ普通自動車1台分である。また、設置に当たっては、自治体により費用の補助制度や融資制度があるので役所などで確認しておくとよい

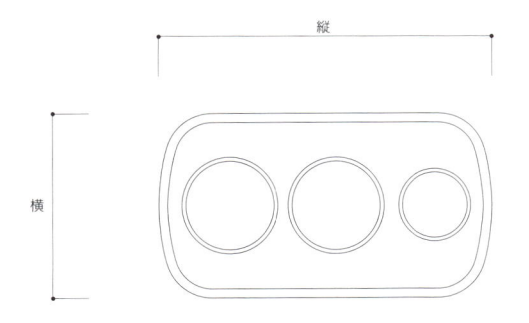

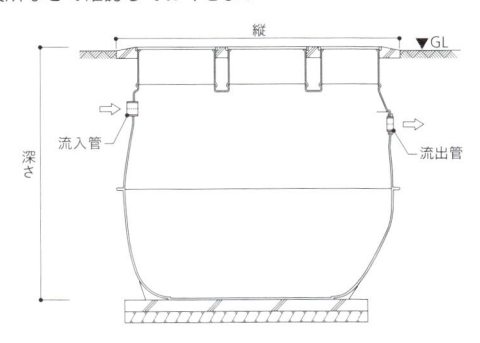

❷ 戸建て住宅[*]の浄化槽サイズの早見

処理対象人数(人)	寸法(mm) 縦	横	深さ
5 以下	2,450	1,300	1,900
6、7	2,450	1,600	1,900
8〜10	3,500	1,600	1,900

❸ 集合住宅の浄化槽サイズの早見

処理対象人数(人)	縦	横	深さ
5 以下	2,350	1,050	1,550
6、7	2,450	1,250	1,800
8〜10	2,650	1,650	1,800
11〜14	3,100	1,700	2,000
15〜18	3,200	2,000	2,150
19〜21	3,500	2,000	2,150

処理対象人数(人)	縦	横	深さ
22〜25	3,850	2,000	2,150
26〜30	4,300	2,000	2,150
31〜35	4,750	2,050	2,150
36〜40	5,200	2,050	2,150
41〜45	5,600	2,050	2,150
46〜50	6,100	2,050	2,150
51〜60	5,800	2,500	2,800

浄化槽設置の事前チェックシート

検査項目	チェックのポイント
□ 浄化槽のサイズ	□ 処理対象人数を算定し、浄化槽の大きさを決めておく
□ 浄化槽の設置場所	□ し尿や雑排水が建物から排出される場所の近くであることを確認する
	□ 車庫、物置、玄関などを避けているか確認する
	□ 地下水位の確認を行う。水位が高い場合は浮上防止対策を行う
	□ 保守点検、清掃が行いやすいか確認する
□ 放流後の状況	□ 浄化槽で処理した排水の水質基準を所轄の下水道局に確認する
□ 浄化槽の接続	□ 生活排水をすべて接続する。また、雨水などが流れ込まないように注意する

＊：戸建て住宅の処理対象人数の目安として、延べ面積130㎡以下で5人、130㎡超は7人、台所および浴室が2カ所以上、2世帯住宅で10人とする

ひと目で分かる電気引込みガイド

電気設備の引込み

住宅には主に電力、電話回線、CATV、光ケーブルの電気設備を引き込む。それらの引込み配管やケーブルを通す穴は工事段階であけておく必要があるため、計画段階より、どのように引き込むか、どれくらいの数が必要なのかを検討しておく。また、CATVと光ケーブルは、利用状況や環境などを考慮して必要に応じて引込む
[100頁参照]

住宅内に引き込む電気設備

電気　電話回線　CATV　光ケーブル

電力の引込み方式の決め方

引込み方式には、「高圧引込み」と「低圧引込み」の2種類がある。高圧か低圧かは計画建物の需要電力量で決まるが、一定の契約量を超えても、よりコストの安い低圧引込みができるケースもあるので検討する

❶戸建て住宅、テナントビル、店舗などの場合

1戸や1軒（1需要家という）の引込みは電灯電源（単相3線式：1φ3W）[*1] と動力電源（3相3線式：3φ3W）[*2] の契約容量の合計で決まる

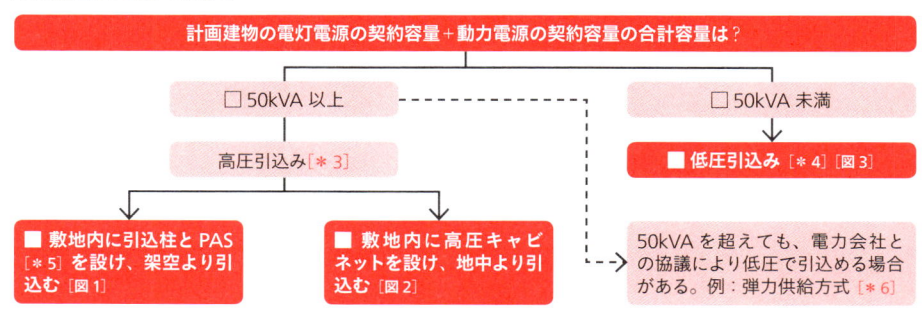

計画建物の電灯電源の契約容量＋動力電源の契約容量の合計容量は？

- □ 50kVA 以上　高圧引込み[*3]
  - ■ 敷地内に引込柱とPAS [*5] を設け、架空より引込む [図1]
  - ■ 敷地内に高圧キャビネットを設け、地中より引込む [図2]
- □ 50kVA 未満
  - ■ 低圧引込み [*4] [図3]
  - 50kVAを超えても、電力会社との協議により低圧で引込める場合がある。例：弾力供給方式 [*6]

❷マンション、アパートなどの集合住宅の場合

1需要家の集合する集合住宅の引込みは電灯電源（単相3線式：1φ3W）の契約容量の合計もしくは動力電源（3相3線式：3φ3W）の契約容量合計で決まる

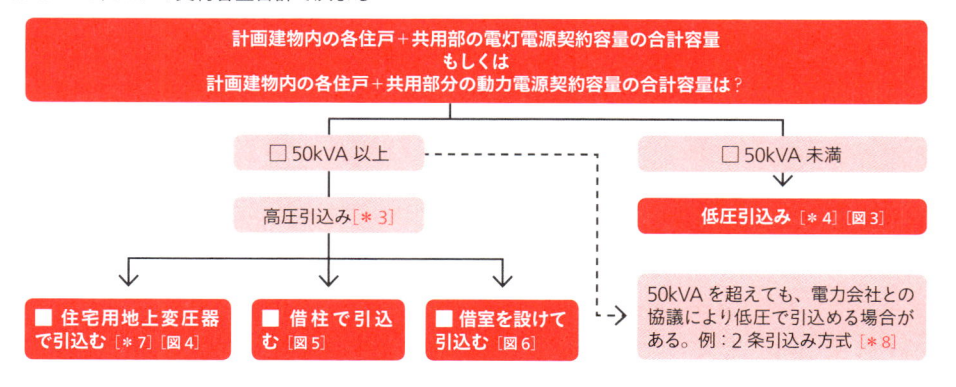

計画建物内の各住戸＋共用部の電灯電源契約容量の合計容量 もしくは 計画建物内の各住戸＋共用部分の動力電源契約容量の合計容量は？

- □ 50kVA 以上　高圧引込み[*3]
  - ■ 住宅用地上変圧器で引込む [*7] [図4]
  - ■ 借柱で引込む [図5]
  - ■ 借室を設けて引込む [図6]
- □ 50kVA 未満
  - ■ 低圧引込み [*4] [図3]
  - 50kVAを超えても、電力会社との協議により低圧で引込める場合がある。例：2条引込み方式 [*8]

計器用変流器（CT）の設置

低圧引込みで電灯電源の契約容量が25kVA以上となる場合、または動力電源の契約容量が39kW以上となる場合、120Aの一般の電力量計（WHM）では計量ができないため、計器用変流器（CT）が必要となる。そのため、WHMのほかにCTを設置するスペースを確保しておかなければならない

CTの設置例

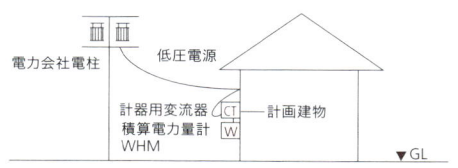

電力会社電柱　低圧電源　計器用変流器CT　積算電力量計WHM　計画建物　▼GL

*1：建物内の照明やコンセントなどで使用する一般的な電源。流れるルートが2つである単相の電気を3本の電線で送電する単相3線方式により配電される　*2：建物内ではエレベータ、ポンプ、大型空調などで使用される電源。流れるルートが3つである3相の電気を3本の電線で送電する3相3線方式により配電される　*3：3相3線式で6,600V　*4：単相3線式で100V／200V、3相3線式で200V　*5：高圧電源路を遮断する装置

092

電力の引込みの仕組み

高圧か低圧かが決まったら条件に見合った引込み方式を選定する。機器が必要となる場合もあるので、設置スペースの確保に注意する

図1:高圧引込み（引込柱とPASを設けて架空引込み）

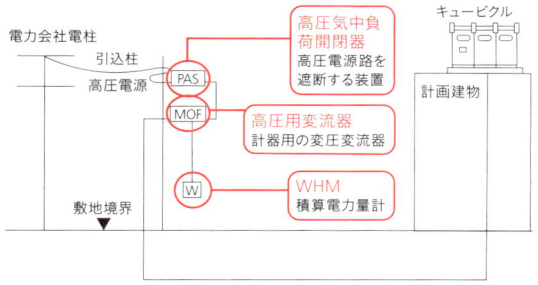

- **高圧気中負荷開閉器**：高圧電路を遮断する装置（PAS）
- **高圧用変流器**：計器用の変圧変流器（MOF）
- **WHM**：積算電力量計

図2:高圧引込み（高圧キャビネットを設けて地中引込み）

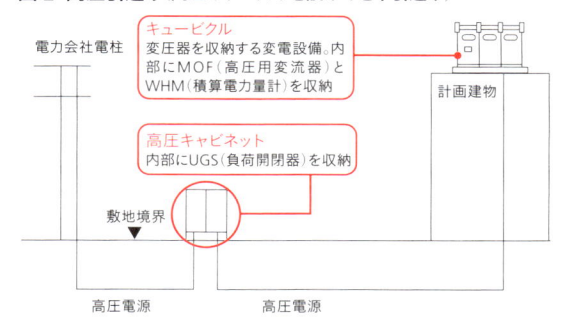

- **キュービクル**：変圧器を収納する変電設備。内部にMOF（高圧用変流器）とWHM（積算電力量計）を収納
- **高圧キャビネット**：内部にUGS（負荷開閉器）を収納

図3:低圧引込み（引込柱を設け架空引込み）

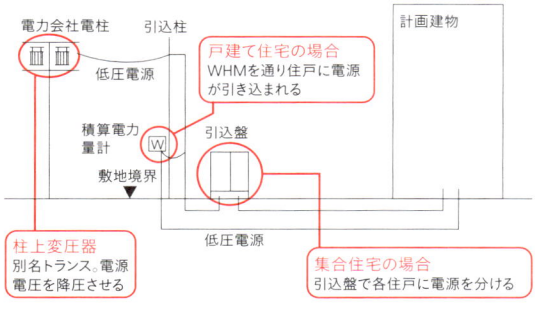

- **戸建て住宅の場合**：WHMを通り住戸に電源が引き込まれる
- **柱上変圧器**：別名トランス。電源電圧を降圧させる
- **集合住宅の場合**：引込盤で各住戸に電源を分ける

図4:高圧引込み（住宅用地上変圧器で地中引込み）

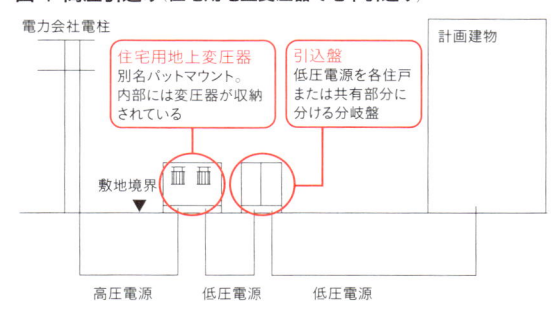

- **住宅用地上変圧器**：別名パッドマウント。内部には変圧器が収納されている
- **引込盤**：低圧電源を各住戸または共有部分に分ける分岐盤

図5:高圧引込み（借柱で引込み）

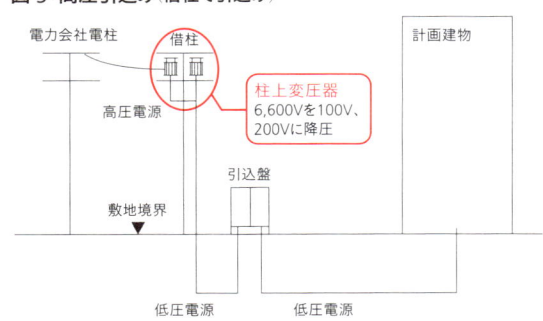

- **柱上変圧器**：6,600Vを100V、200Vに降圧

図6:高圧引込み（借室を設けて引込み）

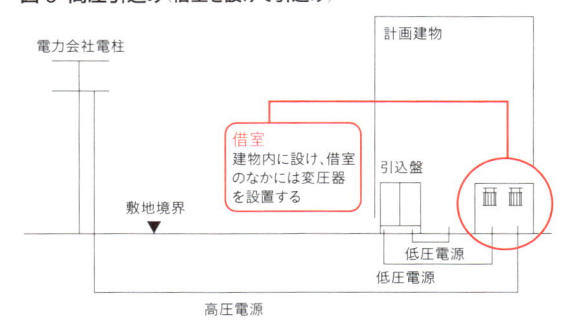

- **借室**：建物内に設け、借室のなかには変圧器を設置する

集合住宅の高圧引込みと低圧引込みの選定の考え方

戸建て住宅では一般的に低圧引込みとなるが、集合住宅では規模により異なる

例：地上3階、エレベータあり、住戸数6戸（オール電化ではない[*9]）の集合住宅

❶電灯電源の算出式と計算例

住戸1戸の電灯電源容量×住戸数	+	共有電源	=	電灯電源容量
6kVA × 6戸		6kVA		42kVA

❷動力電源の算出式と計算例

エレベータ	+	給水ポンプ	=	動力電源容量
6kVA		2kVA		8kVA

▶ ❶、❷ともに50kVAを超えていないので、この物件は低圧引込みで計画することになる

上記の計算は目安となるが、実際には電灯電源（共用除く）は、住戸数に応じた需要率（電力会社ごとに基準がある）を乗じた値で判断する。需要率は1より小さな値であるため、容量に余裕が出ることも多い。また、動力電源においても、実際には圧縮計算を行うため、単純な負荷容量の積み上げ容量計よりも、小さくなることが多い

*6：電灯電源で最大49kVA、動力電源で最大49kVAまでは低圧引込みができる。この方式は東京電力などで行われている。事前に電力会社と打ち合わせが必要　*7：別名、パットマウントともいわれる電力会社が設置する小規模の集合住宅用変電機器。内部には変圧器が収納されている　*8：電灯電源または動力電源で最大98kVA（49kVA+49kVA）まで低圧引込みができる。この方式は東京電力などで行われているが、事前に電力会社と打合せが必要となる　*9：オール電化の場合、住戸1戸の電灯電源容量は8～12kVAを目安とする

ひと目で分かるガス引込みガイド

ガス供給方式の決め方

ガスの供給方式には都市ガス設備とプロパンガス設備の2通りある。プロパンガス設備になると設置スペースの確保が必要となる

ガス供給方式を決めるフローチャート

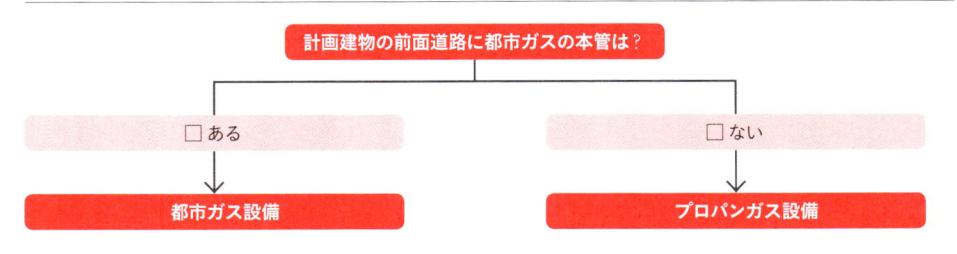

計画建物の前面道路に都市ガスの本管は？
- □ ある → 都市ガス設備
- □ ない → プロパンガス設備

都市ガス配管の仕組みと埋設の深さ

都市ガスは道路に埋設された低圧導管（本支管）から分岐して各家庭内に引き込まれていく。また、敷地内における配管の埋設深さは、条件によって異なる

❶敷地内配管の埋設深さの目安

埋設場所	配管の深さ
車両が通るおそれがある場所	0.6m 以上
車両などの重量物（重車両を除く）の荷重がかかる場所	0.3m 以上
上記以外の場所	0.15m 以上
地盤の凍結による影響を受けるおそれがある場所	0.3m 以上の無凍土の深さ

❷都市ガス配管のしくみ

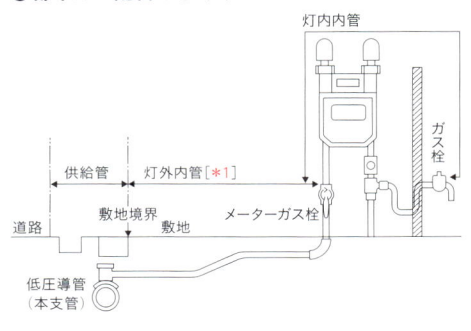

プロパンガスの必要本数の決め方

プロパンガスを敷地内に設置する場合、住戸数、気温[*2]、ガスの種類によって本数が決まる[*3]

❶個別供給[*4]、小規模供給の場合

単位：本

住戸数（戸）	ガスの種類	気温 5℃	0℃	-5℃
1	いガス（PP95% 以上）[*5]	2	4	4
	いガス（PP80% 以上）	4	4	6
	ろガス（PP70% 以上）	4	6	10
	ろガス（PP60% 以上）	6	8	—
2	いガス（PP95% 以上）	2	2	4
	いガス（PP80% 以上）	4	4	6
	ろガス（PP70% 以上）	4	6	10
	ろガス（PP60% 以上）	4	8	—
3	いガス（PP95% 以上）	4	6	6
	いガス（PP80% 以上）	6	6	8
	ろガス（PP70% 以上）	6	8	14
	ろガス（PP60% 以上）	8	12	—
4	いガス（PP95% 以上）	6	6	8
	いガス（PP80% 以上）	6	8	12
	ろガス（PP70% 以上）	8	12	18
	ろガス（PP60% 以上）	10	14	—
5	いガス（PP95% 以上）	6	6	8
	いガス（PP80% 以上）	8	8	12
	ろガス（PP70% 以上）	10	12	22
	ろガス（PP60% 以上）	12	16	—

住戸数（戸）	ガスの種類	気温 5℃	0℃	-5℃
6	いガス（PP95% 以上）	6	8	10
	いガス（PP80% 以上）	8	10	14
	ろガス（PP70% 以上）	10	14	24
	ろガス（PP60% 以上）	12	18	—
7	いガス（PP95% 以上）	6	8	10
	いガス（PP80% 以上）	8	10	14
	ろガス（PP70% 以上）	10	14	24
	ろガス（PP60% 以上）	14	20	—
8	いガス（PP95% 以上）	8	10	12
	いガス（PP80% 以上）	10	12	18
	ろガス（PP70% 以上）	12	18	30
	ろガス（PP60% 以上）	16	24	—
9	いガス（PP95% 以上）	8	10	12
	いガス（PP80% 以上）	10	14	20
	ろガス（PP70% 以上）	14	20	32
	ろガス（PP60% 以上）	18	26	—
10	いガス（PP95% 以上）	8	10	12
	いガス（PP80% 以上）	10	14	20
	ろガス（PP70% 以上）	14	20	34
	ろガス（PP60% 以上）	18	28	—

*1：敷地境界線（またはボンベ）からメーターまでを「灯外内管」、メーターから器具までを「灯内内管」、2つを合せて「内管」という。それらがガス灯時代にガス灯内のガス管に使われていた名称の名残である　*2：ガス消費量ピーク時（冬期）のプロパンガスの設置場所の気温とする　*3：ガス器具はガス瞬間給湯器（24号、追焚き付き）、ガスコンロ（3口）の設置と想定する　*4：戸建て住宅や集合住宅で住宅ごとに配置する場合

094

❷中規模集団供給の場合

自然気化方式

単位：本

住戸数（戸）	ガスの種類	気温 5℃	0℃	−5℃
11	いガス（PP95％以上）	8	8	10
	いガス（PP80％以上）	10	12	18
	ろガス（PP70％以上）	12	18	30
	ろガス（PP60％以上）	16	24	—
12	いガス（PP95％以上）	8	10	12
	いガス（PP80％以上）	10	12	18
	ろガス（PP70％以上）	14	18	32
	ろガス（PP60％以上）	18	26	—
13	いガス（PP95％以上）	8	10	12
	いガス（PP80％以上）	10	14	20
	ろガス（PP70％以上）	14	20	34
	ろガス（PP60％以上）	18	26	—
14	いガス（PP95％以上）	8	10	12
	いガス（PP80％以上）	10	14	20
	ろガス（PP70％以上）	14	20	34
	ろガス（PP60％以上）	18	28	—
15	いガス（PP95％以上）	10	12	16
	いガス（PP80％以上）	14	18	24
	ろガス（PP70％以上）	18	24	30
	ろガス（PP60％以上）	22	32	—

住戸数（戸）	ガスの種類	気温 5℃	0℃	−5℃
16	いガス（PP95％以上）	10	12	16
	いガス（PP80％以上）	14	18	24
	ろガス（PP70％以上）	18	24	32
	ろガス（PP60％以上）	22	32	—
17	いガス（PP95％以上）	10	12	16
	いガス（PP80％以上）	14	18	24
	ろガス（PP70％以上）	18	24	32
	ろガス（PP60％以上）	24	32	—
18	いガス（PP95％以上）	10	14	16
	いガス（PP80％以上）	14	18	26
	ろガス（PP70％以上）	18	26	32
	ろガス（PP60％以上）	24	34	—
19	いガス（PP95％以上）	12	14	16
	いガス（PP80％以上）	14	18	26
	ろガス（PP70％以上）	18	26	34
	ろガス（PP60％以上）	24	34	—
20	いガス（PP95％以上）	12	14	18
	いガス（PP80％以上）	16	20	26
	ろガス（PP70％以上）	20	26	34
	ろガス（PP60％以上）	24	36	—

強制気化方式

住戸数（戸）	本数（本）
11	10
12	
13	
14	
15	12
16	
17	
18	
19	
20	

注 自然気化方式とは、ガスボンベに充填された液状のプロパンガスを外気により気化させることをいう。強制気化方式とは液体ガスに熱を加え強制的に気化させることをいう。中規模集団供給では、容器収納スペースがない場合、連続使用や消費変動ピークが著しい場合、外気温の影響を受ける場合などに強制気化方式を使う

プロパンガスの設置方法

プロパンガスの必要本数が決まったら、配置スペースを確保し、適切に配置する

❶事前チェックシート

□ 容器交換が容易な位置に設置する（容器の中心間距離：40cm以上、容器交換通路幅：80cm以上）
□ 外気温が常に40℃以下に保てる風通しのよい場所（屋外）に容器を置く
□ 容器から2m以内にある火気を遮る措置を取る

50kg容器の設置本数が10本以下の場合	□ 家屋の壁面などに容器を固定する
50kg容器の設置本数が11本以上の場合	□ 家屋の壁面などに容器を固定した場合、転倒時などに家屋を破損することがあるので耐震構造の収納庫に設置する
	□ 収納庫の屋根は不燃性または難燃性の材料を使用した軽量のものとする
	□ 収納庫を施錠する場合は、緊急時には収納庫内に入れるように、屋根を取り外し可能とする
	□ 収納庫内の照明器具などの電気設備は防爆構造[＊6]とする
	□ 収納庫はプロパンガスが滞留しないように外壁の下部に開口を設ける

❷プロパンガス容器の本数とスペース

1列配置の場合：50kg容器の設置本数が10本以下

本数（本）	スペース（mm） 幅	奥行	高さ
2	1,100	1,250	2,000
4	1,900		
6	2,700		
8	3,500		
10	4,300		

千鳥配置の場合：50kg容器の設置本数が11本以上

本数（本）	スペース（mm） 幅	奥行	高さ
12	3,100	1,600	2,000
14	3,500		
16	3,900		
18	4,300		
20	4,700		
22	5,100		
24	5,500		
26	5,900		

本数（本）	スペース（mm） 幅	奥行	高さ
28	6,300	1,600	2,000
30	6,700		
32	7,100		
34	7,500		
36	7,900		
38	8,300		
40	8,700		

＊5：「PPO（％）」とはプロパンおよびプロピレンの合計量の含有率を表す。また「いガス」は「い号液化石油ガス」の略称で同含有率80％以上、「ろ号液化石油ガス」は60％以上80％未満　＊6：防爆構造とは爆発性のガスが漏れるおそれがある場合、電気設備が点火源にならないように防爆性をもたせた構造をいう（JISC0903「一般電気機器の防爆構造通則」）

換気方式と給湯機の疑問を解決！

換気方式の種類と特徴は？

❶機械換気の方式

換気方式	給気	排気
第1種換気	機械	機械
第2種換気	機械	自然
第3種換気	自然	機械

建物の高気密化に伴い、機械換気は非常に重要な設備となってきている。第1種換気は給気・排気ともに機械（ファン）で強制的に行う方法、第2種換気は機械給気と自然排気、第3種換気は自然給気と機械排気となる。現在、一般に換気方式として採用されているのは第3種換気である

第1種換気 給気と排気の両方をファンで行う
第2種換気 給気ファンと排気口からなる
第3種換気 給気口と排気ファンからなる

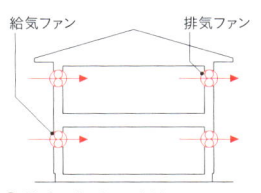

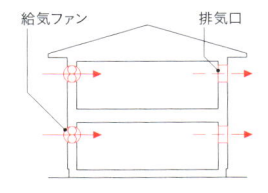

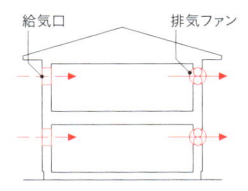

❷換気方式の種類

方式	内容	特徴
局所換気方式（第3種換気方式）	給気は各室より供給。排気は機械的にキッチン、トイレや浴室など各所から行う	・イニシャルコストが一番安価で一般的な換気方式 ・換気による熱損失や、換気経路が確保されていないと換気の過不足が生じる恐れがある ・生の外気が導入される給気口の位置に注意が必要
局所換気方式（第2種換気方式）	給気は機械的に供給。排気は排気口より自然排気を行う	・強制的に新鮮空気が必要となる室を対象とする特殊な換気方式 ・室内がプラス圧となるため、他の部屋から汚染した空気が入ってこない ・気密性能が低い水蒸気を含んだ室内の空気が壁体内に流れ、冬季に壁体内結露を起こす危険がある
熱交換気方式（第1種換気方式）	熱交換器を介して機械的に給気と排気の換気を行う	・排気側の熱を給気側に伝えるため換気による熱損失が少ない ・全熱交換の場合は熱の交換と同時に湿度の交換も可能 ・フィルター清掃等のメンテナンスを怠ると十分な換気能力が発揮できない ・室外、室内の音漏れ対策に向いている
セントラル方式（第1種換気方式）	機器が冷暖房機器と換気機器が一体のシステムとなることが多い	・機器設置のための必要スペースが大きくなる ・ダクトで各室に供給するためにダクトの納まりなども建築計画と同時に検討する必要がある ・イニシャルコスト的には一番高価となる

潜熱回収型ガス給湯機って何？

従来型のガス給湯機では、使用するガスのうちの約20％が放熱や排気ガスとして無駄になっていた。潜熱回収型ガス給湯機（エコジョーズ）とは、今まで無駄にしていた約200℃の排気熱を再利用することにより95％の高熱効率化を可能にした最新型の給湯機のこと。これにより、使用するガス量も約13％の削減が可能で、ガス料金も約13％減らすことができる［*2］

❶潜熱回収型給湯機の仕組み

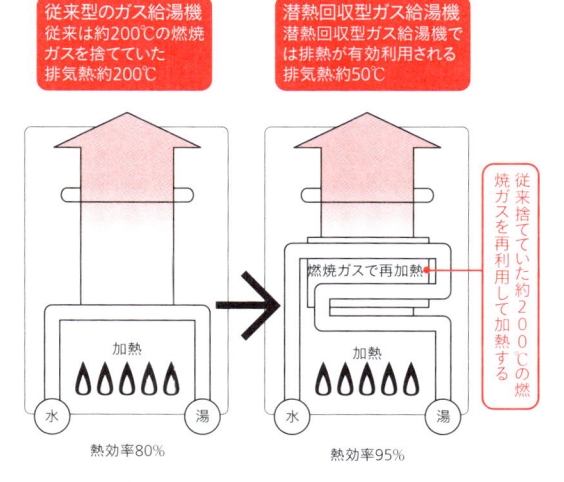

従来型のガス給湯機 従来は約200℃の燃焼ガスを捨てていた 排気熱約200℃
潜熱回収型ガス給湯機 潜熱回収型ガス給湯機では排熱が有効利用される 排気熱約50℃

従来捨てていた約200℃の燃焼ガスを再利用して加熱する

熱効率80％ → 熱効率95％

❷潜熱回収型ガス給湯機の効率の例

熱効率	従来型	潜熱回収型
給湯側	80％	95％（JIS基準による）
暖房側（低温側）	80％	89％（BL基準による）
風呂側（GT-Cのみ）	75％	79.4％（JIS基準による）

❸ガス給湯機の号数の目安

号数	出湯量の目安
28	シャワーと2カ所の給湯が可能
24	冬季でもシャワーと給湯の同時使用が可能
20	シャワーと給湯の同時使用が可能
16	年間を通してシャワーの利用が可能
10	スポット給湯に最適

*1：全熱交換（温湿度を交換）と顕熱交換（温度のみを交換）の2種類がある　*2：従来型と比較すると、ガス給湯機（給湯＋追焚き）の場合で、年間約10,000円を節約できる

096

自然冷媒（CO_2）ヒートポンプ給湯機（エコキュート）の仕組み

自然冷媒（CO_2）ヒートポンプ給湯機（エコキュート）とはヒートポンプユニットと貯湯タンクで構成される。ヒートポンプユニットは主にエアコンなどの空調に利用されてきた電力を使って大気の熱をくみ上げるヒートポンプの原理を利用して湯を沸かす熱源機となる。作られたお湯は貯湯タンクに貯められる。大気中の熱エネルギーを水に伝えてお湯を作るため、従来の燃焼式給湯器に比べ、CO_2排出量が大幅に少ない。また、夜間の安価な電力を使用しお湯を作るため、給湯のランニングコストも安価である。つまり環境性や経済性に優れた給湯機と言える。また、貯湯タンクに貯めた湯は、万一の断水時にもタンクの水を非常用水として活用できる。ただし、イニシャルコストは燃焼式給湯機に比べると高価となり、設置スペースも多く必要となるといった欠点もある。

給湯だけでなく、床暖房や浴室暖房乾燥などとの連携が可能な多機能型エコキュートもある。

エコキュートで得られる給湯エネルギー

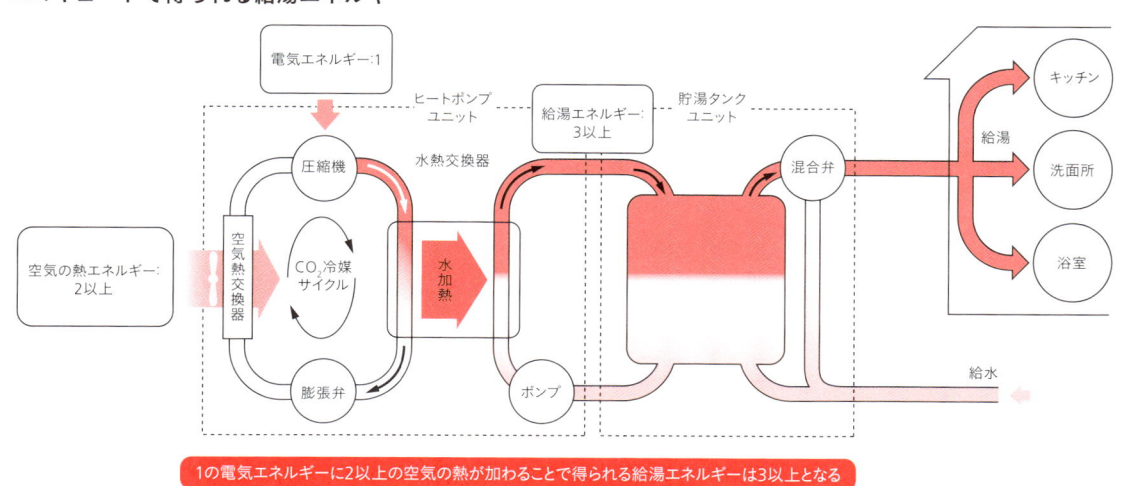

1の電気エネルギーに2以上の空気の熱が加わることで得られる給湯エネルギーは3以上となる

給湯機のフルオートタイプとセミオートタイプの違いは何？

最近の給湯機には、さまざまな湯張り機能が付いているものが多い。シンプルな給湯専用タイプや、自動湯張り機能や足し湯、高温さし湯などができるセミオートタイプ、自動湯張りや足し湯のほかに保温、追焚きができるフルオートタイプがある。予算と目的に合わせて給湯機のタイプを選択するとよい

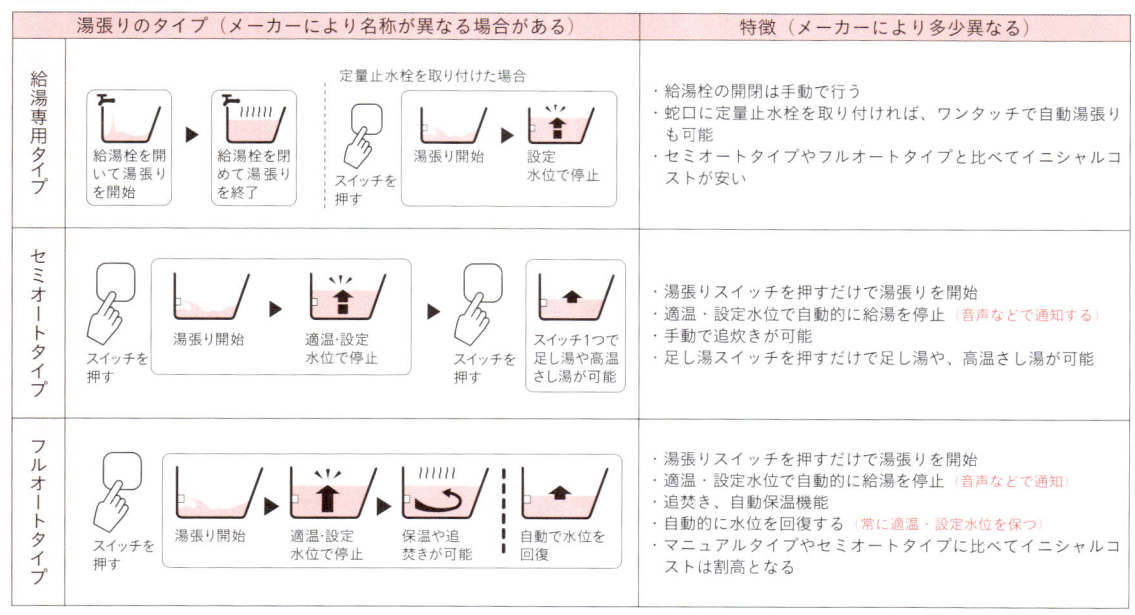

❶浴槽の給湯方式

湯張りのタイプ（メーカーにより名称が異なる場合がある）	特徴（メーカーにより多少異なる）
給湯専用タイプ：給湯栓を開いて湯張りを開始 → 給湯栓を閉めて湯張りを終了／定量止水栓を取り付けた場合：スイッチを押す → 湯張り開始 → 設定水位で停止	・給湯栓の開閉は手動で行う ・蛇口に定量止水栓を取り付ければ、ワンタッチで自動湯張りも可能 ・セミオートタイプやフルオートタイプと比べてイニシャルコストが安い
セミオートタイプ：スイッチを押す → 湯張り開始 → 適温・設定水位で停止 → スイッチを押す → スイッチ1つで足し湯や高温さし湯が可能	・湯張りスイッチを押すだけで湯張りを開始 ・適温・設定水位で自動的に給湯を停止（音声などで通知する） ・手動で追炊きが可能 ・足し湯スイッチを押すだけで足し湯や、高温さし湯が可能
フルオートタイプ：スイッチを押す → 湯張り開始 → 適温・設定水位で停止 → 保温や追焚きが可能 → 自動で水位を回復	・湯張りスイッチを押すだけで湯張りを開始 ・適温・設定水位で自動的に給湯を停止（音声などで通知） ・追焚き、自動保温機能 ・自動的に水位を回復する（常に適温・設定水位を保つ） ・マニュアルタイプやセミオートタイプに比べてイニシャルコストは割高となる

*3：高効率給湯機に対して国や地方自治体により導入補助金制度が設けられている。導入を検討する際は、補助金制度を確認すること　*4：自然冷媒（CO_2）ヒートポンプ給湯機（エコキュート）とガス給湯機には、1台で給湯＋床暖房＋浴室換気暖房機、給湯＋床暖房、給湯＋浴室換気暖房乾燥の機能を持つ多機能タイプがラインナップされている

最新！空調方式の選び方

空調方式の種類

方式	イメージ図	特徴	メリットと注意点
対流式	（熱溜まり）	エアコンやファンヒーターなど、温風や冷風を直接放出し、強制的に空気の対流を起こすことで室温を調節する	○急速に冷暖房が利く △天井付近ばかりが暖まりやすいので、頭がボーッとしたり、逆に床付近の足元に冷えを感じる △温風や冷風が直接身体に当たり、不快に感じる場合がある
伝導式		床暖房などのように、直接熱媒体に接触することで暖かさを感じられる	○温風や冷風が直接身体に当たることなく、心地よい暖かさや涼しさを感じる △対流式に比べ部屋全体が温まるまでの時間が必要
放射式		暖房時は機器・躯体からの放射熱により、人間の体表面の熱放射量を少なくして暖かさを伝える。温度の低い場所にも熱が伝わり、室内も均一に暖まる	○温風や冷風が直接身体に当たることなく、心地よい暖かさや涼しさを感じる △対流式に比べ部屋全体が温まるまでの時間が必要 △イニシャルコストがほかの方法より割高

空調方式と具体的な機器

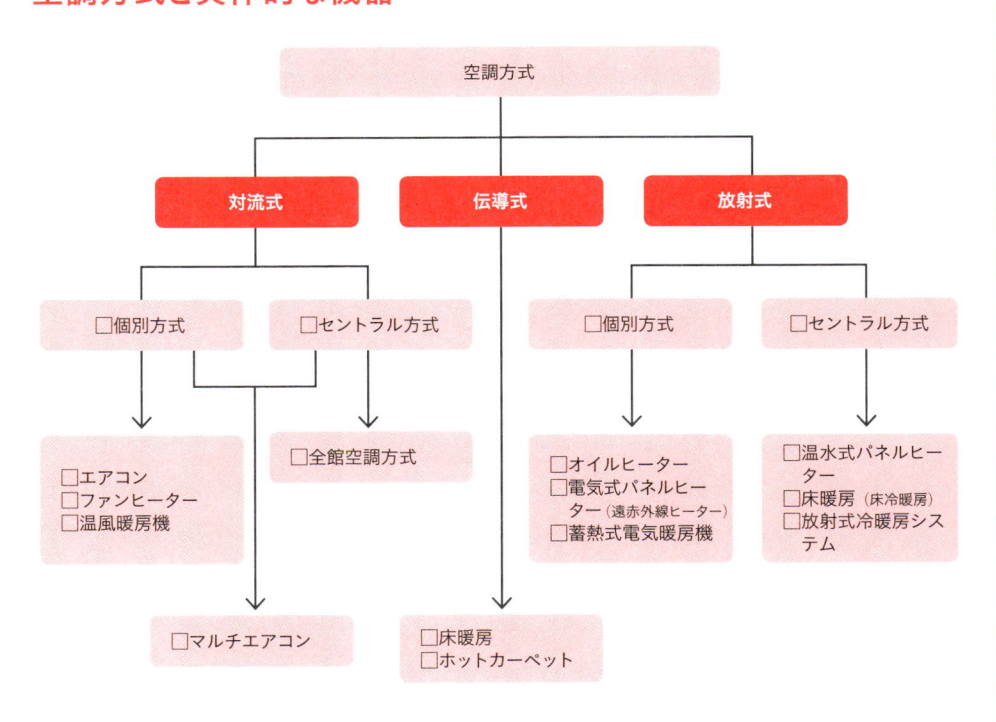

```
                        空調方式
          ┌───────────────┼───────────────┐
        対流式           伝導式          放射式
       ┌──┴──┐                         ┌──┴──┐
    個別方式 セントラル方式           個別方式 セントラル方式
       │      │                          │        │
   □エアコン  □全館空調方式         □オイルヒーター  □温水式パネルヒーター
   □ファンヒーター                   □電気式パネルヒーター  □床暖房（床冷暖房）
   □温風暖房機                       （遠赤外線ヒーター）  □放射式冷暖房システム
                                     □蓄熱式電気暖房機
       │                                   │
   □マルチエアコン                  □床暖房
                                    □ホットカーペット
```

電気式床暖房と燃焼式温水式床暖房の特徴

費用	電気式床暖房（ヒーター式）	温水式床暖房（ヒートポンプ温水式）	
		熱源機がヒートポンプ給湯機	熱源機がガスや灯油を使う燃焼式給湯機
特徴	・循環液のメンテナンスが不要 ・バリエーションが豊富	・高効率でランニングコストが安い ・ヒートポンプの交換が必要 ・給湯機と床暖房機を併用できるものがある ・循環液のメンテナンスが必要（数年に1度程度） ・ヒートポンプの設置スペースが必要	・ボイラーの交換が必要（10～15年に1度程度） ・メンテナンスが必要 ・給湯機と床暖房機を併用できるものもある ・循環液を併用できるものもある ・循環液のメンテナンスが必要（不要なものもある） ・ボイラーの設置スペースが必要 ・灯油を使用する場合は、燃料の補給が必要

バリエーション豊かな電気式床暖房の選び方

❶電気式床暖房選択のフローチャート

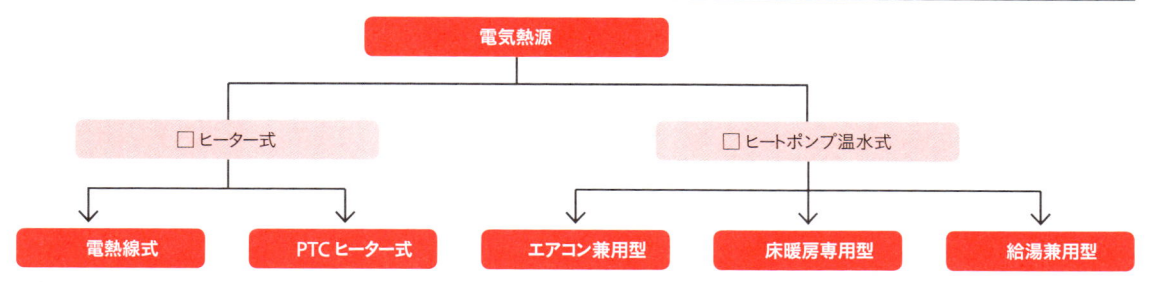

```
            電気熱源
       ┌───────┴───────┐
     ヒーター式        ヒートポンプ温水式
     ┌──┴──┐       ┌──────┼──────┐
  電熱線式 PTCヒーター式  エアコン兼用型 床暖房専用型 給湯兼用型
```

電気式床暖房にはさまざまなバリエーションがあるが、狭い空間や短時間の使用には、イニシャルコストが安価なヒーター式床暖房、広い空間や長時間の使用にはランニングコストが割安なヒートポンプ温水式床暖房がお勧めだ。また、ヒートポンプ温水式床暖房の場合、エアコン兼用型と給湯兼用型は20畳程度まで、床暖房専用型は60畳程度まで対応可能な製品がある

❷電気式床暖房の種類

分類	特徴
ヒーター式	電流によって発熱する素材を床下に設置して床を温めるタイプ。電気を電熱線に直接流して温めるため、別置きの熱源機器が不要
電熱線式	発熱体として電気カーペットなどにも使用されている電熱線を使用した床暖房。施工性に優れる
PTCヒーター式[*]	ヒーター自体が周囲の温度によって発熱量をコントロールする性質をもつ
温水式ヒートポンプ	高効率なヒートポンプで温水をつくる温水式床暖房。消費電力量を大幅に削減できる。熱源となるヒートポンプユニットが必要となる
エアコン兼用型	暖房のつけ始めは立ち上がりの早いエアコンで室内を急速に温め、床暖房が温まってきたら、床暖房を主力にして暖房空間をつくる
床暖房専用型	床暖房専用のヒートポンプ（室外機）でつくった温水で床を温めるタイプ
給湯兼用型	エコキュートのお湯の熱を利用して温めた温水を使用。オール電化住宅の場合、割安な夜間の電気と高効率なヒートポンプでランニングコストが割安となる

どちらの分類にも蓄熱式がある。蓄熱式には、割安な夜間の電気で床下の蓄熱材に蓄熱し、昼間はその放熱で部屋を温める床暖房。床暖房に適した蓄熱材を敷き込む潜熱蓄熱方式と、コンクリートやモルタルにヒーターや温水パイプを埋設し、直接蓄熱する顕熱蓄熱方式がある

放射式冷暖房システムの仕組みとは？

システムの仕組み

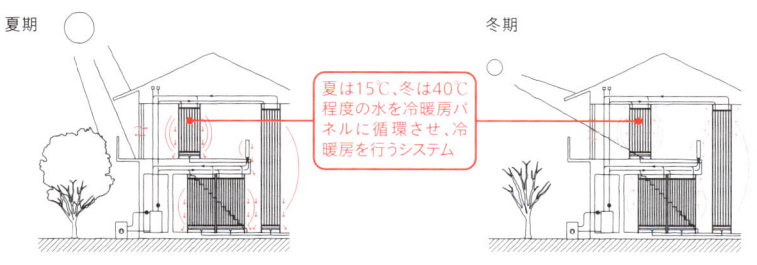

夏期　　　　　　　　　　　冬期

夏は15℃、冬は40℃程度の水を冷暖房パネルに循環させ、冷暖房を行うシステム

建物内に配列されたパネルに熱源機で作られた温水や冷水を通すことにより、パネル本体からの暖かい放射熱や冷たい放射熱で建物全体を冷やしたり、暖めたりする。室内に均一な冷暖房効果が現われて、風のない快適な環境をつくり出すことが可能なシステム

＊：PTCとは、Positive Temperature Coefficientの略で、自己温度制御式のこと

最新の弱電設備を押さえる

ブロードバンドサービスの種類と特徴

ブロードバンドサービスが本格化し、事業者ごとにさまざまな接続サービスを提供している。FTTHやCATVはサービスを受けられる地域に制約があるが、全国の主要都市をはじめ、利用可能なエリアは広がっている

❶FTTH、ADSL、CATV、ワイヤレスの特徴一覧

種別		解説	月額料金例
FTTH	特徴	・FTTH は Fiber To The Home（家庭で使う光ファイバー）の略。光ファイバーを宅内に引込む必要がある ・電話回線とは基本的に別回線 ・全国の主要都市を中心に別のサービスエリアが拡大し、新築では現在一般的な回線 ・ADSL に比べてランニングコストが割高 ・集合住宅への導入には、建物内での大がかりな工事が必要になり、建築主や管理組合の承認が必要などの課題も ・通信速度例：上り・下り 100Mbps～1Gbps（ベストエフォート時）[＊1]	約 4,000～5,000 円＋プロバイダー接続料（サービス会社による）
	メリット	・距離の影響を受けず、通信の安定性が高い ・通信速度が速い（プロバイダー条件による） ・安定して高品質な通信が可能	
ADSL	特徴	・ADSL は Asymmetric Digital Subscriber Line（非対称デジタル加入線）の略。通信速度が上りと下りで異なる ・サービス会社によっていくつかの通信速度のタイプがある（下りで 1.5Mbps タイプ、12Mbps タイプ、24Mbps タイプ、47Mbps タイプなど） ・接続には ADSL モデムを使用 ・電話と ADSL を共用する「タイプ 1」と ADSL 専用の回線を新たに引く「タイプ 2」のサービスがある（NTT フレッツの場合） ・電話局からの距離により通信速度に影響が出る（距離があるほど、通信速度が低下する） ・ISDN との併用はできない ・通信速度例：上り 5Mbps、下り 47Mbps（ベストエフォート時）	約 2,000～5,000 円（サービス会社や通信速度限度等により変わる）
	メリット	・電話、FAX などのアナログ機器は、スプリッタの電話端子に接続し、パソコンをスプリッタのモデム端子に ADSL モデムを介して接続することで同時使用ができる	
CATV	特徴	・CATV は Community Antennna TV（共同アンテナ）の略。有線ラジオ放送以外のケーブルを用いた有線通信のこと ・契約できる地域に制限がある ・テレビの視聴とは別に毎月の基本料金がかかる ・同軸ケーブルを引込み、インターネットの他に TV や電話が活用できる ・通信速度例：上り 512kbps～10Mbps、下り 1Mbps～160Mbps（CATV 会社による）	約 4,000～6,000 円（サービス会社による）
	メリット	・高速インターネットも利用可能（サービス会社による） ・当初、アンテナでは映りが悪い地域の受信対策を目的としていたため、アンテナ不要で地上波、BS、CS、FM の視聴が可能 ・空配管をしておけばよい（CATV 受信可能エリアかあらかじめ確認しておくこと） ・多彩な番組がリーズナブルな価格で視聴可能（サービス会社による） ・インターネットサービス、ゲームのデータ配信サービス、カラオケ、ホームセキュリティなど、さまざまなサービスが提供されている	
ワイヤレス	特徴	・携帯電話などの移動体通信回線を利用し、インターネット接続が可能 ・プロバイダと契約し、データ通信端末を利用して接続する ・FTTH や ADSL、CATV と異なり回線工事が不要 ・通信端末にルーターを内蔵したものが主流。同時に複数台の端末をインターネットに接続することも可能 ・通信速度例：上り 5.8Mbps、下り 42Mbps	3,000～6,000 円（サービス会社による）
	メリット	・屋内外に関わらず、全国幅広いエリアで使用可能 ・単身者など自宅と出先での同時利用がない場合は、インターネット接続契約が 1 つで済む	

❷IP電話の仕組み

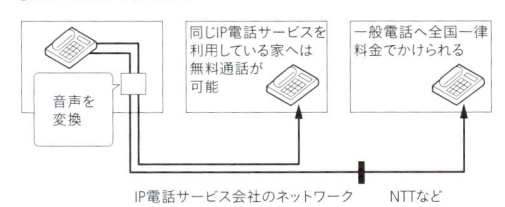

ブロードバンドでは、インターネットやテレビのほか、IP電話も利用可能。IP電話には、提携グループ同士の通話が無料、長距離・国際電話の通話料金が安い、電話機を変える必要がない、導入のための初期費用が安い、今後のインターネットサービスとの連携が期待できる、といったメリットがある

＊1：bpsとは、bits per secondの略で通信速度を表す。数字が大きいほど通信速度が速い。1kbps（1キロbps）は1,000bps、1Mbps（1メガbps）は1,000kbps（100万bps）。ベストエフォート値とは、理論上の最大の数値を指し、個別のインターネット回線に品質保証があるわけではない

無線LAN、有線LANのお薦めポイントは?

❶無線LAN、有線LANの特徴と導入の注意点

種別	特徴と導入の注意点
無線LAN	ケーブルを使用せずに、高速通信を楽しむことができる情報共有システム。近年は理論上1Gbps以上の通信が可能。電波が届く範囲であれば、壁やドアで隔てられた部屋どうしや、上下階であってもケーブルを用いずに情報通信を楽しむことができる（RC造の場合は注意が必要）。セキュリティに関しては、インターネット接続時の暗証番号を設定するなど気を配ること。また、地下室でブロードバンドサービスを楽しみたい場合で、地上階に無線LANの親機を設置予定という場合には、電波が届かない可能性が高いため、部分的に先行配線を行うなど、有線LANと併用するとよい
有線LAN	LANケーブルを利用した情報共有システムのこと。10Mbps〜1Gbpsの高速の通信が可能。無線による通信と異なり、周囲の電波の影響を受けにくく、安定した通信ができる。セキュリティの面でも安心できる。また、無線LAN機器などと比較して、機材が安価である。あらかじめ先行配管をしておけば、将来の更新にも対応しやすい

❷無線LANの機器

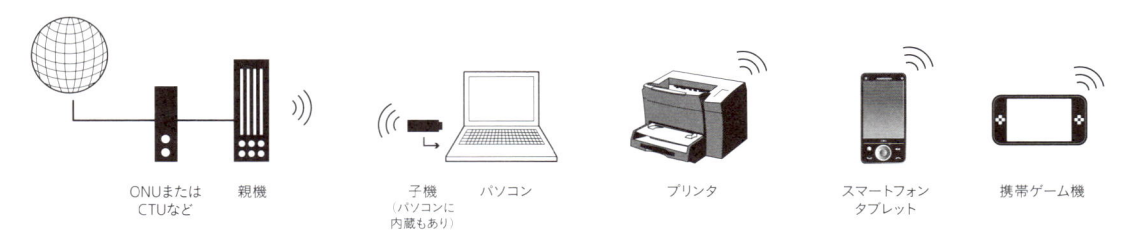

ONUまたはCTUなど　親機　子機（パソコンに内蔵もあり）　パソコン　プリンタ　スマートフォン タブレット　携帯ゲーム機

最新分電盤に付いている機能と選定のポイントは?

最新の分電盤には、さまざまな機能が付いているものがあるので、建築主の要望を確認したうえで選びたい。また、オール電化住宅の場合など、使用する機器やシステムに対応した分電盤を採用する

❶ピークカット機能付きの分電盤

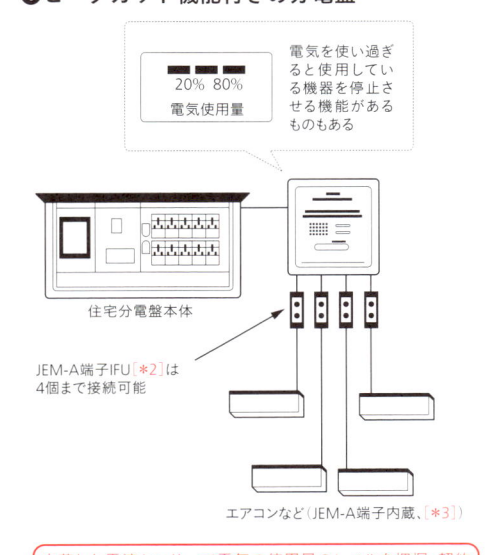

20% 80% 電気使用量

電気を使い過ぎると使用している機器を停止させる機能があるものもある

住宅分電盤本体

JEM-A端子IFU［*2］は4個まで接続可能

エアコンなど（JEM-A端子内蔵、［*3］）

内蔵した電流センサーで電気の使用量のレベルを把握。契約容量を超えて電気を使用した際に、電気の使いすぎを音声で知らせたり、自動的に機器の運転を制御する機能が付いている。また、キッチンや廊下など、分電盤から離れた個所に分電盤の作動状況をチェックできる別置のユニットを設置できる

❷最新の分電盤の機能

機能		内容
省エネ	ガスコジェネレーション対応	天然ガスで発電し、その際に出る熱を利用した給湯・暖房が可能なガスコジェネレーションに対応
	電気使用量表示	電気の使用レベルを表示する機能。毎月の電力使用量をグラフ化する機能などが搭載されたものもある
	ピークカット機能	電力を使い過ぎていると、音声で知らせる機能。知らせるだけにとどまらず、指定の回路に接続された機器を一時的に停止する機能付きのものもある。省エネ意識を高めるにもよい
防災・安全	避雷器機能	避雷器を搭載。雷の多い地域や、防災意識の高い建築主、自宅でパソコンなどのデジタル機器を使って仕事をする建築主にお薦め
	保安灯付き	停電の際の保安灯付き。保安灯は取り外せるものもある
	感震機能	規模の大きな地震（震度5程度）を感知すると、地震感知後に所定の時間が過ぎた時点で、自動的・強制的に主幹漏電ブレーカーが作動して電気を遮断する
オール電化対応	温水器対応	従来の方法では、分電盤とは別に、ジョイントボックスと電気温水器用ブレーカーを取り付ける必要があったが、温水器対応の分電盤なら電気温水器用のブレーカーが内蔵されているため、分電盤の取り付けだけで済む
	IH調理器対応	IH調理器専用回路として、容量に余裕のあるブレーカーが搭載されている
	太陽光発電システム対応	太陽光発電に連動したブレーカーをもつ

*2：インターフェイスユニットの略　*3：日本電気工業会（JEMA）の統一規格によるホームオートメーション用の端子

増え続けるテレビ共聴とセキュリティの要点

テレビ共聴の種別を知る

❶テレビ種別一覧

種別		要点
UHF		13～62ch 地上波
地上デジタル放送		地上波のUHF帯を利用したデジタル放送。高画質・高音質・双方向番組や地域に密着した情報提供を行っている
衛星放送	BS／110°CSデジタル（同一アンテナ）	BSデジタル	BS1、BS2、BS日テレ、BS朝日、BS-TBS、BSフジ等（一部有料）
	110°CSデジタル	（旧スカパー！e2）現：スカパー！約70ch
	124°／128°CSデジタル	スカパー！プレミアムサービス。約260ch（上記BS・110°CSアンテナとは別にアンテナが必要）
ケーブルテレビ（CATV）		全国各地域のCATV会社
その他		スカパー！光（約280ch）、ひかりTV

地上デジタル放送は、UHFアンテナで受信が可能となる。また、CSデジタル放送は、デジタルチューナー内蔵テレビまたは、デジタルチューナー（デジタルチューナー内蔵録画機）があれば受信が可能となる［*1］。ただし、スカパー！を視聴したい場合には、伝送方式［*2］が異なるためCATVを除いて簡易な工事が必要となる。また、CSデジタル放送を受信するには契約料金を支払う必要がある

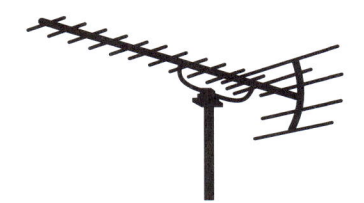

❷UHFアンテナ

UHFアンテナには全帯域用、LM帯域（31～62ch）用、MH帯域（13～44ch）用があり、デジタル放送を安全に受信するには全帯域用のUHFアンテナが必要となる。既存のUHFアンテナが全帯域用かどうかは外見だけでは判断しにくいため、リフォームなどの際は実際に接続して視聴状況を確認する

進化する電気錠の特徴を知る

電気錠はインターホンと連動させて使用することが多いが、メーカーによってはうまく連動させられない場合がある。電気錠を選ぶときは、使用するインターホンと連動させられるか確認しておく

電気錠の主な種類と特徴

	暗証番号式	ICカード式	ICタグ式	生体認証式
イメージ				
特徴	最も一般的な電気錠。4～12桁程度の暗証番号を設定できる。一般的には鍵やICカードなどと併用する。集合住宅の場合など、管理者用に2種類の暗証番号を設定できるものもある。賃貸住宅や集合住宅にも向いている	ICカードを近づけるだけで開錠可能な非接触タイプ。暗証番号でも開錠可能であるものが多い。なかには、専用のICカード以外のカードを登録できるタイプのものもある。賃貸住宅や集合住宅にも向いている	ICタグを近づけるだけで開錠可能な非接触タイプ。リモコンタイプもある。暗証番号でも開錠可能であるものが多い。賃貸住宅や集合住宅にも向いている	指紋認証タイプ、光彩認証タイプ、顔認証タイプ（輪郭や口元の動きなどで識別する）などがあり、暗証番号でも開錠可能であるものが多い。あらかじめ利用者の生体情報を登録する必要があるため、居住者の変わる可能性がある賃貸住宅には向かない。入居人数の多い集合住宅よりも、戸建住宅向き

*1：BSと同じ東経110°にある衛星を使用するため、BSとアンテナが共有できる［54頁参照］　*2：情報（通話、信号、データなど）通信のために、同軸ケーブルなどを通じて情報を受信するための方式のこと。CS放送を受信する際は、希望する放送内容の組み合わせによって1軸方式、2軸方式、3軸方式のいずれかを選択する

セキュリティ機器の選定はどこから始めるか？

❶ セキュリティ機器選定のフローチャート

```
建築主の要望を聞き取り調査する
            ↓
□ 空間センサー
□ セキュリティライト    ← 最も採用されるケースが
□ 防犯カメラ              多い機器
            ↓
□ マグネットセンサー
□ ガラスセンサー        ← より高度なセキュリティ対
□ ジャロジーセンサー      策が必要な際に採用を検
                          討する機器
            ↓
□ 火災センサー          ← 防災に対する意識の高い
□ ガスセンサー            建築主の場合に検討され
                          る機器
            ↓
□ 赤外線センサー        ← 外部からの侵入者や、特
□ フェンスセンサー        定の金庫を常に監視した
□ 金庫センサー            い場合に検討される機器
            ↓
導入するセキュリティ機器の決定
```

❷ 代表的なセキュリティ機器

機器		用途
	主装置	各センサーからの情報を電話回線を介して警備会社へ送信するシステムの心臓部
監視	空間センサー	人体から発生する赤外線を監視する
	マグネットセンサー	扉や窓に取り付け、開閉状態を監視する
	ガラスセンサー	ガラスに取り付け、破壊を監視する
	ジャロジーセンサー	浴室などに取り付け、特殊なつくりの窓（ジャロジー）のこじ開けを監視する
	火災センサー	火災の際に発生する煙や熱の変化量を監視する
	ガスセンサー	ガス漏れを検知して、外部に通報する
	赤外線センサー	赤外線対向上の遮断物を監視する
	フェンスセンサー	フェンスなどに取り付け、外部からの侵入者を監視する
	金庫センサー	金庫に取り付け、破壊・持ち去りを監視する
通報	非常通報ボタン	非常事態を外部に伝えるための携帯式ボタンスイッチ
	救急通報ボタン	体の具合が悪くなった際に、外部に知らせるための携帯式ボタンスイッチ

監視カメラなどを採用する場合は、録画した画像の管理方法も検討する。また、防犯カメラにはインターホンと連携させて使用できるものもある。SECOMやALSOKなどを採用する場合は、インターホンの選択などに制約があるが、複雑なセキュリティシステムの構築を外部に委託できるというメリットがある

❸ 多機能化するインターホン

		装置・代表的な機能	用途・内容
録画・録音機能	基本機能	ワイドズーム	カメラ角度の調整や画面のズームができる
		デジタル高画質画像	鮮明な画像で来訪者をしっかり確認できる
		動画録画・録音	訪問者や侵入者の録画・録音ができる
		ダブルセンサー	2つのセンサーで侵入者を確認し警告・撮影する
		4画面モニター	4カ所のカメラからの映像を4画面のモニターで同時に確認することが可能
		過去録画	侵入者が行動を起こす数秒前にさかのぼり撮影する
警告・警報	オプション機能	防犯・火災・ガス漏れ・水漏れ警報	親機に接しているセンサーの作動時に警報音で知らせる
		非常押しボタン	親機のボタンで、門扉や玄関に設置した子機から警報音を発し、外部に非常事態を伝えることができる
		ドアホン子機警報表示機能	火災など室内の異常を、ドアホン子機で知らせる
		携帯電話転送機能	携帯電話で留守中のカメラ録画映像が確認できたり、セキュリティの情報をメールで知らせる
		エリア設定機能	検知性能を高め、より確実に侵入者をキャッチする
		センサーライトカメラ対応	温度の変化で人を感知する。移動体の輪郭を認識するタイプや必要なエリアだけを検知するタイプがある。侵入者を発見すると、音と光で警告し、撮影も行う
その他		お引き取り機能	勧誘など迷惑な会話をシャットアウトする（電話の音声などを鳴らして、しつこい勧誘を切り上げさせる）
		電気錠対応	電気錠システムと接続し、室内から玄関の施錠・開錠ができる
		トイレ・バスコール	トイレや浴室での事故を外部に知らせることができる

インターホンには、呼出機能と通話機能のみのシンプルなタイプから、モニター付き、上記のようなセキュリティ機能の付いたものまでさまざまな種類がある。また、室内用の親機に受話器が付いたタイプとハンズフリーのタイプがある。設計の際は、必要な機能を吟味し、インターホンとセキュリティ機器との連動も検討するとよい。多機能になるほど、操作方法が複雑になることを建築主に伝えておく

住宅設備［要望調査］チェックシート　給排水衛生・空調換気・電気

給排水衛生

チェック項目	チェック欄
・希望する給湯方式を教えてください	□ガス瞬間給湯機（一般タイプ） □ガス瞬間給湯機（エコジョーズ） □電気温水器（エコキュート） □電気温水器 □エネファーム・エコウィル
・風呂の追焚きは必要ですか	□必要（□フルオートタイプ　□オートタイプ（セミオート）） □不要
・特殊（大型）シャワーを希望しますか	□希望する　　　　□希望しない
・加熱調理器の熱源としてどちらを希望しますか	□ガスコンロ　　　□IHクッキングヒーター
・食洗機の設置を希望しますか	□希望する　（□ガス式　　□電気式） □希望しない　　□将来検討予定
・ディスポーザーの設置を希望しますか	□希望する　　□希望しない　　□将来検討予定
・浄水器の設置を希望しますか	□希望する　　□希望しない　　□将来検討予定
・洗濯機に給湯は必要ですか	□必要　　□不要
・衣類乾燥機の設置を希望しますか	□希望する　（□ガス式　　□電気式） □希望しない　　□将来検討予定
・居室にガスコンセントの設置を希望しますか	□希望する　　□希望しない
・セントラルクリーナー設備を導入しますか	□導入する　　□導入しない
・屋外散水栓や屋外流しは必要ですか	□必要　　□不要
・屋外散水栓などのような場所に必要ですか（必要な場合）	(　　　　　　　　　　　　　　　　　　　　　　　　)
・植栽に自動灌水（散水）装置を設置しますか	□設置する　　□設置しない
・雨水利用をしますか	□利用する　　□利用しない
・井水利用をしますか	□利用する　　□利用しない
・家庭でできる環境対策に興味はありますか	□有　　□無

・給湯機と給湯栓の位置関係に注意が必要。特に浴室と給湯機の距離が遠くなるとクレームの対象となりやすいため、極力浴室付近に給湯機を設置することが望ましい。どうしても給湯機と給湯栓の距離が遠くなる個所については、即湯ユニットなどの設置も検討する
・外国製品などの大型シャワーを採用する場合は、シャワーに必要な水量と水圧をメーカーに確認すること。容量が大きいと、給水方式や給湯方式にも影響を与えかねない
・屋外流しは、最近ペット用として必要となることが多い。併せて給湯の必要性も確認しておく

空調換気

チェック項目	チェック欄		
・エアコンは必要ですか	□必要	・希望する部屋を教えてください	(　　　　　　　　　　　　　　)
		・希望するタイプを教えてください	□壁掛け型　□天井埋込みカセット型 □壁埋込み型　□床置き型　□天井埋込みダクト型
	□不要		
	□将来検討予定		
・空調方式について特別な要望はありますか	□有　　□無		
・右のいずれかの方式を採用しますか	□セントラル方式　　□放射（輻射）式 □どちらとも採用しない		
・個別換気の必要な部屋はありますか	□有	・希望する部屋を教えてください（必要な場合）（キッチン・バス・サニタリーは除く）	(　　　　　　　　　　　　　　)
	□無		
・ご家族に喫煙される方はいらっしゃいますか	□いる　　□いない		
・加湿器の設置を希望しますか	□希望する	・希望する部屋を教えてください	(　　　　　　　　　　　　　　)
	□希望しない		
・除湿器の設置を希望しますか	□希望する	・希望する部屋を教えてください	(　　　　　　　　　　　　　　)
	□希望しない		
・空気清浄機の設置を希望しますか	□希望する	・希望する部屋を教えてください	(　　　　　　　　　　　　　　)
	□希望しない		
・脱臭機の設置を希望しますか	□希望する	・希望する部屋を教えてください	(　　　　　　　　　　　　　　)
	□希望しない		

空調換気

チェック項目		チェック欄	
・床暖房設備を希望しますか	☐希望する	・希望する部屋と範囲を教えてください	（　　　　　　　　　　　　　　　　　　）
		・設置する場合、方式はどのようにしますか	☐温水循環式　☐電気ヒーター式 ☐電気蓄熱式　☐その他
	☐希望しない		
・浴室暖房乾燥機の設置を希望しますか	☐希望する	・希望するタイプを教えてください	☐電気式　　☐温水式 ☐ミストサウナ機能付き
	☐希望しない		

・空調方式決定の際は、住む人の求める空調環境にかなり個人差が出るため、その要望をできるだけ具体的に聞く必要がある
　（暑いのが苦手、寒いのが苦手、または冷房や冷風が直接当たるのが嫌いなどといった内容）
・最近は花粉症の人やペットを飼っている人も多いため、室内の空気環境について日頃気になっていることなどを聞き出すことも重要となる
・加湿器、除湿器、空気清浄機、脱臭機が必要となる場合は目的を聞き取り調査し、設備設計者に伝える

電機

チェック項目	チェック欄
・希望する通信設備はありますか	☐CATV
	☐USEN
	☐光ケーブル
	☐その他（　　　　　　　　　　　　　　　　）
・希望する弱電設備は、計画地域で設置可能ですか	☐CATV 可
	☐USEN 可
	☐光ケーブル可
	☐その他（　　　　　　　　　　　　　　　　）
・一般回線（電話）は必要ですか	☐必要　　☐不要
・IP電話を導入しますか	☐必要　　☐不要
・希望するブロードバンドサービスの種別は何ですか	☐FTTH（引込み可能か確認）
	☐ADSL
	☐CATV（引込み可能か確認）
・電話回線（電話番号）は何回線必要ですか	（　　　　　）回線　（　　　　　　　　）番号
・FAX回線（FAX番号）は何回線必要ですか	（　　　　　）回線　（　　　　　　　　）番号
・光回線の引込みは必要ですか（Bフレッツなどの契約の検討）	☐必要　　☐不要
・各部屋のパソコン間における情報共有システムの要望はありますか	☐有線を希望
	☐無線を希望
	☐情報共有の必要性は将来的にもない。いずれも希望しない
・電話機は別途支給（建築主側で用意）でよいですか	☐可　　☐不可
・FAXは別途支給（建築主側で用意）でよいですか	☐可　　☐不可
・パソコンは別途支給（建築主側で用意）でよいですか	☐可　　☐不可
・テレビ受信種別の希望を教えてください	☐UHF（13～62ch 地上波）
	☐BS（NHKBS1、NHKBS2、WOWOW、ハイビジョン ch） ※スカパー！とアンテナの共用が可能
	☐スカパー！（約 70ch）※ BSとアンテナの共用が可能
	☐スカパー！プレミアム（約 260ch）※別アンテナが必要
	☐スカパー！光（約 280ch）、ひかりTV（光回線＋TV、50or61ch）
	☐その他（　　　　　　　　　　　　　　　　　　　　　）
・ホームシアターやBGM放送を必要とする部屋がありますか ・音響映像機器を設置する場合、機器の要望はありますか[*7]	☐有　　　　☐無
	☐5.1ch　　☐6.1ch　　☐7.1ch
	☐CDによるBGM
	☐プロジェクターの使用
	☐大型テレビのみ
・ホームセキュリティは必要ですか ・セキュリティ会社の指定はありますか（必要な場合）	☐有　　　　☐無
	☐SECOM
	☐ALSOK
	☐その他（　　　　　　　　　　　　　　　　　　　　）
・電気錠システムの要望はありますか	（　　　　　　　　　　　　　　　　　　　　　　）
・希望するメーカーはありますか？[*8]	（　　　　　　　　　　　　　　　　　　　　　　）
・インターホンに求める機能はありますか	☐電気錠　　☐録画あり　　☐ハンディ親機

*7：グレードによっては建築の仕様も検討が必要となる。専門的な音響設備や本格的なホームシアターを要望する場合は、専門業者への依頼も検討する　*8：電気錠のメーカーによっては、建具に仕込むインターホンと連動させられない場合があるため、電気錠メーカーとインターホンメーカーそれぞれに機器間の連動が可能か確認する

全体計画のカン所

集合住宅の共用部&戸建ての外部はココがポイント

全体計画で、プランに大きく関係する設備の方式・容量・配置（PSやメーターボックス、MDF［主配電盤］のサイズなど）を確認・決定し、スペースを確保しておくこと。また、使用する設備の内容とその配置から、配管・配線・ダクトルートを検討したうえで天井、床の必要懐寸法を決めておくことが重要である

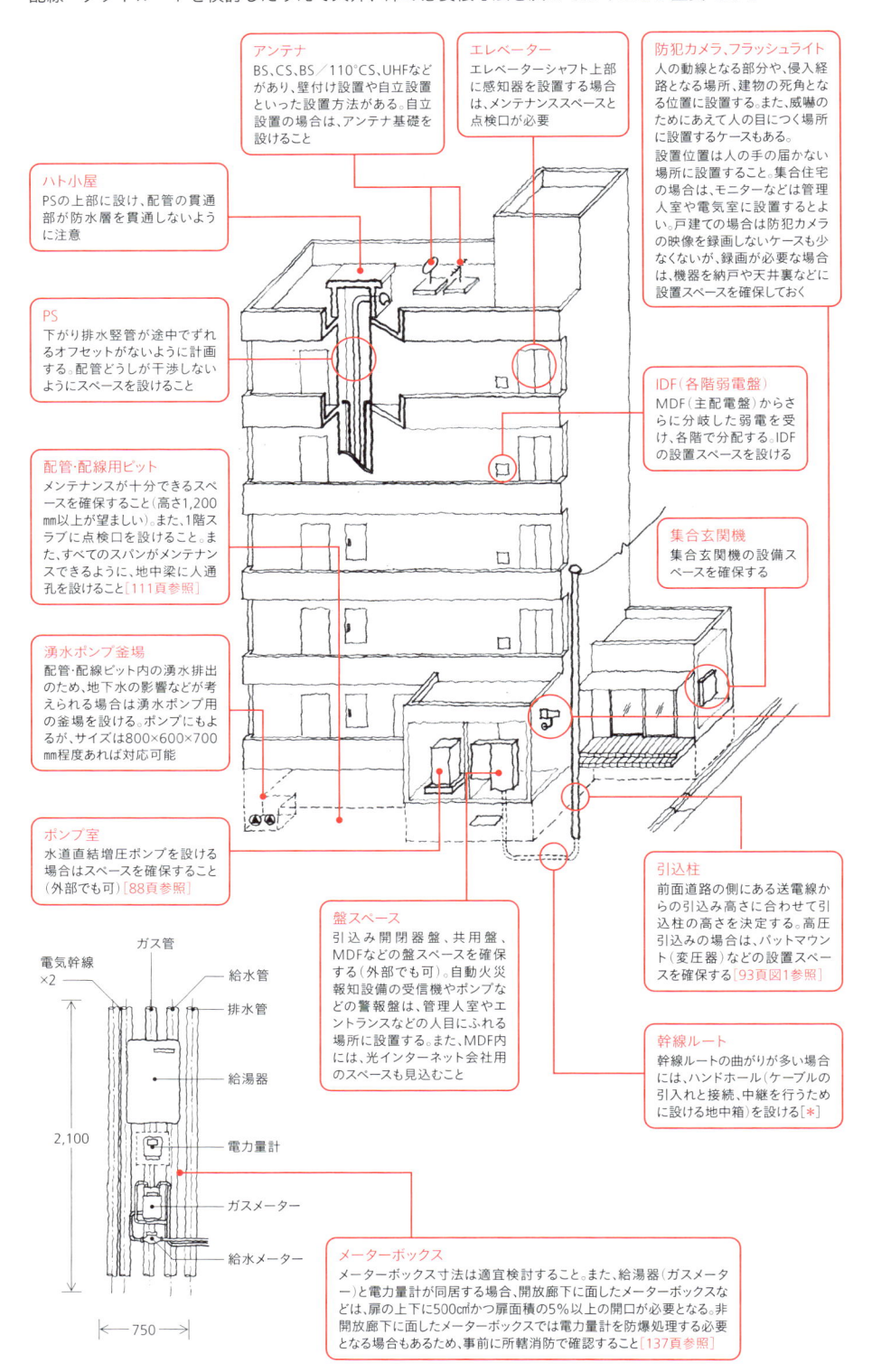

アンテナ
BS、CS、BS／110°CS、UHFなどがあり、壁付け設置や自立設置といった設置方法がある。自立設置の場合は、アンテナ基礎を設けること

エレベーター
エレベーターシャフト上部に感知器を設置する場合は、メンテナンススペースと点検口が必要

防犯カメラ、フラッシュライト
人の動線となる部分や、侵入経路となる場所、建物の死角となる位置に設置する。また、威嚇のためにあえて人の目につく場所に設置するケースもある。設置位置は人の手の届かない場所に設置すること。集合住宅の場合は、モニターなどは管理人室や電気室に設置するとよい。戸建ての場合は防犯カメラの映像を録画しないケースも少なくないが、録画が必要な場合は、機器を納戸や天井裏などに設置スペースを確保しておく

ハト小屋
PSの上部に設け、配管の貫通部が防水層を貫通しないように注意

PS
下がり排水竪管が途中でずれるオフセットがないように計画する。配管どうしが干渉しないようにスペースを設けること

IDF（各階弱電盤）
MDF（主配電盤）からさらに分岐した弱電を受け、各階で分配する。IDFの設置スペースを設ける

配管・配線用ピット
メンテナンスが十分できるスペースを確保すること（高さ1,200mm以上が望ましい）。また、1階スラブに点検口を設けること。また、すべてのスパンがメンテナンスできるように、地中梁に人通孔を設けること［111頁参照］

集合玄関機
集合玄関機の設備スペースを確保する

湧水ポンプ釜場
配管・配線ピット内の湧水排出のため、地下水の影響などが考えられる場合は湧水ポンプ用の釜場を設ける。ポンプにもよるが、サイズは800×600×700mm程度あれば対応可能

ポンプ室
水道直結増圧ポンプを設ける場合はスペースを確保すること（外部でも可）［88頁参照］

引込柱
前面道路の側にある送電線からの引込み高さに合わせて引込柱の高さを決定する。高圧引込みの場合は、パットマウント（変圧器）などの設置スペースを確保する［93頁図1参照］

盤スペース
引込み開閉器盤、共用盤、MDFなどの盤スペースを確保する（外部でも可）。自動火災報知設備の受信機やポンプなどの警報盤は、管理人室やエントランスなどの人目にふれる場所に設置する。また、MDF内には、光インターネット会社用のスペースも見込むこと

幹線ルート
幹線ルートの曲がりが多い場合には、ハンドホール（ケーブルの引入れと接続、中継を行うために設ける地中箱）を設ける［*］

メーターボックス
メーターボックス寸法は適宜検討すること。また、給湯器（ガスメーター）と電力量計が同居する場合、開放廊下に面したメーターボックスなどは、扉の上下に500㎠かつ扉面積の5%以上の開口が必要となる。非開放廊下に面したメーターボックスでは電力量計を防爆処理する必要となる場合もあるため、事前に所轄消防で確認すること［137頁参照］

電気幹線×2／ガス管／給水管／排水管／給湯器／電力量計／ガスメーター／給水メーター
2,100／750

*：路面にある下水道などの人が入ることのできる作業用の穴をマンホールと呼ぶのに対し、手を入れて作業する地中箱はハンドホールと呼ぶ

106

戸建て住宅&集合住宅の専有部はココがポイント

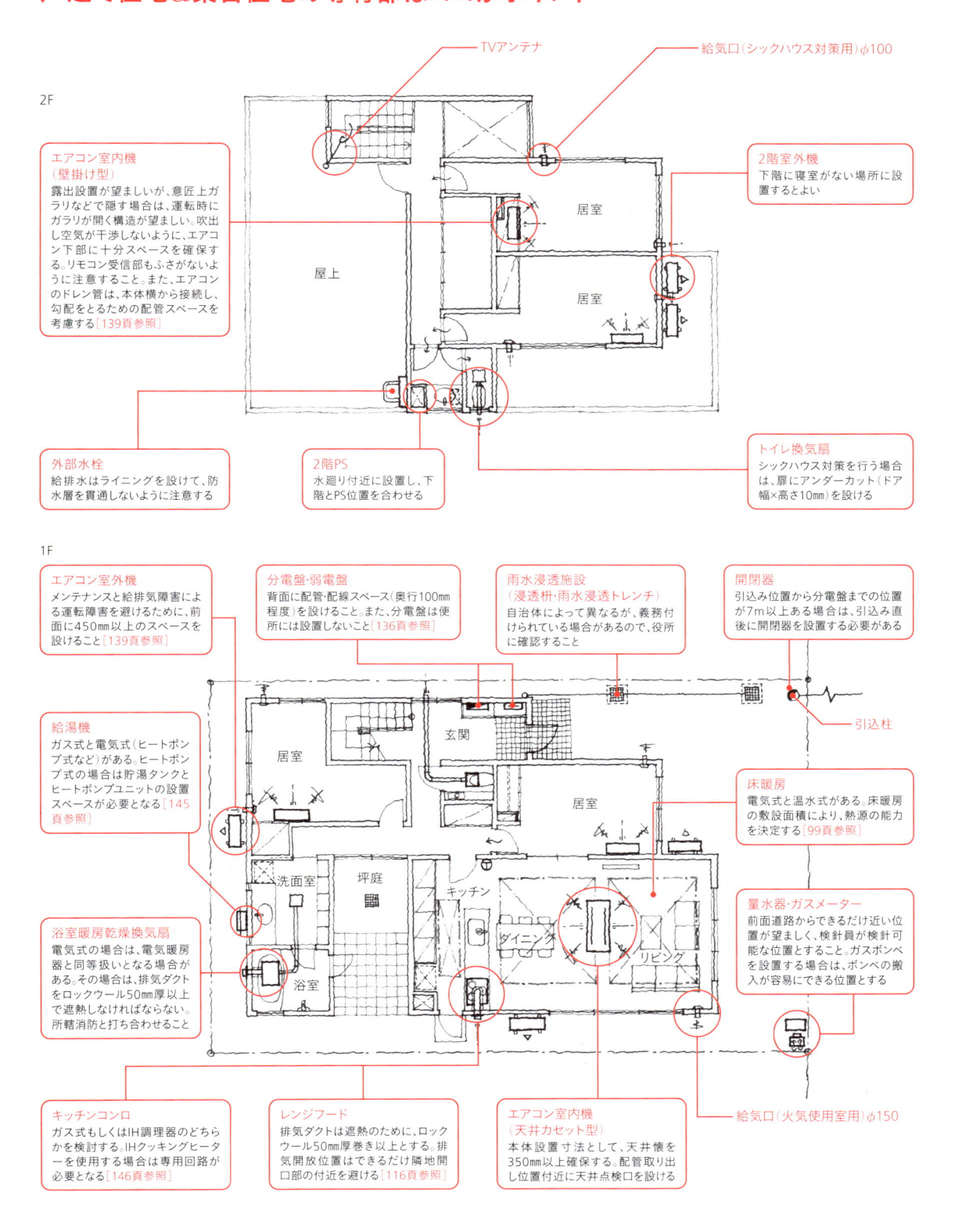

2F

TVアンテナ

給気口（シックハウス対策用）φ100

エアコン室内機（壁掛け型）
露出設置が望ましいが、意匠上ガラリなどで隠す場合は、運転時にガラリが開く構造が望ましい。吹出し空気が干渉しないように、エアコン下部に十分スペースを確保すること。リモコン受信部もふさがないように注意すること。また、エアコンのドレン管は、本体横から接続し、勾配をとるための配管スペースを考慮する［139頁参照］

2階室外機
下階に寝室がない場所に設置するとよい

外部水栓
給排水はライニングを設けて、防水層を貫通しないように注意する

2階PS
水廻り付近に設置し、下階のPS位置を合わせる

トイレ換気扇
シックハウス対策を行う場合は、扉にアンダーカット（ドア幅×高さ10mm）を設ける

1F

エアコン室外機
メンテナンスと給排気障害による運転障害を避けるために、前面に450mm以上のスペースを設けること［139頁参照］

分電盤・弱電盤
背面に配管・配線スペース（奥行100mm程度）を設けること。また、分電盤は便所には設置しないこと［136頁参照］

雨水浸透施設（浸透枡・雨水浸透トレンチ）
自治体によって異なるが、義務付けられている場合があるので、役所に確認すること

開閉器
引込み位置から分電盤までの位置が7m以上ある場合は、引込み直後に開閉器を設置する必要がある

引込柱

給湯機
ガス式と電気式（ヒートポンプ式など）がある。ヒートポンプ式の場合は貯湯タンクとヒートポンプユニットの設置スペースが必要となる［145頁参照］

床暖房
電気式と温水式がある。床暖房の敷設面積により、熱源の能力を決定する［99頁参照］

浴室暖房乾燥換気扇
電気式の場合は、電気暖房器と同等扱いとなる場合がある。その場合は、排気ダクトをロックウール50mm厚以上で遮熱しなければならない。所轄消防と打ち合わせること

量水器・ガスメーター
前面道路からできるだけ近い位置が望ましく、検針員が検針可能な位置とすること。ガスボンベを設置する場合は、ボンベの搬入が容易にできる位置とする

キッチンコンロ
ガス式もしくはIH調理器のどちらかを検討する。IHクッキングヒーターを使用する場合は専用回路が必要となる［146頁参照］

レンジフード
排気ダクトは遮熱のために、ロックウール50mm厚巻き以上とする。排気開放位置はできるだけ隣地開口部付近を避ける［116頁参照］

エアコン室内機（天井カセット型）
本体設置寸法として、天井懐を350mm以上確保する。配管取り出し位置付近に天井点検口を設ける

給気口（火気使用室用）φ150

住宅設備［全体計画］チェックシート❶給排水衛生・空調換気

設備項目		検討事項	検討事項		
給排水衛生	給水	☐ 引込み位置 [88頁参照]	☐ 口径と水圧も確認		
		☐ メーター位置と検針方式（集合住宅の場合）	☐ 集中検針方式（集中検針盤を共用部に設置）		
			☐ 個別検針方式		
		☐ 給水方式 [88頁参照]	☐ 直結方式		
			☐ 水道直結増圧ポンプ方式		
			☐ 加圧給水方式（受水槽を設置）		
			☐ 重力給水方式		
		☐ 給水管ルート（引込み部→親メーター→給水ポンプ→各戸メーター）	☐ おおよその梁貫通個所、断面欠損の確認		
	給湯	☐ 給湯熱源器の種類	☐ ガス瞬間給湯機		
			☐ ヒートポンプ式給湯機（シャワー水圧に注意）		
			☐ その他（　　　　　　　　　　　　　　　）		
		☐ 給湯個所	☐ ガス給湯機の設置は所轄消防署とガス会社の基準に従う		
	排水・通気	☐ 排水方式	☐ 重力排水	☐ 機械排水	
		☐ 排水ルート	☐ 排水勾配を考慮し床下（懐）必要寸法や排水パイプスペースを決定		
			☐ 地階排水がある場合は、汚水層を設け、機械排水を行う		
			☐ 梁貫通個所、断面欠損の確認		
		☐ 雨水浸透処理の有無（各自治体に確認）[90頁参照]	☐ 有（算定方法と補助金を確認）	☐ 無	
		☐ 通気管ルートと各部開放位置	☐ 臭気に注意すること（窓の近くなど）		
			☐ 汚水層の通気は単独で取り、外部位置は支障のない位置まで立上げて開放する		
	衛生器具	☐ 衛生器具の確認	☐ シャワー水栓、トイレの必要水圧、最低必要水圧を確認		
		☐ フラッシュバルブ式便器の使用 [＊1]	☐ 有	☐ 無	
空調換気	換気	☐ 換気方式 [96頁参照]	☐ 局所換気方式 ☐ セントラル換気方式	☐ 第1種（強制給排気）換気方式	
				☐ 第2種（給気のみ強制）換気方式	
				☐ 第3種（排気のみ強制）換気方式	
		☐ 機械設置位置	☐ 本体＋30mm＋50mmの据え付け寸法を見込む		
		☐ 給気口位置	☐ シックハウス対策用の換気経路を考慮する		
		☐ ダクトルート	☐ おおよその梁貫通個所、欠損断面の確認		
	空調	☐ 空調方式 [＊2][98頁参照]	☐ 局所方式 ☐ セントラル方式	☐ ヒートポンプ式エアコン	☐ 天井カセット
					☐ 壁付き ☐ 床置き
				☐ 温風暖房機	
				☐ 輻射式暖房	☐ オイルヒーター
					☐ 電気式パネルヒーター
					☐ 温水式パネルヒーター
				☐ FF式暖房機	☐ ガス式 ☐ 灯油式
		☐ 室外機置き場	☐ メンテナンス・給排気空間を確保する [139頁参照]		
		☐ 室内機の位置	☐ 据え付け寸法とメンテナンス寸法を考慮すること [139頁参照]		
		☐ 配管ルート（冷媒管・ドレン管）	☐ ドレン勾配を考慮し、床懐の必要寸法を確保する		
			☐ 管の延長に注意する		
	床暖房	☐ 床暖房の方式	☐ 温水式	☐ 電気式	
		☐ 熱源機の設置位置	☐ 設置スペースを確保		
		☐ 床暖房範囲	☐ 条件に見合った熱源を決定する		
	その他	☐ 蓄熱式電気暖房器			
		☐ 除湿型放射冷暖房			
		☐ 放射式冷暖房システム			

＊1：全体計画の段階では、衛生器具設備の型番の決定は不要。ただし、フラッシュバルブ（洗浄弁）式便器を使用する場合は給水量が多くなるため、確認しておいたほうがよい。
なお、フラッシュバルブは便器の洗浄水を吐出するための弁で、一定時間一定量の水を流し自動的に止まる。給水管に直結させるため、タンクが不要で連続して使用できる
＊2：住宅の場合はヒートポンプ式のエアコンを採用することが多い

住宅設備［全体計画］チェックシート❷電気・ガス

設備項目		検討事項	検討事項	
電気	受変電	□ 1住戸当たりの電気容量を設定（集合住宅の場合）	□ オール電化の場合は戸建ても検討	
		□ 受電方式［92頁参照］	□ 低圧引込み	
			□ 高圧引込み（弾力供給の可能性も確認のうえ）	
		□ 引込み位置［92頁参照］	□ 引込柱（早い段階で決定すること）	
			□ 直受け（建物）	
			□ 地中	
		□ 引込み開閉器盤の位置	□ サイズがかなり大きいので早めに決定する	
	幹線	□ 電力量計の位置	□ 設置スペースを確保	
		□ 電力量計の方式（集合住宅）	□ 集中検針方式	□ 個別検針方式
		□ 分電盤の位置	□ メンテナンスを考慮して決めること	
		□ 幹線ルート（引込み位置→引込み開閉盤→分電盤）	□ おおよその梁貫通個所、断面欠損の確認	
	動力	□ 動力盤位置	□ 設置スペースを確保	
		□ 動力配線ルートの確認	□ おおよその梁貫通個所、寸法の確認	
	電灯コンセント	□ 分電盤・弱電盤（情報分電盤）［132頁参照］	□ 弱電盤（情報分電盤）のサイズに影響するため、各室に必要な情報コンセントの内容も把握しておくとよい	
	自動火災報知器	□ 受信機の位置（集合住宅の場合）	□ 管理人室など人の目にふれる場所に設置	
		□ 総合盤の位置（集合住宅の場合）		
	住宅用火災警報器	□ 住宅用火災警報器の方式［＊3］	□ 電池式	□ 配線式
	インターホン	□ 方式の決定	□ 集合玄関方式（集合住宅の場合）	
			□ 個別方式	
		□ オートロックとの連動［102頁参照］	□ 必要	□ 不要
		□ 自動火災報知器との連動	□ 必要	□ 不要
	電話配線	□ 引込みルート（引込み位置→MDF→IDF［＊4］）	□ おおよその梁貫通個所、寸法の確認	
		□ MDF、IDFの位置検討	□ サイズが大きくなるので早めに検討すること［＊5］	
	テレビ共聴	□ 電波障害について	□ 近隣建物の状況を現地で確認（アンテナの有無、CATVの引込み状況）	
		□ 受信方法［102頁参照］	□ アンテナを使用	□ ケーブルテレビを使用
		□ アンテナ位置の検討［134頁参照］	□ 視聴したい放送を確認［102頁参照］	□ UHF
				□ BS
				□ BS／110°CS
				□ CS
				□ その他（
	インターネット配線	□ インターネット接続方式の検討［100頁参照］	□ FTTH（光ファイバーの供給エリアに入っているか確認）	
			□ ADSL（基地局からの距離が遠すぎないか確認）	
			□ CATV（供給エリアに入っているか確認）	
		□ 集合住宅用光インターネット盤	□ MDF内に設置	
ガス	ガス	□ 引込み位置	□ 都市ガス	□ LPG
		□ ガス容器設置位置（プロパンガス使用の場合）［95頁参照］	□ 容器の搬入が容易にできる場所とする	
		□ メーター位置	□ 容易に検針できる場所にスペースを確保	
		□ ガス配管ルートの確認［94頁参照］	□ おおよその梁貫通個所、寸法の確認	
その他	環境配慮	□ ガスコジェネレーション	□ 設置スペースを確保	
		□ 太陽光発電		
		□ 雨水貯留槽		
		□ バイオガス		
		□ 地中熱ヒートポンプ		
		□ 風力発電・コンポストトイレ・生ゴミ処理機	□ 井戸の掘削が必要となる点に注意	

＊3：規模により自動火災報知設備が不要な場合は設置する。また、住宅性能評価機関によっては配線式とする必要があるので確認すること　＊4：MDFは主配電盤、IDFは各階弱電盤のこと　＊5：MDF内には、集合住宅用光インターネット盤やTVブースター、VDSL端子盤、NTT保安器など、MDFに納める盤も増加傾向にある。サイズの把握は早めに行うこと

イッパツで分かる建築との取合い

設備と構造が密接に関わる部分を再確認

❶設備＋構造の重点チェック

項目	注意点	対処
機器重量	設置場所により、構造との調整が発生する。電気温水器（エコキュート）の貯湯タンクなどは重量があり注意が必要	・設置場所の検討 ・構造補強
配管・ダクトルートの確保	構造に影響する部分が多く、建築計画も調整が必要なため、ルート検討が重要となる	・シャフト位置の検討 ・主要構造（柱・梁・スラブ）との取合い ・天井懐の確保
将来更新	200年住宅が提唱されるなど、近年、住宅の長寿命化が求められているが、設備機器の寿命は長くても30年程度。住宅の長寿命化を図るためには、将来更新を計画に盛り込む必要がある	・構造躯体（スケルトン）と内装・設備（インフィル）を分離する（構造と設備との関係を明確にする） ・設備機器類・配管類の更新や変更について、構造体を傷めない方法を検討（機器交換スペースの確保やさや管工法の採用など）

❷意匠・設備・構造の役割

設計者	注意点
意匠	諸条件を整理し、プランニングを行う
設備	設備機器類のスペース・重量の情報出し。配管・ダクトルートの検討
構造	機器重量やスリーブ貫通サイズなどの条件により躯体寸法を決定

❸躯体との取合いのイメージ図

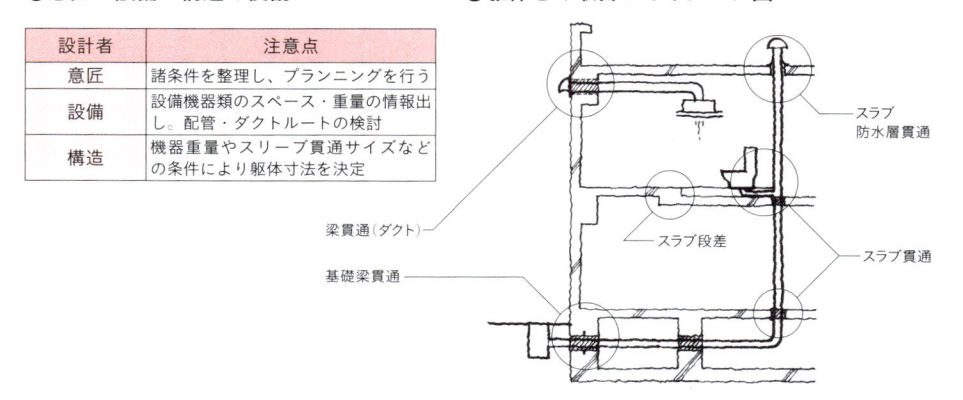

梁貫通（ダクト）／基礎梁貫通／スラブ防水層貫通／スラブ段差／スラブ貫通

設備と建築［取合い］チェックシート

	チェック項目［＊1］
共通	□ パイプスペース、ダクトスペースの設置位置・大きさは適正か
	□ 設備ルートと主要構造部の関係に無理はないか
	□ 電気盤類の位置は躯体に影響していないか
	□ 躯体にエキスパンション・ジョイント部分がある場合、配管とダクトのエキスパンション対策はとれているか
	□ 梁・シャッターボックス・壁、配管・ダクトなどとの取合いに無理はないか
機器	□ 重量がある機器を設置する場所の床荷重強度は確保できているか
	□ 機器の防振、耐震対策は適切になされているか
基礎・ピット	□ ピット必要範囲は検討したか
	□ ピット内排水方法、ポンプ釜場のサイズ・位置は検討したか
	□ ピットへの床点検口・点検ルートを確保したか
	□ 人通孔の位置および寸法は適正か
梁	□ フーチングの位置と配管ルートの確認は行ったか
	□ スリーブのサイズと梁せいの関係構造上の問題はないか
	□ 梁貫通配管は逆勾配、鳥居配管となっていないか
	□ 梁貫通部の保温保冷施の断熱厚は確認したか
	□ 梁貫通孔の補強筋は適正か
スラブ	□ 防火区画を貫通する配管の区画処理が法規に適合しているか
	□ スラブ打込み配管とスラブ厚は適正か

＊1：構造的に問題となりそうな個所は、あらかじめ構造設計者と打ち合わせを行い、承認を得た方法で設計・施工を行うこと

布基礎・ベタ基礎の場合の注意点

❶実管［*2］打込みは更新ができない

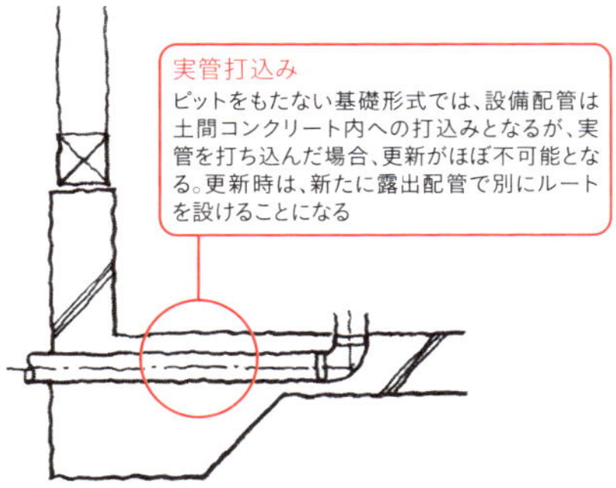

実管打込み
ピットをもたない基礎形式では、設備配管は土間コンクリート内への打込みとなるが、実管を打ち込んだ場合、更新がほぼ不可能となる。更新時は、新たに露出配管で別にルートを設けることになる

❷基礎貫通キットを使用する手もある

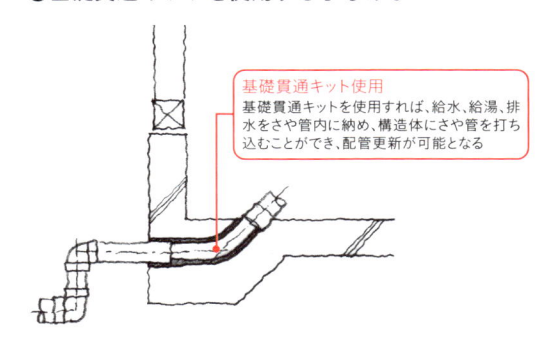

基礎貫通キット使用
基礎貫通キットを使用すれば、給水、給湯、排水をさや管内に納め、構造体にさや管を打ち込むことができ、配管更新が可能となる

杭基礎（ピットあり）の場合の注意点

❶杭基礎（ピットあり）は地中梁の位置に注意

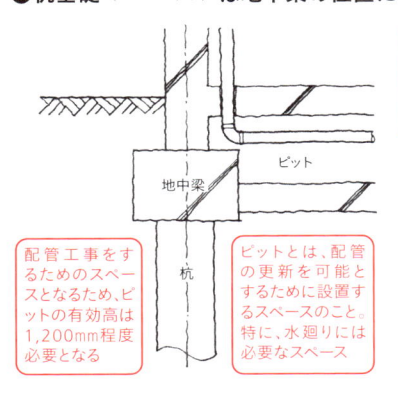

意匠図には地中梁が描かれていないケースが多いため、設備設計者が気が付かないことがある

配管工事をするためのスペースとなるため、ピットの有効高は1,200mm程度必要となる

ピットとは、配管の更新を可能とするために設置するスペースのこと。特に、水廻りには必要なスペース

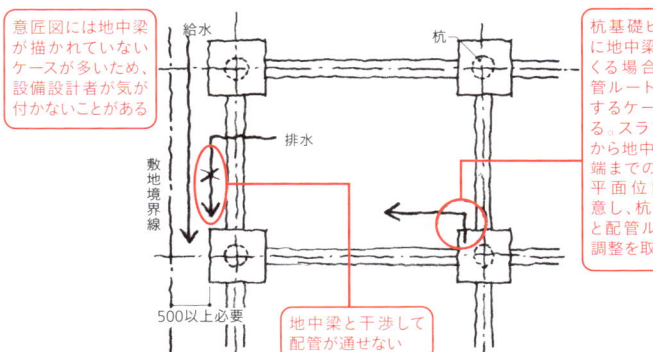

杭基礎ピット内に地中梁が出てくる場合は、配管ルートと干渉するケースがある。スラブ下端から地中梁の天端までの深さと平面位置に注意し、杭の位置と配管ルートの調整を取ること

地中梁と干渉して配管が通せない

❷ピット内の配管はココに注意

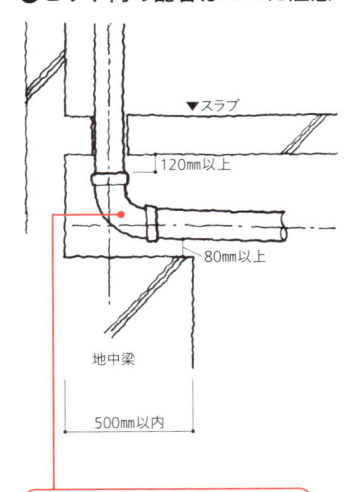

スラブ下面と地中梁の天端は、90°大曲りエルボの寸法+200mmは見込むこと。また、地中梁の奥行きは500mm以内にしないとエルボ取り付けなどの作業ができないため注意が必要

❸主要継手寸法

呼び径	エルボのL 90°	エルボのL 90°大	エルボのℓ 90°	エルボのℓ 90°大
0	49	74	86	111
50	58	91	102	135
65	77	125	129	177
75	88	140	147	199
100	112	178	185	251
125	140	205	229	294

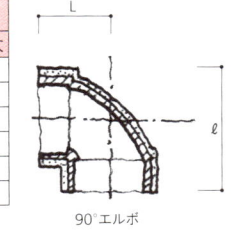

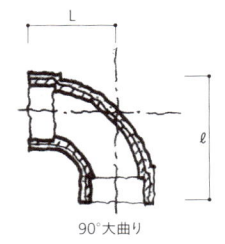

90°エルボ　　90°大曲り

❹ピットと人通孔のサイズ目安

ピットの有効高	1,200mm以上
人通孔のサイズ	梁せいの1/3まで
人通孔の形状	丸形・四角形（600角以上が理想）

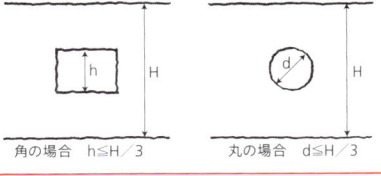

角の場合 h≦H/3　　丸の場合 d≦H/3

人通孔とピットの入り口
一般的には床下点検口とタラップを設ける。地中梁で分割されたピットには、ピットごとに点検口が必要となる。プラン上、床点検口を設置できる個所が限られるため、人通孔が必要となる。形状は丸形と四角形があるが、四角のほうが作業性がよい

*2：この場合の実管（じっかん）はスリーブではなく、配管の一部として管を実際に使用すること

梁貫通は構造別のルールを守る

❶構造別の梁貫通のルール

構造	注意点
木造	・構造部材の断面欠損を考慮していないため、梁貫通は基本的に不可 ・梁下にダクトなどを通すように計画すること ・ダクトサイズを確認し梁下の懐部分のスペースを確保すること
RC造	・梁貫通のルールを守ること（下図参照） ・柱際や貫通する本数について注意すること（基礎梁にも適用可）
S造	・スリーブ部の補強方法により梁貫通孔のサイズや位置が異なるため注意すること ・構造設計者と相談し、梁せいおよび補強方法について確認すること ・柱に近い部分はガセットプレートとの干渉があるため貫通は原則的に不可

❷RC造の貫通孔の制限

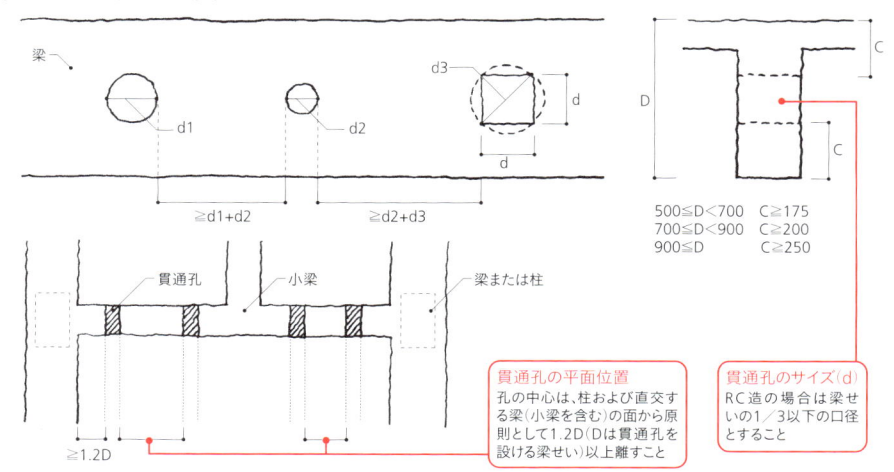

≧d1+d2　　≧d2+d3

500≦D<700	C≧175
700≦D<900	C≧200
900≦D	C≧250

≧1.2D

貫通孔の平面位置
孔の中心は、柱および直交する梁（小梁を含む）の面から原則として1.2D（Dは貫通孔を設ける梁せい）以上離すこと

貫通孔のサイズ（d）
RC造の場合は梁せいの1／3以下の口径とすること

❸S造梁貫通のルールと補強プレート・標準鋼管スリーブ

補強プレート

孔径	枚数	補強プレート厚
d≦0.1H	—	補強プレートなし
0.1<d≦0.2H	片面	W.P.［＊1］の0.5以上
0.2<d≦0.3H	両面	W.P.の0.5以上
0.3<d≦0.4H	両面	W.P.と同等以上

標準鋼管スリーブ（STK400）

内径	鋼管スリーブ
d≦100	なし
d≦125	139.8φ（＝4.0）
d≦150	165.2φ（＝4.5）
d≦200	216.3φ（＝5.8）
d≦250	267.4φ（＝6.6）

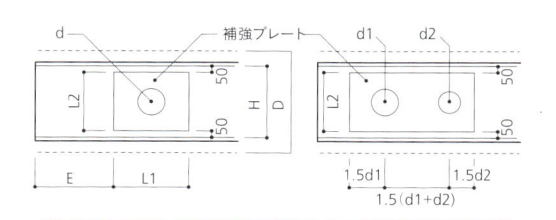

孔径はH／2（Hはウェブ）以下かつD／3（Dは梁せい）とする。ピッチは孔径の3倍以上とする。L1は、3dまたはL2のうち小さいほうとする。スリーブは梁せいの中央1／2Hの範囲内とする。補強プレートの間隔はE≧Hとすること。補強プレートの厚さが16mm以上となるものについては、必要な厚さの1／2を両面から溶接する

❹S造の梁貫通管の断熱処理

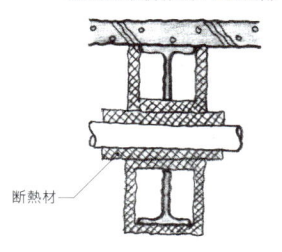

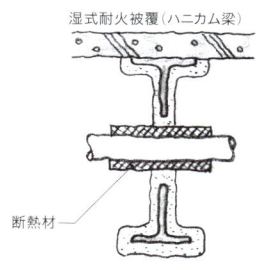

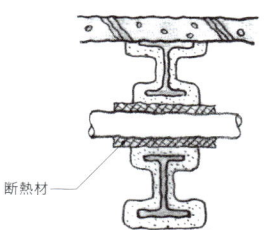

成形耐火被覆（乾式・ハニカム梁）　　湿式耐火被覆（ハニカム梁）　　湿式耐火被覆（フルウェブ、スリーブ管巻き）

断熱材

＊1：W.Pとはウェブプレートのこと

梁・スラブ貫通のルール

スラブ貫通のポイントを押さえる

❶ スラブ貫通の要点

注意点	備考
・貫通孔のピッチ	細かなピッチで貫通を行うと配筋に当たってしまうため
・配管が集中してスラブを貫通する場合は、構造設計者と打ち合わせを行う	開口補強を検討する場合があるため。また、箱抜きスリーブを用いるほうが納まりについてもうまくいく場合がある
・区画貫通処理方法についても確認	防火区画がからむ場合が多いため
・配管の貫通処理方法について確認	配管材の材質とサイズにより処理方法が異なる。区画の前後1mを不燃材とし、防火措置をとる
・さや管や冷媒管の処理工法を確認	区画貫通処理材を使用するため
・電気ケーブルの打込みの処理方法を確認	配管または区画貫通処理材を使用するため
・スラブ厚と配管サイズを確認	一般に打込み配管の径はスラブ厚の1／4程度まで。150mmのスラブ厚の場合は、最大でCD管28mm径〔外径34mm〕までを打込み配管として使用する
・鉄筋のかぶり厚が確保できているか注意	電気配管はスラブ配筋の終了後に行うため、コンクリート打設前にチェックする

❷ 区画貫通処理工法の例

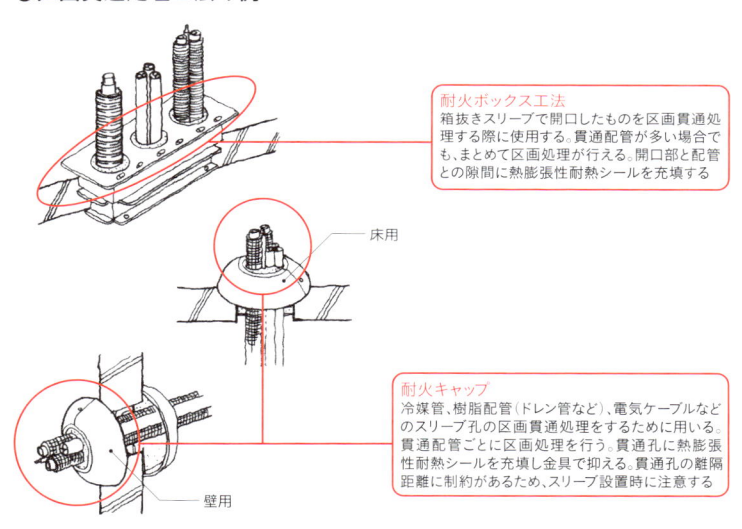

耐火ボックス工法
箱抜きスリーブで開口したものを区画貫通処理する際に使用する。貫通配管が多い場合でも、まとめて区画処理が行える。開口部と配管との隙間に熱膨張性耐熱シールを充填する

床用
壁用

耐火キャップ
冷媒管、樹脂配管（ドレン管など）、電気ケーブルなどのスリーブ孔の区画貫通処理をするために用いる。貫通配管ごとに区画処理を行う。貫通孔に熱膨張性耐熱シールを充填し金具で抑える。貫通孔の離隔距離に制約があるため、スリーブ設置時に注意する

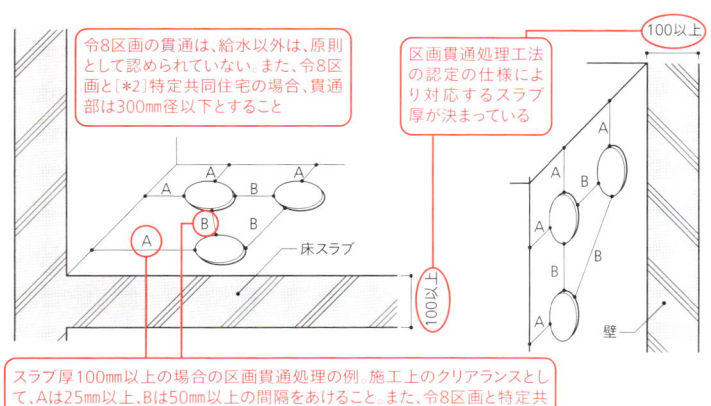

❹ 盤廻りの配管集中に注意

盤の廻りに配管が集中しすぎていると、配筋検査時に構造担当者から指摘を受けるケースが少なくない。特に、近年は弱電の系統が多くなり、ノイズを避けるため配管に納めていることから、配管の数がさらに増える傾向にある。そのため、弱電盤の廻りはかなりの確率で配管が集中することとなる。盤の位置を構造的に影響の少ない位置に設置したり、ふかし壁に入れたりするなどの工夫が必要となる

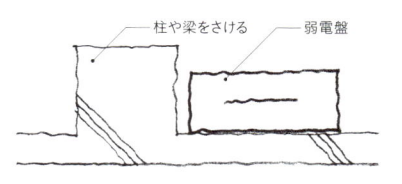

柱や梁をさける
弱電盤

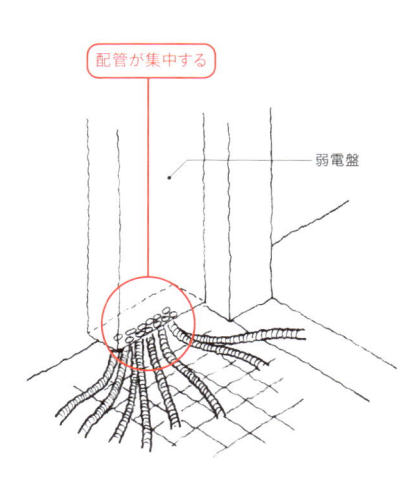

❸ 区画貫通処理のルール

令8区画の貫通は、給水以外は、原則として認められていない。また、令8区画と［*2］特定共同住宅の場合、貫通部は300mm径以下とすること

区画貫通処理工法の認定の仕様により対応するスラブ厚が決まっている

100以上

床スラブ
壁

スラブ厚100mm以上の場合の区画貫通処理の例。施工上のクリアランスとして、Aは25mm以上、Bは50mm以上の間隔をあけること。また、令8区画と特定共同住宅の共住区画の貫通については、Aは200mm以上の間隔をあけること

配管が集中する
弱電盤

*2：令8区画とは、消防法施行令第8条に規定する開口部のない耐火構造の床または壁の区画のこと

スリーブの使い方をマスター

スリーブ施工の注意点

スリーブとは、一般に配管類を通すため構造体に貫通が必要な個所にあらかじめ孔をあけるために用いるものを指す。構造や用途によってスリーブの形状や材質を使い分ける。特に、防水を必要とする個所については、スリーブ自体に止水性能をもたせる必要がある

❶スリーブサイズの決定方法

検討項目		検討内容
スリーブの種類	実管スリーブ	貫通配管サイズがスリーブサイズとなる
	止水スリーブ	スリーブ内配管の止水性能も必要となるため、サイズが大きすぎると止水が難しくなる
	その他	配管呼び径の2サイズ上のスリーブのサイズを選定するのが一般的。スリーブの呼び径は1インチごととなっているため、50mm径の配管であれば2サイズ上の100mm径となる
用途		配管用・ダクト用など、用途によってもスリーブのサイズが変わる
保温厚		保温厚の異なるものもあるので配管種類を確認する
配管勾配		基礎梁など梁幅が大きい場合の排水管は、スリーブの内部でも勾配が必要となる。スリーブサイズを大きく見込まないと規定勾配が確保できなくなる（3サイズ上のサイズを見込む場合もある）。施工が悪い場合はスリーブが傾き、逆勾配となる心配もあるため、スリーブサイズにはある程度の余裕を見込みたい

❷スリーブ施工の注意点

構造	注意点
RC造	・躯体図をもとに設備施工図を作成し、検討を行う ・配管ルートにもとづきスリーブ図を作成する ・施工段階ではスリーブを入れるタイミングが限られる。間違いが少なくなるように施工する ・コンクリート打設前に図面どおりにスリーブが入っているかを確認する
S造	・梁貫通個所をなるべく減らすこと ・鉄骨の工場発注時の製作図段階で位置・サイズなどを決定するため、早い段階で配管ルートを決めておく必要がある ・設備業者が設備施工図を描く前段階で施工するケースも多い。やり直しがきかないため、慎重に計画を進める ・変更の可能性を見越して、スリーブを大きめに入れる、予備を用意するなどの措置も検討する

❸RC造のスリーブ施工フローチャート

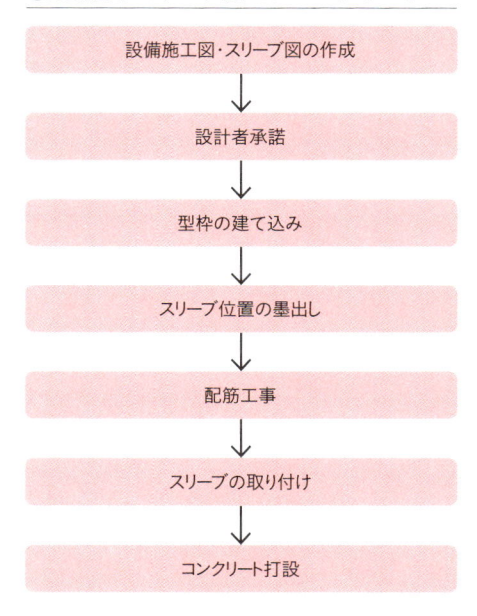

設備施工図・スリーブ図の作成
↓
設計者承諾
↓
型枠の建て込み
↓
スリーブ位置の墨出し
↓
配筋工事
↓
スリーブの取り付け
↓
コンクリート打設

❹S造のスリーブ施工フローチャート

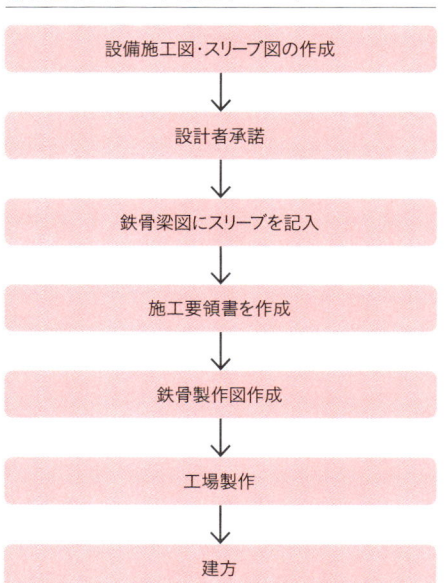

設備施工図・スリーブ図の作成
↓
設計者承諾
↓
鉄骨梁図にスリーブを記入
↓
施工要領書を作成
↓
鉄骨製作図作成
↓
工場製作
↓
建方

スリーブの種類と使い方

	種類	図	特徴	部位	主な構造
実管スリーブ	耐火スライド		・躯体に実際使用する配管・ダクトを打ち込む ・更新の必要のないダクトなどに用いる場合が多い ・コンクリート打設後の修正がきかないため、設置には位置、勾配などの確認が必要。また、動かないように固定する	・梁 ・壁 ・床	RC造
	スライドスリーブ		・主にダクトの貫通に用いる実管スリーブ ・スリーブがスライドするため梁幅の異なる個所にも使用できる ・型枠に隙間なく固定できるためコンクリート打設時にずれることが少ない	・梁 ・壁	RC造
止水スリーブ	つば付鉄管		・外部の貫通において止水の必要な個所に用いる ・躯体内のつばにより止水する ・鉄管につばを溶接して製作するため納期とコストがかかる	・梁 ・壁	RC造
	止水リング		・塩ビ管、鉄管に使用可能 ・つば付鋼管と同様に、外部貫通に用いる止水ゴムを使用し、塩ビ管スリーブに取り付けて使用する ・ゴムが水膨張することで、漏水に対して止水効果がある ・2個取り付ける場合が多い。コンクリート打設時に膨張しないようにゴム表面を特殊膨張遅延処理している	・梁 ・壁	RC造
鉄骨スリーブ	円形鋼管補強		・貫通孔に円形鋼管を溶接する ・勾配の必要な配管はスリーブ径に注意	・梁	S造
	カバープレート補強		・貫通孔に補強板（カバープレート）を溶接する ・貫通孔の上下位置によっては、カバープレートが納まらない場合がある	・梁	S造
	リブ補強		・リブを溶接して補強する ・耐火被覆を行う場合の工法に注意する	・梁	S造
	リング補強		・鉄骨梁の貫通孔補強 ・貫通孔サイズが標準化されており補強も入っているので補強の加工が不要 ・貫通位置やサイズについては製品仕様を確認する	・梁	S造
その他	さや管スリーブ		・住宅の排水に用いる ・可とう性のある排水配管を通す専用スリーブ ・基礎梁の貫通に用いる	・基礎 ・梁	木造
	紙スリーブ（ボイド管）		・紙製のため加工が容易であり型枠脱型後の処理がしやすい ・ボイド管ともよばれる ・ダクト、配管など、さまざまな部位に用いられる	・梁 ・壁 ・床	RC造 S造
	塩ビ管スリーブ		・塩ビ製のため加工が容易 ・型枠脱型後もスリーブはそのまま残し使用する ・配管などの貫通部に使用	・梁 ・壁 ・床	RC造 S造
	耐火スライドスリーブ		・スリーブがスライドするため梁幅の異なる個所にも使用できる ・型枠に隙間なく固定でき、コンクリート打設時にずれることが少ない ・給水さや管用のCD管を貫通させるものには、樹脂製で耐火認定をとっているものもある	・梁 ・壁	RC造
	防水層貫通継手		・屋上防水層の貫通に用いる ・防水層を巻き上げて使用する	・床	RC造 S造
	箱抜きスリーブ		・ケーブルラックや配管が集中する個所で箱型に貫通孔を設ける場合に設置 ・補強筋や小梁の設置などについて構造設計者と協議が必要	・床 ・壁	RC造 S造

絶対失敗しない水廻りの納まり

住宅設備［水廻りの納まり］チェックシート❶キッチン

項目	チェックポイント
キッチン	☐ レンジフードの排気ダクトの納まり寸法を確保する（特に梁との関係は注意が必要）
	☐ レンジフードの換気量はガス消費量により算出する
	☐ 給気口を確保する［＊1］
	☐ 給気口の位置は、キッチンでの作業の邪魔にならない位置に設置する
	☐ コンロは壁から150mm以上離す
	☐ シンクの大きさと水栓のネック寸法を確認する（バランスが悪いと使い勝手が悪い）
	☐ 水栓のレバーハンドルは障害物に当たらない配置とする
	☐ 給湯リモコンの設置位置を確保するときは、置き家具などと干渉しないように注意する
	☐ 食器洗浄機の排水は耐熱性配管を使用する
	☐ 食器洗浄機の電源は単独回路がよい（200Vの対応をしなければならない）
	☐ IH調理器の電源は単独回路がよい（200Vの対応をしなければならない）
	☐ 照明は手元が暗がりにならないような配置とする［125頁参照］
	☐ 冷蔵庫のコンセントはときどき掃除ができるような配置とする

レンジフードの納まりとレンジフードファンの選び方

レンジフードは外壁側に設置されることが多く、階高に余裕がないと、レンジフードからの排気ダクトが梁と干渉して外部へ出せないケースがある。特に特注でデザインされたレンジフードは、ファンからの排気方向の自由度が低いので納まりをよく検討する必要がある

❶レンジフード設置の注意点

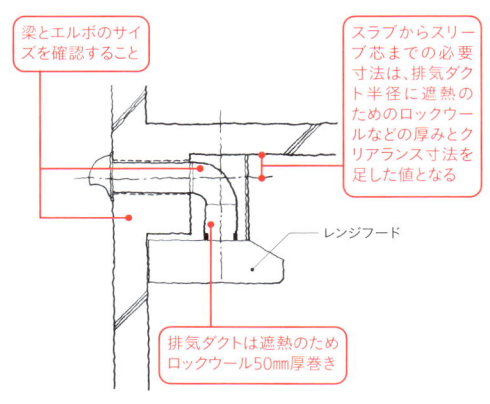

- 梁とエルボのサイズを確認すること
- スラブからスリーブ芯までの必要寸法は、排気ダクト半径に遮熱のためのロックウールなどの厚みとクリアランス寸法を足した値となる
- レンジフード
- 排気ダクトは遮熱のためロックウール50mm厚巻き

❷レンジフードファンのタイプ

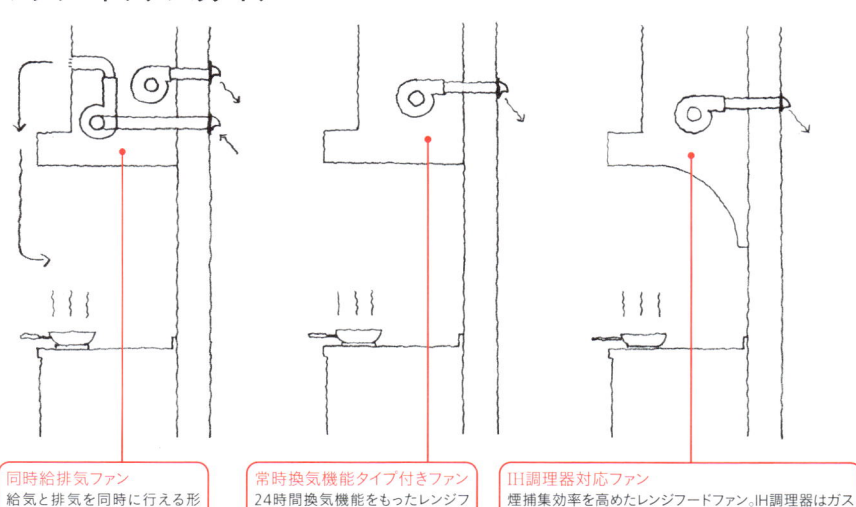

同時給排気ファン
給気と排気を同時に行える形のレンジフードファン。高気密住宅や寒冷地の住宅に使用する。外気の侵入防止に効果がある

常時換気機能タイプ付きファン
24時間換気機能をもったレンジフードファン。浴室などから給気しないように、設置する際は他室との空気の流れを考慮すること

IH調理器対応ファン
煙捕集効率を高めたレンジフードファン。IH調理器はガスコンロに比べ燃焼熱がないため、上昇気流が弱い傾向にあるため、煙捕集効率の高いレンジフードファンの使用が望ましい。また、IH調理器と連動運転可能なものもある

＊1：給気口がないと室内が負圧となり扉が開きにくくなるなどの弊害が起こる場合があるため、給気口はφ150以上が望ましい

住宅設備［水廻りの納まり］チェックシート❷バス・サニタリー

項目	チェックポイント
バス	☐ ユニットバスの排水トラップの床下納まり寸法を確保する
	☐ ユニットバスの排水方向を確認する
	☐ 在来浴室の浴槽排水ではトラップを設置する
	☐ 給湯器を浴槽レベルより上方に設置する場合、浴槽と給湯器とのレベル差は3m以内（追焚きの場合）
	☐ 浴室用給湯リモコンの位置を確保する
	☐ 給水圧によるシャワー水栓の吐出量を確認する
	☐ 浴室暖房乾燥換気扇の温風吹き出し口は洗い場方向に向ける
	☐ 換気扇ダクトの上下方向の取り回しは極力避ける（結露水が溜まることがある）
	☐ 気泡浴槽のブロアーポンプの防振・防音に注意する
	☐ 照明器具は窓の反対側へ設置しない（シルエットが窓に映るため）
	☐ 浴室内に洗浄便座付き便器を設置する場合は、カーテンなどを設置してシャワーなどからの水掛かりを防ぐ
サニタリー	☐ 水栓の位置は洗濯機と干渉しないか（洗濯機パンの高さを見込む）
	☐ 洗濯機パンの排水トラップによる床下の納まり寸法を確保する
	☐ ドラム式洗濯機の採用時には洗濯機パンのサイズを確認する
	☐ 衣類乾燥機の排湿方法を確認する（ドレン管を必要とするものがある）
	☐ 洗面器のポップアップと水栓の組み合わせを確認する
	☐ タンクレス便器は給水圧を必要とするため必要水圧を確認する。地域によっては戸建てで3階以上の設置が不可の場合もある
	☐ 寒冷地では凍結防止を考慮した器具を選定する
	☐ 化粧鏡と照明の関係は顔に影ができないようにする［125頁参照］

排水勾配の確保と必要なPS寸法

水廻りは、床下に必要な懐を確認してから計画する必要がある。水廻りの床下排水空間を確保するためにスラブを下げる場合がある（スラブ段差）。スラブ段差の寸法については、大便器の床下排水のスペースが基準となる場合が多い。また、近年の低床タイプのユニットバスについては、FLからの排水レベルが低くなるため注意すること

❶床下排水方式と床上排水方式

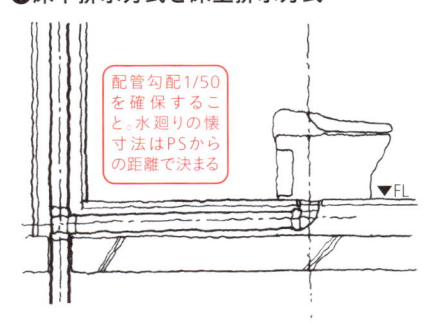

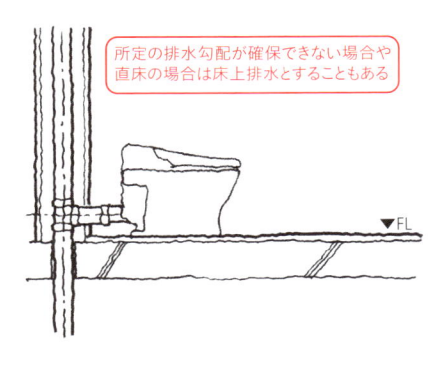

配管勾配1/50を確保すること。水廻りの懐寸法はPSからの距離で決まる

所定の排水勾配が確保できない場合や直床の場合は床上排水とすることもある

❷在来工法の浴室の納まり例

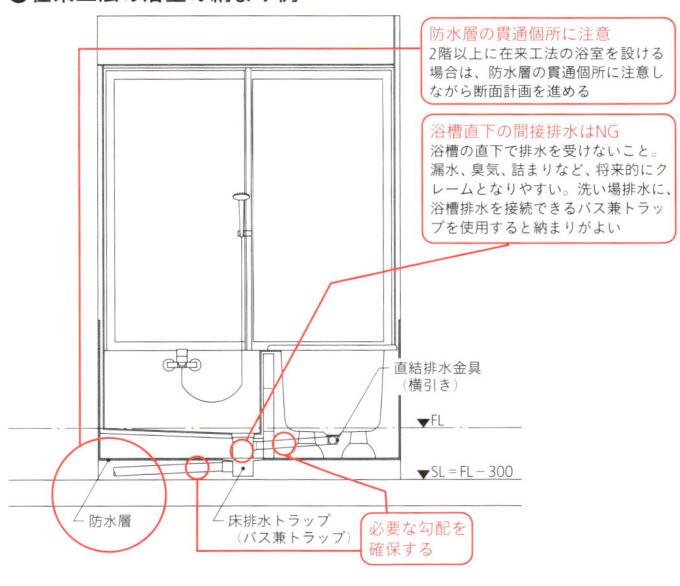

防水層の貫通個所に注意
2階以上に在来工法の浴室を設ける場合は、防水層の貫通個所に注意しながら断面計画を進める

浴槽直下の間接排水はNG
浴槽の直下で排水を受けないこと。漏水、臭気、詰まりなど、将来的にクレームとなりやすい。洗い場排水に、浴槽排水を接続できるバス兼トラップを使用すると納まりがよい

直結排水金具（横引き）
▼FL
▼SL=FL-300
防水層
床排水トラップ（バス兼トラップ）
必要な勾配を確保する

❸排水管サイズによるPS有効寸法

排水管サイズ	φ100	φ75	φ65	φ50	φ40
PS寸法（mm）	250×250	200×200	180×180	160×160	150×150

照明計画スーパーチェックシート

ショールームで実際の光を体験する

設計の初期段階で建築主と設計者の間で照明に対する共通の感覚をもつ方法として、照明メーカーのショールームの活用が挙げられる。

照明メーカーは、照明器具の展示や明かりを体感できるショールームを設けているので、一度建築主と設計者で足を運び、どのような照明がよいのかヒアリングを行うとよい。明るさの感覚も確認できるが、照明器具（照明手法）も体感でき、その後の打ち合わせがスムーズになる

❶カタログの照度データの見方

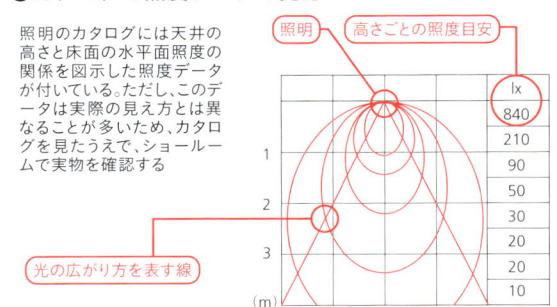

照明のカタログには天井の高さと床面の水平面照度の関係を図示した照度データが付いている。ただし、このデータは実際の見え方とは異なることが多いため、カタログを見たうえで、ショールームで実物を確認する

（図：照明／高さごとの照度目安／光の広がり方を表す線　照度値 840, 210, 90, 50, 30, 20, 20, 10 lx）

❷ショールームの活用方法

チェック項目	チェック方法	注意点
照明器具の大きさ・質感	実物を確認	実際の大きさや質感、光の広がり方などはカタログでは把握しにくい。器具色も、同じホワイトと表示されていてもメーカーや機種によって違うため、実際に見て確認する。ただし、ショールームの場合、展示されている器具がすべて点灯されていることが多いため、単独の明るさ感は分かりにくいため注意が必要
シェードやカバー	触って確認	ブラケットのカバーやグローブ、ペンダントのシェードなど、光がどのように拡散するのか、光源はどう見え隠れするのかを確認する。電球を交換する際に外す必要があるものは、取り外し方法も確認しておく。また、スポット器具など可動部がある器具は、実際にどの程度光が振れるのか動かして確認する（高温になっている器具もあるので注意）
電球ごとの色合いの違い	ランプ色を確認	施主が白熱電球に慣れている場合、LED照明の空間に違和感を感じることもある。白熱球と同じ電球色系のLEDでも違いがあるため、事前に施主に体感してもらうとよい

［照明計画］事前確認チェックシート

項目	目的	聞き取り調査内容
家族構成	必要な明かりの見極め	☐ 家族構成（　　　　　　　　　　　　　　　　　　　　　　　） （年齢、性格、好みなども含めて家族構成を確認する）
職業	1日の大半を過ごす職場の明かりの把握	☐ 青みがかった昼白色の蛍光灯で照明された環境 ☐ 温かみのある色合いの白熱電球で照明された環境 ☐ 自然光が降り注ぐ環境 ☐ その他（　　　　　　　　　　　　　　　　　　　　　　　）
趣味・好み	生活パターンの把握	☐ 家族の趣味・好み（　　　　　　　　　　　　　　　　　　　） （建築主が居心地がよいと感じた場所や、憧れをもっている場所を具体的に聞くなど、共通認識を深められる例を探すとよい）
用途	用途に適した明かりの検討	☐ 建物全体の用途の確認（　　　　　　　　　　　　　　　　　） （家族の明かりの好みだけでなく、住宅なのか、住宅と職場を兼ねているのか、別荘として使用したいのかなど、建物の用途により照明の全体計画を検討する）
各室の使い方	用途に適した明かりの検討	☐ 室名（　　　　　　　　　　　　　　　　　　　　　　　　　） ☐ 食卓・調理　☐ 読書　☐ 団らん　☐ 勉強 ☐ 手芸・裁縫　☐ 娯楽　☐ その他（　　　　　　　　　　　） （読書や手芸を寝室で楽しみたい、ホームシアターをつくりたいなど、各部屋ごと用途を具体的に聞き出し、必要な照度を検討する）
明かりの好み	明かりの好みの把握	☐ 全体に明るい空間がよい ☐ 明暗のある空間がよい ☐ 白熱電球のような温かみのある光がよい ☐ 蛍光灯のような白っぽい（青っぽい）光がよい

118

ココだけは知っておきたい照明の知識

❶ カタログの理解に役立つ照明用語

用語	意味
照度　lx（ルクス）	光を受ける面の明るさ
光束　lm（ルーメン）	光の量
光度　cd（カンデラ）	光の強さ
輝度　cd／㎡	ある方向から見たものの輝きの強さ
色温度　K（ケルビン）	光の色味により段階分けされた単位
演色性	物体の色の見え方に及ぼす光源の性質のこと。自然光（太陽光）などを基準にして、色の見え方が自然であると演色性がよいといい、不自然だと演色性が悪いという
グレア	光源の輝度が極端に高い部分や、視野内の平均レベルよりも高輝度の部分があることにより、見え方が低下したり不快に感じたりすること
ランプ効率　lm／W（ルーメン・パー・ワット）	ランプの全光束（lm）と消費電力（W）の比で発光効率ともいう。1W当たりの光の量を比較することで、照明機器が一定のエネルギーでどれだけ明るくできるかを表す。ランプごとの効率が分かる
全般照明	空間全体を均一に明るくする照明方法。ベース照明とも言う。主に事務所や工場など作業空間などで用いる。家具などの配置に左右されず、必要な照度を確保できる。照明器具の種類も少なく配置も規則的になる
局部照明	局部的に高い照度が必要な場合に行う照明。店舗のディスプレイなど特定のものを際立たせて見せたい場合に行う。視作業を行う場所や、特定の場所を強調する場合に適している。食卓のペンダントライトにもよく用いられる

❷ 人工光の見え方と色温度

人工光の見え方	色温度（K）	昼の自然光	人工光源（K）
涼しい（青みがかった白）高い↑	20,000	特に澄んだ北西の青空光（25,500）	
	10,000	北天青空光（12,300）	
	7,000	昼天光（6,250）	昼光色蛍光ランプ（6,700）
	6,000	直射日光（5,250）	
	5,000		昼白色蛍光ランプ（5,000）
中間（白）	4,000		白色蛍光ランプ（4,200）
			温白色蛍光ランプ（3,500）
	3,000		ハロゲン電球
温かい（赤みがかった白）↓低い	2,000	夕日（1,850）	普通電球、ミニクリプトン電球、電球色蛍光ランプ（2,800～3,200）
			ロウソクの炎（1,920）

❸ 照度の目安

照度(lx)	居間	書斎子供室	和室座敷	ダイニングキッチン	寝室	浴室脱衣室	便所	廊下階段	納戸物置	玄関（内部）	エントランス（外部）	車庫	庭
2,000													
1,500	手芸裁縫												
1,000		勉強読書											
750	読書化粧電話				読書化粧					鏡			
500				食卓調理台流し台		ひげそり化粧洗面						掃除点検	
300	団らん娯楽	遊び	床の間							靴脱ぎ飾り棚			
200						洗濯							
150													パーティ食事
100		全般		全般		全般				全般			
75	全般		全般				全般	全般	全般	表札郵便受けインターホン	全般	テラス全般	
50													
30													
20					全般								
10										通路		通路	
5													
2													
1				深夜			深夜	深夜		防犯		防犯	

出典：JIS Z 9110-1979より抜粋

絶対失敗しない電球選びのポイント

電球の特徴を知って設計に生かしたい

近年LED照明が身近なものとなり、光源の種類は増加した。
照明計画を行うために、これまでの光源の種類とLEDの違いを理解しておきたい。

❶従来光源の種類

種類	普通電球（100V）	ミニクリプトン電球（100V）	ダイクロイックミラー電球	直管蛍光灯（Hf高出力）	電球型蛍光灯
特徴	ポピュラーな普通電球。クリアタイプとホワイトタイプがある。LEDの普及により、大手メーカーの製品は生産中止となり始めている	小型で普通電球よりも長寿命。クリアタイプとホワイトタイプがある	ハロゲン電球の一種で主に店舗のスポットライトとして使われる。光の照射角（ビーム角）別に数種類ある	インバータ式（高周波点灯方式）で従来FL型より高効率。Hf専用器具で使用	E17、E26のネジ込み式蛍光灯でコンビニでも入手しやすい
価格（円）	160〜190	300〜400	2,600	900〜1,400	1,000〜1,800前後
電球寿命（h）	1,000	2,000	3,000	8,500、12,000	6,000〜12,000
主なW数	36、54、90	36、54、90	40、65、75	23、45	8、12、22
光束	54W＝810lm 90W＝1,520lm	36W＝480lm 54W＝810lm	40W＝500lm 65W＝1,000lm	45W＝4,950lm	12W＝810lm 22W＝1,520lm
効率	54W＝15lm/W 90W＝16lm/W	36W＝131lm/W 54W＝151lm/W	40W＝12lm/W 65W＝15lm/W	45W＝110lm/W	12W＝62lm/W 22W＝69lm/W
口金	E26	E17	E11	G13	E17、E26

❷LEDの種類

種類	器具一体型（100〜242V）	電球型LED（100V）	電球型LED（ダイクロハロゲンタイプ）	直管LED（100〜242V）
特徴	照明器具と光源が一体となったタイプ。LEDの特性を活かした薄型やコンパクトな器具、ハイパワーな器具が多い	従来のE17、E26ベースのLED電球。一般家庭で最も身近なタイプ。調光や調色、演色性を高めたものなど様々	主にスポットライトなどで多く使われてきたダイクロハロゲンタイプ。LED電球は狭い範囲を明るくする為レンズ付などのものがある	事務所などで多く見られる直管蛍光灯の代替タイプ。元々蛍光灯は安定器が必要な為、LEDランプへの交換には安定器を取りはずす必要がある
価格（円）	数千円〜数十万円	1,000〜8,000円前後	2,000〜6,000円	10,000〜20,000円
寿命	40,000〜60,000h	40,000h	30,000h前後	40,000h
W数	5W程度〜数百Wまで	白熱球60W相当→10W前後	ダイクロ60W相当→5W前後	Hf32W蛍光灯（定格出力）相当→20W前後
光束	器具による	200〜	200〜500	2,000〜3,500
効率		70〜80lm/W前後	50〜60lm/W前後	100〜140lm/W前後
口金		E17、26	E11	G13（従来蛍光灯と同じ口金） GX16t-5（JEL801規格）

❸LED電球と蛍光灯の違い

	LED電球	蛍光灯	
		電球色	昼光色
色味	白熱球に似た温かみのある電球色から蛍光灯に多い青白い昼光色まで様々な色がある。色を変えることができる調色機能をもつものもある	やや赤みを帯びた温かみのある光。陰影ができにくい	太陽光のような青白い光。陰影ができにくい
特徴	・色の再現性に優れる ・スイッチを入れた後、すぐに点灯 ・滞留時間が短く、スイッチの切り替えが頻繁に行われる場所に最適 ・調光可能タイプは調光器の使用により、スムーズな調光が可能 ・電気料金は白熱球の1／7〜1／10程度 ・電球寿命は白熱球の約40倍	落ち着いた雰囲気 ・点灯まで若干時間のかかるものがある ・ランプ寿命を消耗するため、スイッチの切り替えを頻繁に行う場所には向かない ・調光器との併用はできない。調光機能（段調光、連続調光など）のある点灯回路のみ調光が可能 ・電気料金は白熱球の1／5程度 ・電球寿命は白熱球の8〜10倍	爽やかで活動的な雰囲気
用途	廊下、階段、サニタリー、外構、ダイニング、リビングなど	リビング、ダイニング、和室、外構など	リビング、ダイニング、子供室など

❸ワット数比較

蛍光灯	LED[＊]	普通電球
9W	6W	40W相当
13W	10W	60W相当
18W	12W	80W相当
27W	14W	100W相当

LED電球には、これまでの白熱電球と違い、調光、調色、演色性、配光など様々な違いがある。使用する器具や場所により適切なLED電球を選択する必要がある

＊：LEDはメーカーによりワット数が異なるので注意

120

照明器具は光の広がり方の違いで選ぶ

照明器具を決める際に、照度計算を行うことがあるが、平均照度の値だけでは照明環境は決められない。ここでは、一例として異なる器具、電球で平均照度100lx前後の同一条件のもとで、環境を設定した場合の、光の広がり方を比較する。また、明るさの感じ方は、壁の色やテクスチュアによっても変わる。設計の際は、カタログなどの照度データも参考にしながら器具設定を行うこと

天井シーリングライトの場合

（[FHD85W × 1] 8,100lm × 1 灯平均照度：113lx）

一般的なシーリングライトを用いた場合、器具の直下が最も明るい。また、部屋全体がほぼ均一な明るさの空間となる。また、天井シーリングライトを用いた場合は、天井面にも光を反射させることができる。ダウンライトを使用した際よりも全体的に明るい印象を受けるのはこのためである

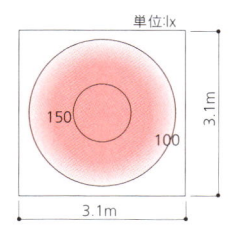

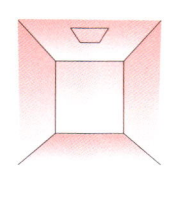

設定条件
幅3.1m×奥行3.1m×天井高2.4mの部屋（約6畳）を想定し、反射率が天井70％（クロス仕上げ、オフホワイト）、壁50％（クロス仕上げ、オフホワイト）、床30％（フローリング、ライトブラウン）のときの床面平均照度を100lxと設定する（JIS Z9110-1979住宅居間の全般基準照度30～75lx）

バッフル型ダウンライトの場合 [＊1]

❶電球型蛍光灯 12W（白熱電球 60W 相当）
810lm × 6 灯
平均照度：109lx
天井面に分散させて配灯すると光が均一な空間となる。小径の器具もあるため、天井面をすっきりと見せながら、全般的に明るさを取り入れたい場合などに有効

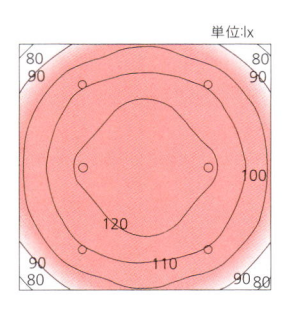

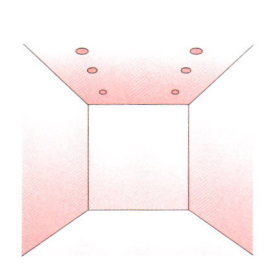

❷電球型蛍光灯 22W（白熱電球 100W 相当）
1,520lm × 3 灯
平均照度：148lx
天井面の中心に一列に配灯すると壁面側との明るさに差が生じるので注意。小径の器具もあるため、天井面をすっきり見せたいときに有効。配置によって光を集めたり、散らすことが可能なため、配置の工夫で空間演出を行うとよい

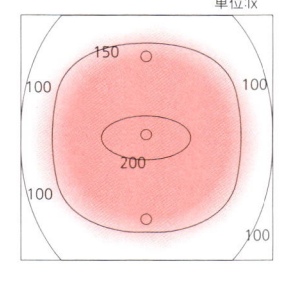

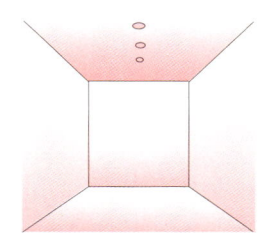

❸レフ球 60W
630lm × 6 灯
平均照度：126lx
レフ球は球自体に反射鏡が装着された電球のこと。光が器具の後方に漏れないため、全般的に明るさを取り入れたい場合よりもスポット器具として多く用いられる

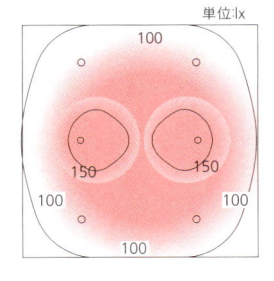

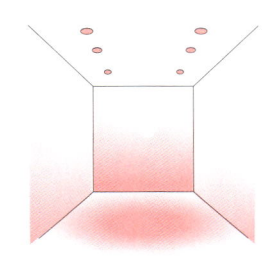

❹ダイクロイックミラー球 40W
500lm × 6 灯
平均照度：108lx
最高照度400lx、最小照度20lxと明暗差がはっきりと出るためメリハリのある空間となる。商業施設などでよく利用される。住宅の場合は、ダイニングテーブルのトップに利用するのがお薦め。ディスプレイなどを局所的に照らして演出したいときにも効果を発揮する

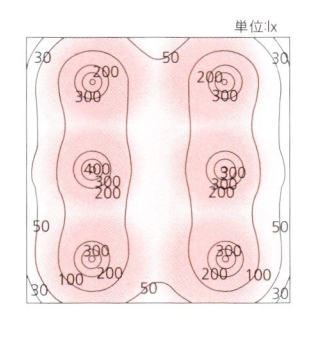

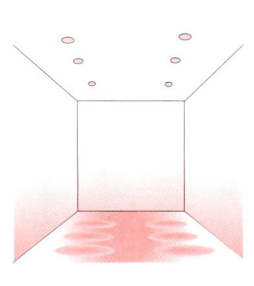

＊1：バッフル型ダウンライトとは埋め込まれたダウンライトが下から見えないようにするためのリング状のフードを付けたダウンライトのこと

絵で分かる照明計画の実践ワザ

全体照明計画のポイント

キーワード	注意点
住宅全体の明るさ	照明による見た目の明るさは、器具の明るさによって決まるのではなく、照明によって照らされる室内の床、壁、天井の仕上げ材の色や質感に影響される。明るさ感を重視する場合は、反射効果の高い白っぽい仕上げ材を使用するとよい
検討の流れ	通常はリビングやダイニングなど、家族が集まり、多目的に使用される場所でどのような照明が望まれるのかを、まず検討する。その後、リビングやダイニングに接続する廊下や各室の明るさを設定していくとよい
メンテナンス性	照明の効果は室内や器具の汚れ、ランプの光束［119頁参照］低下により、必ず徐々に落ちてくる。したがって手の届きにくい場所には長寿命のランプを採用したり、メンテナンススペースを必ず取るなどして、清掃やランプ交換のしやすさを念頭に計画を進める。特に、高齢者の場合、メンテナンスの際の事故も多い。両手がふさがってバランスをくずしやすいため、大きな器具を天井に設置しないほうがよい
間接照明の導入	間接照明を計画する際は、空間をどのように見せたいかをまず考える。通常、吹抜けや勾配天井など、空間に広がりがある場合は、天井を間接照明で明るくすると開放感が得られやすい。しかし、天井が低い場合は、天井面の低さを強調することにより圧迫感をもたらすため、間接照明の導入には注意が必要である。間接照明を導入する際は、照明ボックスをカーテンボックスと兼用したり、内装材と一体化させて検討すると、より一体感のある空間演出が可能となる

ココだけ押さえる間接照明テクニック（従来光源の場合）

❶ コーニス照明

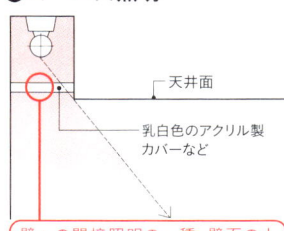

壁への間接照明の一種。壁面の上部から下へ光を照射させる。下からランプが見えやすい場合は、乳白色のアクリル製カバーやルーバー、パンチングメタル（70％程度開孔）などを使用して目隠しをするとよい

❷ バランス照明

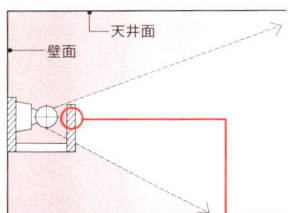

天井、壁面、カーテンなどへの間接照明の一種。一般的に窓の上部に遮光板を取り付け、内側は反射を高めるよう白色塗装するとよい。上部からの視線を考慮する必要がなければ、遮光板はランプの高さと合わせるとよい

❸ コーブ照明

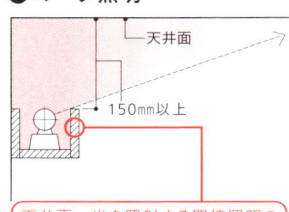

天井面へ光を照射する間接照明の一種。天井面に柔らかな光を拡散させる。上部からの視線を考慮する必要がなければ、遮光板はランプの高さと合わせるとよい。天井からランプまでの距離は点灯時の熱などを考慮して150mm以上離すこと

❹ 照射面との関係

照射面に映り込みやすい

光源が壁面から近く、浅いほど光源が照射面へ映りこみやすい。スリット幅が狭いと明暗のコントラストが強くなる。また、メンテナンスのために、スリット幅はメンテナンス用に手が入る寸法は必要

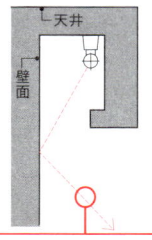

光源の位置が壁面から近くても、深い照射面に映り込みにくい。また、スリット幅が広くなるほど、よりフラットで下まで届く光となる

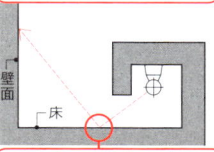

床面を照らす場合は、床面への光源の映り込みに注意。床面は淡色系の艶消し仕上げとするなど、映り込みにくい仕様が望ましい

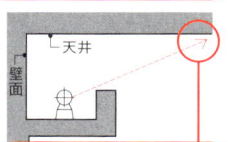

照射面に出る明るくなっている部分から暗くなる部分の境をカットオフラインと呼ぶ。カットオフラインの位置で照明の印象が変わる

❺ 蛍光灯の光を連続させる方法

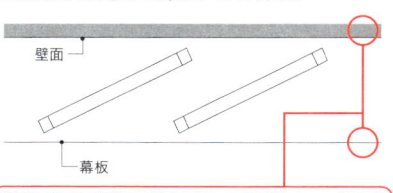

壁面と幕板の間隔は最低150mmは確保したい。蛍光灯は斜めに重ねて配置するとソケット部の暗がりが解消でき、光にムラができない

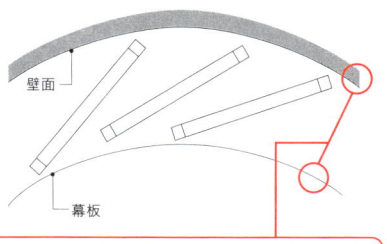

曲面の場合は、カーブ用照明器具か、短い蛍光灯を斜めに配置する

LEDの特性を生かした間接照明テクニック

間接照明用LEDライン照明を大別すると電源装置内蔵タイプと別置きタイプがある。別置きタイプの場合は、LEDで長寿命とはいえ、不具合があった時に点検できるように設置位置の検討が必要。
従来の蛍光ランプタイプと最も異なるのは、LEDはレンズで配光制御ができるため、配光の違いが選べる。矩形配光(非対称)の場合は、より高さ方向を強調したい場合に適している。

コーブ照明を真上に向けた場合と30度傾斜させた場合の違い

器具に傾斜させて取り付けるための金具がオプションで選べるタイプもあり、コーブ照明の場合で比較すると30度傾斜させた方が、天井面だけでなく、机上面もより明るくすることが可能。

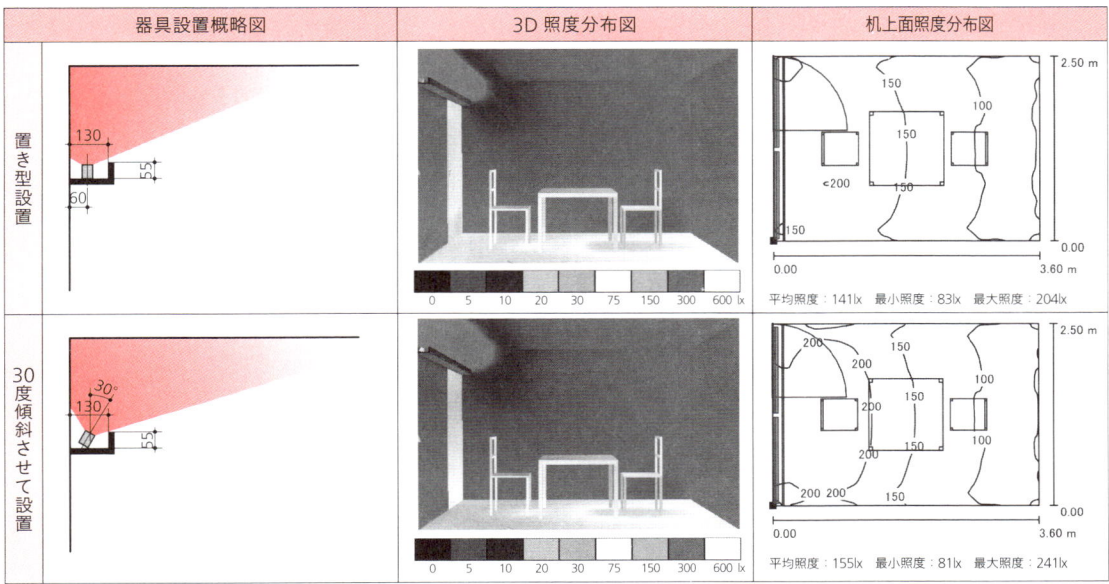

器具設置概略図	3D照度分布図	机上面照度分布図
置き型設置		平均照度：141lx 最小照度：83lx 最大照度：204lx
30度傾斜させて設置		平均照度：155lx 最小照度：81lx 最大照度：241lx

照明計算ソフト：DIALux4.10　保守率0.8　反射率　天井・壁：80%　床：40%

LEDライン照明（コーニス照明）の配光使い分け

矩形配光は、器具の奥行き方向の広がりを抑えることで、より高さ方向を強く照明でき、店舗などで壁を明るく見せたい時などに有効。

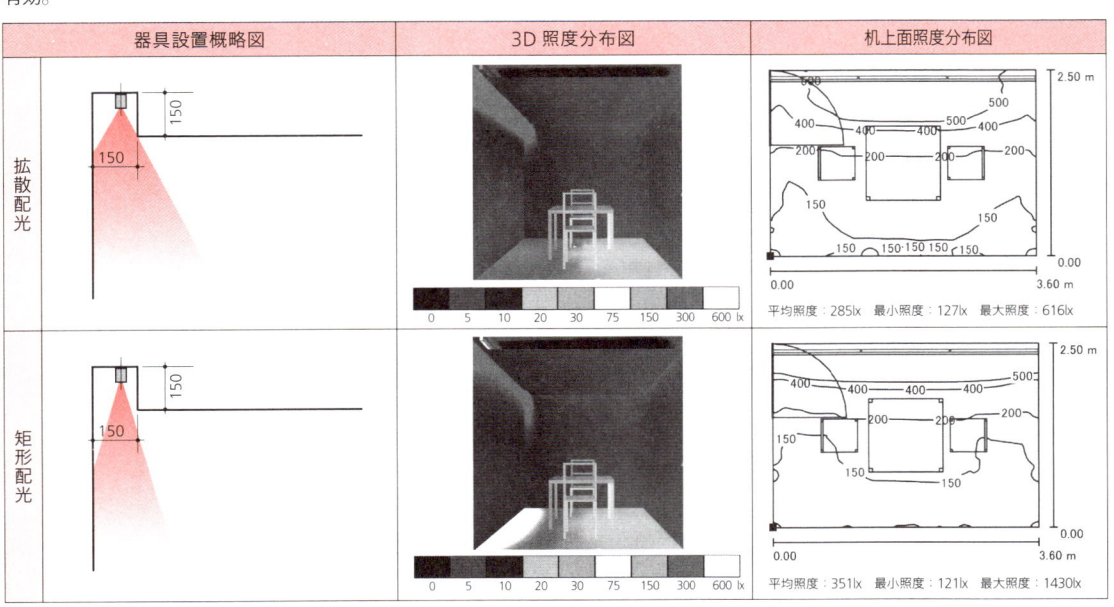

器具設置概略図	3D照度分布図	机上面照度分布図
拡散配光		平均照度：285lx 最小照度：127lx 最大照度：616lx
矩形配光		平均照度：351lx 最小照度：121lx 最大照度：1430lx

照明計算ソフト：DIALux4.10　保守率0.8　反射率　天井・壁：80%　床：40%

リビング、ダイニング、寝室、書斎、子供室の照明

❶ リビングのポイント

シーンの演出
リビングは住宅のなかで最も多目的に使用される場所である。家族の団らんとしてだけでなく、最近ではホームシアターやホームパーティーなど、それぞれの生活シーンに合わせた照明演出が必要となる

多灯照明
天井の真中にシーリングライトを設置する1室1灯ではなく、多灯照明を検討して、スイッチによる調光やシーン記憶調光器を用いた提案も必要となる

(全点灯) (間接照明なし)

調光の導入
調光やシーン記憶調光器によって照明の明るさや組み合わせを変化させれば、空間の印象を変化させることができる。一定の明るさを長時間使用するよりも、省エネやランプ寿命を延ばす効果もある

❷ ダイニングのポイント

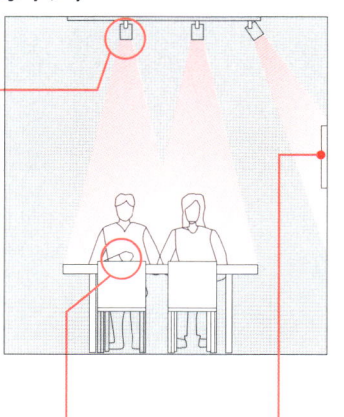

食卓の位置と照明
設計時に食卓の位置やサイズが決まっていない場合や、将来の家具の変更に対応させたい場合には、角度調整や位置調整が可能なアジャスタブルダウンライトやスポットライトなども検討する。梁などにライティングダクトを仕込み、照明器具の位置の調整ができるように工夫してもよい

食事をおいしそうに見せる
グラスのきらめき感や料理の立体感などは、拡散する蛍光ランプよりも指向性のある白熱ランプ、LEDランプのほうが出しやすい。部屋全般の明るさよりも食卓が特に明るくなるようにするとよい

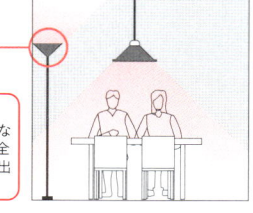

全般照明と併用
ペンダントのシェードが光を透過しない場合は、テーブル照明だけでなく全般照明と組み合わせて雰囲気を演出する

❸ 寝室のポイント

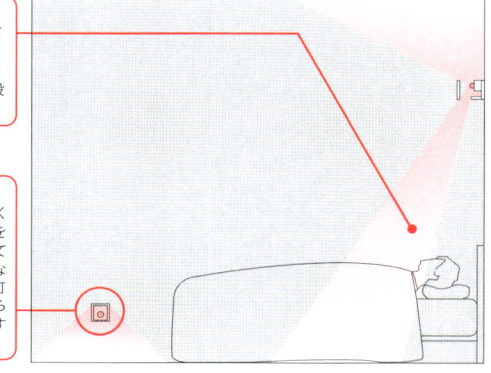

バランス照明
就寝時に点灯しても光がまぶしいと感じない位置にカットオフラインを設定する

常夜灯
深夜トイレに行く際に、全般照明を点けると覚醒してしまい、眠れなくなってしまう。足元灯などを視線に入らない高さに設置するとよい

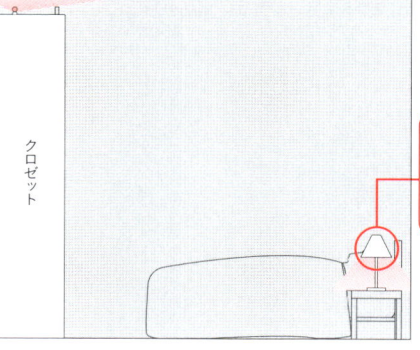

明るさのバランス
壁面の絵画などを照明して明るさのバランスをとるとよい

クロゼット

クロゼット上の間接照明
クロゼットの上部を利用した間接照明の場合は、就寝前の読書などのために、手元を照らすスタンドなどを組み合わせるとよい

❹ 書斎、子供室のポイント

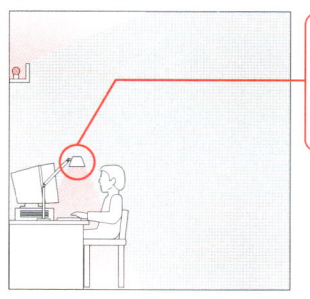

スタンドを追加
間接照明による全般照明では、作業をするための十分な明るさを得ることができないこともある。そこで、スタンドによる局部照明を追加すると目が疲れにくい。また、柔らかい全般照明には局部照明を加えるとよい

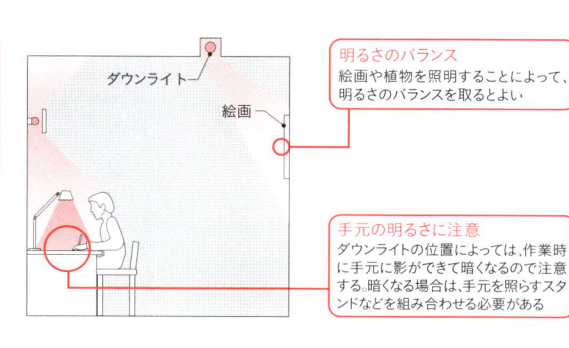

ダウンライト
絵画

明るさのバランス
絵画や植物を照明することによって、明るさのバランスを取るとよい

手元の明るさに注意
ダウンライトの位置によっては、作業時に手元に影ができて暗くなるので注意する。暗くなる場合は、手元を照らすスタンドなどを組み合わせる必要がある

124

キッチン、バス、サニタリーの照明

❶ キッチンのポイント

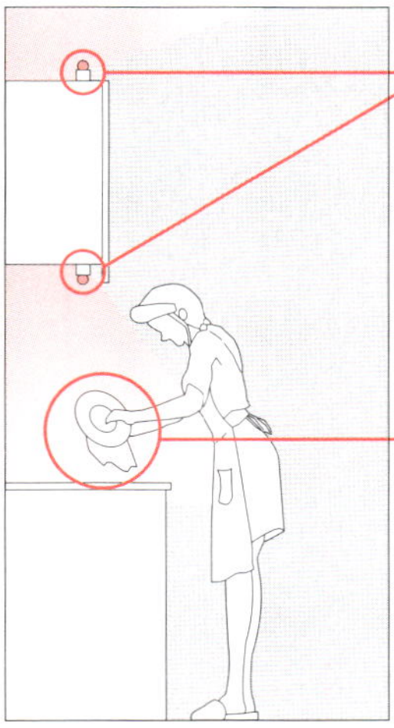

間接照明
吊戸棚の上下に間接照明を取り付けて、全般照明と局部照明を確保すること

調理用の照明
キッチンは、包丁や火を使用する危険な作業を伴う。十分な明るさが得られるようにする

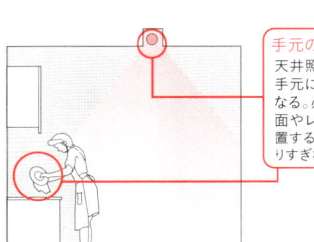

手元の明るさを確保
天井照明だけでは作業者自身が手元に暗がりを生じさせることになる。必ず吊戸棚やその下の壁面やレンジフード内に照明を設置すること。また、手元が明るくなりすぎないように注意する

❷ 浴室のポイント

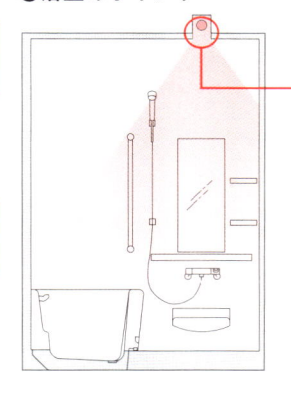

長寿命光源を検討
防湿型のダウンライトはすっきりした空間を演出できるが、ダウンライト下面にカバーがあるためメンテナンスがしにくい。長寿命光源を使用するなどの配慮が必要

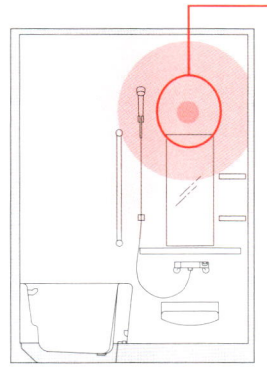

洗い場は明るく
浴室照明は洗い場のほうが明るくなるように器具を配置する。ブラケットは邪魔にならないよう出幅に注意

室内の映りこみに注意
浴室は体を洗うだけでなく、リラックス効果も得られるようにする。庭などを眺められる浴室にする場合は、外構のライトアップと同時に浴室内の明るさを調光して、ガラス面への室内の映り込みを防ぐ

❸ トイレのポイント

間接照明
仕上材の色によっては、トイレ全体が暗くなる。収納棚の上下に設置する間接照明によって、まぶしさを抑えながら照度を確保するとよい

光源の選定
通常、トイレの使用時間は短いため、点灯してから最大の明るさに達するまでに時間のかかる蛍光灯よりも白熱球・LEDのほうが適している。蛍光灯の短時間の点滅は、安定器への負担も大きく、短寿命の要因となるため、かえって省エネとならない

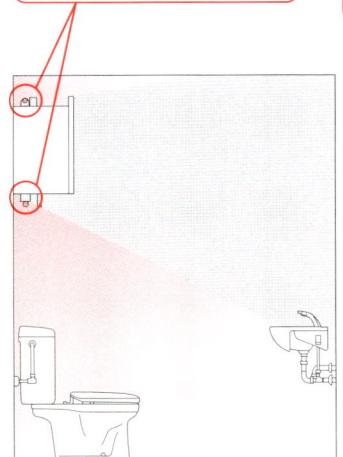

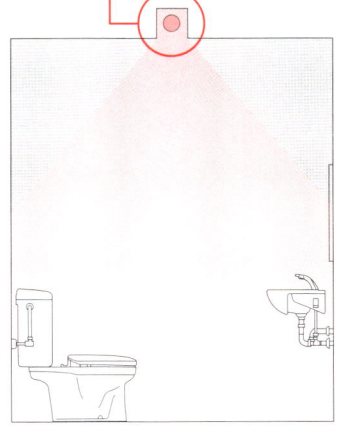

高齢者への配慮
高齢者は、夜間トイレに行く際、照明が明るすぎると光によって目が覚めてしまう。その後、眠れないなど十分な睡眠が確保できなくなる。トイレの照明に調光機能をつけ、センサーで段調光にできる照明器具を選定する。白熱灯のほうが調光を容易に行える

❹ 洗面室のポイント

間接照明
光源の上下に光を照射する間接照明は取付け位置に注意。指向性のある光の場合、顔に陰影がつきすぎることもある

全般照明と洗面用照明を併用
脱衣や洗濯など洗面以外で使用する場合に明るさを確保できるよう、全般照明と洗面用照明を併用する

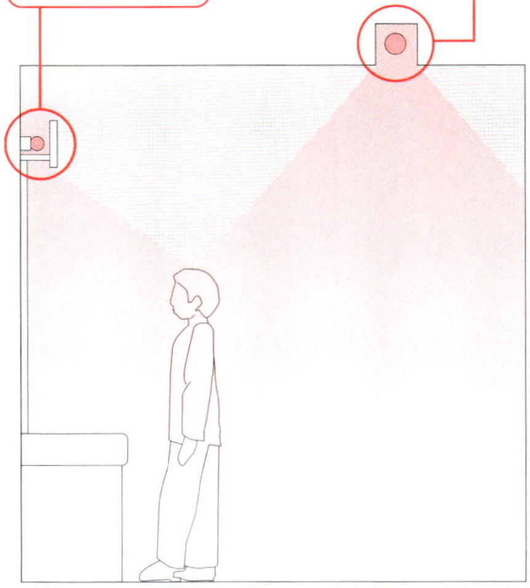

顔を美しく見せる
健康チェックと同時に、気持ちのよい1日の始まりとしても顔映りのよい照明とすることが重要である。鏡の上部または両サイドにまぶしくない柔らかく光るブラケットを使用するとよい

玄関、廊下、階段、エントランス、アプローチの照明

❶玄関のポイント

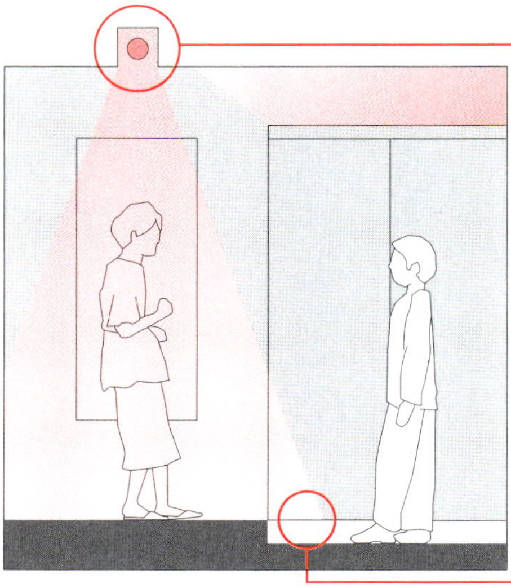

上り框上部に照明器具を設置
段差がよく見えるようにする。来客時に家人と来客の両方の顔をきれいに見せるため、上り框の上部に照明器具を設置するとよい

照明をアクセントに
玄関は住宅の顔ともいえる場所。絵画や置物などを飾る場合は、それらが美しく見えるような照明をアクセント的に追加するとよい

照明器具の映り込みに注意
下足入れに足元の間接照明を行うのも効果的。ただし、大理石を使用しているなど、床の仕上げに光沢がある場合は、照明器具が映り込み、間接照明の柔らかな光のグラデーション効果が得られないため、注意する

❷廊下のポイント

器具の大きさがポイント
廊下ではダウンライトやブラケットなどを用いる。ブラケットを使用する場合は、器具の出幅が大きいと圧迫感を与えるため、器具は小さなものを使用するとよい

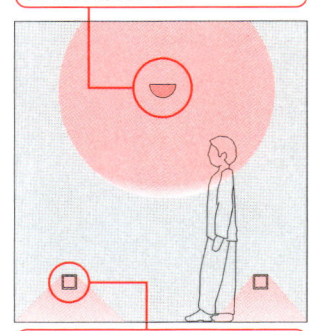

人感センサー
高齢者は夜間にトイレなどに行く際、照明が明るすぎると光によって目が覚めてしまう。通常の廊下の照明とは別に、トイレまでアプローチできるよう人感センサー付きのフットライトなどを設置するとよい

❸階段のポイント

事故防止の工夫
階段などの段差は家庭内でも事故が起こりやすい場所である。また、加齢による一般的な視機能の衰えに暗い場所への順応力の低下があげられる。階段などには全般照明とは別に足元灯を数段おきに設置して、より段差を分かりやすくすること

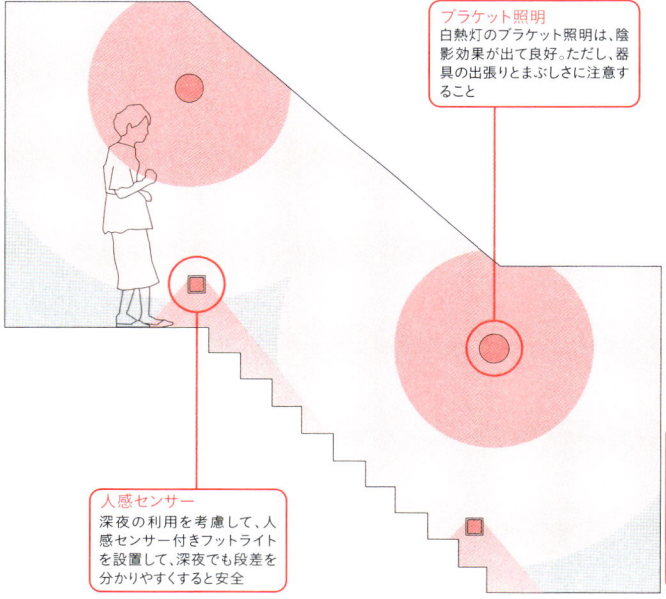

ブラケット照明
白熱灯のブラケット照明は、陰影効果が出て良好。ただし、器具の出張りとまぶしさに注意すること

その他の注意点
白熱灯のシーリングライト照明は、階段の陰影効果をほどよく出すことができる。また、階段上部にダウンライトを設置する場合は、指向性が強い白熱電球やLED電球を使用すると、段差の陰影が強すぎる場合があるので注意すること

メンテナンス性を考慮
階段は段差により足元が不安定となるため、メンテナンス時に事故が起こりやすい場所である。器具はメンテナンスのしやすい位置に設置することが望ましい

人感センサー
深夜の利用を考慮して、人感センサー付きフットライトを設置して、深夜でも段差を分かりやすくすると安全

ランプが見えにくい器具を選ぶ
通常、階段の上下または踊り場などの平坦部に段差を認識しやすくするため、ブラケットを設置する。ブラケット照明は出幅が小さく、下から見て眩しくないようランプが見えにくいものを選定するとよい

❹エントランス・アプローチのポイント

使い勝手を考慮する
玄関の鍵穴が分かりやすいよう、軒下にダウンライトまたは扉の横にブラケットを設置する。使用状況に応じて、照度センサーまたは人感センサーの導入なども検討する。センサーが内蔵されている器具もあるが、別置で使用できるセンサーを利用してもよい

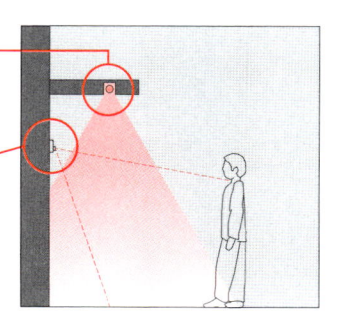

防犯効果を狙う
敷地の状況などによっては、フラッシュや音などで侵入者を警告する防犯灯を採用する。旅行など長期で不在時に、屋外に設置した照度センサーと連動して、点灯する室内灯を利用してもよい

アプローチ
玄関までのアプローチ経路は、照度センサーや人感センサーを使って、夜間は照明により玄関まで安全に誘導できるように計画する

Column
昼間の点灯はなぜ起こる？

住宅の居室では、開口部の数や面積を増やして昼間の明るさを確保することはさほど難しくない。十分な昼光が入っていれば照明を点灯せずに済み、省エネルギーになるのが通常だ。

しかし、住宅ではときとして、十分な昼光が居室に入っているにもかかわらず、照明を無駄に点けてしまうことがある。たとえば、手元の明るさは十分あるはずなのに、窓の外がまぶしいために室内が相対的に暗く感じられてしまう、という場合がある[写真1]。すると、居住者は「暗い」と感じ、「暗い＝照明が必要」と居住者は感じ、暗さを解消しようと本来十分な明るさの下で点灯してしまうというわけだ。

日照調整装置で明るさのバランスを

では、こうした本来不要な照明エネルギーを消費しないためには、どのような設計上の配慮が必要となるのだろうか。

昼光を有効に利用するためにも、開口部を設けることが重要となる。その際にまず考えるべきは、直射日光による窓のまぶしさをいかに低減するかということである。昼光を必要な量だけ取り込むことができるように、日射遮蔽という点でも有効な庇、ブラインド、すだれなどの日照調整が可能な装置でコントロールするとよい[写真2・3]。

ただし、ロールスクリーンのような光を拡散させる装置は、視覚的な遮蔽などに効果があっても、当たった直射日光が拡散するため余計にまぶしくなることがあり、注意が必要だ。窓の部分の見た目のまぶしさを減らすこと、すなわち、光を導入しながらまぶしさを防ぐブラインドやルーバー、すだれ、ロールスクリーン、カーテンなど日照調整のための装置を状況に合わせて適切に使うことが大切となる。

写真1：開口部がまぶしく感じられる。十分な明るさが室内に確保されているにもかかわらず、窓との対比で暗さを感じ、昼間の照明点灯につながる

写真2：花ブロックがある場合の室内の光の状況

写真3：花ブロックがない場合の室内の光の状況

写真3と比較して、写真2は花ブロックの日照調整効果により、明暗の対比が小さくなるため、室の奥を暗く感じない

■設定条件（那覇市）
対象居室：1階西向き　4×4×天井高2.5m
窓寸法：200×200cm
花ブロック穴寸法：16×16×15cm
庇の出：150cm
花ブロック・庇の幅：4m
反射率：地物反射20％、庇裏・花ブロック30％、天井70％、壁50％、床30％
季節・時刻：春分・秋分時、15時

電球色を用いて木の温かさを生かした照明計画 [S=1:150]

家族構成
若い夫婦+子ども2人。敷地の形状を生かした建築計画と内装の木の素材感を生かした照明計画が特徴

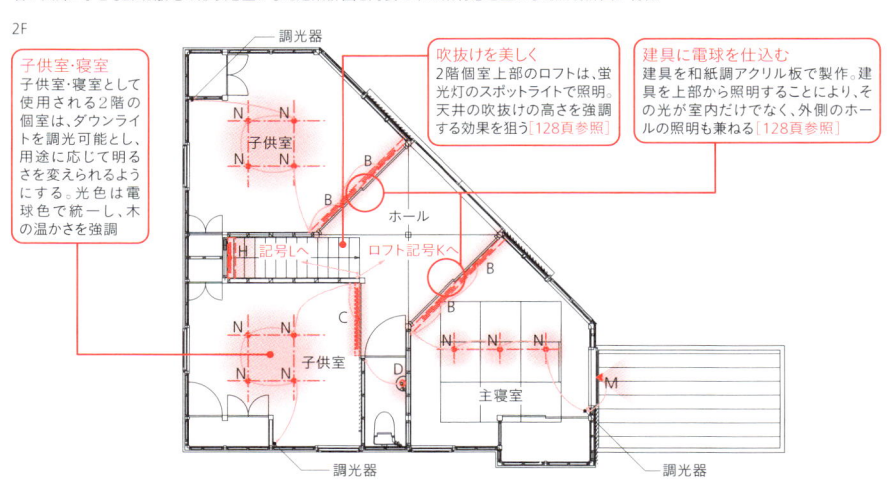

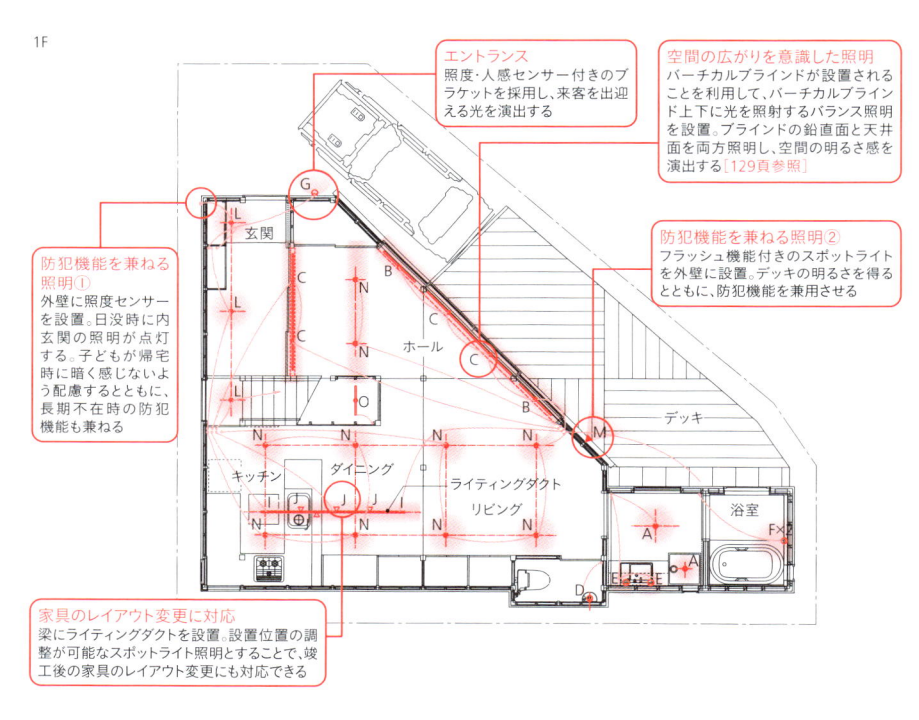

2F

子供室・寝室
子供室・寝室として使用される2階の個室は、ダウンライトを調光可能とし、用途に応じて明るさを変えられるようにする。光色は電球色で統一し、木の温かさを強調

吹抜けを美しく
2階個室上部のロフトは、蛍光灯のスポットライトで照明。天井の吹抜けの高さを強調する効果を狙う[128頁参照]

建具に電球を仕込む
建具を和紙調アクリル板で製作。建具を上部から照明することにより、その光が室内だけでなく、外側のホールの照明も兼ねる[128頁参照]

1F

エントランス
照度・人感センサー付きのブラケットを採用し、来客を出迎える光を演出する

空間の広がりを意識した照明
バーチカルブラインドが設置されることを利用して、バーチカルブラインド上下に光を照射するバランス照明を設置。ブラインドの鉛直面と天井面を両方照明し、空間の明るさ感を演出する[129頁参照]

防犯機能を兼ねる照明①
外壁に照度センサーを設置。日没時に内玄関の照明が点灯する。子どもが帰宅時に暗く感じないよう配慮するとともに、長期不在時の防犯機能も兼ねる

防犯機能を兼ねる照明②
フラッシュ機能付きのスポットライトを外壁に設置。デッキの明るさを得るとともに、防犯機能を兼ねさせる

家具のレイアウト変更に対応
梁にライティングダクトを設置。設置位置の調整が可能なスポットライト照明とすることで、竣工後の家具のレイアウト変更にも対応できる

照明器具リスト

記号	器具名(ランプ)	記号	器具名(ランプ)
A	ダウンライト(白熱球60W相当)	H	間接照明用蛍光灯(FL20W)
B	間接照明用器具(TL5 21W)	I	配線ダクト(1.345m)
C	間接照明用器具(TL5 28W)	J	スポットライト(ダイクロハロゲン65W相当)
D	ブラケット(白熱球40W相当)	K	スポットライト(FHT42W)
E	ブラケット(白熱球25W相当)	L	シーリングダウンライト(白熱球50W相当)
F	防湿型ブラケット(白熱球40W相当)	M	防犯フラッシュライト(E26ビームランプ)
G	防雨型ブラケット(白熱球40W相当 人感センサー付き)	N	ダウンライト(白熱球100W相当)
		O	富士形蛍光灯(FL20W)

図面提供=環境デザイン・アトリエ

実例に学ぶ配灯計画のコツ

調光機能をフル活用した照明計画 [S=1:150]

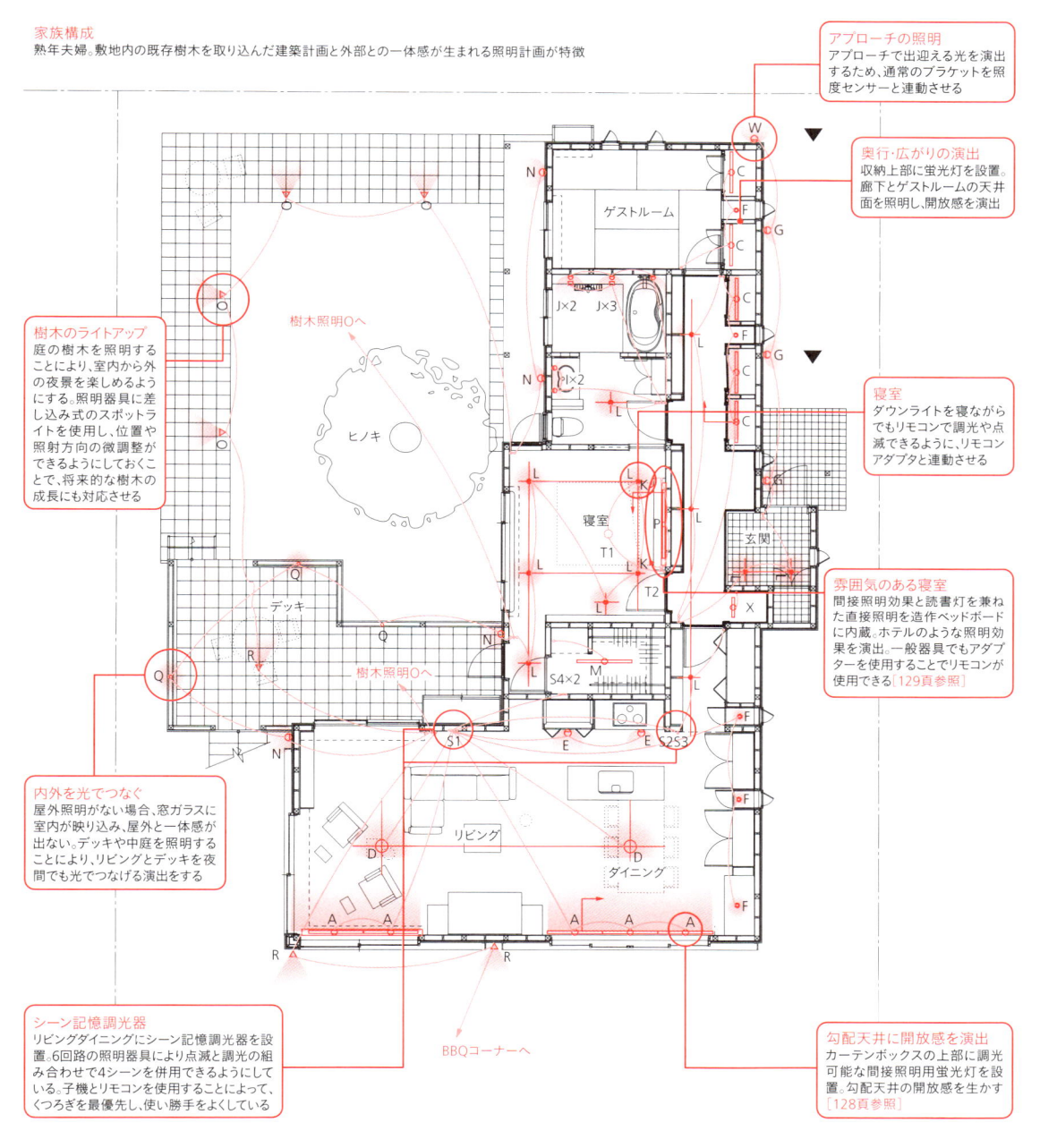

家族構成
熟年夫婦。敷地内の既存樹木を取り込んだ建築計画と外部との一体感が生まれる照明計画が特徴

アプローチの照明
アプローチで出迎える光を演出するため、通常のブラケットを照度センサーと連動させる

奥行・広がりの演出
収納上部に蛍光灯を設置。廊下とゲストルームの天井面を照明し、開放感を演出

樹木のライトアップ
庭の樹木を照明することにより、室内から外の夜景を楽しめるようにする。照明器具に差し込み式のスポットライトを使用し、位置や照射方向の微調整ができるようにしておくことで、将来的な樹木の成長にも対応させる

寝室
ダウンライトを寝ながらでもリモコンで調光や点滅できるように、リモコンアダプタと連動させる

雰囲気のある寝室
間接照明効果と読書灯を兼ねた直接照明を造作ベッドボードに内蔵。ホテルのような照明効果を演出。一般器具でもアダプターを使用することでリモコンが使用できる[129頁参照]

内外を光でつなぐ
屋外照明がない場合、窓ガラスに室内が映り込み、屋外と一体感が出ない。デッキや中庭を照明することにより、リビングとデッキを夜間でも光でつなげる演出をする

シーン記憶調光器
リビングダイニングにシーン記憶調光器を設置。6回路の照明器具により点滅と調光の組み合わせで4シーンを併用できるようにしている。子機とリモコンを使用することによって、くつろぎを最優先し、使い勝手をよくしている

勾配天井に開放感を演出
カーテンボックスの上部に調光可能な間接照明用蛍光灯を設置。勾配天井の開放感を生かす[128頁参照]

照明器具リスト

記号	器具名	記号	器具名	記号	器具名
A	間接照明用器具（Hf32W）	K	枕元用LEDフレキシブルライト（LED）	S2	シーン記憶調光器用子機
B	低ポール（白熱球40W相当）	L	SGI型ダウンライト（白熱球50W相当）	S3	シーン記憶調光器用リモコン
C	間接照明用器具（TL5 21W）	M	富士形器具（Hf32W）	S4	シーン記憶調光器用ブースタ
D	ペンダント（白熱球100W相当）	N	防雨型ブラケット（白熱球40W相当）	T1	調光用リモコンアダプター
E	ブラケット（ダイクロハロゲン40W相当）	O	防雨型スパイク式スポットライト（ダイクロハロゲン40W相当）	T2	調光用リモコン
F	SGI型ダウンライト（白熱球50W相当）	P	間接照明用器具（TL5 35W）	U	門柱取付けブラケット（白熱球40W相当）
G	センサー接続ブラケット（白熱球40W相当）	Q	防雨型デッキ据え置き器具（白熱球25W相当）	W	人感センサー（明るさセンサー付き）
I	浴室用ブラケット（白熱球25W相当）	R	防雨型スポットライト（白熱球40W相当）	X	直付け蛍光灯（FL15W）
J	浴室用フットライト（LED）	S1	シーン記憶調光器		

図面提供＝佐川旭建築研究所

納まりで見る間接照明のテクニック

勾配天井を照らす

カーテンボックスに仕込んだ間接照明の納まり例 [S=1:40]

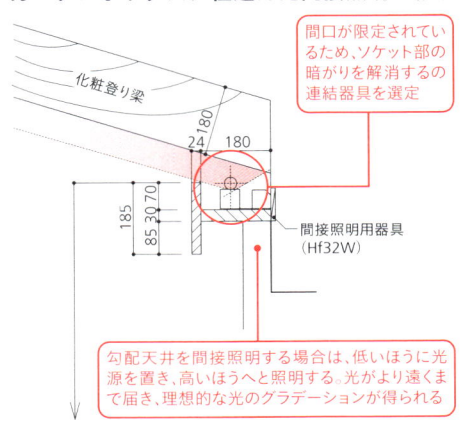

- 化粧登り梁
- 間接照明用器具（Hf32W）
- 間口が限定されているため、ソケット部の暗がりを解消する連結器具を選定
- 勾配天井を間接照明する場合は、低いほうに光源を置き、高いほうへと照明する。光がより遠くまで届き、理想的な光のグラデーションが得られる
- 天井の仕上げが塗装などで光沢がある場合は、ランプが映り込んでしまうため、小型の器具を選定するとともに、器具スペースの確保に注意する。傾斜と光の流れを意識して計画することがポイントとなる

廻り縁に照明を仕込む

天井廻り縁に仕込んだ建具を照らす照明の納まり例 [S=1:20]

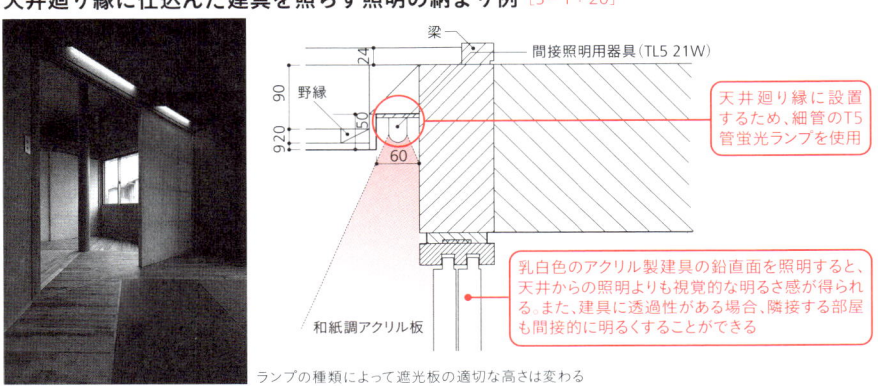

- 梁
- 野縁
- 間接照明用器具（TL5 21W）
- 和紙調アクリル板
- 天井廻り縁に設置するため、細管のT5管蛍光ランプを使用
- 乳白色のアクリル製建具の鉛直面を照明すると、天井からの照明よりも視覚的な明るさ感が得られる。また、建具に透過性がある場合、隣接する部屋も間接的に明るくすることができる

ランプの種類によって遮光板の適切な高さは変わる

写真提供 = JIN HOSOYA

吹抜けを照らす

階段上部の間接照明の納まり例 [S=1:20]

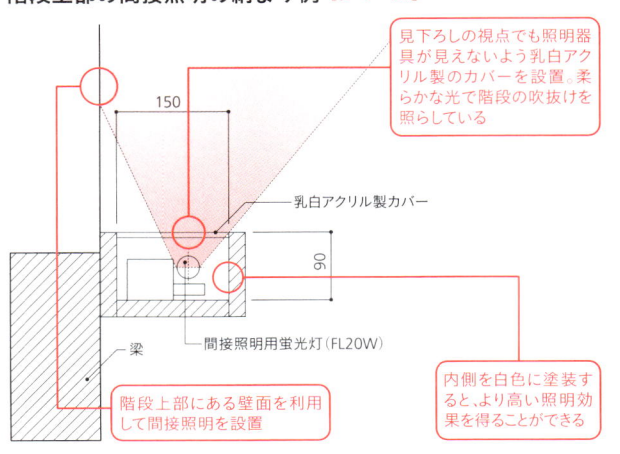

- 乳白アクリル製カバー
- 梁
- 間接照明用蛍光灯（FL20W）
- 見下ろしの視点でも照明器具が見えないよう乳白アクリル製のカバーを設置。柔らかな光で階段の吹抜けを照らしている
- 階段上部にある壁面を利用して間接照明を設置
- 内側を白色に塗装すると、より高い照明効果を得ることができる

間接照明で階段の吹抜けを照らしている

ブラインドボックスと兼用する

バランス照明の手法を用いた納まり例 [S=1:20]

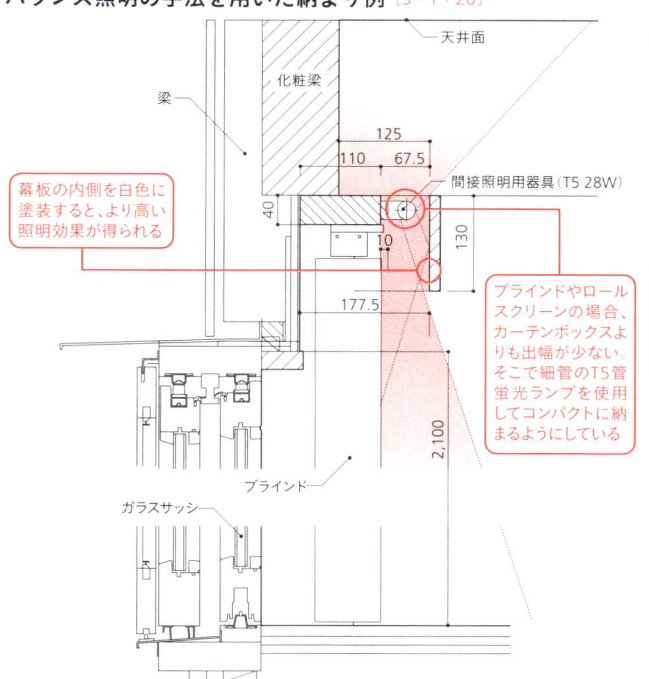

- 天井面
- 化粧梁
- 梁
- 125
- 110 67.5
- 40
- 間接照明用器具(T5 28W)
- 130
- 10
- 177.5
- 2,100
- ブラインド
- ガラスサッシ

幕板の内側を白色に塗装すると、より高い照明効果が得られる

ブラインドやロールスクリーンの場合、カーテンボックスよりも出幅が少ない。そこで細管のT5管蛍光ランプを使用してコンパクトに納まるようにしている

天井を間接的に照明するコーブ照明や壁面を間接的に照明するコーニス照明に比べて、バランス照明の場合は器具を重ねて設置するスペースが取れない場合が多い。そのため、バリエーションの多い、細管の直管型蛍光灯を使用することで、できるだけ器具間の隙間ができないように設置することがポイントとなる。写真は、天井面とバーチカルブラインドに光を当てることで空間の広がりを演出したバランス照明の例

家具や収納に内蔵させる

ベッドボード内蔵照明の納まり例 [S=1:30]

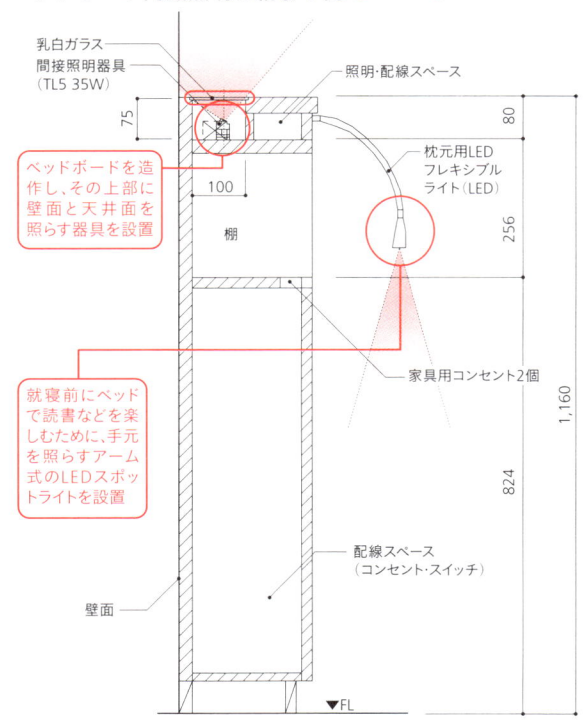

- 乳白ガラス
- 間接照明器具(TL5 35W)
- 照明・配線スペース
- 75
- 80
- 枕元用LEDフレキシブルライト(LED)
- 100
- 256
- 棚
- 家具用コンセント2個
- 1,160
- 824
- 配線スペース(コンセント・スイッチ)
- 壁面
- ▼FL

ベッドボードを造作し、その上部に壁面と天井面を照らす器具を設置

就寝前にベッドで読書などを楽しむために、手元を照らすアーム式のLEDスポットライトを設置

収納上部の照明の納まり例 [S=1:15]

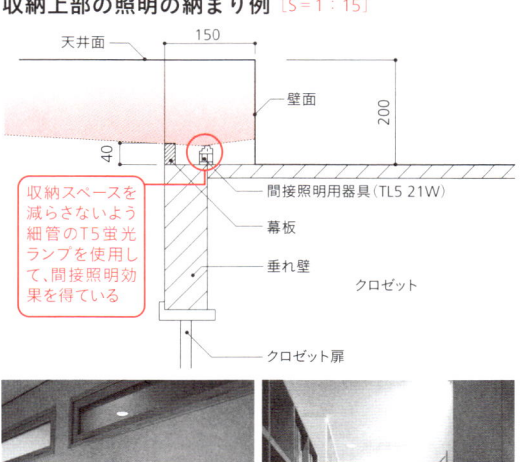

- 天井面
- 150
- 壁面
- 200
- 40
- 間接照明用器具(TL5 21W)
- 幕板
- 垂れ壁
- クロゼット
- クロゼット扉

収納スペースを減らさないよう細管のT5蛍光ランプを使用して、間接照明効果を得ている

ベッドボードに内蔵された照明が寝室の雰囲気を演出

収納上部の照明が廊下を照らす

図面提供=環境デザイン・アトリエ、佐川旭建築研究所

ラクラク宅内 LAN & 先行配線

宅内 LAN とは何か?

LANとはLocal Area Networkの頭文字で、複数のパソコンやプリンタなどの機器を接続するためのネットワークのこと。LANを住戸内で構築することを宅内LANと呼ぶ。かつては複数のパソコンの情報を家族間で共有するためのネットワークという認識が一般的だったが、光ファイバーを利用したFTTHが普及し、個人で持つインターネット接続デバイスの数も増えていることから、室内のどこからでもインターネットへ接続できる環境は必須と言える。宅内LANを構築する方法はさまざまだが、基本的には引き込み位置からLANにつなぐ必要がある機器を設置する部屋まで、モデム［＊1］とルーター［＊2］、ハブ［＊3］を通して、LANケーブルを配線していく

宅内 LAN の仕組み

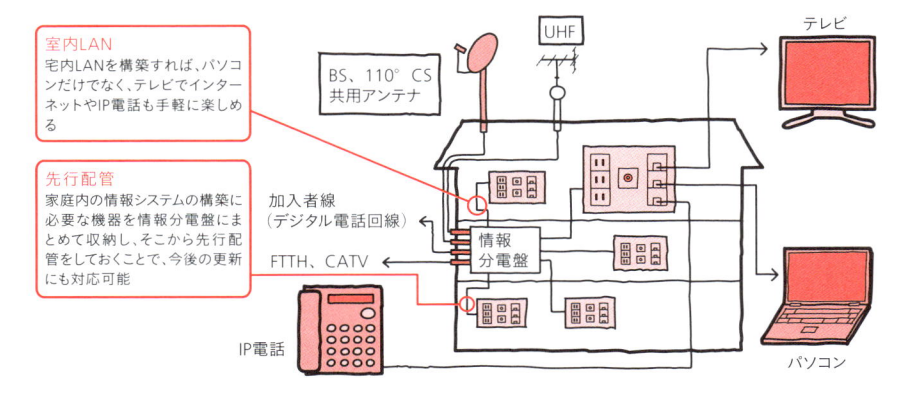

室内LAN
宅内LANを構築すれば、パソコンだけでなく、テレビでインターネットやIP電話も手軽に楽しめる

先行配管
家庭内の情報システムの構築に必要な機器を情報分電盤にまとめて収納し、そこから先行配管をしておくことで、今後の更新にも対応可能

（図：BS、110°CS共用アンテナ、UHF、テレビ、加入者線（デジタル電話回線）、FTTH、CATV、情報分電盤、IP電話、パソコン）

弱電盤（情報分電盤）の仕組み

弱電盤（情報分電盤）とは、LAN端子台やハブ、テレビを視聴するためのブースタなどを1つにまとめたユニットである。それぞれの機器を木板などに取り付ければ、情報分電盤は必要ないが、あらかじめユニットとして機器が構成されている弱電盤（情報分電盤）を使用すれば、個別に取り付けたときに比べ、複雑な配線や施工上のミスも少なく、見た目もすっきりと美しく納まる

弱電盤（情報分電盤）の中身の例

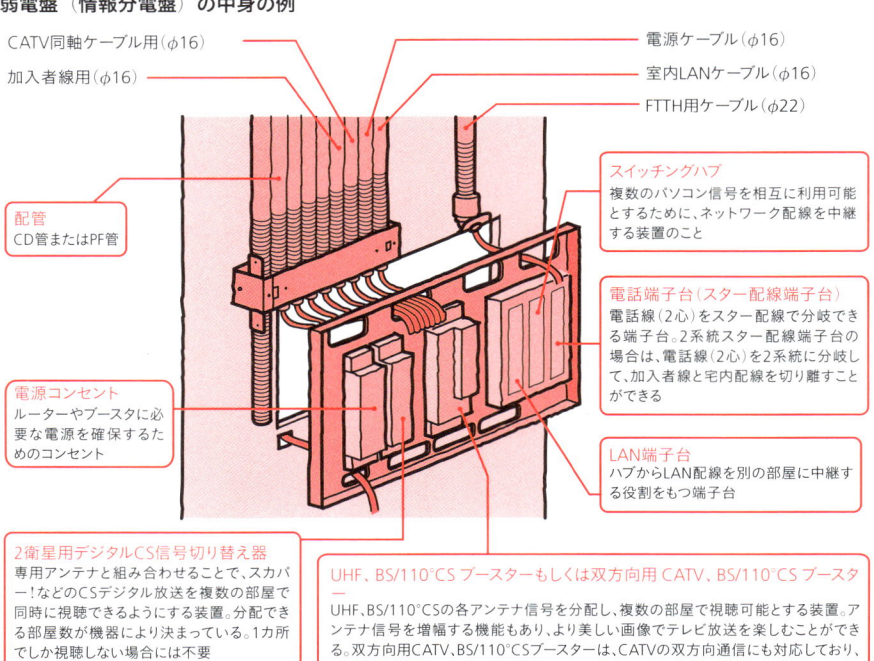

CATV同軸ケーブル用（φ16）
加入者線用（φ16）
電源ケーブル（φ16）
室内LANケーブル（φ16）
FTTH用ケーブル（φ22）

配管
CD管またはPF管

電源コンセント
ルーターやブースタに必要な電源を確保するためのコンセント

スイッチングハブ
複数のパソコン信号を相互に利用可能とするために、ネットワーク配線を中継する装置のこと

電話端子台（スター配線端子台）
電話線（2心）をスター配線で分岐できる端子台。2系統スター配線端子台の場合は、電話線（2心）を2系統に分岐して、加入者線と宅内配線を切り離すことができる

LAN端子台
ハブからLAN配線を別の部屋に中継する役割をもつ端子台

2衛星用デジタルCS信号切り替え器
専用アンテナと組み合わせることで、スカパー！などのCSデジタル放送を複数の部屋で同時に視聴できるようにする装置。分配できる部屋数が機器により決まっている。1カ所でしか視聴しない場合には不要

UHF、BS/110°CSブースターもしくは双方向用CATV、BS/110°CSブースター
UHF、BS/110°CSの各アンテナ信号を分配し、複数の部屋で視聴可能とする装置。アンテナ信号を増幅する機能もあり、より美しい画像でテレビ放送を楽しむことができる。双方向用CATV、BS/110°CSブースターは、CATVの双方向通信にも対応しており、CATVインターネットの利用も可能

＊1：パソコンのデジタルデータを電話回線で通信できるように信号を変換する装置のこと。一般電話回線用のADSLモデムや、CATV回線用のCATVモデムなど、使用する回線によってさまざまな種類がある。光ファイバーで通信できるようにするためには、ONU（回線終端装置）を使用する　＊2：ネットワーク上を行き来するデータをほかのネットワークに中継する機器のこと　＊3：機器どうしが相互に通信するための集線装置

132

弱電盤（情報分電盤）のサイズはココで決まる

弱電盤（情報分電盤）のサイズは、住戸に引込むテレビ放送の種別と、ブロードバンドの種別、住戸内に必要なLAN用コンセントの合計、アナログ電話回線用コンセントの合計、テレビ用コンセントの合計で決まる。設計時は、最初に、各部屋に必要なデジタル機器を決定する。弱電盤（情報分電盤）はメーカー各社がさまざまなサイズを展開しているため、使用するLAN用コンセントの合計、アナログ電話回線用コンセントの合計、テレビ用コンセントの数をもとに、カタログから条件を満たすものを選択すればよい

情報系統図と弱電盤（情報分電盤）のサイズ

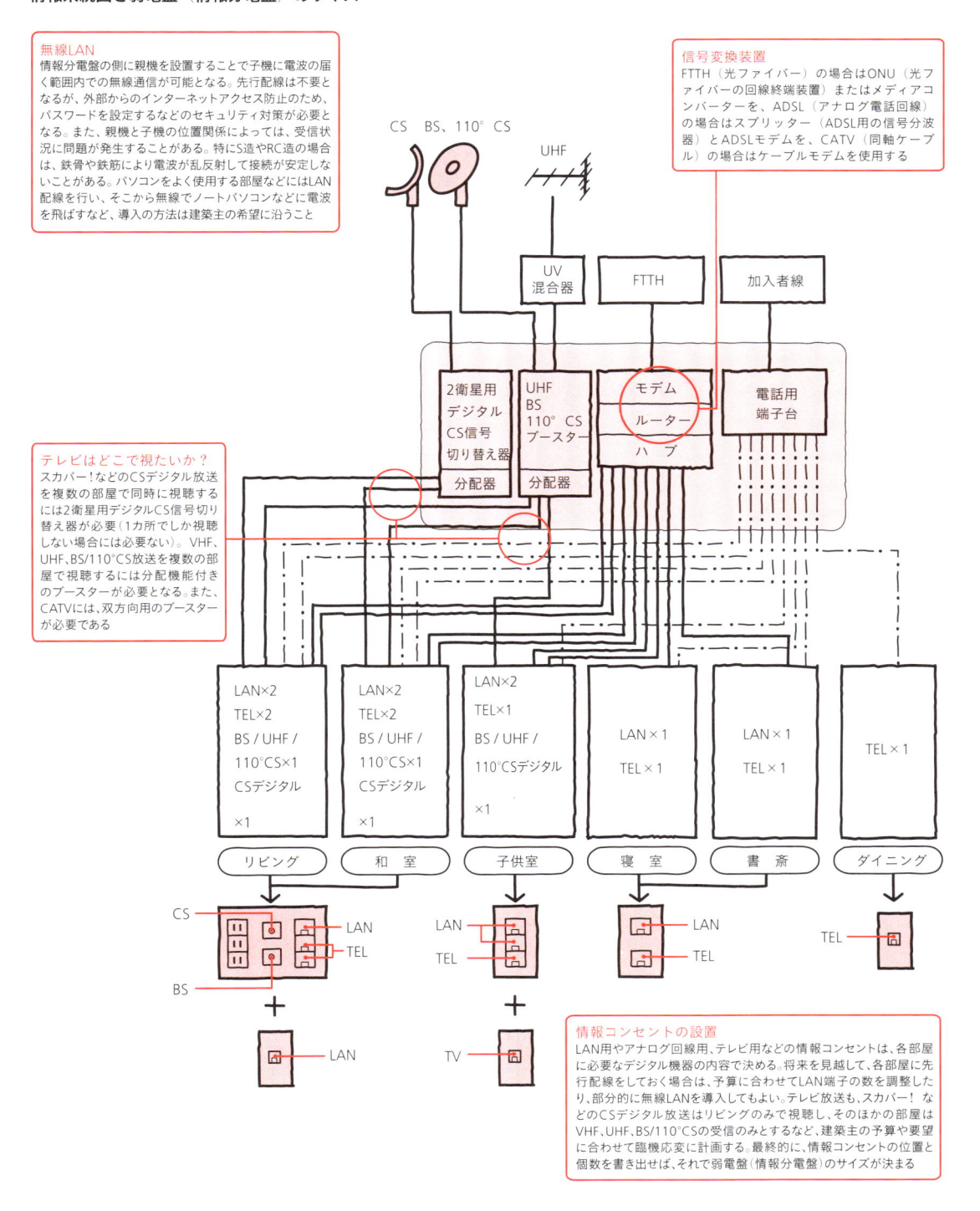

無線LAN
情報分電盤の側に親機を設置することで子機に電波の届く範囲内での無線通信が可能となる。先行配線は不要となるが、外部からのインターネットアクセス防止のため、パスワードを設定するなどのセキュリティ対策が必要となる。また、親機と子機の位置関係によっては、受信状況に問題が発生することがある。特にS造やRC造の場合は、鉄骨や鉄筋により電波が乱反射して接続が安定しないことがある。パソコンをよく使用する部屋などにはLAN配線を行い、そこから無線でノートパソコンなどに電波を飛ばすなど、導入の方法は建築主の希望に沿うこと

信号変換装置
FTTH（光ファイバー）の場合はONU（光ファイバーの回線終端装置）またはメディアコンバーターを、ADSL（アナログ電話回線）の場合はスプリッター（ADSL用の信号分波器）とADSLモデムを、CATV（同軸ケーブル）の場合はケーブルモデムを使用する

テレビはどこで視たいか？
スカパー！などのCSデジタル放送を複数の部屋で同時に視聴するには2衛星用デジタルCS信号切り替え器が必要（1カ所でしか視聴しない場合には必要ない）。VHF、UHF、BS/110°CS放送を複数の部屋で視聴するには分配機能付きのブースターが必要となる。また、CATVには、双方向用のブースターが必要である

情報コンセントの設置
LAN用やアナログ回線用、テレビ用などの情報コンセントは、各部屋に必要なデジタル機器の内容で決める。将来を見越して、各部屋に先行配線をしておく場合は、予算に合わせてLAN端子の数を調整したり、部分的に無線LANを導入してもよい。テレビ放送も、スカパー！などのCSデジタル放送はリビングのみで視聴し、そのほかの部屋はVHF、UHF、BS/110°CSの受信のみとするなど、建築主の予算や要望に合わせて臨機応変に計画する。最終的に、情報コンセントの位置と個数を書き出せば、それで弱電盤（情報分電盤）のサイズが決まる

ココだけ押さえればOK！先行配線のルール

❶先行配線のポイント

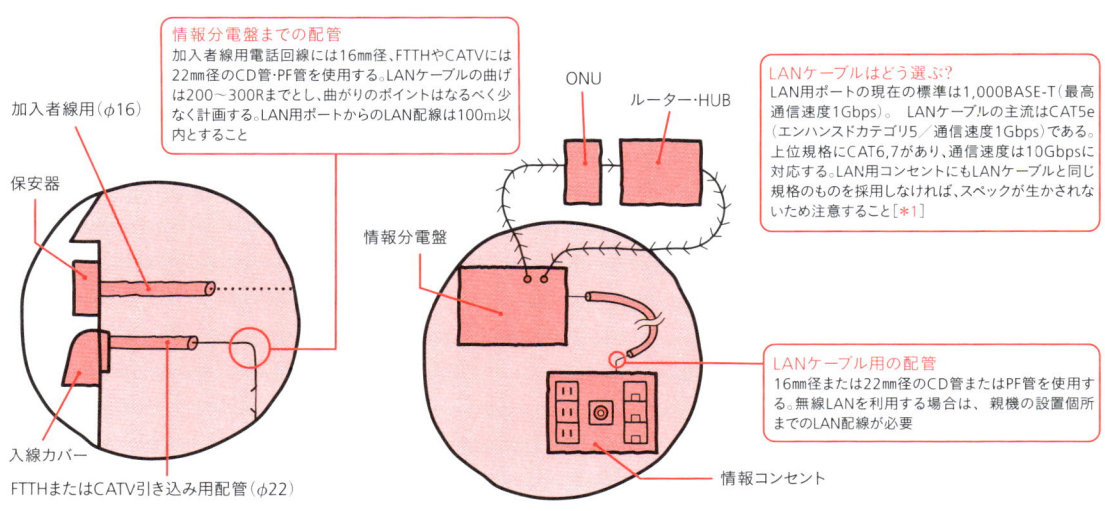

加入者線用（φ16）

保安器

入線カバー

FTTHまたはCATV引き込み用配管（φ22）

情報分電盤までの配管
加入者線用電話回線には16mm径、FTTHやCATVには22mm径のCD管・PF管を使用する。LANケーブルの曲げは200〜300Rまでとし、曲がりのポイントはなるべく少なく計画する。LAN用ポートからのLAN配線は100m以内とすること

ONU

ルーター・HUB

LANケーブルはどう選ぶ？
LAN用ポートの現在の標準は1,000BASE-T（最高通信速度1Gbps）。LANケーブルの主流はCAT5e（エンハンスドカテゴリ5／通信速度1Gbps）である。上位規格にCAT6,7があり、通信速度は10Gbpsに対応する。LAN用コンセントにもLANケーブルと同じ規格のものを採用しなければ、スペックが生かされないため注意すること［*1］

情報分電盤

LANケーブル用の配管
16mm径または22mm径のCD管またはPF管を使用する。無線LANを利用する場合は、親機の設置個所までのLAN配線が必要

情報コンセント

❷コンセントはこう選ぶ

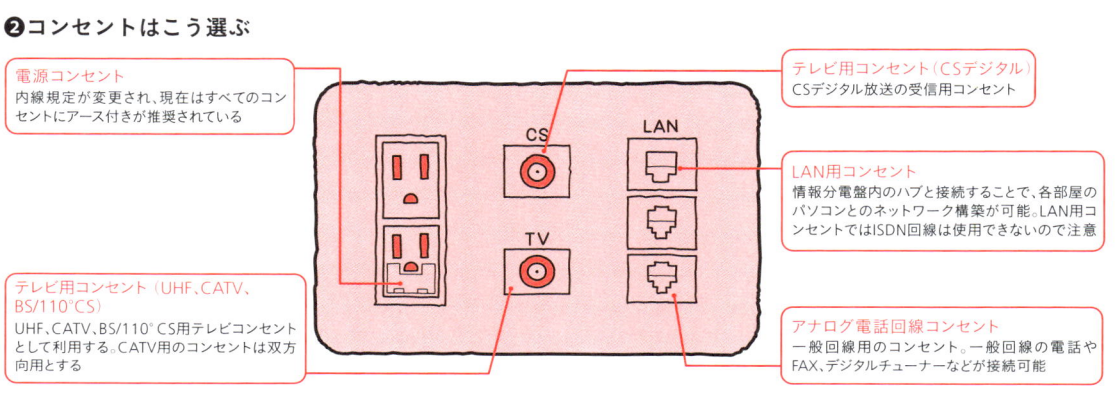

電源コンセント
内線規定が変更され、現在はすべてのコンセントにアース付きが推奨されている

テレビ用コンセント（UHF、CATV、BS/110°CS）
UHF、CATV、BS/110°CS用テレビコンセントとして利用する。CATV用のコンセントは双方向用とする

テレビ用コンセント（CSデジタル）
CSデジタル放送の受信用コンセント

LAN用コンセント
情報分電盤内のハブと接続することで、各部屋のパソコンとのネットワーク構築が可能。LAN用コンセントではISDN回線は使用できないので注意

アナログ電話回線コンセント
一般回線用のコンセント。一般回線の電話やFAX、デジタルチューナーなどが接続可能

テレビアンテナ設置のルール

❶テレビアンテナ設置の注意点

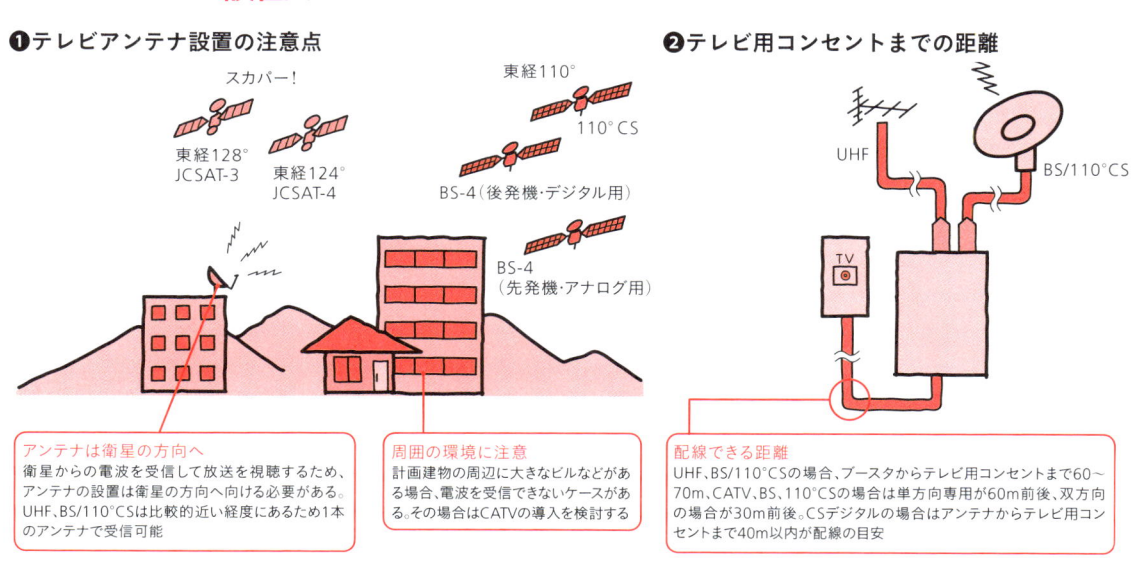

スカパー！
東経128° JCSAT-3
東経124° JCSAT-4
東経110°
110°CS
BS-4（後発機・デジタル用）
BS-4（先発機・アナログ用）

アンテナは衛星の方向へ
衛星からの電波を受信して放送を視聴するため、アンテナの設置は衛星の方向へ向ける必要がある。UHF、BS/110°CSは比較的近い経度にあるため1本のアンテナで受信可能

周囲の環境に注意
計画建物の周辺に大きなビルなどがある場合、電波を受信できないケースがある。その場合はCATVの導入を検討する

❷テレビ用コンセントまでの距離

UHF
BS/110°CS
TV

配線できる距離
UHF、BS/110°CSの場合、ブースタからテレビ用コンセントまで60〜70m。CATV、BS、110°CSの場合は単方向専用が60m前後、双方向の場合が30m前後。CSデジタルの場合はアンテナからテレビ用コンセントまで40m以内が配線の目安

*1：CAT6（伝送帯域はCAT5eの2.5倍の250MHz）、CAT7（伝送帯域はCAT5eの6倍、CAT6の2.4倍の600MHz）、がある。CD管やPF管を使用して先行配管しておけば、LANケーブルの更新は可能である。通信速度以上の速度に対応したケーブルの導入は建築主の意向により決定すればよい

住宅設備［宅内LAN・情報分電盤］チェックシート

項目		チェック内容
建築主が主導で決定	・ブロードバンドの種別	☐ FTTH　　☐ ADSL　　☐ CATV
	・有線LANとして先行配管を行ってよいか	☐ 可　　☐ 不可
	・LANケーブルの種類	☐ CAT5e（1,000BASE-T対応） ☐ CAT6　　☐ CAT7　　☐ その他（　　　　　　）
	・無線LANを使用するか	☐ 使用する　　☐ 使用しない
	・LAN用コンセントは全部でいくつ必要か	（　　　　　　　　　　　　　　　　　　　　　　　　　）個
	・アナログ電話回線は全部でいくつ必要か	（　　　　　　　　　　　　　　　　　　　　　　　　　）個
	・電話線端子台の種類	☐ スター配線端子台　　☐ 2系統スター配線端子台
	・UHF、BS/110°CSの内、受信種別は何か	☐ UHF　　☐ BS　　☐ 110°CS
	・UHF、BS/110°CSブースタは必要か ・視聴する部屋の位置と合計数	☐ 要　　☐ 不要 （　　　　　　　　　　　　　　　　　　　　　　　　　）
	・双方向用CATV、BS、110°CSブースタは必要か	☐ 要　　☐ 不要
	・2衛星用デジタルCS信号切替器は何か ・視聴する部屋の位置と合計数	☐ 要　　☐ 不要 （　　　　　　　　　　　　　　　　　　　　　　　　　）
設計者が決定	・情報分電盤に必要な電源に漏れはないか	☐ 合計（　　　　　　　　　　　　　　　　　　　　　）カ所
	・情報分電盤のサイズの確認	mm×　　　mm×　　　mm
	・情報分電盤の設置位置	☐ メンテナンス性は考慮したか
	・LANケーブルの配線ルートの確認	☐ 躯体にからむ部分の拾い出し
	・情報コンセントの配置の検討	☐ 柱・梁に設置していないか

ホームオートメーション

近年は、宅内LANと外部サーバーとの連携により、セキュリティ機器の管理、照明やエアコン、床暖房などの遠隔操作などを行うシステムも登場している［*2］。こうしたシステムの構築には、サービス提供会社との契約だけでなく、サービスに対応したメーカーごとの専用機器［*3］やテレコン用HA端子対応IFU［*4］の設置、HA端子対応の機器（エアコン、照明など）の採用などが必須となる。携帯電話を通じてHA端子対応機器を遠隔操作できたり、セキュリティ機器が作動するとパソコンや携帯電話に通知できるなど、多彩な機能がより身近なものとなるだろう。また、今後は省エネ対策やセキュリティ強化、防災といった面でこうしたシステムが採用されるケースも増えることが予想されるので、ぜひ覚えておきたい

宅内LANの可能性

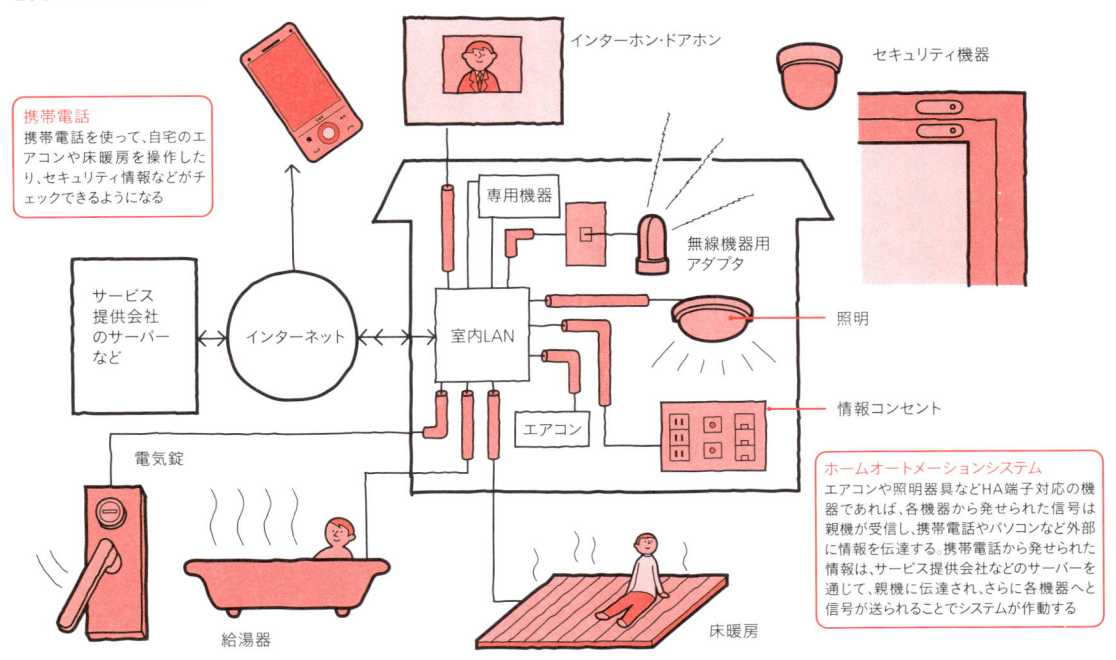

携帯電話
携帯電話を使って、自宅のエアコンや床暖房を操作したり、セキュリティ情報などがチェックできるようになる

ホームオートメーションシステム
エアコンや照明器具などHA端子対応の機器であれば、各機器から発せられた信号は親機が受信し、携帯電話やパソコンなど外部に情報を伝達する。携帯電話から発せられた情報は、サービス提供会社などのサーバーを通じて、親機に伝達され、さらに各機器へと信号が送られることでシステムが作動する

*2：本格的な家庭用システムの代表例としては、エミット・ホームシステムやライフィニティ（松下電工）、海外製品であるC-VAS、AMXなどがある　*3：宅内LANを通して得た情報を管理し、携帯電話などに伝達する親機となる装置。メーカーによっては、セキュリティ機器など専用の子機もラインナップしている　*4：システムで管理する対応機器に情報を送るための装置

設備機器を隠す裏ワザ

［設備機器を隠す］事前チェックシート

項目	チェックポイント
分電盤・弱電機器	□ 分電盤・弱電機器の周囲を施工スペースとして100mmずつ確保している
	□ 分電盤・弱電フリーボックスの蓋が収納庫の扉とぶつからず開閉できる
メーターボックス	□ 量水器は水道本管の引込み直下の地面上に設置している
	□ メーターボックスには上部および下部に換気口が設けている
給湯器	□ 前扉が可燃材料か不燃材料かを確認している
	□ 収納と給湯器の離隔寸法は45mm以上とれている
	□ 給湯器下部の配管スペースと上部の給排気筒のスペースを確保している
換気扇	□ 台所用天井埋込型換気扇を使用している
	□ コンロはIHもしくはガス2口コンロ以下である
	□ ガスコンロとフードまでの高さは800mm以上である
エアコン	□ ガラリの有効開口率は70%以上とれている
	□ エアコン本体から前面ガラリまで150mm以内である
エアコン室外機	□ ドレンの処理方法を考慮している
	□ メンテナンススペースとして前面に450mm以上確保している

分電盤・弱電機器をキチンと収納する

❶住戸分電盤　正面 [S＝1：20]　　**側面** [S＝1：20]

分電盤の上下、左右、前面にそれぞれに100mmの施工スペースを確保する

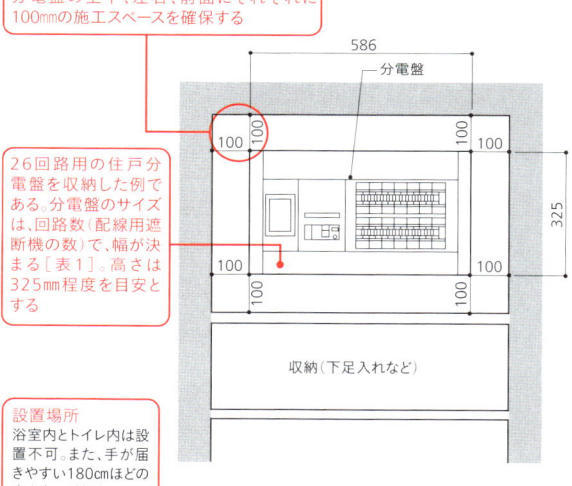

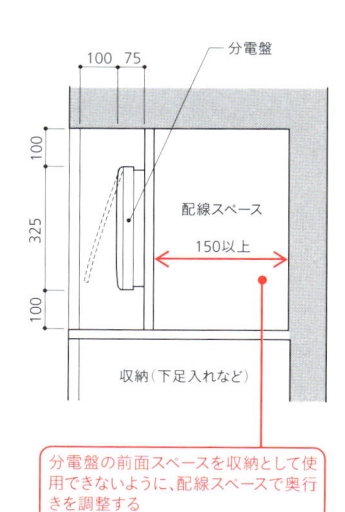

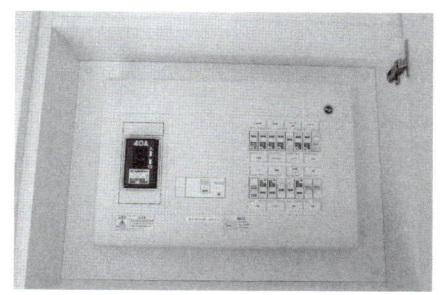

26回路用の住戸分電盤を収納した例である。分電盤のサイズは、回路数（配線用遮断機の数）で、幅が決まる［表1］。高さは325mm程度を目安とする

設置場所
浴室内とトイレ内は設置不可。また、手が届きやすい180cmほどの高さまでが望ましい

分電盤の前面スペースを収納として使用できないように、配線スペースで奥行きを調整する

収納の中に設置した分電盤。下方は下駄箱などの収納として使用

表1　住戸分電盤の回路数と幅の目安

回路数	幅寸法（mm）
6回路以下	416
7〜10回路	450
11〜16回路	484
17〜20回路	518
21〜24回路	552

注：リミッタースペース（アンペアブレーカーを取り付け可能なスペース）付き

❷住戸弱電機器　正面 [S＝1：20]

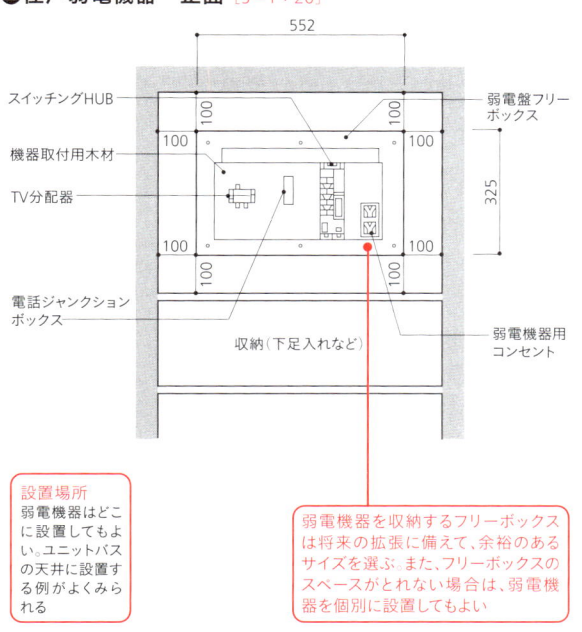

- スイッチングHUB
- 機器取付用木材
- TV分配器
- 電話ジャンクションボックス
- 弱電盤フリーボックス
- 収納（下足入れなど）
- 弱電機器用コンセント

平面 [S＝1：20]

- 弱電盤フリーボックス

設置場所
弱電機器はどこに設置してもよい。ユニットバスの天井に設置する例がよくみられる

弱電機器を収納するフリーボックスは将来の拡張に備えて、余裕のあるサイズを選ぶ。また、フリーボックスのスペースがとれない場合は、弱電機器を個別に設置してもよい

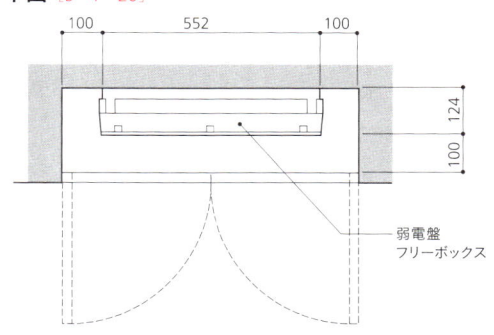

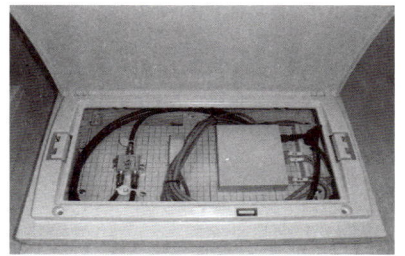

フリーボックスに納まっている弱電機器

電力メーター、ガスメーター、量水器をまとめて隠す

❶メーターボックス　正面 [S＝1：30]

ガスマイコンメータのサイズ
高さ1,000mm以上確保しておけば、すべての号数のマイコンメーターに対応可能［表2］

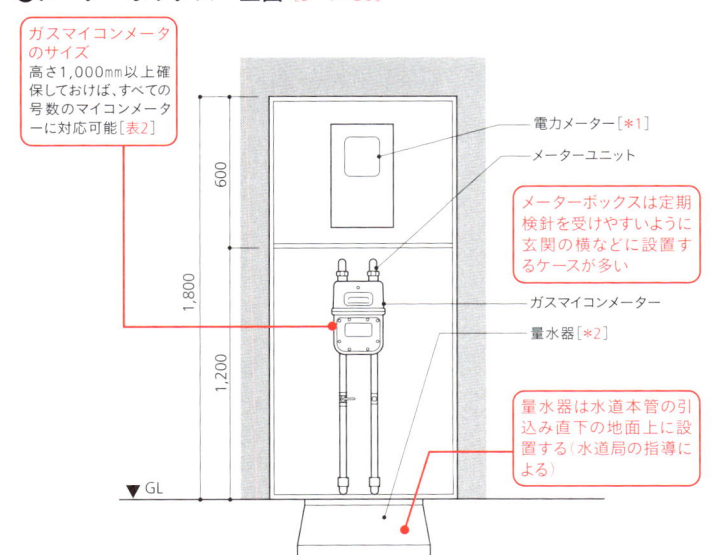

- 電力メーター［＊1］
- メーターユニット
- ガスマイコンメーター
- 量水器［＊2］

メーターボックスは定期検針を受けやすいように玄関の横などに設置するケースが多い

量水器は水道本管の引込み直下の地面上に設置する（水道局の指導による）

平面 [S＝1：30]

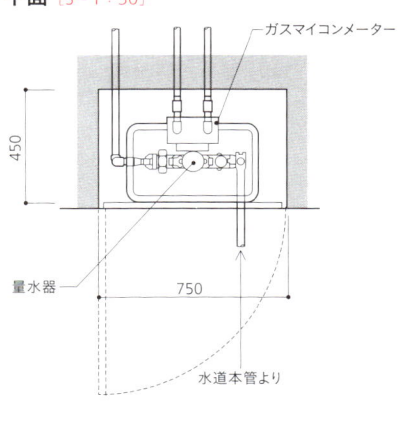

- ガスマイコンメーター
- 量水器
- 水道本管より

❷メーターボックス換気口の注意点

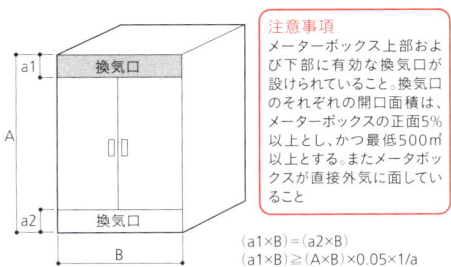

注意事項
メーターボックス上部および下部に有効な換気口が設けられていること。換気口のそれぞれの開口面積は、メーターボックスの正面5%以上とし、かつ最低500c㎡以上とする。またメータボックスが直接外気に面していること

$(a1 \times B) = (a2 \times B)$
$(a1 \times B) \geq (A \times B) \times 0.05 \times 1/a$

表2　ガスマイコンメーターの寸法と取付けスペース目安　(mm)

号数	メーター寸法 幅	奥行き	高さ	取付けスペース 幅	奥行き	高さ
2	174	137	258	360(490)	225(170)	450(490)
3	174	138	280	360(490)	225(170)	500(510)
6	195	156	324	380(490)	245(180)	530(560)
10	300	213	422	560	325	870
16	300	213	422	560	325	870

注：（　）はメーターユニットを使用した場合

＊1：電力メーターのサイズ（単相3線式）目安は幅176mm、高さ280mm、奥行き126mmとする　＊2：両水器ボックスのサイズ目安は幅515mm、高さ230mm、奥行き305mmとする

給湯機を安全に隠す

❶給湯機（屋内設置の場合） 側面 [S=1：40]　　正面 [S=1：40]

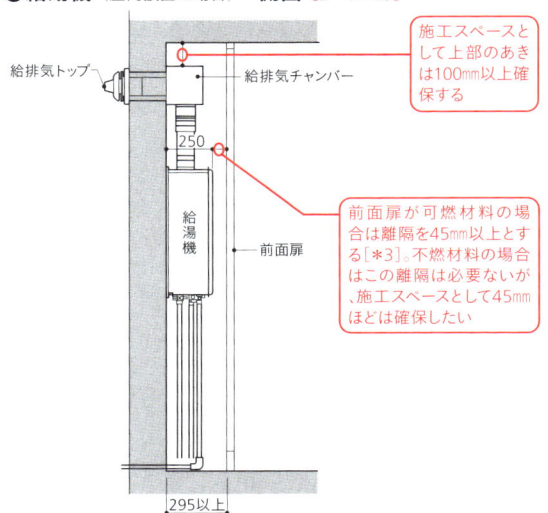

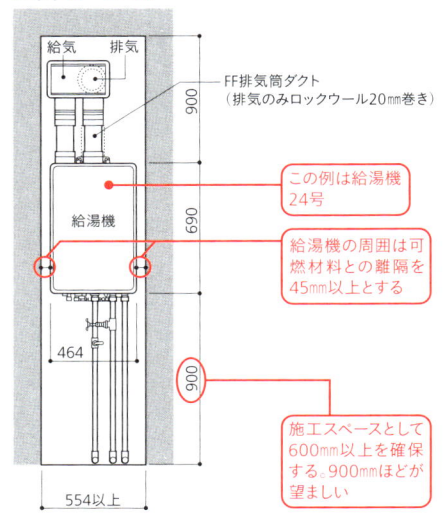

- 給排気トップ
- 給排気チャンバー
- 250
- 給湯機
- 前面扉
- 295以上

- 施工スペースとして上部のあきは100mm以上確保する
- 前面扉が可燃材料の場合は離隔を45mm以上とする[＊3]。不燃材料の場合はこの離隔は必要ないが、施工スペースとして45mmほどは確保したい

- 給気　排気
- FF排気筒ダクト（排気のみロックウール20mm巻き）
- 900
- 給湯機
- 690
- 464
- 900
- 554以上

- この例は給湯機24号
- 給湯機の周囲は可燃材料との離隔を45mm以上とする
- 施工スペースとして600mm以上を確保する。900mmほどが望ましい

❷即湯ユニット設置例

- 即湯ユニットも隠す！給湯機と給湯栓が離れている場合、即湯ユニットを設置することですぐに湯が使用できる。即湯ユニットと給湯機は必ずセットで使用し、設置場所は給湯機の周囲ではなく出湯栓の近くにする。キッチンシンクの下や洗面化粧台の下に隠蔽することが多く、あらかじめにスペースの確保が必要となる
- 即湯ユニットは各出湯栓と最短になるように配管する
- 即湯ユニットは必ず給湯管と接続する
- 逆止弁継手
- 湯入口
- 即湯ユニット
- 湯出口
- 給湯管
- 溢水配管
- 給水管
- 止水栓（水側）
- 止水栓（湯側）
- 給湯器
- 排水器具
- 例：INAX「ほっとエクスプレスEG-2SI」

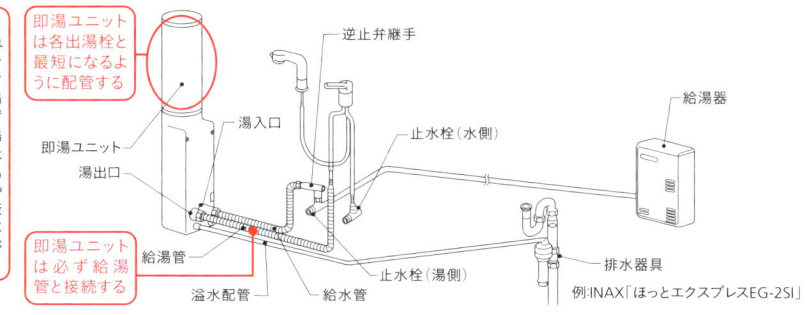

換気扇をスッキリ隠す

キッチン換気扇　正面 [S=1：40]

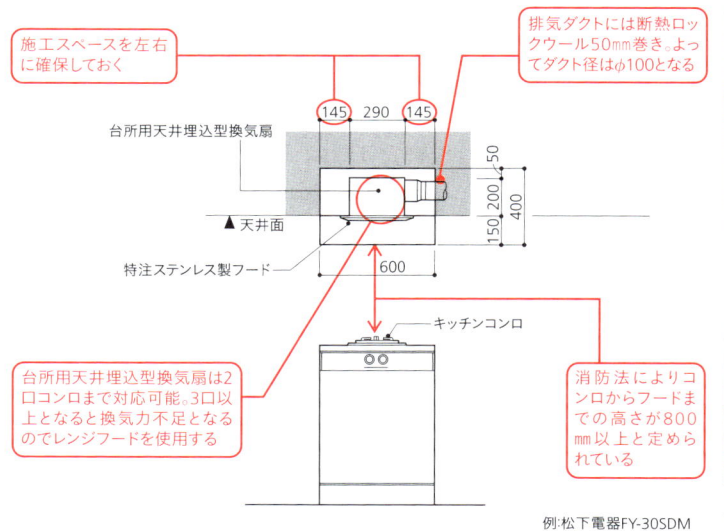

- 施工スペースを左右に確保しておく
- 145　290　145
- 台所用天井埋込型換気扇
- ▲天井面
- 特注ステンレス製フード
- 50
- 150　200　400
- 600
- キッチンコンロ
- 排気ダクトには断熱ロックウール50mm巻き。よってダクト径はφ100となる
- 台所用天井埋込型換気扇は2口コンロまで対応可能。3口以上となると換気力不足となるのでレンジフードを使用する
- 消防法によりコンロからフードまでの高さが800mm以上と定められている
- 例：松下電器FY-30SDM

キッチン換気扇。最近ではステンレス製フードを設置する集合住宅が増えている

＊3：「ガス機器の設置基準及び実務指針（後編）」

エアコンの上手な隠し方

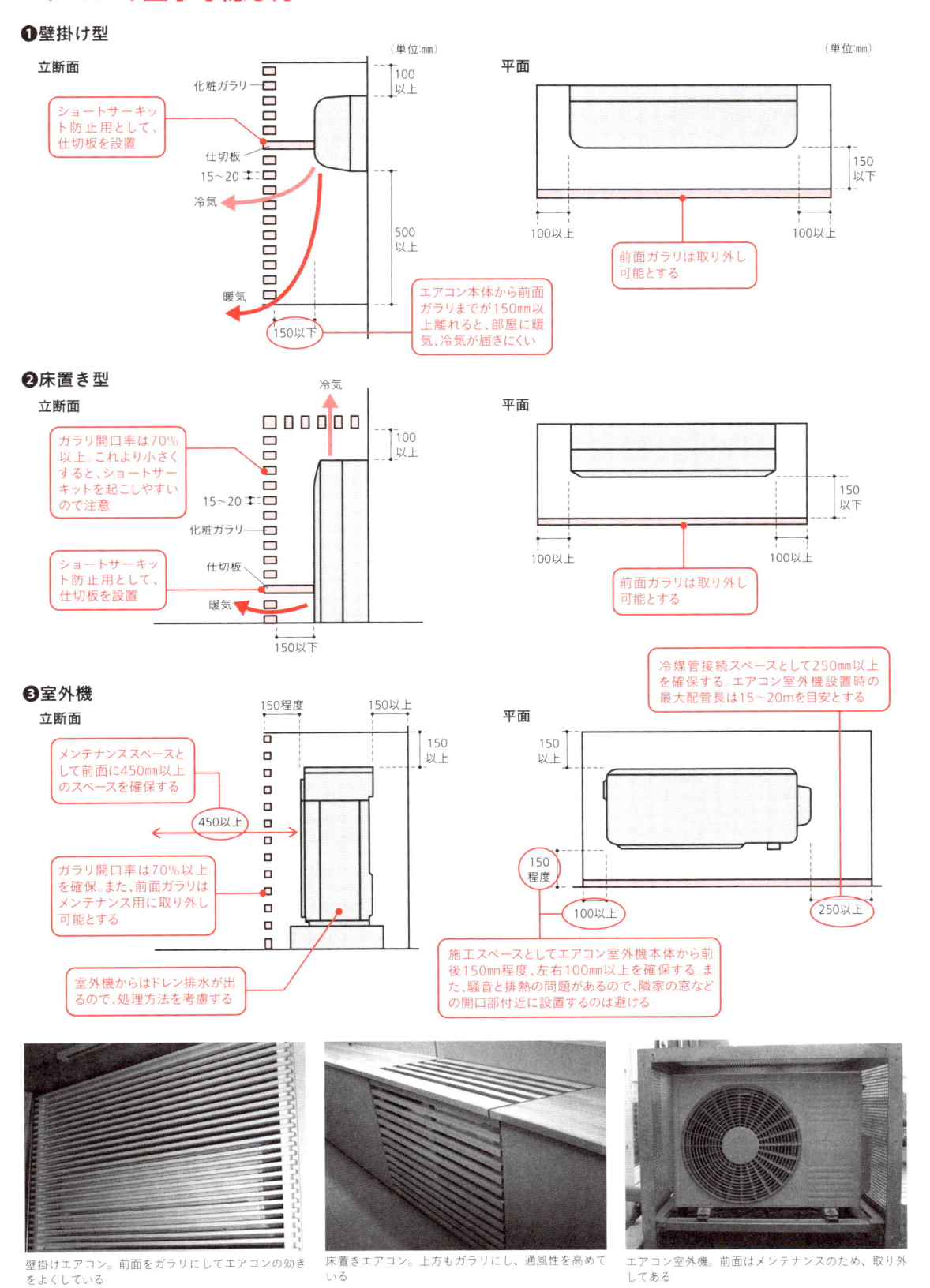

❶壁掛け型

立断面（単位:mm）

- 化粧ガラリ
- ショートサーキット防止用として、仕切板を設置
- 仕切板
- 15〜20
- 冷気
- 100以上
- 500以上
- 暖気
- 150以下
- エアコン本体から前面ガラリまでが150mm以上離れると、部屋に暖気、冷気が届きにくい

平面（単位:mm）

- 150以下
- 100以上
- 100以上
- 前面ガラリは取り外し可能とする

❷床置き型

立断面

- 冷気
- ガラリ開口率は70%以上。これより小さくすると、ショートサーキットを起こしやすいので注意
- 100以上
- 15〜20
- 化粧ガラリ
- ショートサーキット防止用として、仕切板を設置
- 仕切板
- 暖気
- 150以下

平面

- 150以下
- 100以上
- 100以上
- 前面ガラリは取り外し可能とする

❸室外機

立断面

- 150程度
- 150以上
- 150以上
- メンテナンススペースとして前面に450mm以上のスペースを確保する
- 450以上
- ガラリ開口率は70%以上を確保する。また、前面ガラリはメンテナンス用に取り外し可能とする
- 室外機からはドレン排水が出るので、処理方法を考慮する

平面

- 冷媒管接続スペースとして250mm以上を確保する。エアコン室外機設置時の最大配管長は15〜20mを目安とする
- 150以上
- 150程度
- 100以上
- 250以上
- 施工スペースとしてエアコン室外機本体から前後150mm程度、左右100mm以上を確保する。また、騒音と排熱の問題があるので、隣家の窓などの開口部付近に設置するのは避ける

壁掛けエアコン。前面をガラリにしてエアコンの効きをよくしている

床置きエアコン。上方もガラリにし、通風性を高めている

エアコン室外機。前面はメンテナンスのため、取り外してある

簡易ホームシアターの作り方

スピーカーとスクリーンの配置

項目	設置のポイント
スピーカーの構成を知る	楽器の反響音、観客の拍手歓声などを後方のスピーカーから出して臨場感を増すためのシステムのことを 5.1ch サラウンドシステムとよぶ。レフトスピーカー（LSP）、ライトスピーカー（RSP）、センタースピーカー（CSP）、サブウーハー（SWSP）、サラウンドレフトスピーカー（SLSP）、サラウンドライトスピーカー（SRSP）の 6 つのスピーカーで構成される
ライトスピーカー レフトスピーカーの設置	メインのスピーカーであるフロントの R（右）、L（左）スピーカーは、スクリーンの両サイドに設置する。共振しにくい台に載せ、床から 300 ～ 500mm程度もち上げて設置すると、音質だけでなく隣接室や隣家への遮音のためにもよい。また、高音用のスピーカーは人がソファに座ったとき、耳より少し高くなる位置（高さ 1m 前後）に設置する。スクリーンはできるだけ低い位置に設置するとよい
センタースピーカーの設置	主に映画などの話し声・ナレーションなどを出すスピーカー。このセンタースピーカーは、スクリーン中央の下側に設置する
サラウンドスピーカーの設置	右後ろ、左後ろに各 1 個設置するサラウンドスピーカーは、天井から吊る、またはスタンドで立てて設置する場合が多い。壁・天井に近すぎると、仕上げ材が振動するので防音上好ましくない。サラウンドスピーカーは、できる限り壁や天井から離して設置したい。設置後のシステム変更の可能性を見越し、想定された位置から前側に 900mm、後側に 1,200mm程度、110 ～ 120 度の角度変更に対応できるようにするとよい。耐荷重は 20kg 程度を想定しておくこと
サブウーハーの設置	メインスピーカーの低音域を補うサブウーハーは、設置場所に注意が必要。実際に音を出しながら、スクリーン廻りの好ましい場所を探して設置位置を決める［＊1］のが一般的。低音の大きな音が出るため、床から離ししっかりした台の上に設置するとよい
サウンドスクリーンの設置	サウンドスクリーンとは、音を遮蔽しにくいスクリーンのこと。これを使用すると、スピーカーをスクリーンの後ろに設置できるなど、スピーカーの設置の自由度が増す。大画面の場合などは特に有効だ。スクリーンは固定型と床置き型、天井吊り下げ型がある。サイズによっては補強下地を設けること（前後に位置調節が可能な下地を設けるとよい）

サラウンドシステムを効果的に機能させるには、スピーカーを聴取エリアの円周上に配置するとよい。また、スピーカーやスクリーンなどは部屋の中心に対し左右シンメトリーに設置する。DVD・BDの登場は、音声・音楽の品質を飛躍的に向上させた［＊2］。サラウンドシステムを導入したホームシアターでは、吸音性が高く、残響時間の短くなるような仕上げが好ましい。また、重低音も再生されるため、防音についても検討すべきである。衛星放送や地上デジタル放送では、5.1chサラウンドシステムでの放送も増えている。今後は、5.1chサラウンドシステムが普及し、一般住宅での需要も急増すると考えられる。ここでは基本的なシステムを紹介しているが、さらにチャンネル数の多いシステムを推奨しているメーカーもある。ただし、本格的なオーディオルームの設計は専門業者に頼む必要がある

❶映画館型のレイアウト

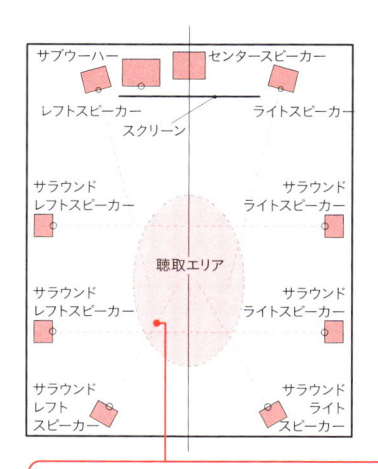

全体の音のバランスは大まかになるが、聴取エリアが広く、大人数での利用に向いているレイアウト。サラウンドライトスピーカー×3カ所、サラウンドレフトスピーカー×3カ所はそれぞれ同じチャンネルとなる

❷スタジオ型のレイアウト

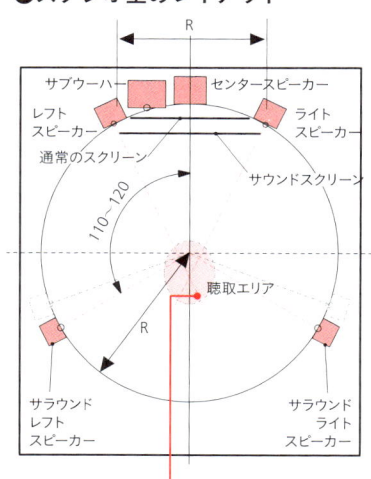

聴取エリアは狭いが、音のバランスが最もよいレイアウト。サラウンドライトスピーカーとサラウンドレフトスピーカーは110～120°の間で調整する

＊1：本格的なホームシアターの場合は、音を測定しながらサブウーハーの適切な設置場所を探す　＊2：音のエネルギーでは10～100倍（ダイナミックレンジが10～20dB）大きくなり、低い音（超低音）から高音まで再生が可能になった（周波数レンジが拡がった）。従来は2個だったスピーカーの数も6個に増えた

140

ホームシアター設計の注意点

項目		内容
プロジェクターの設置	下地	・天井から吊り下げて設置するため、10〜20kg の耐吊り荷重が必要
	設置場所	・発熱、発生騒音対策を配慮して、視聴位置より後方に設置するとよい ・スクリーンまでの距離はスクリーンサイズにより制約を受ける場合があるので、事前に確認する
	冷却ファン騒音	・プロジェクターは冷却ファン騒音を考慮し、投影距離、スクリーンサイズとレンズのズーム可能範囲などをチェックして設置する部屋の最後部に近い位置に設置するのが望ましい ・壁掛け空調機を付ける場合、位置関係の検討に注意すること
	将来機器変更への対応	・取り付け用下地の前後に 1m、横幅も 0.6m ほど余裕をもたせる
その他の機器の設置・配線	CD・DVD プレイヤーなど	・頻繁に出し入れする音源（CD／DVD／BD など）とコントロールアンプなどは聴取位置付近に置く（テーブルの上や棚など） ・頻繁に使わない機器は前方スクリーン部分や聴取位置の横の壁際に置く
	配線	・聴取位置からスクリーン部の床に、通線ピットと呼ばれる箱状のダクト（100w×50h〜150w×50h）を床に埋め込むと配線がスッキリと納まる ・通線ピットの両端には、300㎜程度のプルボックスを設け、ケーブル処理をしやすくする。通線後に 3.2〜4.5mm の鉄板でふさぐ。また、プルボックスからは床壁を経て天井に吊るしたサラウンドスピーカー、プロジェクターまで配管を行うこと ・照明は調光式が望ましい（ON／OFF 式でも可） ・機器用電源（コンセント）を、聴取位置の床下（6口）、スクリーン部壁（6口）、プロジェクター部（1口）に設ける ・スクリーン部にパワーアンプを置く場合は、聴取位置のコントロールアンプからの配線はオプティカルケーブル［＊3］を使用する。先行配管をしておくべきケーブルが少なくてすむため、通線ピットとしてボックスを用意せずに、配管のみでも可能となる。その場合は、フロントからサラウンドスピーカーへの配管が必要になる
	大型オーディオ機器	・機器をラックなどの内部に設置し、冷却ファン騒音を考慮し、周囲を吸音パネルなどで囲うとよい
	大型テレビの取付け	・壁に取り付ける場合は補強下地を設けること
遮光と吸音を兼ねるカーテン		・照度を落とすとより美しい映像を楽しむことができる ・遮光カーテンには吸音性があるため、吸音の効果も期待できる ・窓が小さくても、できる限り広い面積のカーテンを使用するとよい。カーテンを設置した位置の対称位置にも、同じ面積でカーテンを設けるとよい。カーテンを設けた場合、対面にも同じ面積でカーテンを設けるとさらによい
内装の色		・無彩色で暗い色が好ましい（代表的な物が暗幕で、最もスクリーンに投影された画像をきれいに見させることが可能） ・派手な有彩色を使うとスクリーンに色映りを起こす ・明るすぎる色を使用するとスクリーンの色がぼけてみえる ・リビングなどと兼用の場合、壁は明るい色でもカーテンは色を暗めにするとよい
暗騒音［＊4］		・室内の騒音は空調機、換気ファン、プロジェクターファンなどから出る。室内が静かなほど繊細な音を楽しむことができるため、下記の対策を取るとよい
	空調機	・インバーターエアコンがよい。設定温度になるまでは音が気になるが、設定温度に達した後は、作動しているかどうか分からないほど静かである。空調機は部屋に適したサイズのワンランク上の少し大きめの機器を選定し、稼働時間を短縮するとよい ・部屋の両サイドに遮光吸音カーテンを設け、前面にスクリーンを吊るす場合は、壁掛け型を最後部に設置するか、聴取位置よりのスクリーン寄りの天井に天井埋め込みカセット型を取り付けるとよい。ただし、このときスクリーンが空調機から出る気流により揺れてしまわないよう、スクリーン側の吹き出し口を塞ぐなどの工夫が必要

木造・RC 造で計画する際の防音の注意点

ホームシアターを設ける場合、RC 造は 75〜80dB に抑えて聴けば通常は問題ないが、80dB 以上の大音量で聴きたい場合は防音構造の検討が必要となる。木造の場合は、防音性能を得ることが難しいため、工夫が必要となる［142、143頁参照］。室内で最大90dB の音が出たとき、RC 造と木造の空気伝播音と高い固体伝播音を加味した総合的な遮音量は下図❶、❷のようになる

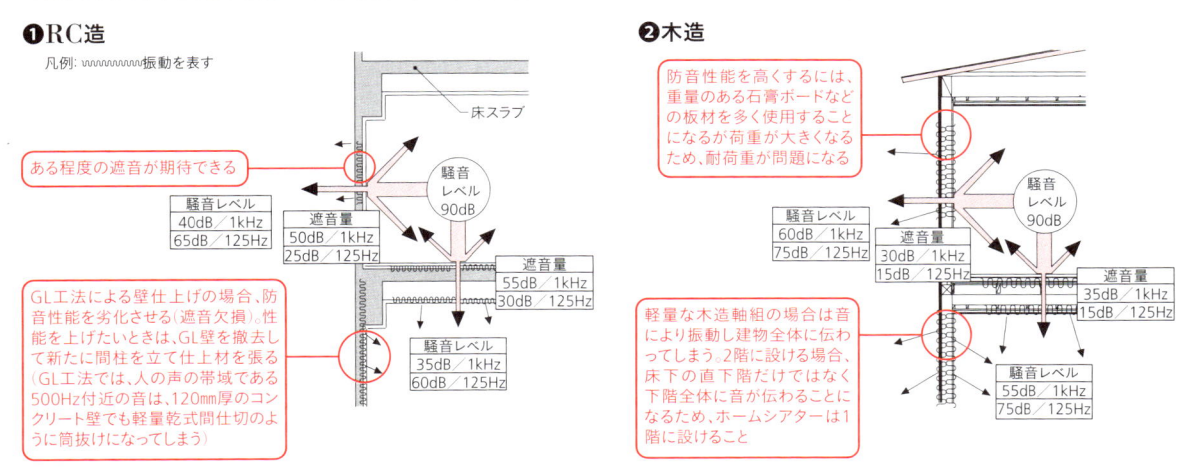

❶RC造

凡例：～～～振動を表す

ある程度の遮音が期待できる

騒音レベル 40dB／1kHz 65dB／125Hz

遮音量 50dB／1kHz 25dB／125Hz

騒音レベル 90dB

遮音量 55dB／1kHz 30dB／125Hz

騒音レベル 35dB／1kHz 60dB／125Hz

床スラブ

GL工法による壁仕上げの場合、防音性能を劣化させる（遮音欠損）。性能を上げたいときは、GL壁を撤去して新たに間柱を立て仕上材を張る（GL工法では、人の声の帯域である500Hz付近の音は、120mm厚のコンクリート壁でも軽量乾式間仕切のように筒抜けになってしまう）

❷木造

防音性能を高くするには、重量のある石膏ボードなどの板材を多く使用することになるが荷重が大きくなるため、耐荷重が問題になる

騒音レベル 60dB／1kHz 75dB／125Hz

遮音量 30dB／1kHz 15dB／125Hz

騒音レベル 90dB

遮音量 35dB／1kHz 15dB／125Hz

軽量な木造軸組の場合は音により振動し建物全体に伝わってしまう。2階に設ける場合、床下の直下階だけではなく下階全体に音が伝わることになるため、ホームシアターは1階に設けること

騒音レベル 55dB／1kHz 75dB／125Hz

＊3：デジタルオーディオ機器を接続するための光学式通信ケーブルのこと。機器どうしで音声データを転送しても音質の劣化を全く生じさせない　＊4：ある場所において特定の音を対象として考える場合、対象の音がないときのその場所の騒音

吸音構造で簡易ホームシアターの性能を上げる

5.1chサラウンドシステム[*1]は防音構造だけでなく吸音構造が重要となる。複数のスピーカーから異なる音が再生されるため、床・壁・天井が反射性だとその影響で実際はどこから音が出ているか分からなくなってしまうからだ。そのため、ホームシアターは極言すると全面吸音が理想的といえる。しかし薄い吸音層（高音域しか吸音しない）を広い面積に設けると中低音域がこもったような音になる。だからといって厚い吸音層を多く設けると部屋が狭くなる、コストもかさむなどの問題が生じる。吸音層の設け方にはこれらの点にも配慮しておきたい。下記の合理的な吸音層の取り付け位置の例を参考にするとよい。低音域は部屋のコーナーに集まるという性質があるので、その部分に厚い低音域まで吸音する吸音層を設置すると、実際に使用する部屋の面積は狭くならない。また、部屋の形状や寸法比にも注意が必要となる。

吸音層の取り付け位置の例

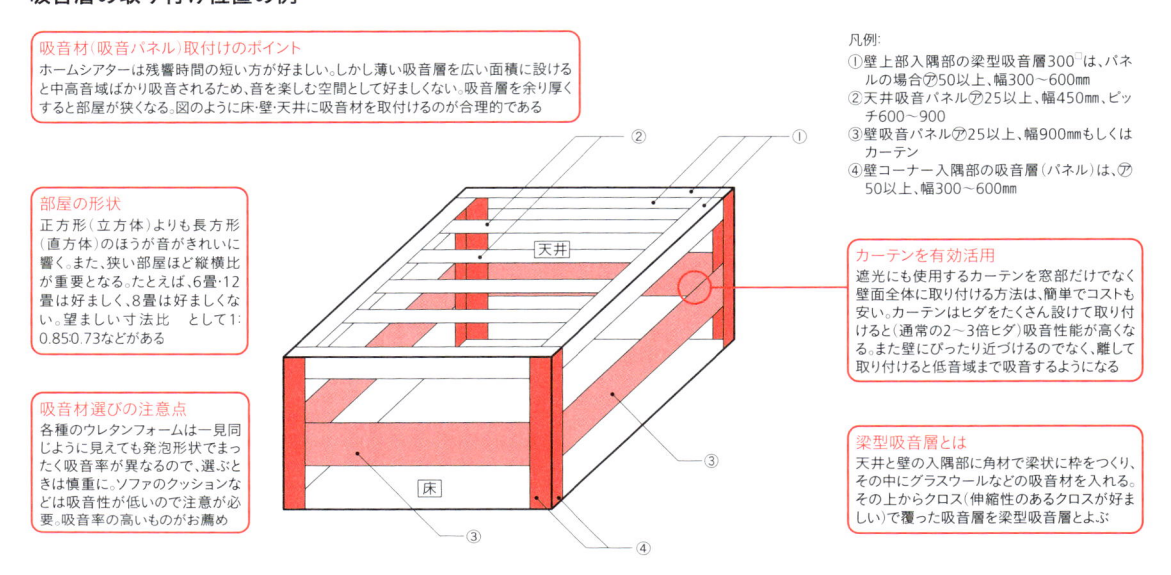

吸音材（吸音パネル）取付けのポイント
ホームシアターは残響時間の短い方が好ましい。しかし薄い吸音層を広い面積に設けると中高音域ばかり吸音されるため、音を楽しむ空間として好ましくない。吸音層を余り厚くすると部屋が狭くなる。図のように床・壁・天井に吸音材を取付けるのが合理的である

部屋の形状
正方形（立方体）よりも長方形（直方体）のほうが音がきれいに響く。また、狭い部屋ほど縦横比が重要となる。たとえば、6畳・12畳は好ましく、8畳は好ましくない。望ましい寸法比 として1：0.85：0.73などがある

吸音材選びの注意点
各種のウレタンフォームは一見同じように見えても発泡形状でまったく吸音率が異なるので、選ぶときは慎重に。ソファのクッションなどは吸音性が低いので注意が必要。吸音率の高いものがお薦め

凡例：
①壁上部入隅部の梁型吸音層300□は、パネルの場合⑦50以上、幅300〜600mm
②天井吸音パネル⑦25以上、幅450mm、ピッチ600〜900
③壁吸音パネル⑦25以上、幅900mmもしくはカーテン
④壁コーナー入隅部の吸音層（パネル）は、⑦50以上、幅300〜600mm

カーテンを有効活用
遮光にも使用するカーテンを窓部だけでなく壁面全体に取り付ける方法は、簡単でコストも安い。カーテンはヒダをたくさん設けて取り付けると（通常の2〜3倍ヒダ）吸音性能が高くなる。また壁にぴったり近づけるのでなく、離して取り付けると低音域まで吸音するようになる

梁型吸音層とは
天井と壁の入隅部に角材で梁状に枠をつくり、その中にグラスウールなどの吸音材を入れる。その上からクロス（伸縮性のあるクロスが好ましい）で覆った吸音層を梁型吸音層とよぶ

木造住宅の簡易ホームシアター納まり例

❶土台と床軸組を絶縁した床下の納まり例 [S＝1：10]

- 石膏ボード⑦12.5×2、クロス張り仕上げ
- ロックウール80kg/m³⑦50[*3]
- シーリングで20〜25mm程度の隙間を取り、土台や柱と床組を絶縁する。スピーカーによる床の共振と建物の構造体への伝播を抑えられる
- 幅木
- シーリング（シリコーン系）必要に応じバックアップ材
- 床：フローリング⑦15
- 構造用合板⑦12
- 石膏ボード⑦15
- 石膏ボード⑦15
- 構造用合板⑦12
- ゴム製防振パッド⑦15

❷防音性能を向上させる床下の納まり例 [S＝1：10]

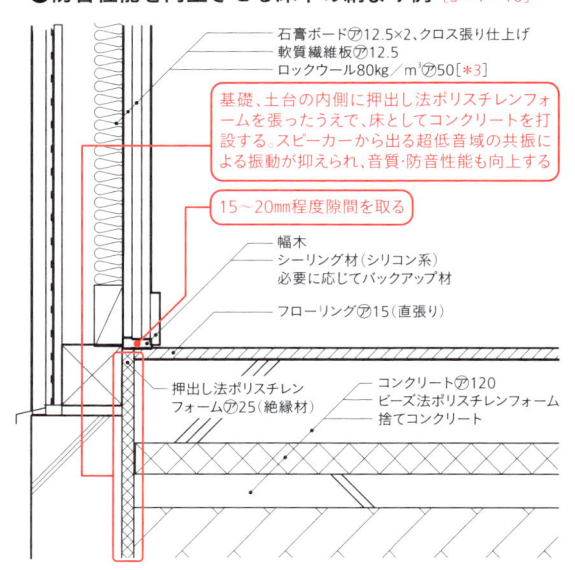

- 石膏ボード⑦12.5×2、クロス張り仕上げ
- 軟質繊維板⑦12.5
- ロックウール80kg/m³⑦50[*3]
- 基礎、土台の内側に押出し法ポリスチレンフォームを張ったうえで、床としてコンクリートを打設する。スピーカーから出る超低音域の共振による振動が抑えられ、音質・防音性能も向上する
- 15〜20mm程度隙間を取る
- 幅木
- シーリング材（シリコン系）必要に応じてバックアップ材
- フローリング⑦15（直張り）
- 押出し法ポリスチレンフォーム⑦25（絶縁材）
- コンクリート⑦120
- ビーズ法ポリスチレンフォーム
- 捨てコンクリート

*1：5.1chサラウンドシステム：5.1chサラウンドシステムの5.1とは5台のスピーカーと1台のサブウーハースピーカーを使用した装置のこと。聴取位置の周りの決められた場所にスピーカーを配置し、前からはステージからの音が、後ろからは残響音が聞こえ、非常に臨場感のある音を再生できる。

❸防振吊り天井の納まり例 [S=1:30]

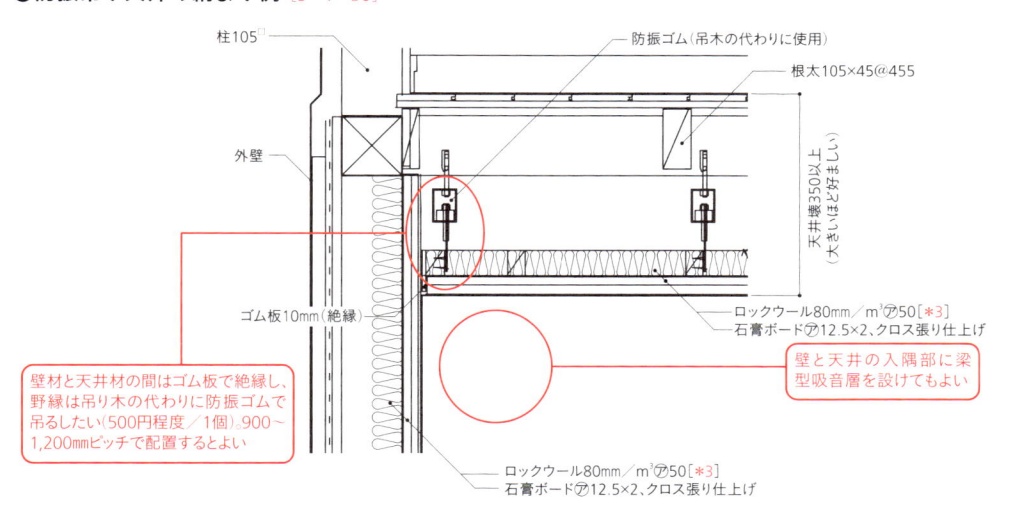

- 柱105
- 防振ゴム(吊木の代わりに使用)
- 根太105×45@455
- 外壁
- 天井懐350以上(大きいほど好ましい)
- ゴム板10mm(絶縁)
- ロックウール80mm/m³㋐50[＊3]
- 石膏ボード㋐12.5×2、クロス張り仕上げ
- ロックウール80mm/m³㋐50[＊3]
- 石膏ボード㋐12.5×2、クロス張り仕上げ

壁材と天井材の間はゴム板で絶縁し、野縁は吊り木の代わりに防振ゴムで吊るしたい(500円程度/1個)。900～1,200mmピッチで配置するとよい

壁と天井の入隅部に梁型吸音層を設けてもよい

❹2重サッシの納まり例 [S=1:8]

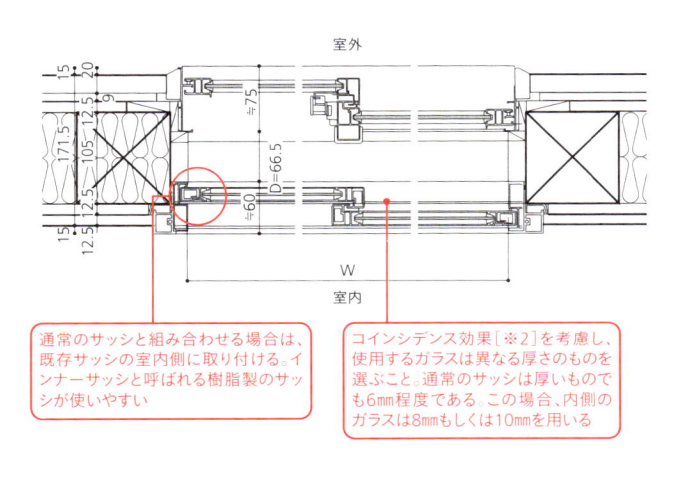

- 室外
- 室内

通常のサッシと組み合わせる場合は、既存サッシの室内側に取り付ける。インナーサッシと呼ばれる樹脂製のサッシが使いやすい

コインシデンス効果[※2]を考慮し、使用するガラスは異なる厚さのものを選ぶこと。通常のサッシは厚いものでも6mm程度である。この場合、内側のガラスは8mmもしくは10mmを用いる

❺一般的な遮音構造の換気設備の例 [S=1:10]

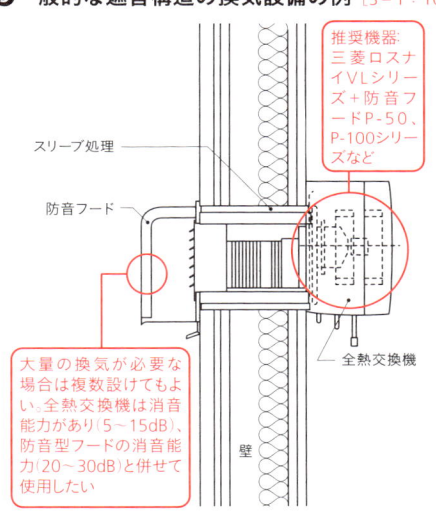

- 推奨機器:三菱ロスナイVLシリーズ＋防音フードP-50、P-100シリーズなど
- スリーブ処理
- 防音フード
- 全熱交換機
- 壁

大量の換気が必要な場合は複数設けてもよい。全熱交換機は消音能力があり(5～15dB)、防音型フードの消音能力(20～30dB)と併せて使用したい

❻木製防音扉の納まり例 [S=1:5]

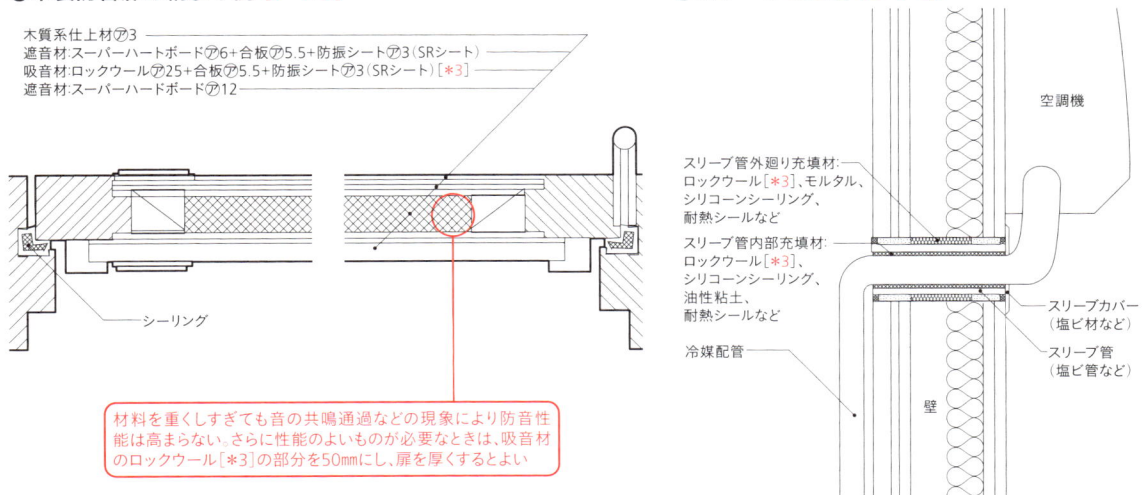

- 木質系仕上材㋐3
- 遮音材:スーパーハードボード㋐6＋合板㋐5.5＋防振シート㋐3(SRシート)
- 吸音材:ロックウール㋐25＋合板㋐5.5＋防振シート㋐3(SRシート)[＊3]
- 遮音材:スーパーハードボード㋐12
- シーリング

材料を重くしすぎても音の共鳴通過などの現象により防音性能は高まらない。さらに性能のよいものが必要なときは、吸音材のロックウール[＊3]の部分を50mmにし、扉を厚くするとよい

❼スリーブの遮音 [S=1:8]

- 空調機
- スリーブ管外廻り充填材:ロックウール[＊3]、モルタル、シリコーンシーリング、耐熱シールなど
- スリーブ管内部充填材:ロックウール[＊3]、シリコーンシーリング、油性粘土、耐熱シールなど
- スリーブカバー(塩ビ材など)
- スリーブ管(塩ビ管など)
- 冷媒配管
- 壁

＊2:コインシデンス効果とは、板状材料が音によって振動し、特定の周波数で遮音性能を劣化させる現象のこと。ガラスや鋼板などの単一板状材料で、硬い材料ほど大きく起こる。同じ材料なら厚い(重い)材料ほど周波数は低いところで起き、柔らかい材料ほどこの現象は起こりにくい　＊3:吸音材ロックウールが入手困難な場合、グラスウール32kg/m³や48kg/m³に変更も可能

オール電化住宅とは

「オール電化住宅」とは給湯器や調理器、空調などの熱源にガスや灯油を使用せず、建物内で使用するすべてのエネルギーを電気でまかなう住宅をいう

オール電化住宅の仕組み

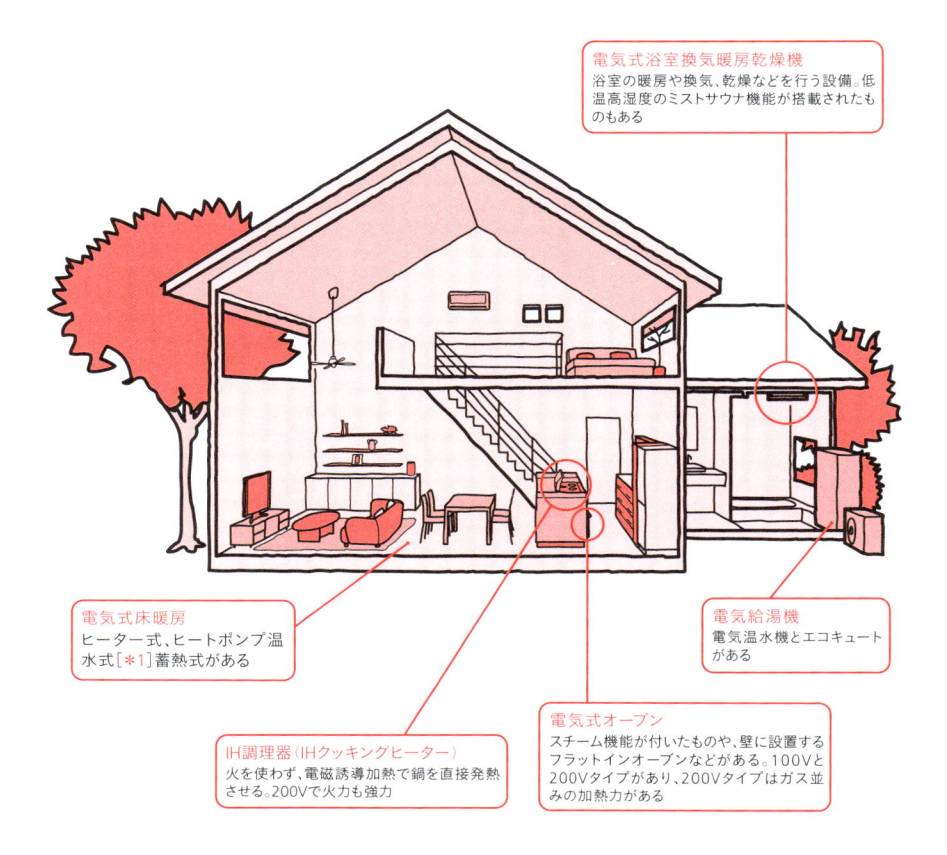

電気式浴室換気暖房乾燥機
浴室の暖房や換気、乾燥などを行う設備。低温高湿度のミストサウナ機能が搭載されたものもある

電気式床暖房
ヒーター式、ヒートポンプ温水式［*1］蓄熱式がある

電気給湯機
電気温水機とエコキュートがある

IH調理器（IHクッキングヒーター）
火を使わず、電磁誘導加熱で鍋を直接発熱させる。200Vで火力も強力

電気式オーブン
スチーム機能が付いたものや、壁に設置するフラットインオーブンなどがある。100Vと200Vタイプがあり、200Vタイプはガス並みの加熱力がある

オール電化はココを押さえる！

オール電化住宅の特徴と注意事項

オール電化住宅の特徴
電力会社によってオール電化住宅用の電力契約や電力量料金の割引がある［*2］
空気の熱を使うヒートポンプを活用しているので、環境にやさしい
室内で燃焼ガスが発生しないので、室内空気をクリーンに保て、高気密高断熱住宅に最適
住宅内で燃焼がないので安心
ガスを使用しないのでガス引込み工事およびガス配管工事分のコストが削減できる
電気は災害時の復旧がガスや水道に比べて早い
災害時などに給湯機のタンクの水を非常用水に利用できる住宅ローンの金利優遇や火災保険が割引になることがある［*3］
注意事項
貯湯タンクやヒートポンプユニットを設置するスペースを確保する
IH調理器は鉄やステンレスなどIH調理器の鍋を使う［*4］
ガスを併用する住宅と比べて、大きな電気契約量が必要
IH調理器、ヒートポンプなどを使用するためには200V専用の配線が必要

*1：ヒーター式：電気を電熱線に直接流して温める方式。ヒートポンプ温水式：ヒートポンプにより温水をつくり、床下のパネルに循環させ床を温める方式　*2：東京電力ではオール電化住宅用の電気料金メニュー「電化上手」があり、オール電化の場合「全電化住宅割引」がある　*3：金融機関や保険会社によって異なる　*4：最近はIH対応の鍋が多い。また鍋やアルミなどすべての金属鍋が使えるオールメタルIHもある

144

エコキュートとは?

「自然冷媒（CO_2）ヒートポンプ給湯機」の愛称。空気から熱をつくり、その熱で温水をつくるヒートポンプ給湯機をいう。給湯はもちろん、床暖房でも、エコキュートでつくった湯の熱を床下のパネルに循環させ液体を温めるために使われる。戸建て住宅はもちろん、集合住宅でも設置が可能。メーターボックスやバルコニーでの設置に対応した、ヒートポンプユニットと貯湯タンクユニット間の配管距離が最大25mまで可能なタイプもある

多機能エコキュートの仕組み

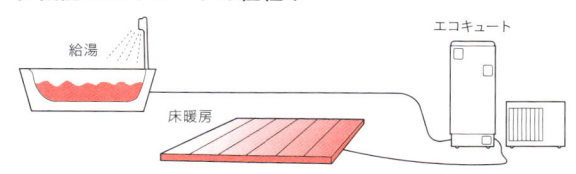

（給湯／床暖房／エコキュート の構成図）

エコキュート設置のポイント

❶エコキュート設置例 [＊5]

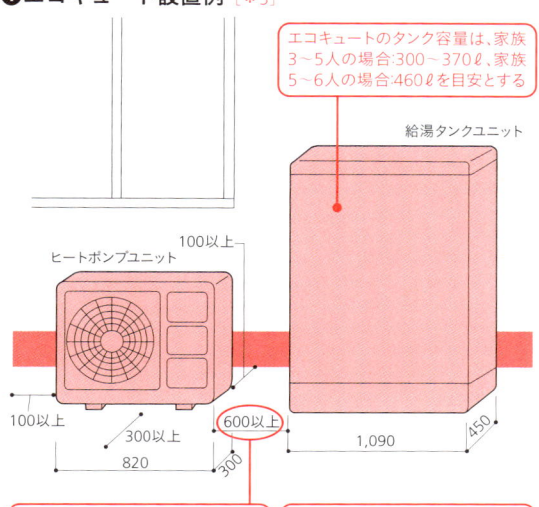

- エコキュートのタンク容量は、家族3〜5人の場合：300〜370ℓ、家族5〜6人の場合：460ℓを目安とする
- ヒートポンプユニット：100以上、300以上、820、600以上、300
- 給湯タンクユニット：1,090、450、100以上
- 貯湯タンクユニットとヒートポンプユニットの間はメンテナンスに必要な生コンを確保するため600mm以上離す。またユニットの熱交換のため、周囲に熱がこもらないようにし、狭い空間には設置しない
- 従来エコキュートの基礎工事には生コンを使用するため、4〜5日ほど必要としていたが、分割されたブロックを組み上げ、アンカーボルトで固定するだけの「エコベース」[＊6]のような簡易基礎もある

❷浴槽の据え付けの制約

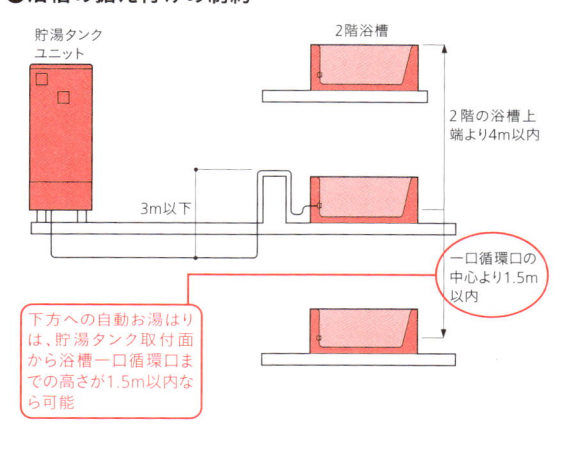

- 貯湯タンクユニット
- 2階浴槽：2階の浴槽上端より4m以内
- 3m以下
- 一口循環口の中心より1.5m以内
- 下方への自動お湯はりは、貯湯タンク取付面から浴槽一口循環口までの高さが1.5m以内なら可能
- **注意事項** 階下と3階以上に浴槽の据え付けは基本的に不可。ただし3階へは水道直圧式や加圧ポンプを設置することで対応が可能なこともある

❸特殊な配管例

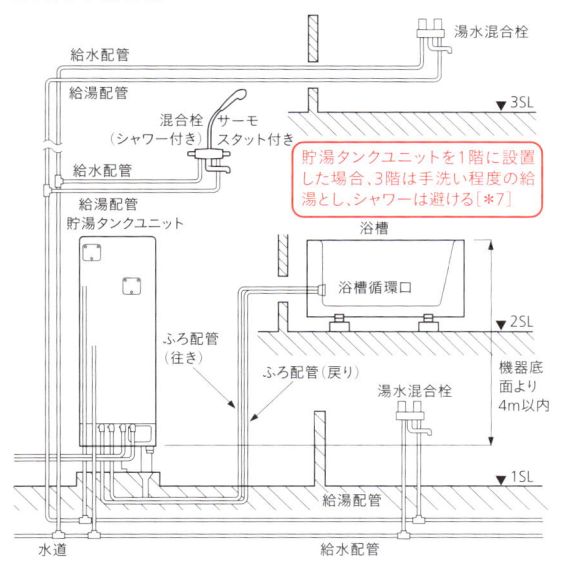

- 給水配管／給湯配管／湯水混合栓／混合栓（シャワー付き）／サーモスタット付き／3SL
- 貯湯タンクユニットを1階に設置した場合、3階は手洗い程度の給湯とし、シャワーは避ける[＊7]
- 給湯配管／貯湯タンクユニット／浴槽／浴槽循環口／ふろ配管（往き）／ふろ配管（戻り）／湯水混合栓／2SL／機器底面より4m以内／1SL／水道／給水配管／給湯配管

❹階下給湯配管例

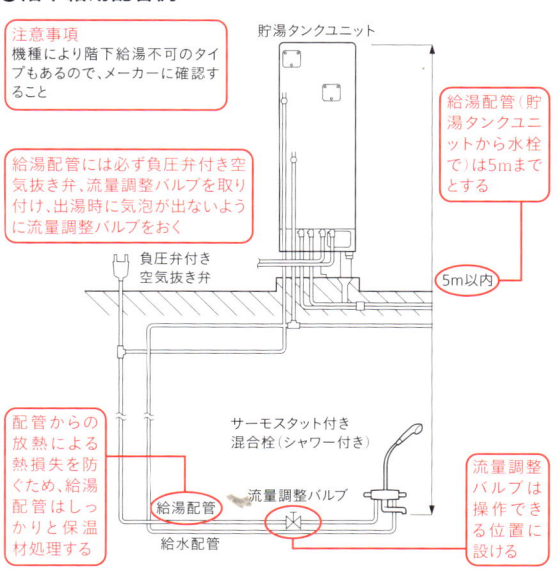

- **注意事項** 機種により階下給湯不可のタイプもあるので、メーカーに確認すること
- 給湯配管には必ず負圧弁付き空気抜き弁、流量調整バルブを取り付け、出湯時に気泡が出ないように流量調整バルブをおく
- 貯湯タンクユニット
- 給湯配管（貯湯タンクユニットから水栓で）は5mまでとする
- 5m以内
- 負圧弁付き空気抜き弁
- 配管からの放熱による熱損失を防ぐため、給湯配管はしっかりと保温材処理する
- サーモスタット付き混合栓（シャワー付き）／流量調整バルブ／給湯配管／給水配管
- 流量調整バルブは操作できる位置に設ける

＊5：機種により、数値や制約が異なるので、事前に採用機種を確認すること　＊6：地盤を転圧後、約40分で完成する。また、アンカーボルトなしで「建築設備耐震設計・施工指針」の耐震レベル0.4Gをクリアするタイプもある。問い合せ先：東洋ベース　http://www.toyobase.jp／　＊7：機種により、対応可能なものがある

オール電化住宅の屋内配線

IH調理器は分電盤で単独の200Vの回線を確保しなければならない。オール電化住宅は3本の電線のうち2本の電線を使い分けることによって100V、200V、両方の電気製品が使える「単相3線式」の配線にする必要がある

単相3線式の配線図

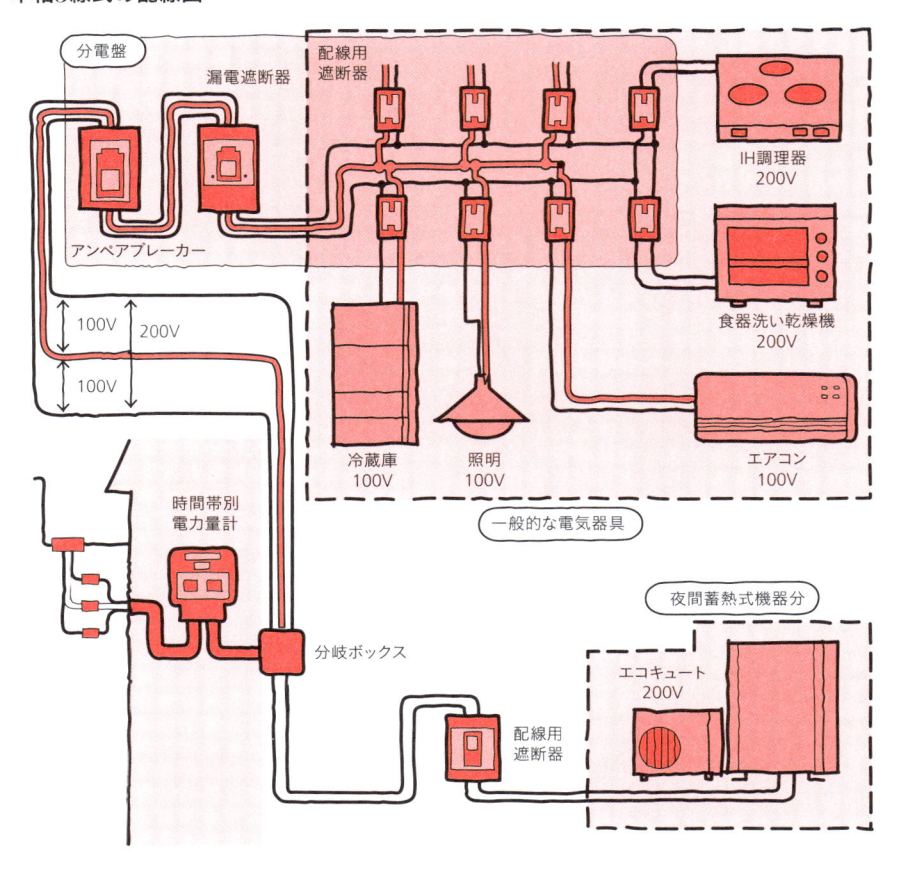

コンセントの設置

IH調理器など200Vを必要とする機器は、100Vとは形状の異なる200V用のコンセントを使用する。また、消費電力が1,000W以上、定位置で使用するエアコン、衣類乾燥機、電子レンジ、IH調理器、食器洗い乾燥機などは専用回路を設け、専用コンセントを使用するほうがよい

コンセント設置数の目安

回線容量	キッチン	ダイニング	個室・リビング 7.5〜10㎡ (4.5〜6畳)	個室・リビング 10〜13㎡ (6〜8畳)	個室・リビング 13〜17㎡ (8〜10畳)	個室・リビング 17〜20㎡ (10〜13畳)	トイレ	玄関	洗面室	廊下
100V	6	4	3	4	5	6	2	1	2	1
200V	1	1	1	1	1	1	—	—	1	—

オール電化住宅の電気設計

146

オール電化住宅の一般的な電気器具の容量の目安

オール電化住宅の契約容量を決める場合は、一般的な電気器具の容量と夜間蓄熱式機器（エコキュートや電気温水機など）の容量を考慮して決定。一般的な電気器具の容量は同時に使用する家電の合計容量で目安をつける［*1］。一般的な電気器具の容量は生活スタイルや同時に使う機器を減らすなどの工夫で、容量を小さくすることも可能。また、電気の契約容量を決めるときは、夜間蓄熱式機器の容量を加算するが、夜間蓄熱式機器のタイプや一般的な電気器具の容量によって算定方式が異なるので注意が必要

電気製品のアンペア（A）の目安

インバータエアコン（8〜12畳用）	6.5A（冷房）	7.5A（暖房）	洗濯乾燥機（8kg）		6A（洗濯時）
インバータエアコン立ち上がり時	12A（冷房）	20A（暖房）			15A（乾燥時）
テレビ	液晶32型	1.5A	電子レンジ（30ℓクラス）		15A
	プラズマ37型	3A	IHジャー炊飯器		14A（炊飯時）
	液晶50型	3.2A	電気カーペット（3畳用）		8A
	プラズマ50型	5.9A	アイロン		14A
冷蔵庫（400ℓクラス）		1.9A	ヘアドライヤー		12A
掃除機		弱2A〜	食器洗い乾燥機（100V卓上タイプ）		13A
		強10A〜	IH調理器（200V）		20〜30A（最大使用時58A）

オール電化住宅へのリフォーム

IH調理器や電気給湯機に代えると使用する電力の量が変わり、電線の張り替えやアンペアブレーカーの取り替えなどの工事が発生することがある

❶IH調理器・電気給湯機採用時のリフォームの流れ［*2］

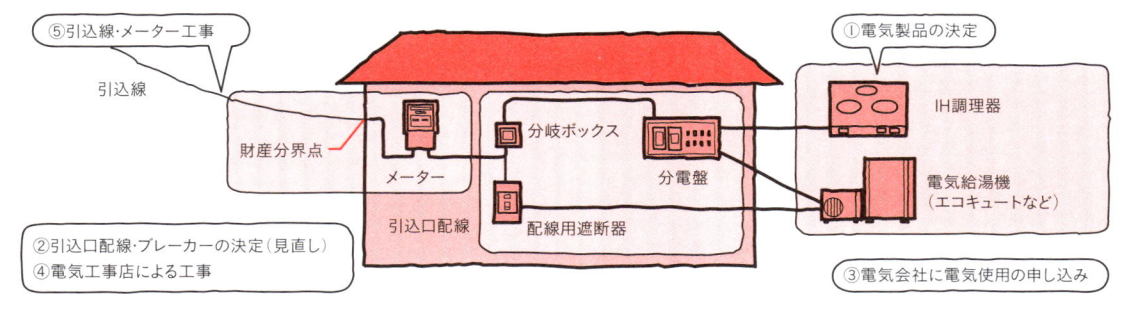

⑤引込線・メーター工事
引込線
財産分界点
メーター
分岐ボックス
分電盤
引込口配線
配線用遮断器
①電気製品の決定
IH調理器
電気給湯機（エコキュートなど）
②引込口配線・ブレーカーの決定（見直し）
④電気工事店による工事
③電気会社に電気使用の申し込み

❷IH調理器へのリフォーム時、契約容量を上げる際のアンペアブレーカーの取り替え工事

例：40A契約→60A契約に増やす

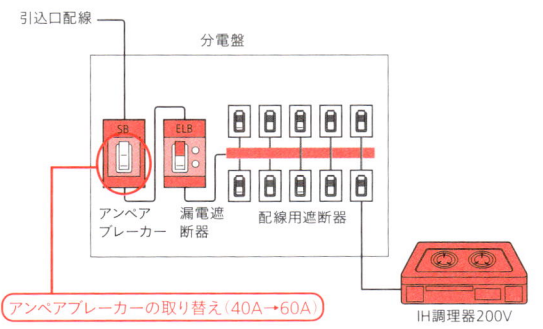

引込口配線
分電盤
SB ELB
アンペアブレーカー　漏電遮断器　配線用遮断器
アンペアブレーカーの取り替え（40A→60A）
IH調理器200V

例：60A契約を8kVA契約に増やす

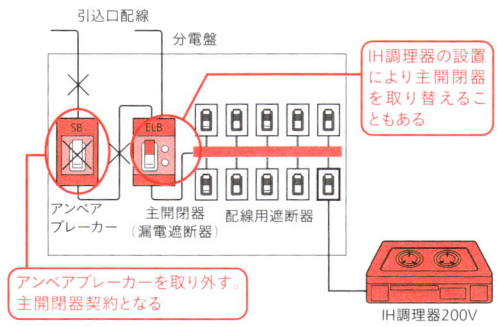

引込口配線
分電盤
SB ELB
アンペアブレーカー　主開閉器（漏電遮断器）　配線用遮断器
IH調理器の設置により主開閉器を取り替えることもある
アンペアブレーカーを取り外す。主開閉器契約となる
IH調理器200V

*1：新築などで使用する機器が不明なときは次のような式で目安をつけることができる。主幹容量（A）≧ (60 [VA/㎡] × 床面積 [㎡] + 4,000) ÷ 200 [V]（内線規定より引用）
*2：電力会社によって異なるので要相談

設備記号イラストガイド

配管・配線に使用する材料はコレ

分類	名称	記号	給水 住戸内	給水 共用部	給湯	排水・通気 汚水	排水・通気 雑排水	排水・通気 雨水	排水・通気 通気	排水・通気 ドレン管	消火
給排水・空調配管材料 [*1]	硬質塩化ビニルライニング鋼管	VLP	○	○							
	耐衝撃性硬質ポリ塩化ビニル管	HIVP	○	○							
	硬質ポリ塩化ビニル管	VP	○	○		○	○	○	○	○	
	耐熱性硬質塩化ビニルライニング鋼管	HTLP			○						
	被覆銅管、銅管	CU			○						
	耐熱性硬質ポリ塩化ビニル管	HTVP			○		○				
	樹脂管（架橋ポリエチレン管）[*2]	—	○		○						
	樹脂管（ポリブデン管）[*2]	—	○		○						
	ステンレス鋼管	SUS	○	○	○						
	排水用硬質塩化ビニルライニング鋼管	DVLP				○	○	○	○		
	耐火二層管	TMP（VP）									
	配管用炭素鋼鋼管	SGP白							○		○

分類	名称	記号	露出隠蔽 屋内	埋設 コンクリート	床下暗渠	地中埋設	屋外露出
電気配管材料 [*3]	薄鋼電線管	CP	○	○			
	ねじなし電線管	E	○	○			
	厚鋼電線管	GP	○	○			○
	合成樹脂製可とう電線管	PF	○	○			
	CD管	CD		○			
	硬質ビニル電線管	VE			○		
	耐衝撃性硬質ポリ塩化ビニル管	HIVE				○	○
	波形硬質ポリエチレン管	FEP			○	○	
	鋼製ポリエチレン被覆ケーブル保護管	PE			○	○	

分類	名称	記号	引込み	一般幹線	一般動力	電灯・コンセント	非常用照明	制御	放送	インターホン	TV共同受信	自火報防排煙	電話
電気配線材料	600Vビニル絶縁電線	IV		○	○	○	○	○	○				
	600V耐熱ビニル絶縁電線	HIV					○		○				
	600Vビニル絶縁ビニルシースケーブル	VVF			○	○				○			
	600V架橋ポリエチレンケーブル	CVT・CV	○	○	○								
	耐熱ケーブル	HP					○				○		
	制御用ビニル絶縁ビニルシースケーブル	CVV						○					
	市内対ポリエチレン／絶縁ビニルシースケーブル	CPEVS								○	○		○
	着色識別ポリエチレン絶縁ポリエチレンシースケーブル	CCP											○
	構内用ケーブル（通信用）	EBT											○
	TV用同軸ケーブル	S-5C-FB・S-7C-FB									○		
	ポリエチレン絶縁警報ケーブル	AE								○	○		
	屋内用通信電線	TIVF							○				

*1：給水・給湯・排水などで配管を選択する場合は材質の違いで選ぶことになる。それぞれの配管材質は鋼管・ビニル管・樹脂管・ステンレス管など。耐久性、施工性、安全性およびコストなどの面より慎重な選択が必要となる　*2：接続は電気融着（継手内面に電熱線を埋め込み、電気を流して継手内面と管の内面を同時に溶かして融着する方法）　*3：電気配管材料は使用する場所や耐久性、強度およびコスト面などから慎重な選択が必要となる

設備記号と姿図一覧

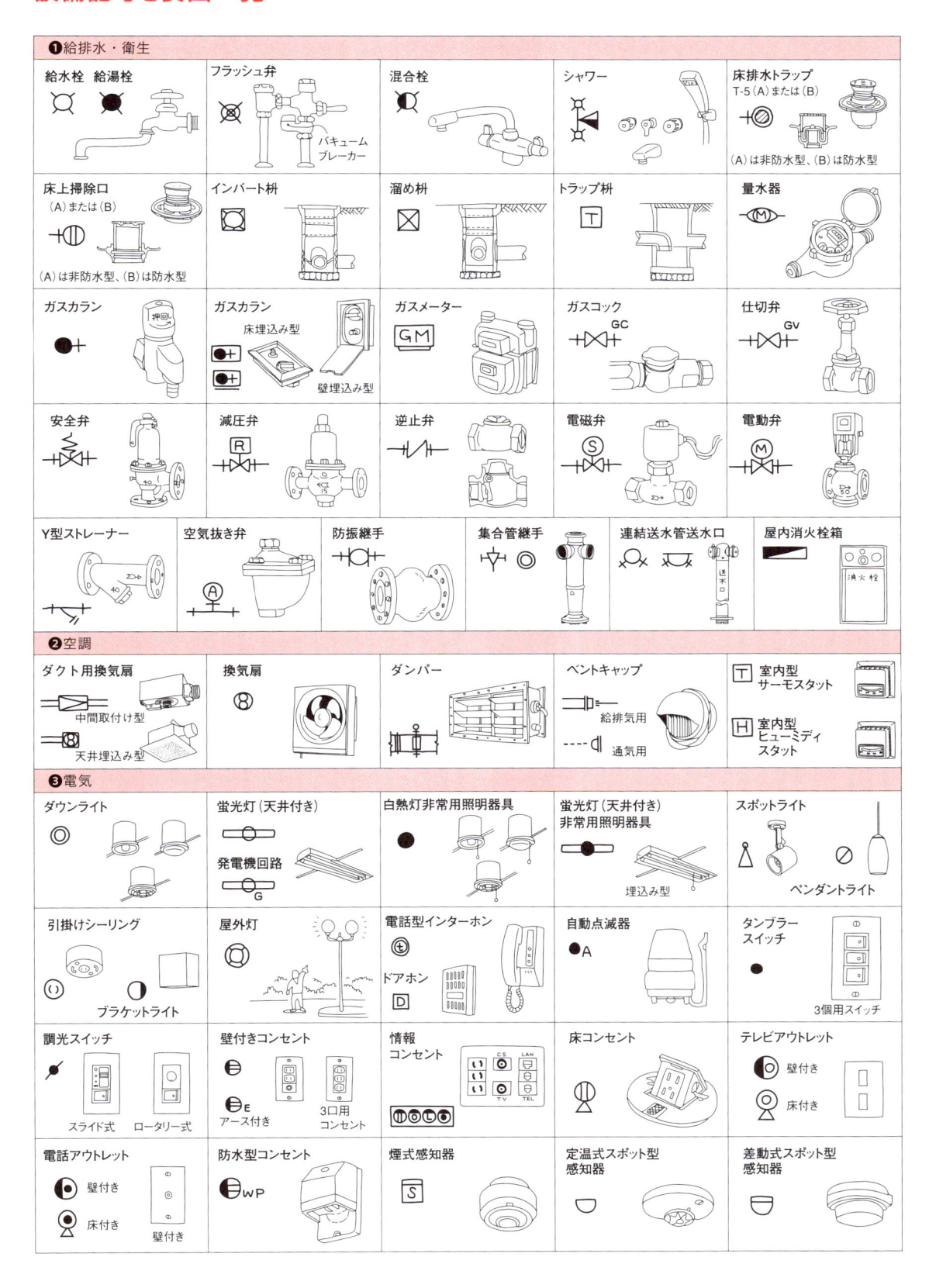

❶ 給排水・衛生

給水栓 給湯栓	フラッシュ弁	混合栓	シャワー	床排水トラップ T-5(A)または(B)
				(A)は非防水型、(B)は防水型

床上掃除口 (A)または(B)	インバート枡	溜め枡	トラップ枡	量水器
(A)は非防水型、(B)は防水型				

| ガスカラン | ガスカラン 床埋込み型 / 壁埋込み型 | ガスメーター | ガスコック GC | 仕切弁 GV |

| 安全弁 | 減圧弁 | 逆止弁 | 電磁弁 | 電動弁 |

| Y型ストレーナー | 空気抜き弁 | 防振継手 | 集合管継手 | 連結送水管送水口 | 屋内消火栓箱 |

❷ 空調

| ダクト用換気扇 中間取付け型 / 天井埋込み型 | 換気扇 | ダンパー | ベントキャップ 給排気用 / 通気用 | 室内型サーモスタット / 室内型ヒューミディスタット |

❸ 電気

| ダウンライト | 蛍光灯(天井付き) 発電機回路 | 白熱灯非常用照明器具 | 蛍光灯(天井付き)非常用照明器具 埋込み型 | スポットライト ペンダントライト |

| 引掛けシーリング ブラケットライト | 屋外灯 | 電話型インターホン ドアホン | 自動点滅器 | タンブラースイッチ 3個用スイッチ |

| 調光スイッチ スライド式 / ロータリー式 | 壁付きコンセント アース付き / 3口用コンセント | 情報コンセント | 床コンセント | テレビアウトレット 壁付き / 床付き |

| 電話アウトレット 壁付き / 床付き | 防水型コンセント | 煙式感知器 | 定温式スポット型感知器 | 差動式スポット型感知器 |

給排水設備［現場入門］写真帖

排水騒音とにおい対策

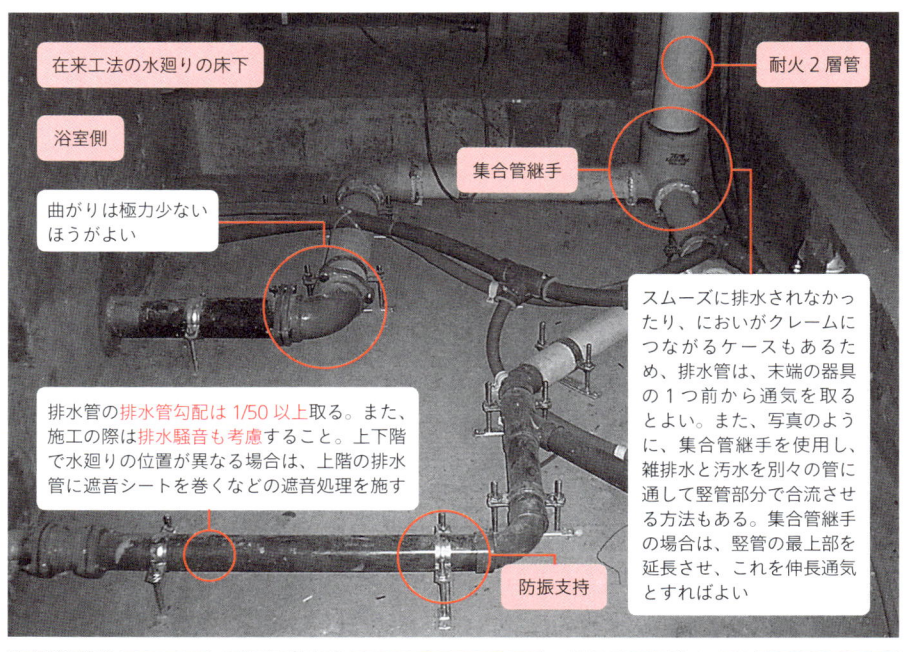

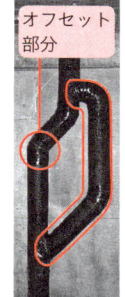

在来工法の水廻りの床下

- 耐火2層管
- 浴室側
- 集合管継手
- 曲がりは極力少ないほうがよい
- 排水管の排水管勾配は1/50以上取る。また、施工の際は排水騒音も考慮すること。上下階で水廻りの位置が異なる場合は、上階の排水管に遮音シートを巻くなどの遮音処理を施す
- 防振支持
- スムーズに排水されなかったり、においがクレームにつながるケースもあるため、排水管は、末端の器具の1つ前から通気を取るとよい。また、写真のように、集合管継手を使用し、雑排水と汚水を別々の管に通して竪管部分で合流させる方法もある。集合管継手の場合は、竪管の最上部を延長させ、これを伸長通気とすればよい

オフセット部分
バイパス通気管によってオフセット部分を改善した例

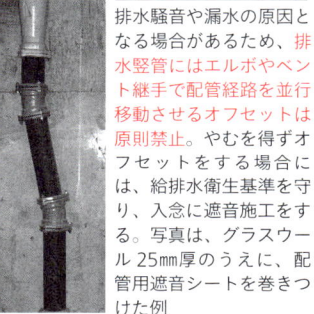

排水騒音や漏水の原因となる場合があるため、排水竪管にはエルボやベント継手で配管経路を並行移動させるオフセットは原則禁止。やむを得ずオフセットをする場合には、給排水衛生基準を守り、入念に遮音施工をする。写真は、グラスウール25mm厚のうえに、配管用遮音シートを巻きつけた例

集合住宅のエントランスホールなどで、居住者が出入りする場所の給水管、排水管には防振、遮音処理を施し、排水時の流水音を共用部に伝えないよう配慮する

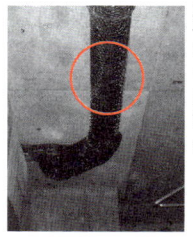

建築主は、生活音が外部に漏れることを嫌うケースが多いため、露出配管も遮音することが望ましい

集合住宅では、上下階の水廻り位置が異なると、上階の排水音が下階の居室に聞こえてクレームとなることがある。戸建住宅でも、寝室の上階に浴室やトイレが計画されている場合は排水騒音に考慮し、配管を防振支持したうえで、遮音施工を行うこと

樹脂管は損傷防止のために必ず保護する

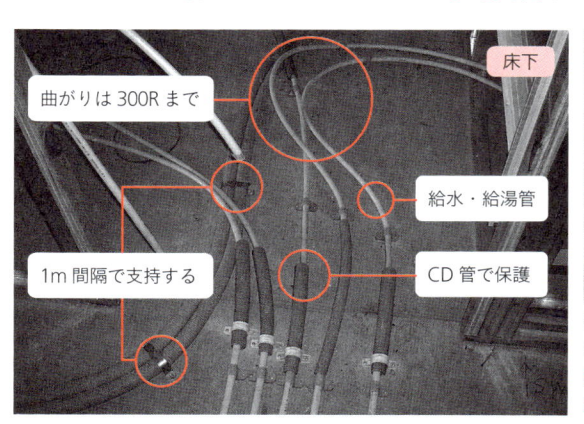

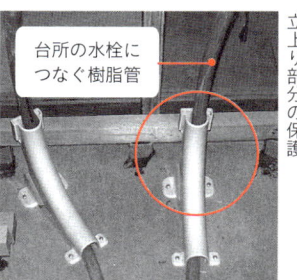

- 床下
- 曲がりは300Rまで
- 給水・給湯管
- 1m間隔で支持する
- CD管で保護
- 台所の水栓につなぐ樹脂管
- 立上り部分の保護

躯体などの隅部を通る場合はCD管で保護を行う。また、交差する場合も踏みつけ防止のために保護する

150

シンク下漏水チェック

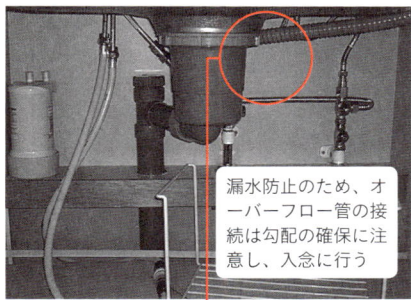

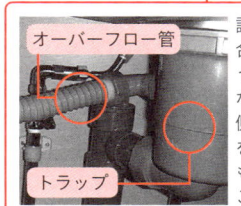

漏水防止のため、オーバーフロー管の接続は勾配の確保に注意し、入念に行う

オーバーフロー管
トラップ

調理器具を入れた場合にじゃまになるような取り付けを行わないこと。シンク裏側の断熱吹付け部分を傷つけていることも多いため、もぐりこんでよく確認する

給湯機設置の注意点

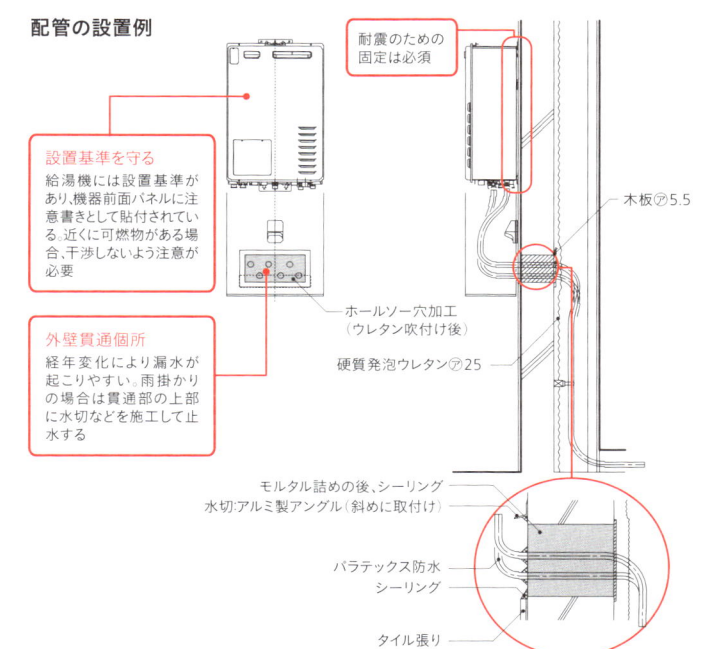

配管の設置例

耐震のための固定は必須

設置基準を守る
給湯機には設置基準があり、機器前面パネルに注意書きとして貼付されている。近くに可燃物がある場合、干渉しないよう注意が必要

外壁貫通個所
経年変化により漏水が起こりやすい。雨掛かりの場合は貫通部の上部に水切などを施工して止水する

木板⑦5.5
ホールソー穴加工（ウレタン吹付け後）
硬質発泡ウレタン⑦25
モルタル詰めの後、シーリング
水切:アルミ製アングル（斜めに取付け）
バラテックス防水
シーリング
タイル張り

外壁貫通部は要注意

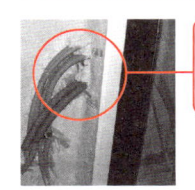

配管の貫通によって、躯体の断熱材が欠損しないように注意する

外壁貫通部がヒートブリッジにならないよう断熱処理をする。管の支持部材がスチールの場合、熱伝導率が高いため、木片をかませるか、伝導率の低い樹脂製のボルトを用いるとよい

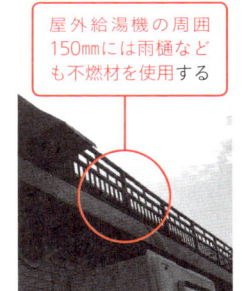

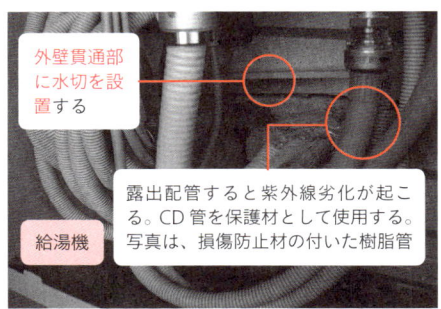

屋外給湯機の周囲150mmには雨樋なども不燃材を使用する

給湯機

外壁貫通部に水切を設置する

露出配管すると紫外線劣化が起こる。CD管を保護材として使用する。写真は、損傷防止材の付いた樹脂管

排水ポンプの起動水位を確認

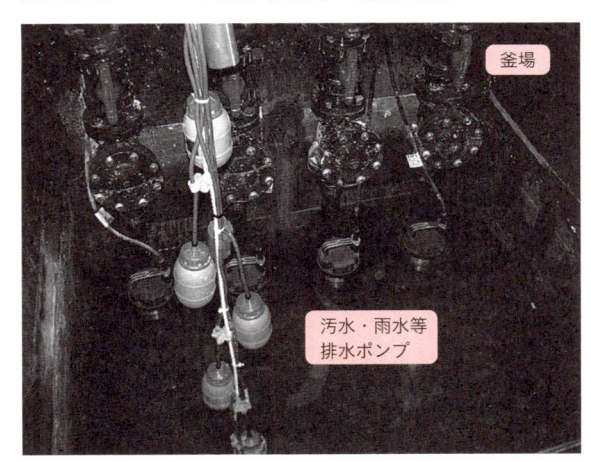

釜場
汚水・雨水等排水ポンプ

排水ポンプは、起動する最低水位が機種ごとに決まっている。起動位置が釜場内に入っていることが重要。これを無視すると、ポンプが起動水位に達するまで動かない。また、設置する場合は、必ず防振処理を施す。管の支持も必ず防振支持とすること

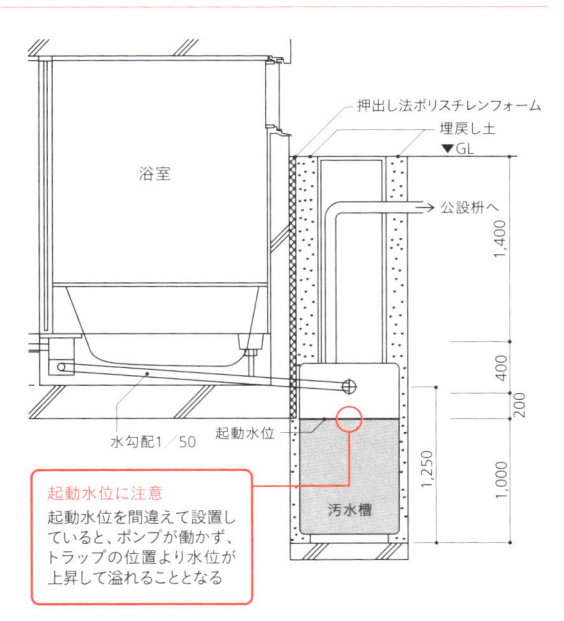

浴室
押出し法ポリスチレンフォーム
埋戻し土
▼GL
公設枡へ
水勾配1/50
起動水位
汚水槽
1,400 / 400 / 200 / 1,250 / 1,000

起動水位に注意
起動水位を間違えて設置していると、ポンプが働かず、トラップの位置より水位が上昇して溢れることとなる

冷暖房換気設備[現場入門]写真帖

空調機廻りのチェックポイント

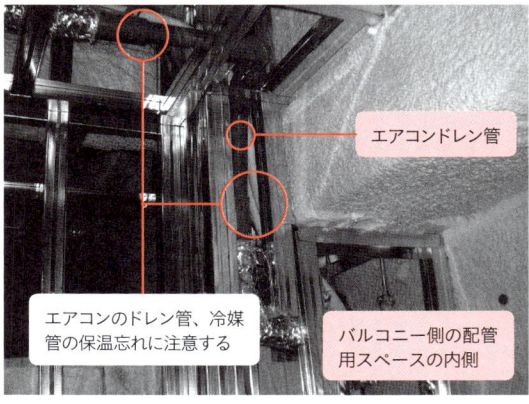

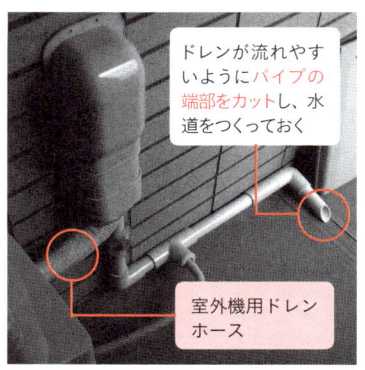

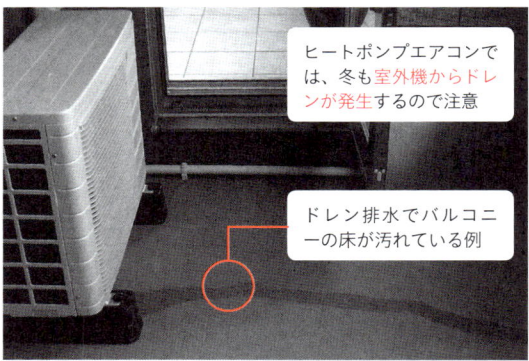

- エアコンドレン管
- エアコンのドレン管、冷媒管の保温忘れに注意する
- バルコニー側の配管用スペースの内側
- エアコンドレン管を空配管しておく将来設置の場合は、量販店の据え付け工事でも容易に作業できるかがチェックのポイント
- ドレン管はキャップで閉止する
- エアコンドレン管
- ドレンが流れやすいようにパイプの端部をカットし、水道をつくっておく
- 室外機用ドレンホース
- ヒートポンプエアコンでは、冬も室外機からドレンが発生するので注意
- ドレン排水でバルコニーの床が汚れている例

室外機を閉鎖された場所に設置すると能力が落ちる。また、通行する人や隣接する建物にファンの風が直接当たる場所に設置するとクレームにつながるケースもあるため、敷地外の条件も確認しておきたい。なお、エアコンのドレンは室内機だけでなく室外機からも発生する。これらのエアコンドレン管の端部をバルコニー床で終わらせてしまうと、バルコニーの床をドレン排水で汚してしまうことになるため、エアコンドレン配管は排水溝まで施されているか確認する

排気のクレーム対策を万全にする方法

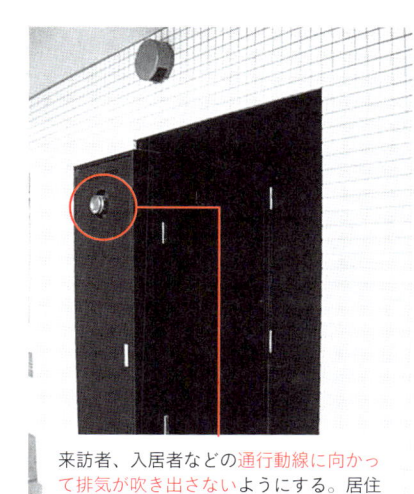

- 来訪者、入居者などの通行動線に向かって排気が吹き出さないようにする。居住者や周辺住民からのクレームとなるケースもある
- 支持方法は防振吊りとする
- ダクトが軽量鋼と触れる場合は、防音シートなどを巻いて排気音と振動への対策を施す
- ユニットバス天井内

集合住宅の場合、使用しない浴室換気乾燥機の接続口を閉鎖していないケースもあるので注意する。また、外部へ排気したときダクト排気の吹出口の前に壁があると、排気音の反射で小さな音も大きな騒音となるため、ダクト口径を100mm径から125mm径に上げ、排気風速を遅くすることで騒音を減らす、防音ベントキャップを使用するなど、排気する位置による騒音対策を検討する

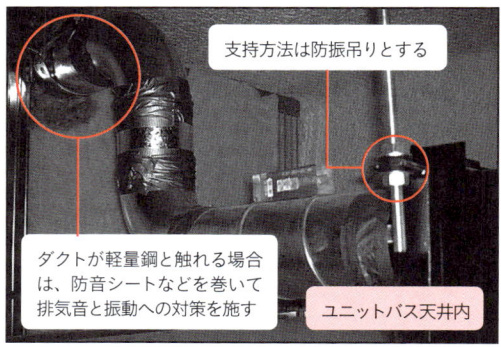

ダクトは正しく施工されているか

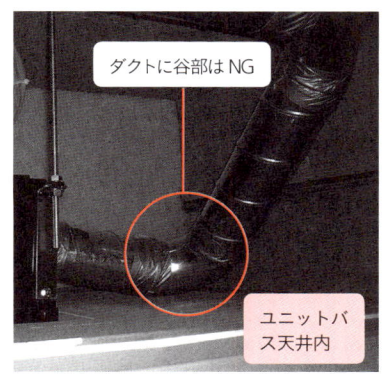

ダクトに谷部はNG

ユニットバス天井内

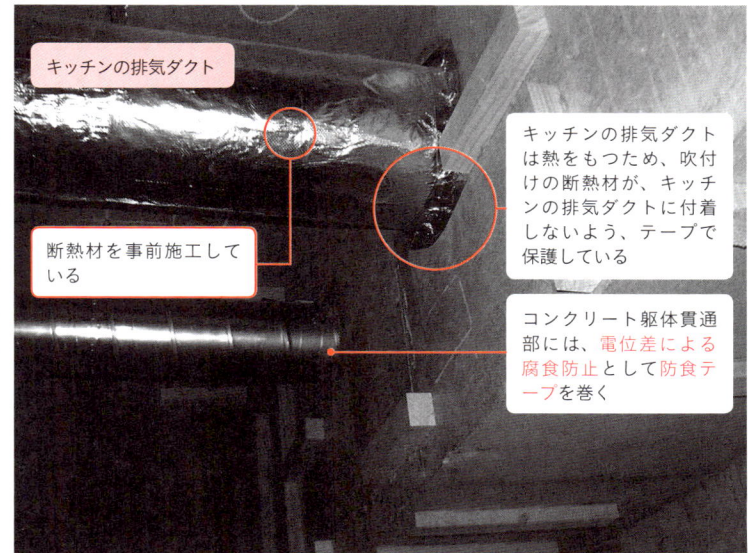

キッチンの排気ダクト

断熱材を事前施工している

キッチンの排気ダクトは熱をもつため、吹付けの断熱材が、キッチンの排気ダクトに付着しないよう、テープで保護している

コンクリート躯体貫通部には、電位差による腐食防止として防食テープを巻く

ダクト施工は結露溜まり、油溜まりが発生しないように1／100以上の勾配を確保する。また、結露水がダクトの機器側またはベントキャップ側のいずれに排出されているか確認する。外壁貫通部周りには止水処理が施されているか確認することも忘れずに

バルコニーのダクト貫通部分

バルコニー側のレンジフード用排気ダクト

吊り間隔は2m以内。たわみがないか確認する

場所を限定し、止水処理の塗布防水を施工する

外壁貫通部には防水措置としてシーリングを忘れないこと

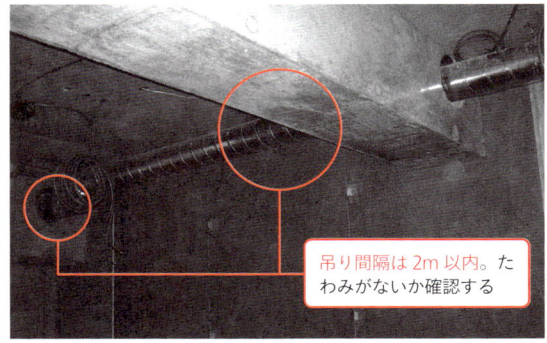

給気口と排気口は離す

居室への外気取り入れ用給気口

止水板

室内仕上げとスリーブに空間がある場合は、必ず管で室内までつながれているか確認する

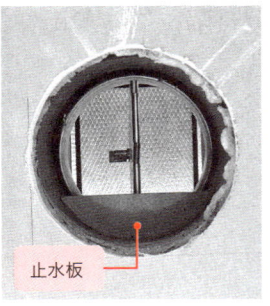

給気口には雨返しのための止水板を設置するとよい。室内側にはフィルターを設置する

キッチンの排気口と給気口が同じ壁面にある場合、互いの距離が近いと排気されたものが室内に吸い込まれてしまうケースがある（ショートサーキット）。限られたスペースであっても、できる限り間隔を離すことでショートサーキットのクレームは起きにくくなる

通行動線に配慮したか

ベントキャップが通行動線にある場合は結露水が落ちない工夫がなされるように、また通行する人に直接風があたらない場所に設置されているかを確認

結露抜きが付いたベントキャップもお薦め

共用廊下

外廊下側で玄関の上部近くなど、通行動線にあるベントキャップは、結露受け付きの製品を設置するなど、結露水が落ちないようする。また、雨掛かり部分には深型ベントキャップを使用するとよい（側面からの雨の吹き込みがないかも確認すべきである）

電気設備［現場入門］写真帖

ケーブルと電気ボックスは安全に施工されているか

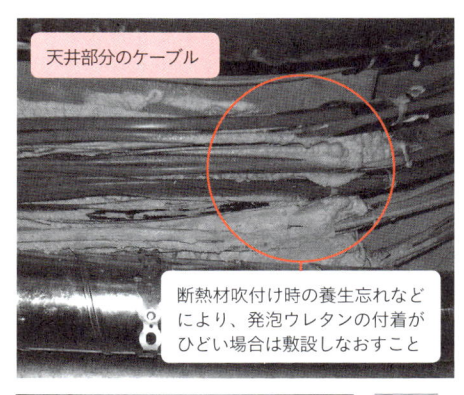

天井部分のケーブル

断熱材吹付け時の養生忘れなどにより、発泡ウレタンの付着がひどい場合は敷設しなおすこと

木造軸組の貫通部は専用の保護材でケーブルを保護する

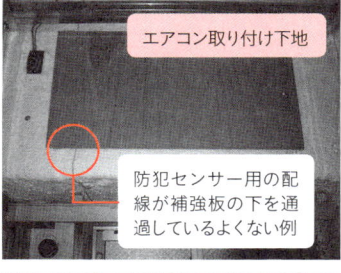

エアコン取り付け下地

防犯センサー用の配線が補強板の下を通過しているよくない例

取付け時にケーブルを損傷するケースがあるため、エアコン取り付け下地の下には配線しない

弱電ケーブル / 強電ケーブル

弱電と強電のケーブルは分離する

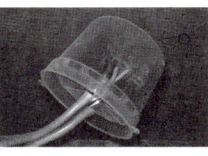

エアコンの室内・室外機の連絡線なども含め、ケーブルの接続は電気ボックス内で行う

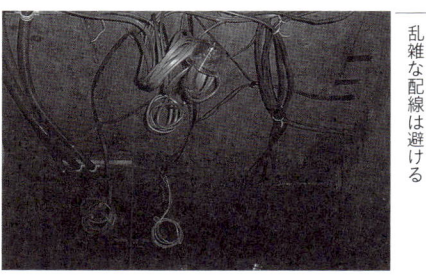

乱雑な配線は避ける

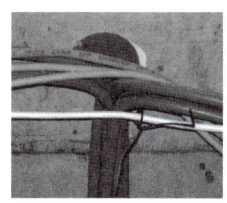

ケーブルの曲げ半径は仕上がり外径の6倍まで

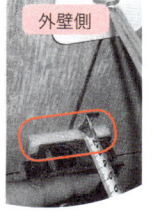

外壁側

躯体と電気ボックスの間に結露防止のための断熱材を入れる

CD管で構造を傷めない方法

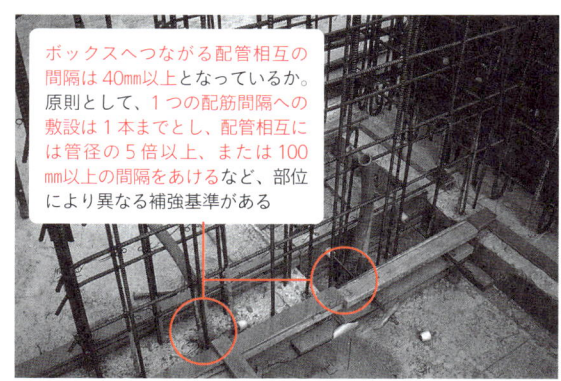

ボックスへつながる配管相互の間隔は40mm以上となっているか。原則として、1つの配筋間隔への敷設は1本までとし、配管相互には管径の5倍以上、または100mm以上の間隔をあけるなど、部位により異なる補強基準がある

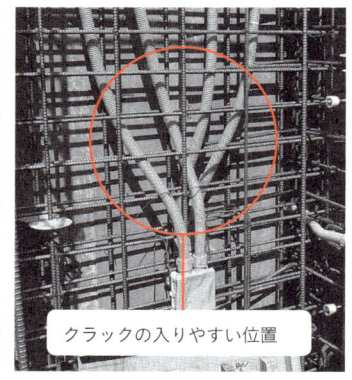

クラックの入りやすい位置

補修は構造設計者の承認が必要

配管が集中する個所は、構造設計者の承認を受けること。また、梁からは500mm以上離すこと。屋上、外壁にはクラック防止のため、CD管を打設しないようにする。やむを得ない場合は構造設計者の承認を受けること。配管を曲げたり鉄筋を切断しなければならない場合は、事前に打ち合わせを行い、構造設計上問題とならない方法で施工されているか確認する

154

MBの火災を防ぐ方法

電気接点や落下によって火花が飛ばないよう防爆処理を行う場合もある（条件を確認する）

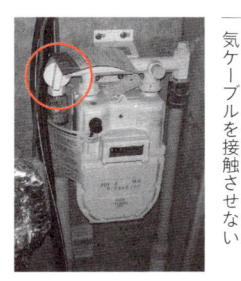

ガス管とガス器具、配管と電気ケーブルを接触させない

メーターは定期的に取り替えるため、竣工後も作業ができるように設置する。また、ガス管とガス器具、配管と電気ケーブルが接触していないか確認する

アースは付いているか

内線規定の変更で、特定機器のコンセントをアース付きとすることが義務付けられた[*]

アースを設置

	アースが必要な機器・個所
特定機器	・洗濯機 ・洗濯乾燥機 ・電子レンジ ・冷蔵庫 ・食洗器 ・エアコン ・温水洗浄式便座 ・電気温水器　ほか
その他	・コンベック ・給湯機 ・ハブ用電源 ・流し手元灯 ・玄関外灯 ・40W 以上の蛍光灯（40W未満のラピッドスタート式蛍光灯） ・外部照明、外部コンセント　ほか

コンセント・スイッチの正しい位置

まとめている例

照明は竣工時に必ず点灯してみること。結線違いで計画とは異なる個所が点灯してしまうケースもある。また、コンセントの配置は漏水による事故を避けられる位置が望ましい。なお、上下に複数並べると配管しにくいため注意

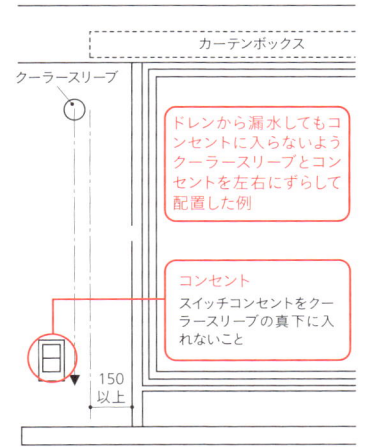

カーテンボックス
クーラースリーブ

ドレンから漏水してもコンセントに入らないようクーラースリーブとコンセントを左右にずらして配置した例

コンセント
スイッチコンセントをクーラースリーブの真下に入れないこと

150以上

カバー付き

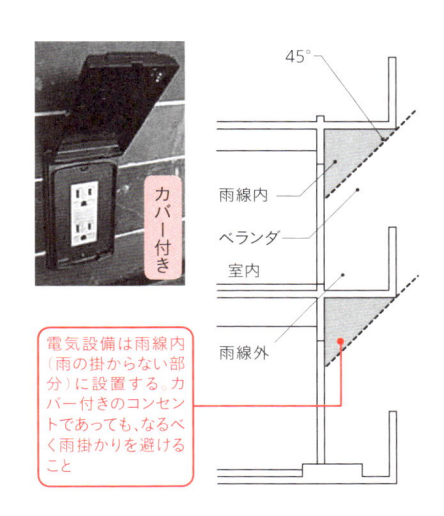

雨線内
ベランダ
室内
雨線外

電気設備は雨線内（雨の掛からない部分）に設置する。カバー付きのコンセントであっても、なるべく雨掛かりを避けること

器具の取り付けに不具合はないか、美観を損ねていないか

ポーチライト
メーターボックス扉

ポーチライトと干渉してメーターボックス扉が開かない

外部照明

白熱電球300mm、蛍光管100mmの間隔が必要

白熱電球は熱に注意

扉と感知器が干渉している
床面への照明器具の映り込みに注意

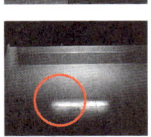

照明は点灯時の熱により火災などの事故につながる可能性もあるため、床や建具などから白熱電球は300mm、蛍光管は100mmは離すこと。また、天井付け人感センサーは、器具から400mm程度離して設置する。所定の位置に設置できない場合は、壁付け人感センサーに変更する。間接照明は、管球は見えていないか、取り替えに支障ないかといった点のほか、均一な照明となっているか、点灯時に器具が仕上材に映り込んでいないかなど、点灯して確認する

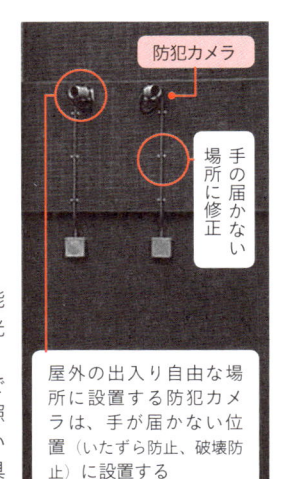

防犯カメラ

手の届かない場所に修正

屋外の出入り自由な場所に設置する防犯カメラは、手が届かない位置（いたずら防止、破壊防止）に設置する

*：内線規定とは、電気事業法に基づく「電気設備に関する技術基準を定める省令」の解釈として公表されている「電気設備の技術基準の解釈」をより具体的に、わかりやすく細部にわたって規定している民間規格のこと。2005年に改正され、特定機器のコンセントにアース付きを使用することが義務化された

住宅設備［現場］監理チェックシート❶給排水衛生・冷暖房換気

確認のポイント			内容
給排水衛生設備工事	排水管	勾配	□ 住戸内の排水管勾配は十分に取れているか □ 共用部、ピット内の主管の排水配管勾配は1／100以上取れているか □ 上階と下階のプランが異なる場合、排水管、排水個所の排水騒音を考慮しているか [＊1]
		支持間隔	□ 継手部分がたわまないように支持されているか
		遮音	□ 垂直方向に流下させる排水竪管、集合住宅の共用部、上下階で異なる水廻りのプランの場合など排水騒音が問題となりやすい部分に、遮音施工は施されているか（例：グラスウール25mm厚を巻いたうえで遮音シートを巻くなど）
		オフセット	□ 原則避けるべきだが、エルボやベント継手など配管を移行するオフセット部分がある場合は入念に遮音施工を行っているか
	樹脂管の保護		□ 樹脂管の支持は1mごとにされているか □ スラブ段差の角部分の配管は保護されているか □ 屈曲部のRの始めと終わりに固定する支持があるか（300R以上の曲がりは中間固定を追加）
	管支持部分の断熱材吹付け		□ ヒートブリッジはできていないか □ 金属製の支持材を直接躯体に取り付けていないか
	流し台下部の配管		□ 排水勾配は確保されているか □ シンクやトラップ、オーバーフロー管の接続部に無理な施工はないか（この部分は漏水が多い）
	給湯機廻りの配管		□ 躯体の配管貫通部の雨掛かり部分の上には水切が設置されているか □ 躯体の配管貫通部は塗布防水またはシーリングが施工されているか □ 給水、給湯管には保温材が施されているか（例：ポリエチレン保温管、CD管保護） □ バルコニーに設置する際は、雨水溝までドレン配管が行われているか（潜熱回収型風呂給湯器の場合）
	給湯機		□ ガス会社ごとの設置基準が守られているか □ ガス給湯機の周囲150mm以内は不燃材料となっているか □ 耐震への配慮がされているか（固定・支持状況の確認）
	排水ポンプの設置		□ ポンプ釜場は、用途、最低起動水位などの条件をクリアしているか
	点検口		□ 点検口の位置は適切か（建築、設備の打ち合わせが重要となる）
	遮音壁		□ 水廻りが居室に隣接する場合の壁は遮音構造となっているか □ 遮音壁の貫通部の処理は適切か
冷暖房換気設備工事	ダクト	コンクリート埋め込み部	□ 防食テープは確認できる長さまで施工されているか □ 壁や梁に断熱材を吹付ける前にダクトの断熱、保温は施工されているか □ レンジフードのダクトに断熱材が入らないように施工されているか □ 断熱材はアルミテープ付き筒材を使用し鉄線などで固定されているか □ 断熱工事後の養生材は撤去されているか
		吊り間隔勾配	□ 吊り間隔は2m以内となっているか（たわまないように設置されているか） □ 勾配は1／50～1／100取れているか、谷部ができていないか [＊2]
	エアコン	ドレン管室外)	□ 勾配は1／100以上取れているか □ 保温の忘れはないか（保温付きVPを推奨）
		ドレン管室外)	□ ドレン管からの排水先はバルコニーの床を汚さないか [＊3]
		先行冷媒管、先行ドレン管	□ 先行配管と機器が設置しやすいよう計画されているか □ ドレンはキャップで閉止、キャップと直部はテーピング固定されているか □ 排水勾配が取れる位置にドレン管、クーラースリーブは設置されているか
		エアコン	□ 試運転を行い、正常に動作したか（吹出口が開く機器はガラリなどとの干渉チェックも必要）
	ベントキャップ（外壁・廊下側）		□ 通行する人に風が直接当たらないか。結露水が落ちない位置に設置されているか □ 結露水が発生するダクトの吹出しに結露受けは設置されているか（推奨） □ 雨掛かりには深型のベントキャップを使用しているか（推奨）
	給気口		□ 雨返しのための止水板は設置されているか □ 給気口の配置は排気口、エアコン吹出し口などとのショートサーキットに留意しているか
	浴室換気乾燥機		□ 浴室換気乾燥機は防振吊りとなっているか □ 排気音は問題にならないか [＊4] □ 来訪者、入居者の通行動線の下方向に排気を吹き出していないか（集合住宅）

＊1：下階が居室でその上階にトイレなどがある場合は、配管を防振支持し、遮音施工を行うとよい　＊2：谷部があると結露水や油がたまる　＊3：室外機のドレンをホースで排水する場合には、ホースの固定と排水を流す先の考慮が必要　＊4：ダクト径を100mm径から125mm径に上げ、防音ベントキャップを設置するなどして対処する

住宅設備［現場］監理チェックシート❷電気

確認のポイント			内容
電気設備工事	打ち込み（RC造）	配管	□ 構造設計の基準に従っているか（配筋との離隔など） □ 配管相互の間隔は40mm以上取っているか □ 配筋を曲げる際は、構造設計上問題にならない方法が取られているか □ 鉄筋の切断個所には両側に同径の補強筋が挿入されているか
		ボックス	□ 電話の接続や引き込みを容易にするプルボックスは、クラック防止に注意しているか □ 構造上の重要個所に設置する場合は構造設計者の承認を得たか
	外壁側電気ボックス		□ 躯体と電気ボックスの間に断熱材を挿入して取り付けているか（断熱材の吹付け個所） □ 電材メーカーの市販品の電気ボックスは住宅性能評価機関の規定に合致しているか
	ケーブルの敷設		□ エアコン取り付け補強下地の下にケーブルは通過していないか（ビスなどが電気配線に当たると絶縁不良となる） □ 木軸を貫通するケーブルはゴムシート、保護管などで保護されているか □ 鋭利な金属の角や梁の角に当たるケーブル、スリーブに挿入するケーブルはゴムシートで保護されているか □ 電線、ケーブルにウレタン系断熱材が付着していないか（付着が多い場合はケーブル引き替えが必須） □ ケーブルに用途の表示がなされているか □ 弱電、強電のケーブルは分離されているか（接触してはいけない） □ ケーブルの接続はボックス内で行われているか □ ケーブルの支持は2mに1カ所以上となっているか
	メーターボックス		□ 消防上の措置は取られているか（防爆処理） □ メーターに部屋番号が表示されているか（集合住宅の場合）
	必要個所アース	特定機器	□ 洗濯機、洗濯乾燥機、電子レンジ、冷蔵庫、食洗機、エアコン、温水洗浄式便座、電気温水器など
		その他	□ コンベック、給湯機、ハブ用電源、流し手元灯、玄関外灯、40W以上の蛍光灯（40W未満のラピッドスタート式蛍光灯）、外部照明、外部コンセントなど（電気配線は内線規定によること）
	コンセント・スイッチ		□ スイッチやコンセントの取り付け位置は正しいか（柱に干渉する場所は注意） □ スイッチの回路分けは正しいか
	外部コンセント		□ 雨掛かり部分に設置されていないか □ 共用コンセント（アースを有するものがよい）の場合は錠付きとなっているか（集合住宅）
	玄関ブラケット インターホンボックス		□ 設置位置、高さ、並びなどは正しいか（RC造はコンクリート打設時にボックスの位置を確認）
	インターネット用 ハブ設置場所		□ 機器の設置、ハブへのケーブル接続などが容易な場所に設置されているか
	分電盤		□ 回路表示と供給場所に違いはないか
	感知器		□ ドアや扉などと干渉しないか。エアコンの吹出し口より1.5m以上離れているか
	監視カメラ		□ いたずらをされない位置（簡単に手の届かない高さ）に設置されているか
	照明器具		□ ドアや扉、分電盤などと干渉していないか □ 設置の際に壁や天井との間隔が白熱電球300mm、蛍光管100mm程度設けられているか □ 人感センサーと照明器具に所定の距離があるか □ 使い勝手に問題はないか（スイッチ位置、器具と可燃物との離隔）
	間接照明		□ 管球が見えていないか、取り替えに問題はないか □ 均一な明るさの照明となっているか □ 器具は落下しないよう固定してあるか □ 点灯時に照明器具が仕上げ材に映り込んでいないか □ 電源ケーブルの取り出し口は汚くないか □ 電源ケーブルが短く、途中で接続されていないか □ 間接照明はきちんと納まっているか □ 照明器具の熱による不都合が生じないだけの間隔がとられているか（天井からのあきが150mm以上、壁からの出寸法は300mm、および保守点検用のスペース）
	外部照明		□ 手の触れる場所に、火傷を負うおそれがある器具を使用していないか（ある場合は明示） □ 動かないようにコンクリートで器具を根巻きしているか □ 器具の注意書きは目立たない位置になるよう器具を取り付けているか

最新の省エネ住宅＆住宅設備が分かる最重要キーワード100

住宅設備を検討するうえでのヒントになるキーワードを厳選しました

IDF（各階弱電盤）	106	少流量吐水機能	64〜65	熱橋	42、46、48〜50
一次エネルギー消費量	60〜65	ショートサーキット	153	熱損失係数（Q値）	6
雨水浸透処理	90	水道直結増圧ポンプ方式	89	熱抵抗値（R値）	7
エアコンドレン管	152	スプリッター	133	熱伝導率	41
ADSL	100	スラブ貫通	113	配光	77
エコウィル	67	スリーブ	114〜115	排水勾配	117
エコキュート	67、145	生体認証式	102	バッフル型ダウンライト	121
エコフィール	67	性能基準	42	ハト小屋	106
エネファーム	67	節湯型機器	65	BOD	85
FTTH（光ファイバー）	100	セル	70	ピークカット機能	101
LED照明	72、120	潜熱回収型ガス給湯機	96	ヒートショック	71
エルボ	150	線熱貫流率	42〜43	ヒートポンプ給湯機	63、64、67、145
演色性	119	外付けルーバー	25、29	PVアレイ	68
ONU	133	ダイクロイックミラー球	120〜121	比消費電力	79〜81
加圧給水方式	89	太陽光発電	68〜69	110°CSデジタル	102
外皮平均熱貫流率（U_A値）	6	太陽熱システム	70	124°/128°CSデジタル	102
夏期日射取得係数（μ値）	6	ダクト式	79	分流方式	90
可視光の透過率	52	宅内LAN	132	平成25年省エネ基準	6、38〜39、42、47、59
ガスコージェネレーション	67	多灯分散照明	73〜78	ヘッダー方式	65
気流止め	40	地域区分	9	ベントキャップ	153
杭基礎ピット	111	中空層	53	ベント継手	150
区画貫通処理	113	昼光利用	16	方位別日射熱取得率	22
グレア	119	直結方式	89	放射式冷暖房システム	99
計器用変流器（CT）	92	低圧引込み	92〜93	補正熱貫流率	42
結露	40	DCモーター	79〜80	膜構成	53
高圧引込み	93	手元止水機能	64〜65	水優先吐水	64〜65
合流方式	90	電力量計（WHM）	92	モジュール	70
コーニス照明	122〜123	透湿抵抗比	40	ライフサイクルカーボンマイナス住宅	32〜33
コーブ照明	122〜123	トレードオフ	38	ルーメン	72、119
COP	66	日射遮蔽	20〜29	レフ球	121
CD管	154	日射熱取得率（η）	21	レンジフードファン	116
弱電盤	132〜133	日射反射率	30、53	Low-E	31、52〜57
遮熱	30〜31	日照調整装置	18		
仕様基準	38〜39	熱貫流率（U値）	7		

執筆者リスト（五十音順、敬称略）

川村政治［知久設備計画研究所］
▶110〜117頁

木下泰斗［日本板硝子］
▶52〜57頁

木村義博［知久設備計画研究所］
▶88〜91、94〜95頁

小泉雅生［小泉アトリエ］
▶32〜33頁

小浦孝次［JSP］
▶47〜51頁

定久秀孝［共同設計事務所］
▶150〜157頁

清水真紀［ZO設計室］
▶84〜87、106〜109頁

杉山容子［EOS plus］
▶82頁

砂川雅彦［砂川建築環境研究所］
▶42〜46頁

高橋翔［EOS plus］
▶100〜103、105、118〜121、132〜135頁

竹森ゆかり［ZO設計室］
▶68〜70頁

田島昌樹［高知工科大学］
▶79〜81頁

寺尾信子［寺尾三上建築事務所］
▶20〜21、28〜29、58〜59頁

栃原裕［放送大学福岡学習センター］
▶71頁

冨田亨祐［HAN環境・建築設計事務所］
▶26〜27頁

西澤繁毅［国土技術政策総合研究所］
▶8〜9、12〜13頁

布井洋二［硝子繊維協会］
▶37〜41頁

福多佳子［中島龍興照明デザイン研究所］
▶75〜78、122〜126、128〜131頁

松岡大介［ポラス暮し科学研究所］
▶14〜15、30〜31頁

三木保弘［建築研究所］
▶16〜19、72〜74、127頁

椋尾誠一［知久設備計画研究所］
▶92〜93、144〜147頁

山田浩幸［ymo］
▶22〜25、96〜99、104、136〜139、148〜149頁

若林哲朗［若林音響］
▶140〜143頁

改正省エネ法に完全対応
デザイナーのための
省エネ住宅&住宅設備完全ガイド

2014年4月16日　初版第一刷発行

発行者　澤井聖一

発行所　株式会社エクスナレッジ
　　　　〒106-0032　東京都港区六本木7-2-26
　　　　http://www.xknowledge.co.jp/

問合せ先

編集　Tel　03-3403-1381
　　　　Fax　03-3403-1345
　　　　info@xknowledge.co.jp

販売　Tel　03-3403-1321
　　　　Fax　03-3403-1829

無断転載の禁止
本書の内容(本文、図表、イラスト等)を当社および著作権者の承諾なしに無断で転載(翻訳、複写、データベースの入力、インターネットでの掲載等)することを禁じます